יונתן זקס

מוסריות

שיקום הטוב המשותף בעידן מפולג

מאנגלית: צור ארליך

מגיד

Jonathan Sacks
Morality: Restoring the Common Good in Divided Times

יונתן זקס
מוסריות: שיקום הטוב המשותף בעידן מפולג

עורך אחראי: ראובן ציגלר
עורכת משנה ומגיהה: אפרת גרוס
עריכה לשונית: דוד ברוקנר
עימוד: רינה בן גל
תמונת עטיפה: אליהו משגב

© כל הזכויות שמורות לעזבונו של הרב יונתן זקס ז״ל, 2022
© כל הזכויות בעברית שמורות להוצאת קורן ירושלים, 2022

ספרי מגיד, הוצאת קורן
ת״ד 4044 ירושלים 9104001
טל׳: 02-6330530 פקס: 02-6330534
maggid@korenpub.com

אין לשכפל, להעתיק, לצלם, להקליט, לאחסן במאגר מידע, לשדר או לקלוט בכל דרך או בכל אמצעי אלקטרוני, אופטי, מכני, או אחר כל חלק שהוא מן החומר שבספר זה. שימוש מסחרי מכל סוג שהוא בחומר הכלול בספר זה אסור בהחלט אלא ברשות מפורשת בכתב מהמו״ל.

מסת״ב ISBN 978-965-526-332-9

נדפס בישראל Printed in Israel 2022

לעילוי נשמת

ר' פינחס יוסף בן ר' אברהם ז"ל
נלב"ע ט"ז בכסלו תשנ"ט

ר' שמעון אברהם בן שבתאי ז"ל
נלב"ע י"ט באלול תשס"ד

ר' יהודה דוד בן פינחס יוסף ז"ל
נלב"ע י"ב בתמוז תשס"ג

תהיה נשמתן צרורה בצרור החיים

"וּרְאֵה בָנִים לְבָנֶיךָ שָׁלוֹם עַל יִשְׂרָאֵל" (תהלים קכח, ו)

לזכר סבינו

חנה ויוסף ישפה, מונטריאול

נסיה וצבי דב קרוניץ, מונטריאול

יוטא (מגדה) ויוסף שטיינלויף, מונטריאול

שרה רחל (ריניי) וישעיה מאיר שפיטצער, וינה

לנכדינו

נעה, ארי, אלישע, גדליה, זאב,
אריאלה, נתן, טליה ונועם

הַמַּלְאָךְ הַגֹּאֵל אֹתִי מִכָּל רָע
יְבָרֵךְ אֶת הַנְּעָרִים
וְיִקָּרֵא בָהֶם שְׁמִי וְשֵׁם אֲבֹתַי אַבְרָהָם וְיִצְחָק
וְיִדְגּוּ לָרֹב בְּקֶרֶב הָאָרֶץ
(בראשית מח, טז)

מפי עליון תבורכו

תוכן עניינים

פתח דבר .... יא
מבוא – שינוי אקלים תרבותי 1

חלק ראשון – העצמי הבודד

פרק א	בדידות	25
פרק ב	גבולות העזרה העצמית	39
פרק ג	המדיה האי־חברתית	51
פרק ד	המשפחה השברירית	65

חלק שני – השלכות: השוק והמדינה

פרק ה	מ"אנחנו" ל"אני"	81
פרק ו	המוסר מוסר מהשווקים	93
פרק ז	שוק האושר	109
פרק ח	דמוקרטיה בסכנה	125
פרק ט	הפוליטיקה של הזהות	137
פרק י	זמן ותוצאות	151

חלק שלישי – העודנו יכולים לחשוב ביחד?

פרק יא פוסט־אמת 171
פרק יב מרחבים בטוחים 183
פרק יג שני סוגי מחלוקת 197
פרק יד קורבניות 209
פרק טו שובו של הביוש הפומבי 221
פרק טז מותה של הציוויליות 229

חלק רביעי – להיות אדם

פרק יז כבוד האדם 245
פרק יח משמעות 259
פרק יט למה מוסר? 273
פרק כ   איזה מוסר? 285
פרק כא דת 301

חלק חמישי – הדרך קדימה

פרק כב המוסר חשוב 321
פרק כג מ"אני" ל"אנחנו" 335

אחרית דבר 353
הערות 359
על אודות המחבר 382

פתח דבר

המסע שהוביל אל הספר הזה החל לפני יותר מחמישים שנה. אף כי רוב חיי הבוגרים אני משמש מנהיג דתי, אהבתי הראשונה, שנים לפני שהחלטתי להיות לרב, הייתה פילוסופיה של המוסר, שלמדתי בשתי אוניברסיטאות, קיימברידג׳ וגם אוקספורד. זכיתי, באורח נדיר עד למאוד, שמנחיי הקרובים היו שלושה ממאורות הדור בפילוסופיה. המתרגל שלי בשנה השלישית לתואר הראשון היה רוג׳ר סקרוטון. מנחה הדוקטורט שלי בקיימברידג׳ היה ברנרד ויליאמס, ובאוקספורד פיליפה פוט.

הם היו נהדרים. אך לא כזה היה מצבה של פילוסופיית המוסר. היא הייתה פיקחית אבל לא חכמה. א׳ ג׳ אייר לימדנו, בפרק מפורסם ב׳לשון, אמת ולוגיקה׳, שהשיפוט המוסרי אינו ניתן לאימות ולכן הוא חסר משמעות, ביטוי רגשי גרידא. פילוסוף אחר הודיענו שהאתיקה עניינה המצאה של טוב ורע. ההשקפה הפופולרית גרסה כי המוסריות היא סובייקטיבית או יחסית; והפילוסופיה האקדמית בת הזמן אוששה זאת רובה ככולה. ג׳יימס ק׳ וילסון, איש מדע המדינה הדגול מהרווארד, גילה בשעה שלימד שיעור על גרמניה הנאצית שאין בקרב תלמידיו הסכמה כוללת כי מחוללי השואה ביצעו זוועה מוסרית. ״זה תלוי בנקודת המבט שלך״, אמר לו אחד הסטודנטים.[1]

שלושת מוריי הנזכרים ידעו כולם כי משהו השתבש כאן. שזו תפיסה שטחית, חובבנית וחסרת אחריות. כל אחד מהם מצא מוצא ממנה, אף כי נדרש לכך זמן. ברנרד ויליאמס אמר לי ב־1970 שהוא אינו יודע כיצד לכתוב פילוסופיה של המוסר; עד מהרה התאושש וב־1971 כבר הופיע ספרו הראשון, ששמו כשמו של ספר זה, 'מוסריות'. אני החלטתי בינתיים כי המקום הטוב ביותר להתחיל בו את החיפוש נמצא במסורת שלי, מסורת היהדות, המקיימת שיחה רצופה־כמעט על מהות החברה הטובה עוד מעת שאברהם נצטווה להורות לילדיו את "דֶּרֶךְ ה' לַעֲשׂוֹת צְדָקָה וּמִשְׁפָּט" (בראשית יח, יט).

היו גם אחרים שהבחינו בשיבוש. פיליפ ריף כתב כי "התַרבות היא שם אחֵר למערך של מניעים המופנים מן העצמי כלפי חוץ, כלפי אותן תכליות קהילתיות שרק בהן יכול הפרט לממש את עצמו ולהגיע לידי סיפוק", ושמערך זה ננטש כיום באופן שיטתי מתוך רדיפת מה שהוא כינה "ניצחון התרפויטי".[2] ג'ואן דידיון כתבה בספרה 'האלבום הלבן': "בעולם שבו כל מה שלימדתי נתפס עתה כשגוי, קשה לי להגן על הרעיון הבסיסי שצריך לקיים הבטחות".[3]

משכנע מכולם, בעיניי, היה אלסדייר מקינטאייר בספרו המעולה 'מעבר למידה הטובה'. הוא טען שם כי אף על פי ש"אנו ממשיכים להשתמש בהרבה ממילות המפתח" של המוסריות, "איבדנו – במידה רבה, אם לא לחלוטין – את ההבנה, התיאורטית והמעשית גם יחד, או במילים אחרות את המוסר". נותרו לנו רק "רסיסים של מערכת מושגים" של מה שהיה פעם תפיסה לכידה של העולם ומקומנו בתוכו. הוא חותם את ספרו באזהרה מפני ה"תקופות הקרבות ובאות של ברבריות ואפילה".[4] למרות הפסימיות הזאת של הספר, הוא החזיר אותי אל הפילוסופיה של המוסר. מקינטאייר הוא מן המשפיעים הגדולים ביותר על חיי, אף כי שורר בינינו הבדל מתבקש: כיהודי, אני סולד מפסימיזם.[5] אני מעדיף את התקווה.

אהבו את רעכם. אהבו את הגר. שמעו את שוועתו של מי שאין לו שומעים. חלצו את העני מעוניו. דאגו כי כל אדם יזכה לכבוד אדם.

עודדו את מי שיש לו יותר מכפי צורכו לחלוק את ברכתו עם מי שחי במחסור. האכילו את הרעב, שכנו את חסר הבית, ורפאו את החולה בגופו ובנפשו. הילחמו בעוול, יהיו עושיו וקורבנותיו אשר יהיו. ועשו דברים אלה מפני שאנו בני האדם מקושרים בברית של אחווה אנושית, ברית של בני ובנות כל הצבעים והתרבויות, המעמדות והאמונות.

אלה הם עקרונות מוסריים, לא כלכליים או פוליטיים. עניינם הוא המצפון, לא ההון או השלטון. אבל בלעדיהם, החופש לא ישרוד. לקיומה של חירות אין די בשוק החופשי ובמדינה הדמוקרטית־ליברלית, כי לא על האינטרס האישי לבדו תחיה החירות. חברות שבסיסן הוא האני אחת דינן לגווע. אבן ח׳לדון הראה זאת במאה ה־14, ג׳מבטיסטה ויקו במאה ה־18, וברטרנד ראסל במאה העשרים. חברות שבסיסן הוא הזולת הן אלו השורדות.

מוסר איננו אופציה. הוא הכרחי.

* * *

הנה מבנה הספר. בחלק הראשון, ״העצמי הבודד״, אני בוחן את השפעת המעבר מ״אני״ ל״אנחנו״ על אושרו ורווחתו של הפרט. אדבר על הבדידות, על ההדגשה המוגזמת של העזרה העצמית, על השפעתה של המדיה החברתית ועל התמוטטותה החלקית של המשפחה.

החלק השני, ״השלכות״, מראה כיצד השפיע אובדן המוסריות המשותפת לרעה על השוק ועל המדינה. חטיבה זאת מתחילה בפרק ״מ׳אנחנו׳ ל׳אני׳״, הסוקר בתמצית את תולדות צמיחתו של האינדיבידואליזם. היא נחתמת בפרק ושמו ״זמן והשלכות״, המנסה להסביר מדוע הכרעות הנראות הגיוניות בטווח הקצר עלולות להיות הרות אסון לטווח הארוך.

החלק השלישי, ״העודנו יכולים לחשוב ביחד?״, עוסק באובדן המחריף של הכבוד לאמת ולנימוסים בשיח הציבורי. יש קושי גובר לדבר ולהקשיב מעבר למתרסים. האם האמת עוד נחשבת לערך בעולם הפוליטי? האם המאמץ המשותף לבקש את האמת עודנו תכליתן של

האוניברסיטאות? איך השפיעה המדיה החברתית על הטון והתוכן של יחסינו עם הזולת? מה מחולל כל זה לאמון, שהינו תנאי הכרחי לקיומה של חברה טובה?

בחלק הרביעי, "להיות אדם", אני מתבונן בקשר בין מוסר, כבוד האדם וחיים של משמעות. אני בודק גם מדוע המוסר נחוץ, מהן הצורות שעשויות להיות לו, ומה טיב הזיקה בינו לבין הדת.

לבסוף, בחלק החמישי, "הדרך קדימה", אני מציג את ה"אני מאמין" שלי באשר לחשיבותו של המוסר, ומציע דרכים לחיזוקו בידינו בעתיד.

* * *

הספר הזה דן בכוחו של ה"אנחנו", ולעונג לי לספר שצורתו נתגבשה בשלושה מפגשים עם קבוצות מרשימות.

הראשון היה הטקס שבו קיבלתי את פרס טמפלטון ב־2016.[6] זו הייתה הפעם הראשונה שהצגתי את הטיעון שלי בעניין מיקור־החוץ של המוסר. זה היה ערב בלתי־נשכח, ואני מודה למשפחת טמפלטון על הפרס, על האירוע ועל העבודה הנפלאה שהיא עושה באמצעות קרן ג'ון טמפלטון. התעצבתי מאוד על מותו של ד"ר ג'ון (ג'ק) טמפלטון שנה קודם לכן, ושוב על כי אשתו ד"ר ג'וזפין (פינה) הלכה לעולמה זמן קצר לפני שיכולתי לשלוח לה טיוטה של ספר זה. אני מתגעגע אל שניהם. הם היו אנשים נהדרים, שחייהם נישאו על כנפיהם של אידיאלים נאצלים. אני מודה לבנותיהם, הית'ר טמפלטון דיל וג'ניפר טמפלטון סימפסון, על ידידותן ועל עבודתן המעולה – ולכל אנשי קרן ג'ון טמפלטון, המממנת מחקר עתיר חזון בנושא השפעתם של האלטרואיזם ושל רגשות חיוביים כגון שמחה, תקווה וסליחה על החברה ועל בריאות הגוף והנפש.

האירוע השני היה הרצאת טד שלי בוונקובר שבקנדה באפריל 2017.[7] זו הייתה הפעם הראשונה שנשאתי הרצאת טד רשמית, וזה היה הנאום המלחיץ ביותר שנאמתי מימיי. אוצֵר טד כריס אנדרסון וצוותו העלו את עולם תקשורת הרעיונות אל מישור חדש, ועצם

פתח דבר

השהייה בחברתם עוררה בי פחד – והשראה. היות שהם המאזינים הטובים בעולם, הם מוציאים מהמרצים שלהם את המיטב שבהם. נושא הוועידה ב־2017 היה "אתה העתידי", וטענתי הייתה שלמען "אתה" העתידי עלינו לחזק את ה"אנחנו" העתידי. אמרתי שאנו חיים בעידן שיש בו יותר מדי "אני" ופחות מדי "אנחנו". דיברתי על ה"אנחנו" של מערכות היחסים, "אנחנו" של הזהות ו"אנחנו" של האחריות, והצעתי לערוך בתודעתנו מעין "חפש והחלף" של מעבדי תמלילים. בכל פעם שאנו נתקלים במילה "עצמי", עלינו להחליף אותה במילה "זולת". וכך, במקום עזרה עצמית, נדבר על עזרה לזולת; ובמקום הערכה עצמית – הערכת הזולת. דבר זה, טענתי, יחולל בנו תמורה, ומתוך כך יתחיל לחולל תמורה בעולם.

השלישי היה סדרת משדרי רדיו בת חמישה פרקים, 'מוסר במאה ה־21', שיצרתי בספטמבר 2018 לערוץ רדיו 4 של בי־בי־סי.[8] תמיד אהבתי לעבוד עם הבי־בי־סי. זה יותר משלושים שנה שאני מגיש פינות 'מחשבה ליום' בתוכנית 'היום' ברדיו 4, וזה 22 שנה שאני מפיק מדי שנה תוכניות טלוויזיה לערוץ בי־בי־סי 1. דת ואתיקה הן תחומי עיסוק מרכזיים בשירות השידור הציבורי, שהוא ממעצביה הראשיים של התרבות בבריטניה, ויש לקוות שיישארו כאלו. חשיבות תפקיד זה של הבי־בי־סי גדלה אף יותר כעת, כאשר המדיה המקוונת מוצפת במידע בלתי־מבוקר, שלא תמיד קל להבחין בו בין אמת, טעות והולכת שולל. הכנת הסדרה הייתה לי אפוא לעונג, וביתר שאת בזכות מעורבותם הפעילה של עורכת הסדרה ואחראית תוכניות הדת והאתיקה כריסטין מורגן ושל מפיק הסדרה דן טיירני. דומני כי מעולם לא נהניתי כל כך מהכנת משדר.

אחד־עשר המומחים שראיינתי במשדרים, מבריטניה, ארה"ב וקנדה, היו מעולים, כפי שציפיתי שיהיו. ואלה הם: ניק בּוֹסְטְרוֹם, פרופסור לאתיקה יישומית באוניברסיטת אוקספורד; דייוויד ברוקס, סופר ובעל טור בניו־יורק טיימס; מלינדה גייטס, נדבנית ויו"ר־שותפה בקרן ביל ומלינדה גייטס; ג'ונתן היידט, פרופסור למנהיגות אתית באוניברסיטת ניו־יורק; נורינה הרץ, פרופסור כבוד ב"יוניברסיטי קולג'"

טו

בלונדון; ג'ורדן פיטרסון, פרופסור לפסיכולוגיה באוניברסיטת טורונטו; סטיבן פינקר, פרופסור לפסיכולוגיה באוניברסיטת הרווארד; מייקל סנדֶל, פרופסור לפילוסופיה מדינית באוניברסיטת הרווארד; מוסטפה סולימאן, מייסד־שותף ויו"ר מחלקת האינטליגנציה המלאכותית היישומית ב'דיפ מיינד'; וג'ין טווינג', פרופסור לפסיכולוגיה באוניברסיטת סן־דייגו סטייט. השפעתם על מחשבותיי ניכרת לאורך ספר זה. חשוב לא פחות מכך העידוד שקיבלתי כאשר למדתי את כתביהם, חלקם על פני שנים רבות, וגיליתי שאני לא לבד.

אבל הכוכבים של הסדרה היו בלי ספק התלמידים מארבעה בתי ספר תיכוניים שהצטרפו אליי באולפן לדון בדברי המומחים שלנו. הם באו מתיכון מנצ'סטר לבנות, מחט"ב ותיכון מנצ'סטר לבנים, מבית הספר גרייבני בטוטינג ומבית הספר קווינס בבושי. הם היו נבונים וסקרנים, והיו להם די ביטחון עצמי לערער לעיתים על דעתם של המומחים – וחוש הומור מענג. כמעט כל מי שחיווה באוזניי את דעתו על התוכניות ציין אותם לשבח, והם מעוררים תקווה גדולה לעתיד.

יכולתי לשער מראש שכתיבת ספר המבקש להשיב ל"אנחנו" את כבודו האבוד תתגלה כמפעל התובע שיתוף פעולה רב. אך לא העליתי על דעתי עד כמה יהיה הדבר נכון. תודתי נתונה ממעמקי ליבי לעורכי, איאן מטקלף, ולצוות בהוצאת הודר. מעולם לא נערכתי באורח כה יסודי; איאן צלל לכל שורה בכל עמוד בכל טיוטה, בדריכות ביקורתית ותעוזת ליבון שלא פגשתי עד אז. הדברים הטובים בספר הזה הם, בדרך כלל, פרי ידיו. לי יש לייחס את הטעויות והתקלות. זו הייתה חברותא אמיתית.

כתמיד, לואיז גרינברג, הסוכנת הספרותית שלי, האמינה בי יותר מכפי הראוי לי. לואיז הפיקה את דריסת הרגל הראשונה שלי בעולם השידור, בסדרת הרצאות ריית על "התמדת האמונה".[9] עזרתה והבנתה היו הפעם יוצאי דופן. עוד אני מודה לג'סטין מקלאן ולדיי־ג'יי קולינס, לדיין איוון בינסטוק ולדייוויד פריי, על הערותיהם המאירות והמועילות על הספר.

בממד ה"אנחנו" בחיי המקצועיים התברכתי בצוות הטוב בעולם:

ג׳ואנה בנארוש, דן סאקר ודבי אייפילד, ההופכים לי את הרצוי לאפשרי. הם מיוחדים לא רק במסירותם המוחלטת, במקצוענותם ובהתלהבותם, אלא גם באמות המידה המוסריות הגבוהות שלהם. הם מקפידים שהדברים הנכונים ייעשו בדרך הנכונה. הם חיים לאורם של ערכי הנאמנות, היושרה, האחריות והענווה, ובזכותם נעשיתי אדם טוב יותר. דן ערך חלק נכבד מהתחקיר לספר זה, והציע הצעות רבות של מהות ושל צורה.

האדם החשוב בחיי הוא רעייתי אילֵיין. השנה אנו חוגגים את חתונת הזהב שלנו. בהרצאת הטד שלי ניסיתי להסביר מה משך אותי אל איליין כשהכרנו: היותה שונה ממני תכלית שוני. אני עמלתי על דיפלומה בספקנות עצמית ובחרדה קיומית. היא קרנה שִׂמחה. מכאן צמחה התיאוריה שלי, שהיא תמצית הספר: **האנשים שאינם כמונו הם המצמיחים אותנו.**

הקדשתי את הספר לנכדיי. למען עתידם כתבתי אותו.

מבוא

שינוי אקלים תרבותי

חברה חופשית היא הישג מוסרי.

במערב, לאורך חמישים השנים האחרונות, אמת זאת נשכחה, נזנחה או הוכחשה. ומשום כך, הדמוקרטיה הליברלית נמצאת היום בסכנה.

לקיומו של חופש חברתי אין די בכלכלת שוק ובמדינה דמוקרטית-ליברלית. דרוש לו רכיב שלישי: מוסר, דאגה לטובתם של אחרים, מחויבות פעילה לצדק ולחמלה, נכונות לשאול לא רק מה נכון וטוב לי אלא גם מה נכון וטוב לכולנו־ביחד. עניינו הוא ״לנו״, לא ״לי״; ״אנחנו״, לא ״אני״.

אם נתמקד ב״אני״ ונאבד את ה״אנחנו״, אם נפעל על פי האינטרס העצמי בלי מחויבות לטוב המשותף, אם נתמקד בהערכה העצמית ונאבד את האכפתיות לזולת, נאבד הרבה יותר מכך. אומות יחדלו להיות חֲבָרות ויהיו לאוסף של קבוצות־זהות. נאבד את הרגשת האחריות המשותפת שלנו, ובמקומה נגלה תרבות של תחרות בהתקרבנות. בעידן של אפשרויות חסרות תקדים, אנשים ירגישו פגיעים ובודדים.

השוק יהיה חסר רחמים. הפוליטיקה תהיה מוליכת שולל, פלגנית, מסוכסכת וקיצונית. אנשים ירגישו חרדה, אי־ודאות, פחד, תוקפנות, ערעור, ניתוק וניכור. הם יתרכזו בקידום עצמי במקום בדבר האחד שייתן להם אושר בר־קיימא: שיפור חייהם של אחרים. הם יהיו, בהשוואה לבני הדורות הקודמים, עשירים בכסף אך מרוששים רגשית. החופש עצמו יהיה נתון לאיום מן הימין הקיצוני ומן השמאל הקיצוני: הראשון חולם על תור זהב שלא היה מעולם, והאחר על אוטופיה שלעולם לא תהיה.

הדמוקרטיה הליברלית נתונה בסיכון בבריטניה, באירופה ובארצות הברית. וכך גם כל מה שהדמוקרטיות מייצגות – החופש, כבוד האדם, החמלה והזכויות. החברות המתקדמות ביותר בהיסטוריה מבחינה טכנולוגית שכחו רק את זאת: איננו מכונות, אלא אנשים, ואנשים שורדים על ידי כך שהם דואגים זה לזה ולא רק מתחרים זה בזה. כלכלת השוק והפוליטיקה הליברלית ייכשלו אם לא תבצר אותן הכרה מוסרית המציבה במקום הראשון את האנושיות המשותפת לנו. הפערים הכלכליים יגדלו. הפוליטיקה תמשיך לאכזב אותנו. תבוא גאות של כעס וטינה, והניסיון ההיסטורי לימדנו כי זהו אות של סכנה לעתיד החופש.

אנו חווים עכשיו את מקבילתו התרבותית של שינוי אקלים. רק אם נכיר בכך נבין את הדברים המוזרים הקורים במאה ה־21 בתחומי הפוליטיקה והכלכלה, את הידרדרות אמות המידה הציבוריות של האמת ושל השיח, ואת האיום על חופש הדיבור באוניברסיטאות בבריטניה ובאמריקה. שינוי זה הוא גם תשתיתן של תופעות אישיות יותר כגון בדידות, דיכאון ושימוש בסמים. כל הדברים הללו קשורים זה לזה. זיהוי הבעיה הוא הצעד הראשון לפתרונה.

* * *

אזהרות בדבר האיום על הדמוקרטיה הליברלית נשמעות היום מפי מנהיגים פוליטיים. ב־8 בנובמבר 2019, במלאות שלושים שנה לנפילת חומת ברלין, הזהירה קנצלרית גרמניה אנגלה מרקל כי "הערכים

מבוא – שינוי אקלים תרבותי

שאירופה מיוסדת עליהם – חופש, דמוקרטיה, שוויון, שלטון החוק, זכויות האדם – אינם מובנים מאליהם בשום אופן". ימים אחדים קודם לכן אמר נשיא צרפת עמנואל מקרון כי אנו חווים "מוות מוחי של נאט"ו". אירופה, אמר, ניצבת "על פי תהום". סמוך לאחר מכן, ב-13 בנובמבר, דיברה בלונדון הילרי קלינטון על חברות הפרלמנט העוזבות את הפוליטיקה בגלל איומים וגידופים שהן מקבלות מקיצונים. בריטניה, הזהירה, נמצאת אולי "בדרך אל הסמכותנות, שהיא הדרך לפשיזם".[1] אישוש לחרדות אלו בא מפיו של נשיא רוסיה ולדימיר פוטין ביוני 2019, שהצהיר כי "הליברליזם מיושן".[2] ימינו אינם זמנים נורמליים.

לפני שלושים שנה, עם התמוטטות הקומוניזם וקץ המלחמה הקרה, נראה היה כי המערב נמצא בסיפור אחר לגמרי. קראו לו "קץ ההיסטוריה", ודומה היה שהשוק החופשי והדמוקרטיה הליברלית יכבשו את העולם בקלות ובהדרגה. בכל מקום חשקו הכול בעושר שהשוק מייצר ובחופש שהליברליזם מקנה. לזמן מה נראו הדברים כתחזית סבירה. אך כיום נראה המערב בעיני יריביו תשוש ושחוק, חלוש וקרוע.

קשה שלא להרגיש בשנים האחרונות כי דברים מוזרים וחסרי תקדים קורים. העולם לא התנהל בנחת במסלולו המורגל. הזירה הבין-לאומית נותרה בלי שיווי משקל מאז 11 בספטמבר 2001. הכלכלה הגלובלית טרם התגבשה מאז הלם המשבר של 2007-2008. הזינוק בהתמכרויות לסמים ולמשככי כאבים בארה"ב ובבריטניה מלמד שבחייהם של רבים לא הכול כשורה. הטון בדיון הציבורי, בפוליטיקה ובאקדמיה כאחד, נעשה זועם ומתנגח משהיה. השתנות עמוקה ומערערת מתחוללת במאה שלנו, אך קשה לשים את האצבע על מוקדה. בעידן של עודף מידע, כאשר החדשות המציפות אותנו מגיעות בפרוסות דקות ומנותקות ובמקטעי-קול קצוצים למשעי, גוברת אצלנו התחושה שאיננו יודעים היכן אנחנו. מכאן עלולות להתפתח תחושות של אין-אונים, חרדה ופחד, ותשוקה נואשת למצוא אנשים שיגשרו לנו על הפער.

* * *

3

אחד התסמינים החשובים של תמורה תרבותית זו הוא שינוי פניה של הפוליטיקה. מאז משאל העם על הברקזיט, ההיפרדות מהאיחוד האירופי, ב־2016, החיים הפוליטיים בבריטניה מכווצים רוב הזמן לכדי פארסה כושלת של התנגחות בין הכן והלא, בין הקשה לרך, בין ההסכם לאין־הסכם. הממשלה מתקשה להציג חזית אחידה, ואילו מפלגת האופוזיציה הראשית מפגינה חוסר רצון או חוסר יכולת להתעמת עם הנוכחות המתועדת של האנטישמיות בשורותיה. שתי התופעות הללו מגלמות נקודות שפל חדשות בהיסטוריה הפוליטית של בריטניה מאז מלחמת העולם השנייה.

במערב אירופה התאפיינה התקופה במהומות אלימות: בצרפת, בגרמניה, באיטליה, בספרד ובשוודיה. משקיף ותיק על הפוליטיקה הצרפתית, העיתונאי הבריטי ג'ון ליצ'פילד, כתב על מהומות "האפודים הצהובים" בפריז ב־2018–2019 כי מימיו לא ראה "הרס זדוני רב כל כך... כזאת שנאה אקראית והיסטרית המופנית לא רק אל השוטרים אלא גם אל קודשיה של הרפובליקה הצרפתית כגון שער הניצחון". ההשתוללות, אמר, "הייתה יותר ממחאה אלימה, יותר ממהומות; היא הגיעה לכדי התקוממות ואפילו אל סף מלחמת אזרחים".[3]

שלושים סופרים, היסטוריונים וחתני פרס נובל, בהם סיימון שאמה, איאן מקיואן וסלמן רושדי, פרסמו בינואר 2019 מנשר המזהיר כי "אירופה כרעיון מתמוטטת לנגד עינינו". הם דיברו על "הכוחות הפופוליסטיים השוטפים על פני היבשת". האידיאל האירופי, אמרו, "נותר כיום הכוח היחיד שביכולתו להדוף את סימניה החדשים של הטוטליטריות המקימה לתחייה מצוקות ישנות מתקופות אפלות".[4]

בארצות הברית הבחירות לנשיאות ב־2016 היו מן המקוטבות ביותר הזכורות. על פי סקר רויטרס/איפסוס, 15 אחוזים מהאמריקנים הפסיקו לדבר עם קרוב משפחה או חבר קרוב בגלל הבחירות. שני הצדדים נקטו דמוניזציה. זו הייתה דוגמה מובהקת לסוג הפוליטיקה שהמזרחן המנוח ברנרד לואיס תמצת במילים "אני צודק. אתה טועה. לך לעזאזל". כעבור שנתיים וחצי כתבה ב'וול סטריט ג'ורנל' פגי נונאן, מן הרהוטות בפרשנים הפוליטיים בארה"ב, כי "אנשים גאים עכשיו

במרירות שלהם". הקיטוב, כתבה, מזין את עצמו, ומחריף עוד ועוד: "אמריקה אינה מפחיתה את מספר הבודדים, הכועסים והמנוכרים, אלא מייצרת עוד ועוד שכמותם מדי יום".[5]

מונח אחד חוזר וצף בתיאורים רבים של הפוליטיקה החדשה: פופוליזם. המונח אינו קל להגדרה, ולפעמים הוא נשלף כלאחר יד, כעלבון ולא כתיאור מדויק. ועדיין אפשר לומר שבדרך כלל משמש המונח לתיאור צורת־פוליטיקה המתרחשת כאשר אנשים מתרשמים כי נוצרים פערים בלתי־מתקבלים על הדעת בעושר ובהזדמנויות, כשהם מזהים מתקפה על הערכים שלהם מצד אוונגרד פנימי או מצד גורמים מבחוץ, כשהם מרגישים שהאליטות הממסדיות פועלות נגדם ולא למענם, והממשלה אינה נותנת מענה לבעיותיהם. הדבר יוצר רצון במנהיגים חזקים, ואדישות־מה כלפי ההליך הדמוקרטי. מחקר משנת 2017 על עליית הפופוליזם במדינות מפותחות גדולות הראה ששיעור ההצבעה למפלגות פופוליסטיות נמצא בשיא שלא הגיע אליו מאז שנות השלושים, בעקבות עלייה חדה שהחלה ב־2013.[6]

ברחבי העולם המערבי צנח האמון במוסדות הציבוריים ובמנהיגים, הקיצוניות הפוליטית גברה, והממשלות לא הצליחו לתת מענה לבעיות יסוד כגון שינוי האקלים ותחלואי הכלכלה הגלובלית. תופעה חדשה צצה: "פוליטיקת הזהויות" – דהיינו פעילות פוליטית המתמקדת לא באומה כמכלול אלא בסדרה של מיעוטים מגדירי־עצמם, המעוררת עליה פוליטיקת־נגד פופוליסטית בשמה של אוכלוסיית הרוב המותקפת והנרגזת המרגישה שהאליטות מרחיקות אותה ומתעלמות ממנה מרוב דאגה למיעוטים.

בתוך כך ניזוקו עקרונות היסוד של השיח הפוליטי, עד כדי קריסת האמון ההדדי. השימוש המניפולטיבי במדיה החברתית, הסילופים שזכו לכינויים "פוסט אמת", "עובדות אלטרנטיביות" ו"חדשות כזב", וכריית הנתונים האישיים למטרות שאין הם מיועדים להן – כל אלה מובילים להתפשטותה של ציניות כלפי התהליך הפוליטי. עצם ריבוים של ספרים בעלי כותרות כגון "המוות המוזר של אירופה", "כיצד גוועות דמוקרטיות", "נסיגת הליברליזם המערבי"

או "התאבדות המערב" מלמד כי פרשנים רבים מאוד הגיעו למסקנה שהחירות עצמה, כפי שהכרנוה במאות הקודמות, מצויה בסכנה.

"דה־מורליזציה, דקדנס, דלדול דמוגרפי, דיס־אינטגרציה, דיס־פונקציונליות, דעיכה" – במילות ד' אלו מתאר עורך הפיינְנשל טיימס לשעבר ביל אֶמוט את מצבו של המערב היום בעיניהם של בני־מערב רבים כמו גם בעיניהם של בוזי־המערב.[7] או כמו הבדיחה היהודית הידועה על מברק שהגיע: "תתחילו לדאוג. פרטים בהמשך".

* * *

סדרה נוספת של תופעות נוגעת לאושר האישי, או ליתר דיוק להיעדרו. רמת החיים של רובנו במערב הגיעה לגבהים שאבותינו לא שיערו. יש לנו גישה לסחורות מכל מקום בעולם כמעט, והן משונעות עד פתח ביתנו. יש לנו מבחר רחב מאי־פעם, אנו יכולים בקלות לנסוע להנאתנו ברחבי תבל, ואנו נהנים מחופש אישי רב מזה שהיה בכל דור מן הדורות. האינטרנט והרשתות החברתיות הביאו את העולם אלינו, ואותנו אל העולם. אנו מחזיקים בכף ידנו עוצמת־חישוב רבה מזו שנמצאה במכונים מדעיים שלמים אך לפני חמישים שנה. מעולם לא הייתה לנו גישה נרחבת כל כך לידע. מעולם לא היה לנו מגע מיידי יותר עם אנשים מסביב לעולם. מבחינות רבות, זהו עולם שאבותינו יכלו רק לחלום עליו. עוני, רעב, בערות, מות ילדים, כל אלה הופחתו בהצלחה מסחררת. תוחלת החיים גדלה במאה האחרונה בשנתיים־שלוש מדי עשור. למראית עין, לא יכולנו להיות במצב טוב מזה.

אך יש סימנים המלמדים שלא כך הוא. למשל, בארה"ב מתו מצריכת יתר של סמים בשנת 2017 יותר מ־70,200 איש – כפליים מהשיעור השנתי עשור קודם לכן, ופי שלושה מכפי שהיה עוד עשור לאחור. בתחום הזה אמריקה מובילה בעולם. שיעורי המוות ממנת יתר גבוהים שם כמעט פי ארבעה מאלו שב־17 מדינות עשירות אחרות, ולראשונה זה שנים רבות תוחלת החיים בארה"ב יורדת. האלכוהול הורג יותר אנשים, ויותר צעירים, מבעבר. שיעורי ההתאבדות עלו בשליש במהלך פחות מעשרים שנה.

בבריטניה דוח משנת 2018 חשף כי מספר בני החמישים ומעלה שטופלו בבתי חולים בגלל מנת יתר של סם עלה פי ארבעה ויותר בתוך עשור אחד: מ־1,380 ל־7,800. החדשות הטובות הן ירידה בת 6 אחוזים במספר הצעירים שנזקקו לטיפול. ועדיין, לשימוש בסמים בקרב מבוגרים יש השפעה על האוכלוסייה הצעירה משום שילדים קטנים רבים מגויסים בידי כנופיות סמים להפצת קוקאין והרואין.[8]

שימוש בסמים נקשר תכופות בתופעה רווחת יותר, דיכאון, ושיעור הדיכאון בקרב מתבגרים אמריקנים עולה אף הוא במהירות. בסקר עדכני של מכון פיו אמרו 70 אחוז מהנשאלים בני ה־13 עד 17 כי חרדה ודיכאון הם בעיות רציניות בקרב בני גילם. כשנתבקשו לדרג את צרותיו של דורם, דירגו הפרעות אלו בראש.[9] 13 אחוז מהמתבגרים האמריקנים אמרו, בסקר משנת 2013, כי הם חוו בשנה החולפת לפחות מקרה אחד של דיכאון קשה, לעומת 8 אחוזים רק עשור אחד קודם לכן: עלייה בת 59 אחוז.[10] מעבר לאוקיינוס, דוח של האגודה למען הילד בבריטניה משנת 2018 העלה נתון מבהיל ולפיו 20 אחוז מבנות ה־14 בבריטניה פגעו בעצמן במכוון בשנה החולפת.[11]

ג'ין טווינג', ממשתתפות סדרת הרדיו שלי בבי־בי־סי על מוסר, כתבה ב־2018 מחקר מקיף על דור ה־i, כפי שהיא מכנה את ילידי 1995 ואילך. היא מתעדת בו עלייה דרמטית בשיעור ההתאבדויות, ניסיונות ההתאבדות ומחלות הדיכאון בקרב בני־עשרה אמריקנים, לצד צניחה דרמטית לא פחות בשביעות־הרצון מהחיים על פי דיווח עצמי. דומה כי זהו דור חרד מאוד; בני דור ה־i, היא אומרת, "מבוהלים, אולי אפילו מבועתים". הם "בה־בָּעֵת הדור הבטוח ביותר מבחינה פיזית, והשברירי ביותר מבחינה נפשית".[12]

מציאות זו היא תעלומה – ויותר מכך. היא מעוררת שאלות יסוד על מגמת פניו של המערב הדמוקרטי־ליברלי בעל כלכלת השוק. ניצחנו כנראה בקרב על החיים ועל החירות, אבל בקשת האושר עדיין חומקת מידנו. אנו ממשיכים לרדוף אחריו, אבל הוא רץ מהר מאיתנו.

* * *

ממד שלישי בתעוקת זמננו נוגע לכלכלת האי־שוויון. הדוגמה הבולטת ביותר היא הפער המתרחב בהתמדה בין שכר המנהלים לשכר היתר. כך, למשל, בשנת 2018 השתכר מנכ"ל דיסני, בוב אייגר, סך 65.6 מיליון דולר. הדבר הכעיס את אביגיל דיסני, נכדתו של רוי ונכדניתו של וולט דיסני. היא כינתה זאת "חוסר הגינות עירום". שכר זה היה גדול פי 1,424 מהשכר החציוני של עובדי דיסני. הגיע הזמן, אמרה, "להתריע באוזני האנשים והנשים המובילים אותנו... על הנכונות שלנו להניח לאנשים עמלים לצלול לעומק שעה שהמנהלים הבכירים לוקחים לביתם סכומי כסף שערורייתיים". היא יודעת, הוסיפה, שאין לצפות מדירקטוריונים לפעול בכיוון זה, מפני שהם "כמעט תמיד מורכבים ממנכ"לים, מנכ"לים לשעבר ואנשים המשתוקקים להיות מנכ"לים".[13]

מגמה זו, שבלטה לעין בימי המשבר הפיננסי של 2007–2008, מתקיימת זה שנים רבות. בשנת 1965 עמד יחס המשכורות בין מנהלים בכירים לעובדים מהשורה בארה"ב על 20:1. כיום היחס הוא 312:1.[14] הדבר היה צורם פחות לו היו מנהלים אלה יזמים שהקימו עסק במו ידיהם, סיכנו את כספם והשקיעו את חסכונותיהם. אך הם אינם כאלה. הם מסכנים רק את כספם של בעלי המניות ואת עתידם של עובדיהם. קשה להימלט מהמסקנה שאליטה קטנה של מנהלים, חברי דירקטוריונים ובעלי אחזקות גדולות הרשו לַדבר לקרות במקום שתתקיים חלוקה הוגנת יותר של רווחי החברה.

אך עניין זה הוא רק חלק מבעיה נרחבת הרבה יותר: הנתק בין הכלכלה לחברה, שגדל ככל שהייצור והסחר נעשו גלובליים. בכלכלה מקומית הצמיחה מביאה בדרך כלל ברכה למדינה כולה, אף כי הרווחים אינם מחולקים בשווה. לא כך הוא כאשר אפשר להוציא את הייצור במיקור־חוץ למדינות באזור אחר בעולם שהשכר בהן נמוך כגון דרום־מזרח אסיה. הדבר גורם תכופות לריכוז הפעילות הכלכלית במערב לאזורי סחר אורבניים; אזורים עצומים, כגון אזורי מכרות וייצור לשעבר, נותרים טרף לנחשלות ולקיפוח, עם שיעורים גבוהים של אבטלה, שימוש בסמים ופשע, הון חברתי נמוך, בתי ספר חלשים, ומיעוט הזדמנויות לילדים הגדלים בהם.

אפילו קליפורניה, פסגת החלום האמריקני בשנות השישים, סובלת. היא מתמודדת כיום עם משבר חריף של חוסר בית: אף כי מתגוררת בה שמינית מאוכלוסיית ארה"ב, נמצאים בה רבע מחסרי־הבית. שורר בה ריבוד כלכלי קיצוני: עשירי־על מעמק הסיליקון ומתעשיית הבידור, מעמד ביניים של פקידי מדינה, אקדמאים ואנשי תקשורת, ובתחתית מצויים אלה שג'רלד בייקר מה'טיימס' הלונדוני מכנה "עבדים מודרניים", שיש להם "מעט נכסים, שום חלק משלהם בכלכלה, והודות למחירי הדיור הבלתי אפשריים, ניידות מוגבלת".[15] האוטופיה הייתה לדיסטופיה.

כלכלן קרן המטבע הבין־לאומית לשעבר רגוראם רג'אן טוען בספרו 'העמוד השלישי' (2019) כי רשתות הקשרים, היחסים, הערכים והנורמות, הקושרות אותנו איש לזולתו, נקרעות לגזרים בידי החדשנות הטכנולוגית. התוצאה היא האי־נחת החברתית, האלימות והפופוליזם שעינינו רואות. רג'אן גורס כי השווקים צריכים לשוב ולכונן את זיקתם אל רשת היחסים האנושיים ולהיעשות לכלכליים־חברתיים, כלומר לדאוג לא רק לרווחים אלא גם להשלכות החברתיות.

לשימוש הגובר בבינה מלאכותית תהיה השפעה רבה על התעסוקה. ההערכות העדכניות מדברות על פגיעה ב־20 עד 50 אחוז מהמשרות. איננו יודעים אם מספר שווה של מקומות עבודה ייווצר, או שהאבטלה תעלה, או שהמערכת תתאים את עצמה בדרך זו או אחרת כגון קיצור יום העבודה. אך כלכלות המערב נמצאות על סיפה של תמורה רבתי, שיסודה בהתפתחויות הטכנולוגיות. טיפשי יהיה לחשוב שצמיחה כלכלית יכולה להתקיים לעצמה, כפעולה מופשטת של מירוב רווחים, בלי שתינתן הדעת על בני האדם ועל הקהילות שהם חיים בהן.

* * *

תופעה רביעית היא המתקפה נגד חופש הדיבור המתחוללת באוניברסיטאות בבריטניה ובצפון אמריקה, ובאשפתה חיצים כגון מושגי המרחב הבטוח, אזהרות הטריגר, המיקרו־אגרסיות ותרבות הביטולים, שנועדו כולם להגביל או לאסור ביטוי רגשות העלולים

לפגוע בכמה סטודנטים, גם אם האיסור פוגע ברבים אחרים. שלטון האספסוף דוחק עוד ועוד מפניו את מה שנחשב עד כה למשימתה המקודשת של האוניברסיטה – החיפוש המשותף אחר האמת. הרעיון שהשקפות מסוימות, ואנשים המחזיקים בהן, צריכים להיות מושתקים רק מפני שהם עשויים להרגיז מישהו – רעיון שקנה אחיזה בחוגים אקדמיים רבים כיום – הוא מזעזע. זוהי האי־סובלנות החדשה.

במהלך שנת 2019 נדהמתי לראות כיצד נשללת מאחד ממשתתפי סדרת הרדיו שלי על מוסר, הפסיכולוג הקנדי ג׳ורדן פיטרסון, מלגת מחקר בבית הספר לתיאולוגיה באוניברסיטת קיימברידג׳, משום שצולם ליד אדם שלבש חולצה עם הדפס מעליב. פיטרסון לא נראה מתייחס למסר שעל החולצה, ודאי לא מאמץ אותו; הצילום נעשה אחרי הרצאה, מאות אנשים שילמו כדי להצטלם איתו, והוא הקדיש לכל אחד מהם רק כמה שניות. האם, תהיתי, יש בבית הספר לתיאולוגיה מקום לערכים כגון אמונה, אמת, צדק, נדיבות וסליחה? האם מוסד נוצרי זה שמע על המימרה "אל תשפטו פן תישפטו"? האם אברהם, משה, עמוס או ירמיהו, שחלקו איש איש על החוכמה־המקובלת של תקופתו, היו מצליחים להשמיע את קולם בעולם של צנזורה מצמיתה כל כך?

זו רק דוגמה אחת לבעיה נרחבת הרבה יותר. בתחקיר מגזין ׳סְפַּייקד׳ משנת 2017 נמצא כי מתוך 115 האוניברסיטאות ואיגודי הסטודנטים בבריטניה, 63.5 אחוז מגבילים "באופן חמור" את חופש הדיבור, ועוד 30 אחוז "מגבילים במידת מה". פעיל זכויות האדם וחופש הדיבור פיטר טאצ׳ל אמר על ממצאי התחקיר: "האוניברסיטאות היו מבצרים של דיבור חופשי ודיון פתוח. כפי שמראה דוח זה, הן מסייגות כיום את הדיבור החופשי בעוד ועוד גדרות וגדרים, כדי כך שהוא חדל להיות חופשי".[16]

דוח של מכון המחקר הבריטי ׳פוליסי אקסצ׳יינג׳׳ מנובמבר 2019 הראה כי רוב הסטודנטים תמכו בחרם על ג׳ורדן פיטרסון (41 אחוז) ועל הפמיניסטית ז׳רמן גריר (44 אחוז) אשר ביקורה באוניברסיטה הקים עליו מחאה על רקע היותה "טרנספובית" כביכול. כ־40 אחוז מהסטודנטים דיווחו שחשו אי־נוחות לבטא בקול דעות מנוגדות

לאלו של סטודנטים אחרים. הדוח הזהיר כי במקום שהאוניברסיטאות בבריטניה תהיינה "מרחבים של דיון רציני וגילוי חופשי", הן "מוחנקות בתרבות של קונפורמיות".[17]

אף כי על גבי הקשת הפוליטית מצויים סטודנטים ואוניברסיטאות אלה בקצה אחד, ונשיא רוסיה ולדימיר פוטין בקצה האחר, דומה כי הם מתקרבים להשקפתו כי הליברליזם – שחופש הביטוי הוא מעמודי התווך שלו – התיישן. רק מי שאין לו ידע היסטורי על מה שהתחולל באוניברסיטאות בצרפת ובגרמניה בשנות העשרים והשלושים של המאה הקודמת לא יבין כי זהו צעד ראשון בשביל היורד תהומה.

ציד המכשפות בקמפוסים הוא רק תופעה אחת מתוך פקעת של תופעות חדשות השוחקות את הסובלנות ואת האמת. לנגד עינינו קמו הביוש הפומבי ומשפטי השדה, עתה באמצעות קמפיינים בתקשורת החברתית. ישנו הפוסט־אמת, המונח שקנה לו שביתה בימי מערכת הבחירות לנשיאות ארה"ב ב־2016, ואותת כי הדבקות בעובדות פחותה במעלתה מתמרון הלכי הרוח. הנימוס הבסיסי נעלם מהשיח הציבורי. התקשורת החברתית נתנה לכל אדם קול, אך תכופות זהו קול צרחה. כל אלה מערערים את תחושת השייכות לקהילה אחת, מבקשת דעת, שחבריה נוהגים כבוד זה בזה.

* * *

כל התופעות הללו, ועוד אחרות שאדון בהן בספר, מצטרפות יחדיו לא במקרה. אלו הן תוצאות מרובות של תמורת־יסוד יחידה באתוס של המערב. לשינוי האקלים יש גורמים רבים ותסמינים רבים: גזי חממה, פליטות גז רעיל, אובדן יערות הגשם, עליית פני הים, המסת הקרחונים וכיפות הקרח בקטבים, התרבות אירועי מזג אוויר קיצוני, היכחדות מיני בעלי חיים וצמחים וסכנת הכחדה למינים רבים נוספים. תופעות אלו, שונות ככל שתהיינה, שייכות כולן לתופעה אחת: ההתחממות הגלובלית.

על אותה דרך, הפוליטיקה הפלגנית, הכלכלה נטולת ההוגנות, אובדן הפתיחות באוניברסיטאות והעלייה בדיכאון ובשימוש בסמים

כולן תוצאה של מה שאני מכנה שינוי האקלים התרבותי. אלו הן ההשלכות ארוכות הטווח של ניסוי חסר תקדים שתפס אחיזה ברחבי המערב לפני כיובל שנים: **המעבר מ"אנחנו" ל"אני"**.

בכל הארצות ובכל התרבויות יש שלושה מוסדות בסיסיים. ישנה **הכלכלה**, שעניינה יצירת העושר וחלוקתו. ישנה **המדינה**, שעניינה הלגיטימציה של הכוח וחלוקתו. וישנה **מערכת המוסר**, שהיא קולה של החברה בתוך היחיד; ה"אנחנו" בתוך ה"אני"; הטוב המשותף אשר מגביל את המרוץ שלנו אחר הרווח האישי ומכוון אותו. זהו הקול האומר "לא" ל"אני" היחידי למען ה"אנחנו" הקיבוצי. יש הקוראים לו מצפון. פרויד קרא לו סופר־אגו, על־אני. אחרים מדברים על מנהג ומסורת ומתכוונים אליו. ועוד אחרים קוראים לו החוק הטבעי. אנשים רבים במערב דיברו עליו כ"רצון הא־ל" ו"דבר הא־ל".

המוסר, יהיה מקורו אשר יהיה, הוא המאפשר לנו להסתדר זה עם זה בלי להזדקק עד אין־קץ לכלכלה או לפוליטיקה. לפעמים אנו רוצים לגרום לאחרים לעשות דבר מה שאנו רוצים או צריכים שהם יעשו. אנחנו יכולים לשלם להם כדי שיעשו זאת: זוהי הכלכלה. אנחנו יכולים גם להכריחם לעשות זאת: זאת הפוליטיקה, המדינה. אבל אנחנו יכולים גם לשכנע אותם לעשות זאת כי הם ואנחנו שייכים לאותה מסגרת של ערכים ואחריות, כללים וקודים, סייגים ומנהגים, מידות־טובות ומגבלות. זהו המוסר.

המוסר הוא אשר מרחיב את מבטנו אל מעבר לעצמי ולחשקיו. הוא מעמיד אותנו בתוך סדר חברתי משותף. המוסר נסב תמיד על גוף ראשון רבים. "החברה", אמר השופט הבריטי הברון פטריק דֶוולין, "משמעה קהילה של תפיסות; בלי תפיסות משותפות לגבי פוליטיקה, ערכי מוסר ואתיקה, שום חברה אינה יכולה להתקיים".[18] **החברה מושתתת על מוסר משותף.** אף כי ניטשה ערער על השקפה זאת עוד בשנות השמונים של המאה ה־19, היא הוסיפה למשול בדעת הקהל עד שנות השישים של המאה העשרים. להיות חלק מהחברה פירושן היה להיות מְחֻבְרָת, להפנים את הנורמות של האנשים שסביבך, לפעול למען טובתם של אחרים ולא רק למען טובתך שלך. ההנחה הייתה

שתנאי לכך שאדם יהיה הוא־עצמו הוא שהוא יהיה חלק מדבר גדול ממנו.

המוסר משיג דבר הקרוב לגֶדֶר נֵס, דבר חיוני להצלחתה וחירותה של האנושות. הוא יוצר אמון. אם אנו שייכים לאותה קהילת מוסר, אנו יכולים לפעול יחד בלי לחשוש כל הזמן מפני אלימות, בגידה, ניצול או מרמה. ככל שקשרי הקהילה איתנים כן חזק כוחו של האמון – וכן גדולים ההישגים שאנו יכולים להגיע אליהם יחד.

הכלכלן פרידריך האייק היטיב לנסח זאת. "אנו מבינים איש את רעהו ומסתדרים איש עם רעהו", כתב, "אנו יכולים לפעול בהצלחה לפי תוכניותינו, שכן רוב האנשים הנמנים עם הציביליזציה שלנו פועלים בדרך כלל בהתאם לדפוסי התנהגות לא־מודעים" שהם "פרי הרגלים ומסורות מקובלים". בלי הרגלים אלה של הלב ושל המעשה, היו הדברים שאנו יכולים לעשות יחד מוגבלים עד מאוד. החופש, הוא כותב, מעולם לא פעל "בלי אמונות מוסריות מושרשות כהלכה", ו"אפשר להסתפק במזער הכפייה בלבד רק במקום שבו אפשר לצפות מאנשים שיקבלו על עצמם בדרך כלל לנהוג לפי עקרונות מסוימים".[19]

המוסר חיוני לחופש. לכך כיוון ג'ון לוק כאשר הנגיד בין **החירות**, החופש לעשות את הראוי, לבין **ההפקרות**, החופש לעשות את המתחשק. לכך אותת גם אדם סמית כאשר, לפני שכתב את 'עושר העמים', כתב את 'תיאוריה של הרגשות המוסריים'. על כך דיבר גם ג'ורג' וושינגטון כשאמר, "את זכויות האדם אפשר להבטיח רק בתוך עם בעל מידות טובות"; ובנג'מין פרנקלין כשאמר "רק עם בעל מידות טובות מסוגל לחופש"; ותומס ג'פרסון, באומרו "אומה, באשר היא חֶברה, יוצרת אדם מוסרי, וכל אחד מבני האומה אחראי באופן אישי לחֶברה שלו". אם יאבד המוסר, לא ירחק היום ותאבד החירות.

כך מקובל היה לאורך מאות שנים. איך השתנה הדבר? תחילה ברעיונות מופשטים למדי. לאורך מאות שנים התפתחה הגות על טבע היחיד והעצמי, החל מימי הרפורמציה במאה ה־16, המשך בנאורות של המאה ה־18, וכלה בשיא ברדיקליות בת המאה ה־19 של קירקגור וניטשה. אחר כך, משנות השלושים עד שנות השישים של המאה

העשרים, פעלו האקזיסטנציאליסטים בצרפת והאֱמוטיביסטים בבריטניה ובארה״ב. הללו טענו כי אין בנמצא מערכת מוסר אובייקטיבית, אלא רק בחירות פרטיות המבוססות על רגשות סובייקטיביים. ועדיין רעיונות חדשים אלה לא עקרו את ההנחה שהחברה בנויה על יסודות של מוסר משותף.

משנות השישים ואילך, זה השתנה. ראשונה באה **המהפכה הליברלית**: אין זה מתפקידו של החוק לאכוף מוסר משותף. המוסר פינה את מקומו לאוטונומיה, שבה המגבלה היחידה היא לא להזיק לאחרים. בשלב הבא, בשנות השמונים, באה **המהפכה הכלכלית**: התערבות המדינה במשק צריכה להיות מזערית. ואז, בשנות התשעים ובקצב גובר במאה הנוכחית, באה **המהפכה הטכנולוגית**: האינטרנט, המחשבים הניידים, הסמארטפונים, והשפעתם הרבה על הכלכלה הגלובלית ועל אופן התקשורת שלנו עם הזולת. המדיה החברתית, במיוחד, שינתה את טבעו של המפגש הבין־אישי.

המשותף לכל ההתפתחויות הללו, שהן נוטות להציב בלב חיי המוסר לא את החברה אלא את העצמי. אין הכוונה חלילה שהאנשים נעשו לא מוסריים או א־מוסריים. ברור שלא. אנחנו מתחשבים באחרים. אנחנו מתנדבים. אנחנו נותנים צדקה. אנחנו מבטאים חמלה. אנחנו בעלי חוש מוסרי. אבל אוצר המילים המוסרי שלנו הפך למצבור של מושגים ורעיונות חדשים: אוטונומיה, אינדיבידואליות, אותנטיות, ביטוי עצמי, מימוש עצמי, הערכה עצמית.

לגוגל יש כלי חיפוש, Ngram, המודד את תכיפות היקרותן של מילים מבוקשות בטקסטים שהודפסו בתקופה היסטורית נתונה. בבדיקה בכלי זה מצאנו כי מילים שהיו שכיחות בעבר נעשו נדירות יותר מאז שנות השישים; בפרט המילים ״כבוד״, ״סמכות״, ״חובה״, ״ראוי״ ו״מצפון״. הצניחה העיקרית אירעה בין השנים 1960 ו־2000; מאז, כמה מן המילים התאוששו מעט. אך במקביל חלו שינויי מגמה נוספים, דרמטיים פחות. המילה remorse נדחקת מפני המילה regret; שתי המילים מובנן ״חרטה״, אך הראשונה מבטאת תחושת חטא ורצון בכפרה והשנייה מבטאת צער פשוט יותר על שאדם לא עשה אחרת.

המילה "בושה" נעשתה נפוצה יותר מהמילה "אשמה". אחד הממצאים המאלפים היה שבעוד הדיבור על "אחריות" נותר יציב פחות או יותר, נסיקה חדה נרשמה מאז 1960 בשימוש במילה "זכויות". אנחנו עדיין חושבים על מוסר, אבל מהססים לבטא אשמה, אחריות או רצון בכפרה.

* * *

התהליך הזה, בחלקו הנכבד, מושתת להערכתי על החלתו השגויה של עיקרון כלכלי על תחום המוסר. כוונתי לעקרון **מיקור־החוץ**. שורשיו מגיעים לעקרון חלוקת העבודה של אדם סמית ולתיאוריית היתרון היחסי של דייוויד ריקרדו. על פי תיאוריה זו, גם אם ראובן עושה כל עבודה שהיא היטב משמעון, עדיין כדאי לשניהם שראובן יעסוק במלאכה שהוא טוב בה במיוחד, וכך יעשה גם שמעון, ושניהם ימכרו זה לזה את התוצרים והשירותים שלהם. השאלה **היא**: האם יש גבולות? **האם יש דברים שאי־אפשר, או לא ראוי, כי נוציא למיקור חוץ?**

דוגמה אחת אירעה בשנים שלפני הקריסה הפיננסית של 2007-2008. הבנקים התחילו **לייצא סיכונים**, דהיינו להלוות הרבה מעבר ליכולותיהם, מתוך הנחה שמחירי הנדל"ן יוסיפו לעלות עד בלי קץ, או, חשוב מכך, שאם הם יצנחו זו תהיה הבעיה של מישהו אחר, לא שלהם. הקריסה הוכיחה כי במערכת פיננסית שקשרי הגומלין בה מרובים אי־אפשר לייצא סיכונים בהיקף כזה. לא רק שהדבר אינו מגן על הבנק מהסיכון שנטל – הוא גם מסתיר ממנו את המתרחש, עד שהשעה מאוחרת מדי והאסון כבר בלתי־נמנע.

עוד דוגמה מהעת האחרונה, שכמעט אין מבחינים בה, היא מיקור החוץ של **הזיכרון**. כוח זיכרונם של הטלפונים החכמים והמחשבים הניידים גדל והולך – אך באותה שעה כוח הזיכרון שלנו ושל ילדינו מתכווץ. למה לטרוח לזכור משהו אם אפשר לחפש אותו בגוגל או בוויקיפדיה ולמצוא בשבריר שנייה? אלא שיש כאן בלבול בין **היסטוריה לזיכרון**, שאינם היינו הך כלל. ההיסטוריה היא תשובה לשאלה מה קרה; הזיכרון הוא תשובה לשאלה מי אני. ההיסטוריה כוללת עובדות; הזיכרון – זהות. ההיסטוריה עוסקת במה שקרה

לאחרים, לא לי. הזיכרון הוא הסיפור שלי, העבר שעשה אותי למי שאני, המורשת שאני הוא השומר שלה אשר יעבירנה לדורות הבאים. בלי זיכרון אין זהות, ובלי זהות אנו רק אבק על קליפתו של האין־סוף.

דבר דומה אירע למוסר. כשהגעתי ללימודי תואר שני באוניברסיטת קיימברידג׳, בשלהי שנות השישים, הקורס בפילוסופיה נקרא "מדעי המוסר", ללמדך שכמו מדעי הטבע גם המוסר הוא אובייקטיבי, ריאלי, חלק מהעולם החיצוני. אך מייד גיליתי שכמעט איש אינו מאמין בכך עוד. המוסר נתפס כלא יותר מביטוי של רגש, או תחושה סובייקטיבית, או אינטואיציה פרטית, או בחירה אוטונומית. הוא מה שאני בוחר שהוא יהיה. בעיניי נראה הדבר פחות כציוויליזציה ויותר כהתפרקותה של ציוויליזציה.

התוצאה הייתה שמערכת המוסר פורקה לשתיים, בחירות מוסריות לעומת ההשלכות שלהן, ונמסרה במיקור חוץ לידי שתי הצלעות האחרות במשולש החברתי: השוק והמדינה.

הבחירות המוסריות הועברו לשוק. השוק נותן לנו אפשרויות בחירה, והמוסר הוא רק סדרה של אפשרויות כאלו, שבהן לטוב ולרע אין משמעות מעבר להשׂבעתו, או הרעבתו, של היצר. על ידי כך, קשה לנו יותר ויותר להבין מדוע יש דברים שאף כי אנו רוצים ומסוגלים ורשאים־משפטית לעשותם, עלינו להימנע מכך מפני שהם מְעֻוולים, מבזים, מפרים־אמונים או משפילים את הזולת, ובקיצור לא־אתיים. האתיקה הופחתה לכדי כלכלה.

זאת באשר לבחירות שלנו עצמן. ואילו ההשלכות של בחירות אלו הועברו למדינה, שוב במיקור חוץ. בחירות גרועות בחיים מובילות לתוצאות גרועות: מערכות יחסים כושלות, ילדים מוזנחים, מחלות דיכאון, חיים מבוזבזים. בכל אלה מצופה עתה כי הממשלה תטפל. הנישואים אינם מועלים עוד על נס כקשר מקודש בין איש לאישה, והמדינה אמורה ליטול אחריות על כל תוצאה שלילית שתהיה לערעור זה במעמד המשפחה. הרווחה נמסרה במיקור חוץ אל רשויות הממשלה, ויש פחות צורך בהתנדבות קהילתית מקומית. אשר למצפון, שלא מזמן עוד מילא תפקיד מכריע בחיי המוסר – אותו אפשר למקר החוצה אל

רשויות האסדרה, הרגולטורים הממשלתיים למיניהם. כך, משהפכה הבחירה המוסרית לתהליך מעין־כלכלי, הועברו התוצאות של הכרעות אלו לידיה של הפוליטיקה.

כל זה נעשה מתוך כוונות נאצלות – אך בהתעלמות מאחד הלקחים החשובים ביותר שלימדונו מלחמות הדת במאות ה־16 וה־17, והולדתו של החופש בעקבות זאת. חברה חופשית היא הישג מוסרי, והיא נבנית על ידינו ועל ידי הרגלי החשיבה, הדיבור וההתנהגות שלנו. **אי־אפשר להוציא את המוסר למיקור־חוץ, מפני שהוא תלוי בכל אחד מאיתנו.** בלי איפוק עצמי, בלי היכולת להשעות את סיפוק הדחפים, ובלי הרגלי הלב והמעשה שאנו מכנים מידות טובות, נאבד לבסוף את החופש שלנו.

* * *

לניסוי הארוך שהחל בשנות השישים היו גורמים רבים. התשישות בעקבות שתי מלחמות העולם; מדינת הרווחה על מערכות הבריאות, הפנסיה והקצבאות שלה; צמיחתה של תרבות נוער מובחנת; המצאת הגלולה והמהפכה המינית. זו הייתה התלכדות יוצאת דופן של גורמים רבים שהובילה את ההמונים לידי אמונה כי הם עומדים על סף חופשת קיץ אין־סופית של התנסויות, הנאות וחטאים קטנים שהחשבון עליהם לא יוגש. כל מי שחווה את שנות השישים לא ישכח אותן.

אלא שעכשיו משלמים ילדינו ונכדינו את מחיר נטישתו של הקוד המוסרי המשותף: חברה מפולגת, פוליטיקה בלתי־מתפקדת, שיעור גבוה של התמכרויות והתאבדויות, פערים כלכליים גואים, אובדן הכבוד לאמת ולדרכים המקובלות לחשיבה משותפת, ויתר תחלואי החברה בת זמננו.

כשהמוסר נמסר לשוק או למדינה ניטל מן החבְרה הערך ונותרות לה רק מערכות. ובמערכות אין די. השוק והמדינה עניינם ההון והשלטון, והם לברכה רבה לבעלי ההון ולאנשי השלטון, אך לא תמיד לעניים ולרחוקים מהצלחת. העשירים והחזקים ישתמשו בכוחם לנצל את היתר – כספית, פוליטית, וכפי שרואות עינינו מאז עליית תנועת

מי־טו, גם מינית. תוקידידס מספר לנו שהאתונאים אמרו למליאנים, ״החזקים יעשו את אשר הם רוצים לעשות, והחלשים יסבלו את אשר הם צריכים לסבול״. לא פעם נדמה כי כך הוא גם היום.

כאשר אין מוסר משותף, אין חברה. יש רק תת־קבוצות, והפוליטיקה נעשית משום כך לפוליטיקת זהויות. באין אידיאלים משותפים, רבים מגיעים למסקנה כי הדרך הטובה ביותר לשכנע היא לפגוע בחולקים עליהם באמצעות מתקפות אד־הומינם. התוצאה היא פילוג, ציניות והתרסקות האמון. העולם מתפצל כך בין האנשים שכמונו לאנשים שאינם כמונו, ומושג הטוב המשותף יורד מהפרק. כשה״אני״ מקבל עדיפות על פני ה״אנחנו״, מתערערות מערכות היחסים: נישואים, משפחות, קהילות, שכונות, קהלי מתפללים, אגודות צדקה, אזורי מגורים, וחברות שלמות.

התבררה, באורח מצמרר, צדקתה של התובנה שניסח אמיל דירקהיים בעשור האחרון של המאה ה־19: שכאשר שוררת בחברה אנוֹמיה, קרי היעדר קוד מוסרי משותף, מתרבים בה מקרי ההתאבדות. אנו זקוקים למבנה, לסדר, שידריך אותנו בעולם שבלעדיו הוא כאוס. בלי מבנה כזה, שאדם לומד במודע או סופג שלא מדעת, אי־אפשר לחיות. ברור שהתפרקות המבנה המנחה הזה, הקוד המוסרי המשותף, היא מן הגורמים לזינוק במקרי הדיכאון, התסמינים הקשורים לדחק, ההתמכרות לסמים ולאלכוהול, וההתאבדויות וניסיונות ההתאבדות בעיקר אצל צעירים ובפרט בקרב נערות.

הסיבה לכך שאי־אפשר להעביר את המוסר אל השוק או המדינה היא שהללו פועלים על פי עקרונות אחרים לחלוטין. קל להבין זאת בעזרת ניסוי מחשבה. דמיינו שיש לכם אלף שקל, והחלטתם לחלוק אותם עם תשעה אנשים אחרים. נשארה לכם אם כן עשירית ממה שהיה לכם תחילה. דמיינו עתה שיש לכם 100 אחוז ממניות חברה, והחלטתם לחלק 90 אחוז ממנה עם תשעה אחרים; נשארה לכם, גם במקרה זה, עשירית השליטה שהייתה לכם קודם. הון ושלטון פועלים על פי עיקרון של חלוקה. ככל שאנו חולקים עם אחרים, יש לנו פחות.

ועכשיו, דמיינו שיש לכם מידה מסוימת של השפעה, או של

חברוּת, או של ידע, או של אהבה, והחלטתם לחלוק אותה עם עוד תשעה אנשים. חלקתם – אך יש לכם לא פחות ממה שהיה. אולי אפילו יש לכם יותר. זאת מפני שה"סחורות" הללו הן טובין חברתיים: **טובין המתקיימים באמצעות חלוקה.** יש להם ממד מוסרי או רוחני, ותכונה נדירה: ככל שנחלוק אותם עם אחרים, יהיה לנו יותר.

מן הטעם הזה, השוק והמדינה, זירות הפעולה של הכלכלה ושל הפוליטיקה, הם זירות של תחרות – ואילו המוסר הוא זירה של שיתוף פעולה. חברה שיש בה רק תחרות, ושיתוף הפעולה בה מוגבל מאוד, תהיה מחוספסת וחסרת רחמים, עם פְּרָסים מנצנצים למצליחים ובלי שום נחמה לכושלים. היא תהיה סביבה מעוטת אמון, שלעורכי דין יש בה תפקיד מרכזי, ואילו לבִטחתו של איש ברעהו תפקיד זעום.

חברה עם קוד מוסרי משותף חזק היא סביבה עתירת אמון, שבה המצליחים נותנים דוגמה של דאגה לנחשלים אחריהם – ובעצם, מדברים עליהם לא כעל נחשלים או מפסידנים אלא כעל אזרחים־אחים. חברות עתירות אמון הן אלו שבהן "אנחנו" מצטלצל בקול רם יותר מ"אני", מנכ"לים דואגים לכל סגל העובדים ולא רק לעצמם, פוליטיקאים פועלים למען טובת הכלל, ובייחוד למען נידחי החברה וקשי היום, ואנשים החווים מצוקה מוצאים נחמה בקהילה ולא מושארים להתמודד עם הקשיים לבדם. עלינו לשקם את תחושת ה"כולנו יחד".

* * *

אין זה ספר של פסימיזם תרבותי. אני מלא תקווה לעתיד. שניים מהמשתתפים בסדרת הרדיו שלי על מוסר, דייוויד ברוקס וג'ין טווינג', ציינו שדור ה־Z, ילידי 1995 ואילך, מוסריים ואלטרואיסטים יותר מבני הדורות שקדמו להם, דור ה־X והמילניאלים. בהקלטת התוכניות הללו רוננו את ליבי המפגשים עם מתבגרים מארבעה בתי ספר תיכון בריטיים, שבהם דנו באתגרים המוסריים של זמננו; אף כי המשתתפים הבוגרים היו מגדולי המומחים בתחום בעולם, בני הנוער התגלו כמסמר הסדרה. הם היו רציניים, נבונים ומעמיקי חשוב. חיפושי גוגל Ngram שלנו הראו כי השימוש בשפה מוסרית עולה בהדרגה מאז מפנה האלף.

ניסיוני האישי כמרצה בבריטניה ובארה"ב משכנע אותי כי אכן בשנים האחרונות יש התעניינות כנה בשיקומה של מסגרת מוסרית שתדריכנו לנוכח האתגרים הכבירים העומדים בפנינו, משינוי האקלים דרך הבינה המלאכותית עבור בהגירה ההמונית ועד הפערים הכלכליים. מדינות ג'י־7 התחייבו לעסוק בכלכלת אימפקט, תפיסה עסקית המשקללת לצד הרווחים גם את ההשפעה החברתית (אומַר עליה משהו בפרק האחרון). אלה הם אותות לטובה.

יש סבורים שאובדן המסגרת המוסרית המשותפת אינו בר תיקון. ישנם אפילו שדיברו על נסיגה אל ימי הביניים.[20] לודוויג ויטגנשטיין אמר שמאמץ מכוון להציל מסורת פגועה דומה לניסיון לתקן בידיים קורי עכביש קרועים. אינני שותף לתפיסות הללו.

אפשר למצוא את התקווה בפרק מרתק בספרו של סטיבן פינקר 'האינסטינקט הלשוני'. הוא מספר על הבלשנים שחקרו את שפת "אנגלית פידג'ין": תערובת של אנגלית ושפות ילידיות שונות בדרום האוקיינוס השקט, ששימשה עבדים שקובצו לשם יחדיו מכמה ארצות (כך, למשל, הנסיך הבריטי פיליפ נהנה לגלות בביקור בגיניאה החדשה שהוא מכונה שם "בנאדם שייך גברת מלכה"). בשפות פידג'ין יש מילים אך אין דקדוק ואין תחביר. הבלשנים גילו להפתעתם שילדיהם של דוברי פידג'ין יוצרים שפה משלהם, קריאול: פידג'ין עם דקדוק. הוריהם נושלו מלשונם, אך הם, מבלי דעת, המציאו שפה.[21]

בטבע ובאנושות קיים מנעד מדהים של כוחות לריפוי מה שנפגע ולתיקון מה שנשבר. כוחות אלו טמונים בחיים עצמם, ביצירתיותם ובכושר ההתחדשות שלהם. זהו הבסיס האמפירי לתקווה. הטבע מעדיף מינים המסוגלים להשתקם, וההיסטוריה מבכרת תרבויות המסוגלות לכך.

פעם, בבדיקה רפואית תקופתית, העמיד אותי הרופא על הליכון כושר. "מה אתה מודד?", שאלתי אותו, "באיזו מהירות אני מסוגל ללכת, או במשך כמה זמן?".

"לא זה ולא זה", ענה. "אני רוצה למדוד כמה זמן דרוש לך לייצב את הדופק אחרי שאתה מפסיק ללכת". הבנתי שבריאותנו מתבטאת

לא בכך שאיננו חולים אף פעם, אלא בכך שאנו מתאוששים ממחלות בקלות.

כדי לאושש את החופש הליברלי־דמוקרטי יהיה צורך להדגיש את האחריות ולא רק את הזכויות, את הערכים המשותפים ולא רק את הבחירות האישיות, את הדאגה לאחרים לצד הדאגה לעצמנו, ואת מתן המקום לא רק לאינטרס האישי אלא גם לטוב המשותף. המוסר הוא מאפיין יסוד של הסביבה האנושית שלנו. הוא חשוב כמו השוק וכמו המדינה אך אינו ניתן למסירה לא לזה ולא לזו. המוסר נותן לתחרות על ההון ועל השלטון פנים אנושיות. הוא גאולתנו מן הבדידות.

במעבר מפוליטיקה של "אני" לפוליטיקה של "אנחנו", אנו שבים ומגלים אמיתות משֻנות חיים ונוגדות אינטואיציה: שאומה חזקה כאשר היא דואגת לחלשים בתוכה, מתעשרת כשהיא דואגת לעניים, מתחסנת מתוך דאגתה לפגיעים. אם חשוב לנו עתיד הדמוקרטיה, חובתנו להחיות את תפיסת המוסר המשותף הקושרת אותנו זה לזה בעבותות של חמלה ואכפתיות הדדיות. אין חירות בלי מוסר, אין חופש בלי אחריות, ואין "אני" בר קיימא בלי "אנחנו" אֵיתן.

חלק ראשון

העצמי הבודד

פרק א

בדידות

רוברט פטנאם, פרופסור לסוציולוגיה בהרווארד, הוא גדול המתעדים האמריקנים של אובדן ההון החברתי: הקשרים המצרפים אותנו יחדיו ביחסי אחריות ואמון הדדיים. בספר נודע שהופיע בשנת 2000 הוא נתן לתופעה שם. הוא הבחין בכך שאנשים רבים מאי־פעם הולכים לשחק באולינג, אך מעטים מאי־פעם עושים זאת כחלק מקבוצות. הוא קרא לזה, ולסִפרו, ״באולינג לבד״. צירוף מילים זה נעשה מטאפורה לשקיעתן של החברויות במועדונים, בתנועות ובאגודות וולונטריות, להידלדלותם של חיי הקהילה, ולירידה במעמדו של מוסד הנישואים. בתחומי חיים רבים, דברים שאנשים נהגו לעשות יחד הם עושים עכשיו לבד.

במסגרת סדרת הרדיו שלי בבי־בי־סי על מוסר רציתי לשמוע את דעותיו של פטנאם על מגמות ההווה. במשרדו במרכז ג׳ון קנדי בהרווארד הוא דיבר בלהט על האופן שבו הפכה החברה, משנות השישים ואילך, מחֶברת אנחנו של ״כולנו יחד באותה קלחת״ לחברת אני של ״אני חופשי להיות עצמי״. לאובדן הקהילה השלכות רבות, ואחת מהן היא בידוד חברתי. כפי שנראה בהמשך, הוכח שהדבר פוגע מאוד בבריאותנו הגופנית והנפשית.

בין היתר בחן פטנאם את ההשערה שלמעבר מתרבות "אנחנו" לתרבות "אני" לאורך יובל השנים האחרון יש ביטוי גם בדרכי השימוש בשפה.[1] בעת כתיבת דברים אלה ממצאיו טרם ראו אור, ולכן ביקשתי מעוזר המחקר שלי לספר זה, דן סאקר, לערוך חיפוש גוגל Ngram שיעקוב אחר תדירות השימוש במילים "אנחנו" ו"אני" בכל הספרים שהופיעו (ונסרקו) באנגליה ובארה"ב בכל שנה ושנה משנת 1900 עד שנת 2008. העקומות שנתקבלו שונות בצורתן. השימוש ב"אנחנו" נותר יציב יחסית לאורך התקופה. לעומת זאת, השימוש ב"אני" פוחת בהתמדה מ־1900 עד 1965, ומנקודה זו מתחילה עלייה מואצת. משם והלאה, גוף ראשון יחיד שולט.

בדיקה דומה, בקורפוס מאופיין יותר, ערך ב־2011 נייתן דה־וול מאוניברסיטת קנטקי. הוא בדק את תמלילי "עשרת הגדולים" במצעדי הפזמונים בין 1980 ל־2007, וגילה שהשימוש במילות גוף ראשון רבים – "אנחנו", "אותנו", "לנו", "שלנו" – פחת, ואילו השימוש במילות גוף ראשון יחיד – "אני", "אותי", "לי", "שלי" – גבר. מילים המבטאות כעס או תוקפנות – "לשנוא", "להרוג", "לעזאזל" – זכו לשימוש גובר, ולעומתן פחתה שכיחותן של מילים המבטאות קשרי גומלין חברתיים, כגון "לדבר" ו"לשתף", כמו גם שכיחותן של מילים המבטאות רגשות חיוביים.[2] פזמוני הפופ הם לדעת דה־וול ראי לשינויים חברתיים והשקפתיים, והמעבר מ"אנחנו" ל"אני" משקף תהליך תרבותי נרחב.

בהקשר אחר, מגזין 'פרוספט' הזמין ניתוח בלשני של הדיון הסוער בפרלמנט הבריטי על הברקזיט, ב־25 בספטמבר 2019, דיון שבמהלכו השתמש ראש הממשלה בוריס ג'ונסון בביטויים כגון "בוגדים" ו"נכנעים" כלפי יריביו. הניתוח הראה כי בממוצע השתמש ראש הממשלה במילים הכלולות ברשימת מילות העוינות של אוניברסיטת הרווארד אחת ל־28 מילים, כלומר אחת למשפט־וחצי בערך: מפלס תוקפנות יוצא דופן. לענייננו נוגעת יותר העובדה שהוא אמר "אני" 340 פעם – בשכיחות גבוהה בהרבה מן הנורמלי.[3] השיח הפוליטי, בעיקר מפי ראשי ממשלות ונשיאים, נטה לאורך

ההיסטוריה אל לשון ה"אנחנו" המכילה, המלכותית אפילו. השימוש הגובר במילה "אני" מלמד שמוקד הפוליטיקה עבר מהמדיניות אל האישיות, ומהמדינה אל המדינאי הרוצה להנהיגה.

אכן, יש גבול למה שאפשר להסיק משכיחות של מילות גוף.[4] ובכל זאת נראה שהתהליך הלשוני משקף את תנועת העומק הזאת ממבנים של צוותא אל העצמי הבודד, ה"אני" האסרטיבי: שינוי אקלים תרבותי. כל הספר הזה יעסוק בהשלכותיו של השינוי בשלל תחומים, אבל הפרק הנוכחי עניינו הפגיעה הרת האסון בתחושת החיבור שלנו לאחרים. כשה"אני" גובר על ה"אנחנו" באה בדידות.

כל מוסד חברתי שהוא, כדי שיתקיים אנו חייבים להיות נכונים לוותר למען מערכת היחסים או הקבוצה. הדבר נכון בנישואים, בהורות, בחברות בקהילה ובאזרחות במדינה. בכל הסביבות הללו אנחנו נכנסים לעולם של מודעות־אנחנו שבו עלינו לשאול לא מה טוב "בשבילי" אלא מה טוב בשביל כולנו יחד.

קבוצת כדורגל עם השחקנים הווירטואוזים ביותר בעולם לא תצליח אם כל אחד מהם יתנהג כמו פרימדונה. תזמורת של נגנים מבריקים, שכל אחד מהם רואה עצמו זכאי לתת לסימפוניה את הפרשנות שלו, תפיק לא מוזיקה אלא רעש. מפלגה שכל אחד מנציגיה בפרלמנט משמיע ברבים את גרסתו הפרטית באשר למדיניות הרצויה תהיה ברווז צולע. ממשלה ששריה סותרים בפומבי איש את דברי רעהו תהיה חרפה.

בדיחה יהודית מיטיבה לנסח זאת. באחת השנים נבחרת החתירה של הישיבה־יוניברסיטי הפסידה בכל התחרויות. בניסיון להבין איפה טעתה, שלחה הנבחרת משקיף שיצפה בנבחרת של אוניברסיטת הרווארד בפעולה. כעבור שלושה ימים הוא חזר המום. "לא תאמינו", אמר. "הם עושים בדיוק ההפך מאיתנו. אצלם שמונה אנשים חותרים ורק אחד צועק הוראות!". הפוליטיקה בבריטניה ובאמריקה נדמית בימים אלה לחבר החותרים של הישיבה־יוניברסיטי.

אלו הן דוגמאות שלא מתחום המוסר. הדוגמאות המוסריות נוגעות למערכות יחסים בסיסיות יותר. נישואים שבהם אחד מבני

הזוג, או שניהם, מתנהגים באנוכיות, לא יאריכו ימים. הורה אדיש לצורכי ילדו מזיק לו. קהילה שחבריה אינם נכונים לתת את חלקם בנטל קיומה, שכולם בה "טרמפיסטים", תחדל להתקיים. אומה בלי הכרה של זהות ואחריות משותפות תיקרע לפלגים, כפי שקורה בארה"ב ובבריטניה מאז 2016. אי־אפשר לבנות עולם חברתי מאוסף של "אני"ים.

להתגברות ה"אני" על פני ה"אנחנו" מאז אמצע שנות השישים נלוותה התנוונות של הנישואים, המשפחה והקהילה. פחות אנשים מתחתנים. הם מתחתנים מאוחר יותר. הם מולידים פחות ילדים. בקרב המתחתנים, שיעור הגירושים עולה. התוצאה היא שיותר אנשים חיים לבד. בארה"ב שיעור משקי הבית היחידניים הוכפל, ואף למעלה מזה, בחמישים השנים האחרונות.[5] בייחוד כך הוא בערים הגדולות: 40 אחוז ממשקי הבית שם הם יחידניים. בבריטניה, עלייה בת 16 אחוזים במספר האנשים החיים בגפם נרשמה בעשרים השנים שבין 1997 ל־2017.[6]

באמצע שנות התשעים הזמין השר לענייני סביבה בממשלת בריטניה למפגש את ראש הכנסייה האנגליקנית, הארכיבישוף מקנטרברי, ג'ורג' קארי, את מנהיגם הדתי של הקתולים באנגליה הקרדינל יום, ואותי כרב הראשי לבריטניה. הוא אמר לנו שבגלל קריסת מוסד הנישואים, עוד ועוד אנשים חיים לבד. הדבר יוצר לחץ על שוק הדיור. בדרום מזרח אנגליה לבדה, אמר לנו, יש לבנות עכשיו 400 אלף יחידות דיור חדשות. האם אנו יכולים לעשות משהו בנושא? האם אנו יכולים להחזיר לנישואים את כוח המשיכה? חשבתי שבקשתו מבטאת אמונה מרהיבה בכוחה של התפילה – אבל אפילו יקרה נס, נזדקק ליותר מדוֹר כדי להפוך את פניה של מגמת הַשקיעה.

כמובן, יש הבדל בין מגורים לבד לבין הרגשת בדידות. לא כל מי שבוחר בראשון מרגיש את השנייה. אבל יש קשר. החברתיות שלנו טבועה בנו גנטית. קדמונינו, בשלב הציד והלקט של תולדות האנושות, לא יכלו לשרוד לבד, ואת חותמו של הכורח לחיות כחלק מחברה טבעו במבנה הרגשי שלנו. כאשר אנו מופרדים מאחרים, אנו מרגישים דחק. אסירים רבים העידו שעונש הבידוד מפחיד כמו

פרק א – בדידות

עינוי גופני. ג'ון מקיין אמר על חמש וחצי שנותיו כשבוי בווייטנאם כי ההכנסה לבידוד "שוברת את רוחך ומחלישה את כוח ההתנגדות שלך יותר מכל צורה אחרת של התעללות".[7] מובן שהבידוד החברתי קל לאין ערוך מהבידוד בצינוק; ובכל זאת, הגוף מגיב לה בדריכות יתרה לאיומים אפשריים מהסביבה, והדחק הנוצר מתוך כך מחליש את מערכת החיסון.[8] זו אחת הסיבות לכך שרוב האנשים מחפשים חברה, נוכחות של זולת, מגע של נפש אחרת. ככל שה"אנחנו" פוחת, הבדידות מתרבה.

* * *

בקריקטורה שהופיעה בגיליון 4 בנובמבר 2019 של ה'ניו יורקר' נראה המפרי בוגרט, לבוש טוקסידו לבן ועניבת פרפר שחורה, יושב לבדו בבר ובידו כוסית ויסקי בורבון. לפניו מונח מכשיר אלקטרוני. הוא פונה אליו ואומר, "אלכסה, נגני את 'כשהזמן חולף'".[9] זוהי המחשה חריפה לעידן שבו טכנולוגיית התקשורת חכמה ומהירה מאי־פעם, אך המגע האנושי הישיר, פנים אל פנים, הממוקד בזולת, מגע האני־אתה, נדיר מתמיד. אנחנו נעשים להמון בודד.

הבעיה החמירה כל כך שבינואר 2018 מונתה טרייסי קראוץ' למה שכונה בתקשורת "שרה לענייני בדידות" הראשונה בתולדות בריטניה. המינוי הרעיד מיתר מתוח. הבדידות אינה דבר חדש; היא מופיעה כבר בפרק השני בתורה, כשאדם הראשון הוא האדם היחיד, וא־לוהים אומר "לֹא טוֹב הֱיוֹת הָאָדָם לְבַדּוֹ" (בראשית ב, יח). אבל רק לאחרונה הובן כי הבדידות מסוכנת מאוד לבריאות. אחד הגורמים שהאיצו את מינוי השרה היה דוח מחקר של "הנציבות לענייני בדידות על שם ג'ו קוקס", שהראה כי יותר מתשעה מיליון איש בבריטניה מרגישים בודדים. 200 אלף קשישים בריטים לא שוחחו עם חבר או קרוב במשך יותר מחודש.[10]

בארצות הברית המצב דומה. סקר מכון 'סיגנה' משנת 2018 הראה כי 46 אחוז מהאמריקנים מרגישים בודדים לפעמים או תמיד, ו־47 אחוז מרגישים מורחקים. אחד מכל ארבעה מרגיש תמיד, או

בדרך כלל, שאין מי שמבין אותו. 43 אחוזים מרגישים שמערכות היחסים שלהם אינן משמעותיות, ושהם מבודדים מאחרים. 54 אחוז מרגישים שאין מי שמכיר אותם היטב. המוטרדים ביותר מבדידות היו צעירים בני 18 עד 21.[11] התופעה אינה מוגבלת למערב. באוקראינה, רוסיה, הונגריה, פולין, סלובקיה, רומניה, בולגריה ולטביה, 34 אחוז מהאוכלוסייה העידו שהם בודדים.[12] ביפן מגזר שלם המונה יותר ממיליון איש מכונה "היקיקומורי": אנשים המסתגרים בבתיהם, כמעט שלא מגיחים החוצה, וחיים בפרישות נזירית.

כאמור, אנשים רבים מאי-פעם במערב חיים לבד. רק חצי מהבוגרים בארה"ב נשואים, לעומת 72 אחוז ב-1960.[13] ליותר ממחצית בני ובנות 18 עד 34 אין בן זוג קבוע.[14] אצל רבים מחליפים המגורים יחד את הנישואים, אלא שממוצע משך המגורים ביחד הוא פחות משליש ממשך הנישואים הממוצע.[15] פחות אנשים גרים בקרבת מקום להוריהם. תאגידים מרבים להציע לעובדים לעבור לאזור מרוחק או לארץ אחרת, וגם דבר זה מקלקל מערכות יחסים. בייחוד משפיעה הבדידות על הקשישים. שליש מהבריטים והאמריקנים בני יותר מ-65, ומחצית מבני 85 ומעלה, חיים לבד.

על זאת נוספת התופעה שתיאר רוברט פטנאם – הירידה התלולה בחברות באגודות מהסוג המפגיש קבוצה קבועה לעיתים סדורות: קבוצות ספורט, אגודות צדקה מקומיות, קהילות מתפללים וכן הלאה. עוד ועוד אנשים משתמשים באמצעי תקשורת אלקטרוניים במקום במגע פנים אל פנים, וטמונה בכך סכנה משום שהיתרונות הבריאותיים שביחסים חברתיים תלויים בחלקם הגדול בנוכחות פיזית ממשית.

לבדידות השלכות בריאותיות קשות.[16] זה זמן רב שקושרים אותה במצבים פסיכיאטריים כגון חרדה, דיכאון וסכיזופרניה. אולם לאחרונה נמצאו לה זיקות הדוקות גם עם מחלות גופניות כגון מחלות לב, שבץ, סרטן, שיטיון ואלצהיימר.[17]

יש הבדל בין בדידות לבידוד חברתי. הראשונה היא מצב סובייקטיבי, המוגדר על פי דיווח עצמי; ואילו בידוד חברתי הוא מצב אובייקטיבי, המוגדר בדרך כלל כהיעדר קשר עם משפחה,

חברים, קהילה וחֶברה. הבידוד החברתי בפני עצמו מזיק לבריאות כמו עישון 15 סיגריות ביום, ויותר מעודף משקל.[18] מחקר משנת 2015, שעקב אחר 3.4 מיליון איש במשך שבע שנים, הראה כי אצל אנשים שהנתונים מלמדים כי הם מבודדים הסיכון למות גדול ב־26 אחוזים; אם הם גרים לבד, ב־32 אחוזים.[19]

בדידות כרונית נקשרת גם ברמה גבוהה של קורטיזול, הורמון המופרש בעת דחק, ובהתנגדות כלי דם גבוהה העלול לגרום עלייה בלחץ הדם. היא עלולה גם להוביל לירידה ביכולתה של מערכת החיסון בגוף להילחם בזיהומים. מחקר משנת 2012 על חולים בני שישים ומעלה, אשר 43 אחוזים מהם דיווחו על הרגשת בדידות, הראה כי בקרב קבוצה זו יש שיעורים גבוהים יותר של קשיי תנועה ושל אי־יכולת לבצע פעילויות שגרתיות.[20] בידינו כיום די ראיות משכנעות לכך שבדידות ובידוד הם מקורות סיכון מובהקים לבריאות הגוף ולבריאות הנפש.

משחק קלפים עם חברים פעם בשבוע, או מפגש חברים קבוע על ספל קפה, מוסיפים לתוחלת החיים שנים באותו מספר שמוסיפה לה גמילה מעישון קופסת סיגריות ביום.[21] אנשים המקיימים חיי חברה פעילים מתאוששים ממחלות מהר יותר. במחקר שנעשה באוניברסיטת קליפורניה ב־2006 על 3,000 נשים שלקו בסרטן השד, שיעור השרידה בחיים בקרב אלו שיש להן חברים רבים היה גדול פי ארבעה מאשר אצל אלו שקשריהן החברתיים היו מעטים.[22]

אכן, לא כולם אוהבים חברה. יש אנשים השואבים נחמה דווקא מן הבדידות. הם לבדם, אך אין הם בודדים. אבל אצל רובנו המכריע החיים סובבים סביב מערכות יחסים. ועל כן הבדידות עלולה להיות מדכאת ומסוכנת.

* * *

השלכה בלתי־צפויה של אובדן הקשרים הקרובים תיאר הכתב הצבאי הדגול סבסטיאן יונגר בספרו המרתק על השייכות, 'שבט'.[23] הוא ניסה לענות על השאלה מדוע שיעורי הדחק הפוסט־טראומטי גבוהים כל

מוסריות

כך בקרב חיילים אמריקנים כיום – השיעור הגבוה בהיסטוריה ואולי הגבוה בעולם. הוא שיער שכאשר החיילים משתחררים, הם עוברים מהאחווה הדחוסה של היחידה אל הבידוד היחסי של החברה בת זמננו. חייל השב כיום מהשירות הקרבי "עובר מהקבוצה המהודקת, שהאבולוציה האנושית כיוונה אותנו אליה, אל חברה שרוב האנשים בה עובדים מחוץ לבית, שילדיה מחונכים בידי זרים, שהמשפחות בה מבודדות מכלל הקהילה, ושהרווח האישי מאפיל בה כמעט לגמרי על הטוב המשותף". קשרי השייכות ההדוקים, שבכוחם היה לרפא את פצעי הנפש, נגוזו.

הבדידות, הרגשת החסר בקשר אנושי, נוגעת בלב היותנו בעלי חיים חברתיים. איננו בעלי החיים החברתיים היחידים, אבל היכולת שלנו ליצור רשתות נרחבות מבדילה בינינו לבין יתר המינים. החברתיות שלנו היא האנושיות שלנו, והדבר מושרש בחוזקה בעברנו האבולוציוני. ואת זאת מגלם המוסר: את המחויבות שלנו כלפי אחרים, את יכולתנו ליצור זיקות של השתייכות ואכפתיות. תחושת הרווחה שלנו תלויה בהיותנו חלק מרשת, או כמה רשתות, של יחסים שבהם אנו מוכנים לפעול לטובת האחרים, מתוך ידיעה שנכונות זו הדדית.

לכן לאינדיבידואליזם מחיר גבוה: קריסת הנישואים, שבריריות המשפחות, היחלשות הקהילות, ערעור תחושת הזהות שמוסדות אלו מחוללים, ואובדן ההרגשה, החשובה לא פחות, כי אנו חלק מדבר מה שקדם לנו ואשר יימשך עוד הרבה אחרינו. אדמונד בֶּרק אמר שתרבות שגדעה את הזיקה בין העבר לעתיד תגלה כי "שלשלת ההמשכיות של הקהילה עלולה להיקרע כולה. שום דור לא יוכל להשתלשל אל דור אחר. בני האדם לא יהיו מוצלחים בהרבה מזבובי הקיץ". למעבר מ"אנחנו" ל"אני" השלכות הרסניות.

לעומת זאת, קשרי משפחה חזקים הם מעניקי חיים פשוטו כמשמעו. סוזן פינקר מספרת על מקבץ כפרים בסרדיניה, שתוחלת החיים של גברים ונשים בהם שווה (במקומות אחרים בדרך כלל תוחלת החיים של נשים ארוכה בחמש עד שבע שנים), ושיעור המגיעים והמגיעות לגיל מאה גבוה פי עשרה מן הממוצע. פינקר ביקרה באחד

מהם, וילַגְרַנְדֶה סְטְרִיזַיילי בהרי גֶנַרגֶנְטוּ. בכפרים הללו איש אינו גר לבדו; הזקנים גרים עם ילדיהם; מקובל מאוד לקפוץ לשכנים ולחברים; המגעים החברתיים הדוקים; ואנשים ממשיכים לעבוד בשדות כל עוד יכולים, עד שנות השמונים ואף התשעים לחייהם.[24]

מתברר שאחד העזרים הגדולים ביותר לאריכות ימים הוא לגור במקום שהבריות מקיימות בו "והדרת פני זקן". תושבי הכפרים הללו, כותבת סוזן פינקר, רואים בבני המאה שלהם נכס קהילתי ומגינים בלהט על ה"אוצרות" הללו – המילה שבחרה תושבת אחת כדי לתאר את דודה בן ה־102.

הקשישים זכו להוקרה, לכבוד ולביקורים תדירים של בני משפחתם, במיוחד הצעירים. הם לא הושארו אף פעם לבד. פינקר קוראת לזה "אפקט הכפר". זו דוגמה מופלאה לכוחו של החיבור החברתי. קשר קרוב לחברים ולמשפחה הוא חלק מבריאות הנפש והגוף ומהתחושה שלחיים יש ערך.

את תחושת הקהילה הזאת סיפקה הדת בצמתים היסטוריים חשובים. כך היה למשל במחצית הראשונה של המאה ה־19 בבריטניה ובארה"ב, ימי המהפכה התעשייתית – תקופה של עקירת אוכלוסין רבתי מהכפרים לערים. לרבים זו הייתה חוויה טראומטית. הסוציולוגים מכנים זאת בגרמנית מעבָר מ"גֶמַיינְשַפְט" (קהילה) ל"גֶזֶלְשַפְט" (התאגדות): מיחסי פנים אל פנים המאפיינים יישובים קטנים אל המפגשים האנונימיים בין זרים שהם רוב המגע הבין־אישי בעיר הגדולה. הכנסיות בשתי ארצות אלו נקטו מאמץ מתמשך למשוך אליהן אנשים וליצור סביבן קהילה במציאות האורבנית החדשה. על ידי כך הן הצליחו לרכך כמה מן ההשלכות השליליות של העיור – מאלכוהוליזם עד התעללות בילדים.

כך נעשה גם בקרב היהודים בארצות אלה; גל מהגרים יהודים גדול הגיע אליהן מן הרדיפות במזרח אירופה ובמרכזה, והללו הרגישו גֵרים בארץ נוכרייה. כמעט מייד התארגנו המהגרים ב"לַנְדְסמַנְשַפְטים", ארגוני עזרה הדדית ליוצאי עיירה או עיר זו או אחרת. הם הגישו סיוע למהגרים שהגיעו משם אחריהם, עזרו להם למצוא מקומות מגורים

ועבודה, תיווכו להם את המציאות התרבותית והפקידותית החדשה, ואף הגישו סיוע כספי לחולים ולמובטלים.

ראיתי זאת במו עיניי. בשנותיי המוקדמות חייתי בקרב מהגרים יהודים שהגיעו לבריטניה בעצמם ממזרח אירופה וממרכזה לפני השואה או אף אחריה. הם הגיעו בידיים ריקות, אך בתוך שנות דור כמעט כולם יצאו משכונות המצוקה היהודיות במרכז העיר ובנו חיים חדשים לעצמם ולמשפחותיהם. הם היו אנשי צווארון כחול, חייטים, חנוונים ורוכלים, אך רוב ילדיהם כבר הלכו ללמוד באוניברסיטאות ורכשו מקצועות חופשיים.

יהודים מסוגם של הוריי היו עניים, אבל עשירים בהון חברתי. היו להם משפחות חזקות וקהילות תומכות מאוד. היה להם מוסר כמעט קלוויניסטי של עבודה קשה, לצד כבוד רב ללמדנות ולידע. ערכים אלה התגלמו בקהילות שהם הקימו או הצטרפו אליהן. אנשים עזרו זה לזה.

ביהדות יש ממד קהילתי חזק. בדיחה ידועה מספרת על מר לוי האתיאיסט שנשאל למה הוא הולך בכל זאת לבית הכנסת. "אני הולך עם מרקוביץ", ענה. "מרקוביץ הולך לדבר עם א־לוהים, ואני הולך לדבר עם מרקוביץ". דבר זה מאפיין דתות מיעוט רבות, ובפרט קהילות של מהגרים. הדת, במובן עמוק, מקדשת את הקהילה. היא נותנת צורה וכוח ל"יחד" שלנו שבחסות הא־ל.

מבחינה מעשית, הקשרים האנושיים שלנו מעצבים את דמותנו בדרכים שלא תמיד אנו מודעים להן. ניקולס כריסטקיס וג'יימס פאולר תיעדו את השפעתן האדירה של רשתות אלו.[25] אם החברים שלנו בעלי משקל עודף, רבה הסבירות שכאלה נהיה גם אנחנו. אם אין הם מעשנים, ככל הנראה לא נעשן גם אנו. אנו מושפעים לא רק מחברינו הקרובים אלא גם, ובמידה מפתיעה, מהחברים של חברינו.[26] רוב הצעות העבודה מזדמנות לנו ברשתות מִסדר שני אלו, הנרחבות שבעתיים ממעגל חברינו הקרובים. הקהילה משפיעה רבות על הדרך שחיֵינו מתגלגלים בה, והיא פני החיים של הסדר המוסרי המשותף. מפאת כל אלה, התערערות הקהילה בעייתית מאוד לפרט ולחברה.

כשאנו מרגישים שאנו באמת לבד, ואיננו יכולים לקרוא לשכנים לעזרה, אנחנו חלק מעוני חברתי חדש, שעלול להיות מחליש ומתסכל.

האינדיבידואליזם העכשווי שלנו אכן משחרר. אנחנו חופשיים באורח חסר תקדים להיות אשר נחפוץ להיות ולחיות על פי בחירותינו. אבל יש לכך מחיר. הפילוסוף הקנדי הדגול צ׳רלס טיילור ניסח זאת יפה כאשר דיבר על "התפשטותה של השקפה המעמידה את המימוש העצמי כערך המרכזי בחיים, ואשר דומה כי היא מכירה רק בקומץ דרישות מוסריות חיצוניות ומחויבויות רציניות כלפי אחרים".[27] אנו יכולים לעשות דברים שאבותינו לא ידעו אפילו לחלום עליהם – אך דברים אחרים, שהיו להם פשוטים, לנו הם קשים מאוד. להתחתן. להישאר נשואים. להיות חלק מקהילה. להרגיש בחוזקה זהות. לחוות המשכיות עם העבר שטרם הולדתנו ועם העתיד שאחרי לכתנו. רבים בקרבנו חיים לבדם, ובדידות זו פירושה סיכון מוגבר למחלות כרוניות, שיטיון וקיצור תוחלת החיים.

לא נבראנו לחיות לבד. ההתפרטות חסרת התקדים של החיים המודרניים רעה לא רק לבריאות ולאושר. היא מסוכנת גם משום שהיא עושה אותנו פגיעים יותר לאי־ודאות של העתיד, לשינויים ולתהפוכות. כאשר הסביבה משתנה, יש יתרון גדול למי שהוא חלק מקבוצה רבגונית ומלוכדת. קבוצות כאלו מכילות אנשים בעלי חוזקות שונות, תחומי ידע שונים וכישורים מגוונים – אשר בפעולה משותפת יכולים להכיל מצבים חדשים ביעילות ובמהירות. יש להם חוסן קולקטיבי. לקהל של יחידים מבודדים אין חוזק כזה. הבדידות היא, על פי משאל ערוץ הכבלים ׳וייסלנד בריטניה׳ משנת 2016, גורם החשש הגדול ביותר של דור ילידי סוף האלף. החשש מפניה מדורג מעל החשש מפני אובדן בית או אובדן מקום עבודה. 42 אחוזים מהנשים בנות הדור הזה מפחדות מבדידות יותר מכפי שהן מפחדות מגילוי סרטן.[28]

הפוליטיקאי האמריקני טיפ או׳ניל נהג לומר, "הפוליטיקה כולה מקומית". המוסר דומה לה בכך. תמיד הוא מתחיל שם: בין בני משפחה, חברים ושכנים. המוסר שם גבול לאינדיבידואליות. מי

שמבקש ליהנות מהיתרון שמקנה הקבוצה חייב לשלם את המחיר. לכך מתכוונים במילה "הדדי" שבביטוי "אלטרואיזם הדדי". המנסים להפיק את הרווח בלי לשלם את המחיר מכונים טרמפיסטים, ומוקדם או מאוחר הקבוצה תסלק אותם ותצפה שיסתדרו בכוחות עצמם. התופעה מוכרת אצל כל בעלי החיים החברתיים, לא רק אצל בני אדם.

המוסר, בגלעינו, עניינו חיזוק הקשרים בינינו, עזרה לזולת, קיום אלטרואיזם הדדי והבנה של דרישות הנאמנות הקבוצתיות — מחירה של ההשתייכות לקבוצה. ההכרה המוסרית מגנה על דבר החקוק עמוק בתוכנו, מורשת משחר האנושות, עת חיו בני האדם בקבוצות קטנות. אז, כהיום, היכולת לסמוך על עזרתם של אחרים לנוכח אתגרי החיים היא מקור רב עוצמה של חוסן. סבסטיאן יונגר, שהזכרנו קודם, ניסח זאת בחריפות. הקדמונים, כתב, הצטיינו בשתי פעולות שהם עשו ביעילות: חלוקה שיטתית של מזון, והגנה אלטרואיסטית על הקבוצה. הללו העלו את ההומו-ספיינס אל נתיב התפתחותו, ואנו זקוקים להן גם היום:

ההגדרה המוקדמת והבסיסית ביותר של הקהילה — השבט — היא קבוצת האנשים שאדם עוזר להזינם ועוזר להגן עליהם. חברה שאינה מציעה לחבריה את ההזדמנות לפעול למען הזולת בדרכים הללו אינה חברה בשום מובן שבטי של המילה; זו רק ישות פוליטית אשר אם אין לה אויבים תתפורר כנראה בעצמה.[29]

תרומה חשובה של הדת לחברה בת זמננו מתבטאת בכך שהדת שומרת על מה שהחברה בכללותה החלה לאבד: על אותה תודעה עמוקה של הצורך לעמוד למען הזולת, להיות נכון לעזור ולהיעזר, להיחלץ למען הנצרכים, לנחם אומללים ואבלים, לארח חברה לערירי, לחלוק עם אחרים את שמחותיהם ואת עצבותם. התגובות המוסריות לא נעלמו: אנו רואים אותן בכל פעם שקורית טרגדיה קהילתית כגון מעשי ירי, פיגועים ותאונות קשות. אנשים רבים יוצאים מגדרם ומציעים עזרה ותמיכה. מעיינות האלטרואיזם שלנו לא דללו. עודם רכיב מרכזי

בהיותנו אנושיים. אבל אנו נוטים עתה שלא להפעילם על בסיס יום־יומי. את הדבר הזה איבדה החברה כמכלול, אך עוד אפשר למצוא אותו בקהילות תפילה. הן נותרו, כפי שהראה רוברט פטנאם בהרחבה בספרו 'חסד אמריקני', ההתגלמויות החיות המובהקות ביותר שיש כיום להון חברתי.[30]

זמינות זו של חוזק קולקטיבי, המתקיימת בקהילות חזקות המלוכדות בחבלי מוסר, היא מקור חשוב לחוסן הנחוץ לנו לנוכח האי־ודאות, תכונתה הבולטת של המאה ה־21 כפי שהיא מסתמנת עד כה. למי שיודע שאין הוא לבד קל יותר להביט בלי פחד אל העתיד.

עברנו תקופה ממושכת של התחזקות ה"אני" על חשבון ה"אנחנו". התוצאה, בלשונו של הסוציולוג רוברט בֵּלָה, היא ש"האקולוגיה החברתית" שלנו ניזוקה בידי "הרס הנימים העדינים המחברים בני אדם זה לזה", הרס "שהותיר אותם מפוחדים ובודדים".[31] מציאות זו לא תוכל להאריך ימים. טבע האדם הוא להתקיים בתוך מערכות יחסים; לקיים חיים של נאמנות, אמינות, מהימנות ומחויבות הדדיות, למרות כל המתחים, המעקשים, האי־הבנות, הנסיגות ושאר כשלינו המגוונים. האנושיות מקדשת את הקשרים שבינינו. היא מרוממת אותנו אל מעל לגבולותיה של רשות היחיד.

הדגש המוגזם על ה"אני" ואובדן ה"אנחנו" מותירים אותנו מבודדים ופגיעים. לא טוב היות האדם לבדו.

פרק ב
גבולות העזרה העצמית

זה קרה בירח הדבש שלנו. בתום טיול טרמפים מהררי שווייץ אל חופי איטליה מצאנו את עצמנו בעיירה קטנה ושמה פאסטום, ובה אתר נאה של עתיקות רומיות. אך לא בגללו הגענו לשם, אלא בגלל החוף והים. ים כה מזמין, כה קורץ, כפי שנראה לנו אז חוף הים ההוא, רואה אדם פעמים מעטות בחייו. הייתה רק בעיה אחת. חז"ל אמרו כי אחת מחובות ההורים כלפי ילדיהם היא ללמדם לשחות. לצערי, הוריי לא הגיעו לדף הגמרא הזה, ועל כן לשחות לא ידעתי.

ובכל זאת, ביושבנו על החוף ובהשיטנו את מבטנו על פני המים, התרשמתי שבקרבת החוף הם רדודים. הרוחצים בים, גם אלו שרחקו כברת דרך מקו החוף, עמדו והמים הגיעו אל ברכיהם. אין חשש להתהלך במים, כך הבנתי, וכך גם עשיתי. הלכתי אל המקום שבו ראיתי דקות קודם לכן אנשים עומדים, והמים ליחכו את ברכיי בעדנה. הפכתי פניי וצעדתי חזרה אל עבר החוף. ואז זה קרה. בן רגע מצאתי את עצמי במים שעומקם רב ממידת גובהי.

איך זה קרה, אינני יודע. כנראה היה שיפוע פתאומי בקרקעית. לא הלכתי דרכו כשמגמת פניי הייתה אל הים, אך בהליכתי חזרה נקלעתי אליו. ניסיתי לשחות. כשלתי. המשכתי ללכת מתחת לפני

המים. הסתכלתי סביבי לראות מאין יבוא עזרי. הרוחצים האחרים נמצאו הרחק: רחוק מכדי שיגיעו אליי, כך חשבתי, ורחוק אפילו מכדי שישמעו אותי. מה עוד שלא הייתי דובר איטלקית ולא ידעתי מה אומר כדי שיבינו שאני במצוקה. הייתי בטוח שסופי בא. אני זוכר שבניסיוני החמישי להלך מתחת למים עברו בי שתי מחשבות. "איזו מין דרך זו להתחיל ירח דבש?", ו"איך אומרים 'הצילו' באיטלקית?".

קשה לשחזר את הבהלה שתקפה אותי. מסתבר שמישהו הציל אותי, כי אלמלא כן לא הייתי כותב עכשיו. אבל ברגעים ההם הרגשתי שזה הסוף. מפיסות הזיכרון שאני יכול ללקט אני מבין שכאשר כבר השלמתי עם טביעתי למוות ראה מישהו שאני חובט במים בייאוש, שחה אליי, תפס אותי והביא אותי לחוף. הוא הניח אותי, כמעט מחוסר הכרה, לרגלי אשתי. הייתי המום מכדי שאוכל לומר משהו. כשהתאוששתי כבר לא הצלחתי לגלות מה שמו. אי־שם נמצא אדם שאני חב לו את חיי.

מעשהו זה הוא הדימוי המקנן בי למושג עזרה. אתה מנופף בידך, ומישהו אוחז בה ומביא אותך למקום מבטחים. עזרה עצמית אינה המפתח לכול. אני הייתי הבעיה, לא הפתרון. עזרה, לדידי, היא עזרה לזולת.

אני דווקא חובב מושבע של ספרי עזרה עצמית. כן, אני מודה: הפכתי את המינוס לפלוס. מיציתי את כוחו של הרגע הזה. הפסקתי להתעצבן על מי שהזיז את הגבינה שלי. דחפתי את המעטפה הכי גבוה שאפשר. עמדתי על כוחו המרפא של סידור הבית. קראתי ספרים על האושר מלוא כל המדף. חיבתי לסוגה הזאת שלחה אותי עד אל חלוציה. קראתי אפילו את הראשון: את 'עזרה עצמית' מאת סמואל סמייל, משנת 1859, על פתיחתו שאיננה הבל: "השמיים עוזרים למי שעוזר לעצמו".

אינני מתכוון אפוא למתוח ביקורת על ספרים כגון אלה, קל וחומר לא על קוראיהם. אבל יש דבר שהתמיה אותי מההתחלה ממש. הדבר המתבקש. ה"עצמי" הוא המקום שהעזרה מתעוררת בעטיו, אבל הוא לא הזירה שבה היא מתקיימת. העצמי הוא הבעיה, לא הפתרון. כשאני מתבונן לאחור בשנות חיי אני מגלה שתמיד היה זה

אדם אחר שהעלה אותי על מסלול חדש. אני חושד שהדבר נכון לגבי רובנו הגדול. מישהו שהיה במקום הנכון כשנזקקנו לו, שהקשיב לנו כששפכנו את ליבנו, שעודד אותנו כשעמדנו לוותר, שהאמין בנו יותר מכפי שהאמנו בעצמנו. אולי אפילו הביט בעינינו, פשוטו כמשמעו, ואמר לנו את האמת העירומה: שאנחנו עסוקים בעצמנו, שאנחנו מתפלשים ברגשותינו, שבמקום לחשוב איך לטפח בעצמנו תודעה הישגית עלינו להפסיק לקרוא ולהתחיל לעשות. עזרה, כך גיליתי פעם אחר פעם, באה לא מהעצמי, אלא מאחרים.

שני ספרים שהופיעו לאחרונה מבקשים לעמוד על טיבה של אופנת העזרה העצמית. האחד הוא ספרו של ויל סטור 'סֶלפי: איך שקענו כל כך בעצמנו, ומה זה עושה לנו'. השני הוא 'עִזרו לי' של מריאן פאוור.[1] בזה האחרון מתארת המחברת כיצד, בתקופה רעה בחייה, היא החליטה להקצות פרק זמן ממושך – בסופו של דבר הייתה זו שנה ורבע – שבו תחיה בכל חודש על פי המלצותיה של קלאסיקת עזרה עצמית אחרת. היא קראה את כולן ומימשה את הנחיותיהן. חלק מהדברים שעשתה בהמלצת הספרים הללו משעשעים; אחרים מפחידים למדי.

בסוף מעשה היא מספרת לנו על תוצאתם של אותם חמישה־עשר חודשי עזרה עצמית. חובותיה הכספיים תפחו. יצרנותה התכווצה. היא הוסיפה שישה ק"ג למשקלה. "נעשיתי חסרת אחריות, אנוכית ושוגה באשליות, צופה בסרטונים מעוררי השראה ביו־טיוב במקום לעשות משהו ממשי, ומבזבזת כסף שאין לי בתירוץ שהיקום יספק לי את צרכיי. גרוע מכול, התנתקתי מחבֵרה קרובה מאוד". מריאן נשבתה באובססיה עצמית. הספרים שהבטיחו לה אושר בהישג יד רק גרמו לה להיות מרוצה פחות ופחות ממצבה הקיים.

הספר החדש האחר, 'סלפי' של ויל סטור, מעמיק יותר; הוא, בין היתר, ספר על תולדות מחשבת העצמי במערב, מימי יוון העתיקה דרך הנצרות של ימי הביניים. מאלף במיוחד הניתוח שלו לעליית "ההערכה העצמית" החל משנות השישים והשבעים. אחד מאבותיו של רעיון זה היה הפסיכולוג אברהם מאסלו, הידוע ב"מִדרג הצרכים" ששרטט, מהנמוך והחיוני ביותר, מזון ומקלט, ועד הגבוה ביותר,

מימוש והערכה.[2] בשנות השמונים, בבריטניה ובארה"ב, כבר תפח המהלך לקידום ההערכה העצמית לכדי פילוסופיה חינוכית שלמה. מי שיש לו הערכה עצמית מספקת, כך סברו, יממש את הכוחות הגנוזים בו יותר מכפי שיצליחו אחרים.

סטור חושף כי מאסלו עצמו, בחודשים שלפני מותו ב־1970, החל לפתח ספקות כבדים באשר לתנועה שהתחוללה בהשפעתו. הוא ערך מבחנים לאנשים שנמצאו בעלי הערכה עצמית גבוהה – וגילה כי הם "נוטים יותר לאחר לפגישות עם עורך הניסוי, לחלוק לו פחות כבוד, לנהוג פחות פורמליות, להיות בוטים ומתנשאים", ועוד שלל התנהגויות אנטי־חברתיות. מחשבות שניות היו גם לקרל רוג'רס, הפסיכולוג האמריקני בעל התרפיה מוכוונת הלקוח, המזוהה עם רכיב נוסף בתנועת ההערכה העצמית: "החיזוק החיובי הבלתי־מותנה".[3] רוג'רס הבחין שגישתו עודדה פינוק עצמי, וסופו שכתב אל אלה שרצו לעבוד במכון שלו: "פחות הערכה עצמית, בבקשה. יותר משמעת עצמית".

סטור מראה כי אופנת ההערכה העצמית עמדה על תשתית מחקרית רעועה (מה קודם למה, ההישגים או ההערכה העצמית?) והובילה להתפלשות בָּעצמי. שני חוקרים בני זמננו, ג'ין טווינג' וקית' קמפבל, טוענים שהמרדף אחר ההערכה העצמית חולל מגפה של נרקיסיזם, וש"הנרקיסיזם גורם לרוב הדברים שהאמריקנים קיוו שההערכה העצמית תמנע, וביניהם תוקפנות, חומרנות, חוסר אכפתיות כלפי הזולת וערכים רדודים".[4]

ראוי לחשוב מדוע הופיעה העזרה העצמית, במובנה המודרני המסוים הזה, ואיך היא התקבלה במקומות רבים כתחליף למה שבמאות קודמות היה מתבטא בחיפוש דתי. דומני כי התשובה ניתנה בספרו של המלומד האמריקני פיליפ ריף בספרו משנת 1966 'ניצחון התרפויטי'. הוא האיר שם כי בכל הדורות הקודמים אנשים עזרו למי שסבל מדיכאון, אובדן או אבל על ידי כך שניסו לשוב ולשלב אותו בקהילה.

זהו למשל עניינו של מנהג ה'שבעה' היהודי, מנהג עתיק שכוחו במותניו. המשפחה האבלה מוקפת בחברים ובבני הקהילה,

וכמעט שאינה נשארת לבדה. זה מתיש, אבל מניב פירות רבים; מעל לכול, המנהג מונע מהאבל לשקוע אל תוך עצמו. הוא מקהה את הקצוות החדים של היגון. ריף, שהוא מומחה בתורת פרויד, מסביר שהשבעה היא מצב טיפולי, תרפויטי, אך הוא שונה לחלוטין מההליך הפסיכואנליטי, כיוון שזה האחרון מכוון את המטופל אל תוך עצמו. הפסיכואנליזה נוסח פרויד נוטה לראות את החברה ואת יתר האנשים כמקור למצוקתו של הפרט.

הגמרא מספרת על רבי יוחנן, מן האמוראים המוקדמים, שהיו לו כוחות ריפוי. כשהוא נתן את ידו ביד החולה, החולה התרפא. כאשר חלה פעם בעצמו, ביקש שיבוא רב אחר, רבי חנינא, וירפא אותו באותו אופן. מדוע, שואלת הגמרא, לא ריפא רבי יוחנן את עצמו? והיא עונה: **"אין חבוש מתיר עצמו מבית האסורים"**.[5] כדי לסובב את המפתח הנועל אותנו, אנו זקוקים לאדם אחר.

קראו כל סיפור שהוא על תמורה שחלה באדם – ותמצאו בו את האחר המשמעותי. סטיבן קינג, למשל, בספרו 'על הכתיבה' – שנכתב לאחר שקינג כמעט נהרג בתאונת דרכים מרכב מסחרי – מספר כיצד, בשנים הראשונות לנישואיו, הוא ניסה לכתוב רומאן והתקשה מאוד. לבסוף השלים כתב יד – סיפור על תלמידת בית ספר בעלת כוחות טלקינזיס מבעיתים. ואז קרא את הרומאן כולו, והגיע למסקנה שהוא פשוט לא עובד. הוא זרק את כתב היד לסל האשפה ויצא להליכה, מדוכא כולו, שוקל לנטוש את החלום להיות סופר.

אחרי שעות ארוכות חזר הביתה, וגילה שאשתו הצילה את כתב היד מפח האשפה וקראה אותו. היא אמרה לו שאומנם הטקסט זקוק לעריכה, וחלקים מהרומאן יצטרכו להיכתב מחדש, אבל זו טיוטה לא רעה בכלל. כשאמר לה שלטעמו הוא פשוט אינו מסוגל לכתוב באופן משכנע על חוויה של ילדה, ענתה לו שהיא תעזור לו לשפר את המקומות הללו בסיפור – ובלבד שלא יוותר. כך ניצל הרומאן 'קארי'. הוא היה רב מכר ענק, ועובד פעמיים לקולנוע, ב־1976 וב־2013. סטיבן קינג המשיך לכתוב, והיה לאחד הסופרים המצליחים בזמננו ובכל הזמנים.

מוסריות

נעבור לזירה אחרת, זירת המנהיגות. כל מנהיג צריך חונך, יועץ, אדם חכם שהוא בוטח בו, המסוגל להתבונן במצב עניינים בקור רוח ולומר בשקט ובבטחה "לא, זה לא רעיון טוב". אצל מרגרט תאצ'ר, זה היה ויליאם וַייטלוֹ. וייטלו היה בעת בחירתה של תאצ'ר מספר 2 במפלגה השמרנית; היא מינתה אותו לסגן ראש הממשלה, ובהמשך הוא שימש יו"ר בית הלורדים. הייתה לו היכולת המיוחדת לומר לאישה שנודעה בכינוי "גברת הברזל" מתי היא טועה, ולעשות זאת כך שהיא תטה לו אוזן. היא כיבדה את חוכמתו וידעה שהוא שוחר את טובתה ואת טובת המדינה. כל עוד נהנה מבריאות תקינה, מיתֵּן החלטות שלה שנראו לו שגויות. אחרי שעבר שבץ, ב־1987, כבר לא עמד לו כוחו לעשות זאת, ובעיני רבים זה היה תחילת הסוף של הקריירה הפוליטית של תאצ'ר.[6] היא הוסיפה לכהן כראש הממשלה עד 1990, אך כושר השיפוט שלה לא היה כמימים ימימה, והיא החלה לאבד קשר עם המפלגה ועם הציבור.

כך הוא אצל טובי המנהיגים בשלל תחומים. יש מישהו שהם מאפשרים לו ללחוש על אוזנם ולומר להם לא. מנהיג אינו יכול להימצא בתוך המערבולת ומחוצה לה באותו זמן. שום אדם יחיד אינו יכול להכיל בתוכו את כל התכונות הדרושות: למנהיג צעיר חסֵר ניסיון; למנהיג מנוסה חסרים נעורים, והוא עלול להיות נעול בפני הזדמנויות חדשות. חייב להיות לפחות קול אחר אחד – בן זוג, חבר, יועץ, עמית מהימן – כי גם השיפוט של גדולי הגדולים כושל לפעמים. דמויות אלו נמצאות תדיר מאחורי הקלעים: בחשאיות שלהן טמונה יעילות עזרתם. אך לא פעם הן הסכר החשוב ביותר העומד בין המנהיג לבין אסון, ובלעדיהם הכישלון בוא יבוא. חוזקותיו של מנהיג הן שלו, אך דרוש **אדם אחר** שיגן עליהן מפני חולשותיו. תכופות, עזרה עצמית אינה עזרה כלל.

את ההמחשה הדרמטית ביותר לכוחו של הקול־שמחוץ־לעצמי לשנות אותי נתן ויקטור פראנקל ז"ל. פראנקל היה פסיכותרפיסט בווינה שלפני מלחמת העולם השנייה. הוא נלקח לאושוויץ. שם הוא הבין שהדבר החשוב ביותר שהוא יכול לעשות הוא לשמור על הרצון

פרק ב – גבולות העזרה העצמית

לחיות, ולעזור לאחרים לעשות זאת. הספר שהוא כתב על מה שעבר עליו שם ומה שהוא למד, 'האדם מחפש משמעות', מצוטט דרך קבע כאחד הספרים מעוררי הנפש ביותר שנכתבו במאה העשרים.

ראשית כול הוא מִסגר את המצב מחדש. הנאצים לא חסכו מאמץ לשלול מקורבנותיהם את אנושיותם. הם גזלו את כל אשר להם. הם גילחו את ראשיהם. הם החליפו את שמותיהם במספרים. תובנתו משנת התודעה הייתה שאף על פי שהנאצים שללו מהאסירים את החופש ואת האנושיות, נותר חופש אחד שאי-אפשר לקחת מהם: החופש לבחור איך להגיב. פראנקל החליט לסרב לתת לנאצים להגדיר את מצבו. הוא לא יסכים לראות את עצמו כקורבן, כנחות גזעית, כיהודי. הוא יראה את עצמו כמדען, כפסיכותרפיסט, המשתתף בניסוי הבודק ממה עשויה האנושיות. החלטה זו שמרה על תחושת החופש שלו ונתנה לו ניצחון ראשון על הרוצחים.

החלטתו הבאה הייתה לדאוג לאלו מן הסובבים אותו שנראה כי איבדו את רצון החיים. הוא חשב על שיטה: הוא יקשיב בקפידה לסיפורים שלהם על עצמם ועל מה שהיו לפני המלחמה. ואז ינסה למצוא לכל אחד מהם משימה שמחכה לו, ושהוא יוכל למלאה רק אם יישאר בחיים. אחד מהם התחיל לכתוב סדרה של מדריכי טיולים, ופראנקל שכנע אותו שהוא חייב לחיות כדי להשלים את הסדרה. לאחר הייתה אחיינית שחיכתה לו בקנדה, והוא צריך היה לשרוד כדי להצטרף אליה.

על בסיס התנסותו במחנות ההשמדה פיתח פראנקל שיטת טיפול חדשה וקרא לה 'לוגותרפיה': ריפוי פסיכולוגי המיוסד על חיפושו של האדם אחר משמעות. כפי שהסביר לימים, לב משימתו היה להיות **קריאה מבחוץ אל העצמי**. זו בעצם המקבילה החילונית לתפיסה הדתית הקלאסית הרואה את משימתנו בעולם כקריאה של א-לוהים אלינו. "לא האדם הוא", כתב, "מי שמוטל עליו לשאול מהי משמעות החיים; נהפוך הוא, האדם הוא הנשאל, עליו מוטל לענות על השאלה. הוא מי שחייב לענות על השאלות שחייו מעלים לפניו, אלא שהתשובות מתבטאות במעשה."[7] יש הבדל בין קריאה מבפנים

לקריאה מבחוץ: זה ההבדל שבין **שאיפה לייעוד**. השאיפה באה מן העצמי, ואילו הייעוד מישות הנמצאת מחוץ לעצמי והיא גדולה ממנו. כדי לתת לחבריו האסירים כוח לשרוד, פראנקל נדרש לקחת אותם אל מחוץ לעצמם. כפי שהסביר, "ההוויה האנושית פירושה שלעולם האדם מופנה או מכוּוָן אל משהו או אל מישהו שאינו הוא עצמו: אל משמעות שיש להגשים אותה או אל יצור אנושי אחר, שיש לפגוש אותו, אל עניין שיש לשרת אותו או אל אדם שיש לאהוב אותו". הוא קרא לזה התעלות האדם מעבר לעצמו, שהיא העושה את האדם "ישות עצמית אמיתית", ואמר כי "הוא נהיה כך לא על ידי שהוא נותן מעייניו בהגשמת עצמו אלא על ידי שהוא שוכח את עצמו, ונותן את עצמו, מתעלם את עצמו ונושא את מבטו החוצה".[8]

הסופרת והפילוסופית איריס מרדוק תיארה דבר דומה מאוד שהיא כינתה "השלת העצמי", והדגימה כיצד הוא עשוי לקרות:

> אני מתבוננת החוצה מחלוני בעודי שרויה במצב רוח מתוח ומלא טינה, בלתי מודעת לסביבתי החיצונית, מהרהרת אולי בנזק כלשהו שנגרם למוניטין שלי. והנה אני מבחינה בבז קטן במעופו. ברגע אחד, הכול משתנה. העצמי הזועף וגאוותו הפגועה נעלמים. דבר אינו קיים כעת פרט לבז. כאשר אני שבה להרהר בנושא הקודם, הוא נדמה עתה חשוב פחות.[9]

גוף־ראשון־יחיד השתלטן, ה"אני", משתתק ואנחנו קולטים שאיננו מרכז היקום. יש ממשות מחוץ לנו. זה רגע של השתנוּת. מרדוק ראתה את הדבר כיסוד מרכזי בתפיסת המוסר של אפלטון: לראות את האמיתי, הטוב והיפה כקיים באופן אובייקטיבי ולא כהמצאה שלנו. באורח דומה ואפילו זהה הגדיר אדם סמית את החוש המוסרי כנקודת המבט של "המשקיף חסר הפניות"; כלומר, היכולת לראות את מצב העניינים מנקודה הנמצאת מחוץ לשדה הכבידה של הרצונות והחשקים שלנו.

מכאן כוחו הייחודי של המוסר, החשוב כל כך בחיי האדם. אנחנו מסוגלים לשתי חוויות שונות במהותן: נקרא להן ה"אני" וה"אותי".

אני גם סובייקט וגם אובייקט. אני מרגיש מה שאני מרגיש כפי שרק אני יכול להרגיש. זהו ה"אני", הסובייקט. אבל אני יכול גם לעמוד מחוץ להרגשות שלי, ולהעבירן בביקורת השיפוט שלי. זהו ה"אותי", האובייקט. כשאני עומד "בחוץ", אני מביא בחשבון גורמים נוספים: רגשותיהם של אחרים, ההשלכות הצפויות למעשיי, החובות והאחריות שלי וכן הלאה. פירוש הדבר הוא שבני אדם מסוגלים **להערכות מסֵדר שני**. כמו בעלי חיים אחרים, יש לנו דחפים וחשקים. אבל שלא כמותם, אנחנו יכולים לשאול: האם זה חשק שראוי לנסות להשׂביעו? האם זו הרגשה שראוי שאפעל על פיה, או שמא עליי להימנע מכך? היכולת לצאת מתוך עצמנו ולהתבונן בנו מבחוץ היא ההופכת אותנו לפועלי מוסר, המסוגלים להבין שיש לנו חובות, מחויבויות ואחריות כלפי אחרים. המוסר הוא היכולת לגלות אכפתיות לאחרים. הוא מסע אל מעבר לעצמי.

לפעמים יכול אדם מבחוץ לשנות את הדימוי העצמי של קבוצה שלמה. אחד הסרטים המרגשים ביותר שראיתי בחיי הופק בידי הבי־בי־סי כדי ללוות את פתיחת המשחקים הפאראלימפיים (אולימפיאדת הנכים) בלונדון ב־2012. הסרט נקרא 'הטובים שבאנשים', ונושאו הוא ד"ר לודוויג גוטמן, יהודי ממשפחה מסורתית שהיה, כאשר הנאצים עלו לשלטון, אחד הנוירוכירורגים הבולטים בגרמניה. ב־1935 נאסר על יהודים לעבוד במקצועות חופשיים. לגוטמן התאפשר לעבוד בבית חולים יהודי עד 1939. בשנה ההיא הבין שמסוכן להישאר בגרמניה, והצליח להגיע לאנגליה.

משזיהתה ממשלת בריטניה את ההון האנושי שהתגלגל לידיה, מינתה את גוטמן בשלהי 1943 לעמוד בראש המתקן הרפואי הראשון אי־פעם שיוחד לטיפול במשותקי פלג גוף תחתון, במסגרת בית החולים בסטוק מנדוויל בחבל ברקשייר. כשהגיע לשם נחרד למראה עיניו. המשותקים, רובם חיילים שנפצעו במלחמה, שכבו כל היום במיטות האשפוז והואבסו במשככי כאבים. הם היו עלמים, בסוף העשור השני לחייהם או בתחילת השלישי, אך הדעה הרפואית המקובלת בימים ההם הייתה שהיות שהם אינם עתידים להשתקם ולחזור ללכת, הדרך

מוסריות

האנושית ביותר לטפל בהם היא להקל על כאביהם עד שימותו. תוחלת החיים של פצועים אלה הייתה בימים ההם שלושה עד שישה חודשים.

גוטמן הבין כי למרות הרצון הטוב של הרופאים, זוהי גישת טיפול גרועה מאין כמוה. הוא היה משוכנע שלמשותקים הללו יש עתיד, ושם לו למטרה למצוא דרך לעזור להם להגיע אליו. הצעד הראשון שנקט היה לקצץ את מינון משככי הכאבים בחצי, כי הם אלה שגרמו לפצועים להישאר בלי תנועה. זה כָּאב. ואז הוא הורה להם להתיישב במיטות, וגם זה כאב. אחר החל לזרוק אליהם כדורים כך שיצטרכו לתפוס אותם, וגם זה כאב.

הרופאים האחרים והאחיות לא הבינו מה גוטמן מנסה להשיג, וטענו שהוא נוהג באכזריות. הסרט מראה כיצד עמיתו של גוטמן מזמן אותו לבירור משמעתי. "אלה נכים הנוטים למות", אמר הרופא והביט בגוטמן "מה אתה חושב שהם?". גוטמן היישיר מבט. "אלה הטובים שבאנשים", השיב. מכאן שמו של הסרט.

לבסוף הוציא גוטמן את המטופלים על כיסאות גלגלים מהמחלקה אל גינת בית החולים, אל האוויר הפתוח. הוא שיחק איתם. היה לו רעיון מבריק: כמה מהרופאים ישבו אף הם בכיסאות גלגלים, והתחרו עם המשותקים. באופן לא מפתיע, המשותקים, שכבר היו רגילים לכיסאות הגלגלים, ניצחו.

לראשונה ראה גוטמן התרגשות של ממש על פניהם של הפצועים. הוא הבין שהספורט הוא הדרך להחזיר להם את תשוקת החיים. הוא ארגן אפוא עוד משחקים ותחרויות, ואז עבר לתחרות כלל ארצית, ולבסוף, ב-1948, כבר נערכה תחרות בין-לאומית שליוותה את האולימפיאדה. כעבור עשרים שנה הכיר הוועד האולימפי הבין-לאומי בתחרות זו כחלק רשמי מהמשחקים האולימפיים. כאשר חזרה האולימפיאדה ללונדון, ב-2012, כבר השתתפו באולימפיאדת הנכים 4,302 ספורטאים מ-164 מדינות – המספר הגדול אי-פעם – ובכל רחבי העולם נישאו אליהם מיליוני עיניים. מפעים היה לראות כיצד נחישותו של איש אחד שינתה לחלוטין את אופן הטיפול במשותקים – ויתרה מכך, את האופן שבו רואים אותם.

כיצד זה שרופא מהגר, שזה מקרוב בא, הבין מה שלא הבינו הרופאים האחרים? איני יכול שלא לחשוב שלפחות חלק מכך טמון בניסיונו של גוטמן כיהודי במדינה הנאצית. הוא ובני עמו נחשבו שם לתת־אדם; אך הוא ידע שאין זה כך. האם הדבר עזר לו לראות את האנושיות המהותית אצל מי שאחרים ראו כ"נכים הנוטים למות"? דבר אחד נראה ודאי. יש זמנים – לא תמיד ובכל מקרה, אבל לפעמים – שהעזרה באה מבחוץ פנימה ולא מבפנים החוצה. המשותקים מצאו את דרכם חזרה לחיים, לתקווה ולכבוד העצמי. אך הם נזקקו לשם כך לגוטמן שיפתח להם את הדלת. אין חבוש מתיר עצמו מבית האסורים.

איני אומר זאת כביקורת על העזרה העצמית. אך בסופו של דבר, כל אחד מאיתנו צריך ליטול אחריות לחייו. ההחלטות, כוח הרצון, כוח הסבל והחוסן – תלויים בנו. אך אצל רובנו, אנשים אחרים הם שמקימים אותנו מעפר דל של מצוקות, מדריכים אותנו, נותנים לנו השראה, מרוממים אותנו ונוסכים בנו תקווה. איכותן של מערכות היחסים שלנו היא, יותר מכל דבר אחר, הנותנת לנו תחושה של משמעות ושל מימוש.[10] ומעל לכול, היכולת לאהוב היא המרוממת אותנו מעבר לעצמי ולגבולותיו. האהבה היא הגאולה העילאית מן הבדידות.

המוסר מפנה אותנו החוצה, ותכונתו זו היא העושה אותו לאבן יסוד באנושיותנו. כפי שרמזו בדרכיהם אפלטון, אדם סמית ואיירים מרדוק, בקשת הטוב והישר איננה מכוונת אל העצמי אלא היא תהליך של "השלת העצמי", של ראיית העולם כפי שהוא באמת ולא כפי שהוא על פי רגשותינו ופחדינו, ושל תגובה לָעולם ההולמת תפיסה אובייקטיבית זו. המוסר הוא היפוכה של תפיסת העזרה העצמית. המוסר עניינו חיזוק היחסים שלנו עם אחרים, היענות לצורכיהם, הקשבה להם (ולא התעקשות על כך שיקשיבו לנו) והיפתחות לאחרים. וגם הנס שאנו חווים לפעמים, כאשר בשעה שאנו על סף שבירה וויתור, יד מושטת אלינו ומושכת אותנו לחוף מבטחים, ושארית חיינו היא מתנה שאנו מודים עליה לא־לוהים דבר יום ביומו.

פרק ג
המדיה האי־חברתית

במהלך עבודה משותפת על הֶסְכֵּת, אישה מעמק הסיליקון סיפרה לי על משפחתה. היא החלה לדאוג שילדיה עלולים להתמכר למדיה החברתית. הם השתמשו בה באופן שהזיק לכישורים החברתיים שלהם. הם לא היו קשובים כראוי לאנשים אחרים. ראשם ורובם היו תמיד בסמארטפונים שלהם. הזמן שבילו בסנאפצ'ט, באינסטגרם וברשתות חברתיות אחרות שאב את מרצם וקיצר את שנתם. גם במהלך סעודות משפחתיות הם הקלידו הודעות לחבריהם; הטלפונים שלהם היו מונחים על ברכיהם מתחת לשולחן.

בתום דיון משפחתי הסכימו בני המשפחה שיש בעיה ושעליהם להתמודד איתה יחד. הם החליטו, אמרה לי, שיום אחד בשבוע יהיו בלי מסכים. יום בלי טלפונים, בלי טאבלטים, בלי לפטופים, רק תקשורת פנים אל פנים, בצוותא. "אתה תאהב את השם שנתנו ליום הזה", אמרה. "החלטנו לקרוא לו שבת". היא צדקה. נהניתי מהאירוניה. לפני 3,300 שנה, משה שחרר את בני ישראל משעבוד מצרים. עכשיו, אותו מוסד עצמו משחרר צעירים משעבוד לסמארטפונים.

אנחנו צריכים שחרור כזה.

* * *

המדיה החברתית עלתה והתפשטה במהירות מרשימה. פייסבוק, שבחודש יוני 2019 דיווחה על 2.41 מיליארד משתמשים פעילים בכל חודש, נוסדה ב־2004. יו־טיוב באה אחריה, ב־2005, טוויטר ב־2006, טאמבלר ב־2007, וואטסאפ ב־2009, אינסטגרם ב־2010 וסנאפצ'ט ב־2011. הן נולדו מתוך התלכדות יוצאת דופן של חידושים: השלב השני של האינטרנט, ווב 2.0, שהקל על העלאת תוכן משתמשים; הטלפונים החכמים, והפס הרחב. והן נעשו חובקות עולם. בשנת 2019 היו 5.1 מיליארד בעלי טלפונים ניידים, 4.3 מיליארד משתמשי אינטרנט, ו־3.4 מיליארד משתמשי רשתות חברתיות.[1] בבריטניה תשעה מכל עשרה בני נוער משתמשים ברשתות החברתיות.[2] בארה"ב, על פי סקר מכון פיו משנת 2018, יותר ממחצית מבני 13־17 מדווחים שהם מבלים זמן רב מדי בסמארטפונים שלהם, ו־57 אחוזים אומרים שניסו להפחית זמן זה.[3] מעולם לא היו רבים כל כך מקושרים באופן קל ומהיר כל כך. זו מהפכה שבמבט מן העתיד תצטייר כנראה כדרמטית לפחות כמו המצאת הדפוס (במערב) באמצע המאה ה־15.

מבחינות רבות, זה שינוי לטובה. לנוכח כל דברי הגנאי על הצד השלילי של הרשת החברתית, שחלקם יופיעו גם בפרק זה, חשוב להזכיר את הטוב. המדיה החברתית מקשרת בין משפחות וחברים מסביב לעולם. בשנים האחרונות, כשאני עורך חופות יש לא פעם מישהו שמשדר את הטקס בשידור חי למען הקרובים שבגלל גיל, מצב בריאותי או מרחק אינם יכולים להגיע. זו לכאורה תופעה פעוטה, אבל היא יכולה להיות מרגשת מאוד. התקשורת החברתית יכולה לחזק את הקהילה. יש לה פוטנציאל אדיר בתחומי החינוך. אני מרבה להשתמש בה בעבודתי ככלי להוראה מסביב לעולם. סקר עמדות של נוער אמריקני על הרשתות החברתיות שערך מכון פיו ב־2018 הראה כי 81 אחוז מרגישים בזכותן מחוברים יותר לקבוצות אוכלוסייה מגוונות, ו־68 אחוז מרגישים שבזכות הרשת אנשים יעזרו להם בזמנים קשים.[4] לרשת יש כוח עצום להיטיב.

אבל גם הבעיות ממשיות. ב־2017 פרסמה ג'ין טווינג' מאוניברסיטת סן דייגו את ספרה 'דור ה־i', שכותרת המשנה שלו

היא "מדוע הילדים המחוברים־להפליא של ימינו הם מרדנים פחות, סובלנים יותר, מאושרים פחות – וחסרי כל מוכנות לחיים בוגרים".[5] זהו דוח ממוסמך על הראיות המחקריות שיש בשלב זה להשפעת המדיה החברתית על בריאותם הגופנית והנפשית של ילדים. והסיפור שהוא מספר מדאיג.

שיעור שביעות הרצון מהחיים בקרב בני נוער אמריקנים, מתעדת טווינג' בסקירתה, היה יציב למדי עד 2012, ואז החל לפתע לצנוח. הנתונים לגבי שיעורי ההתאבדויות וניסיונות ההתאבדות מראים תמונה דומה: יציבות – וזינוק ב־2012. למה דווקא בשנה הזאת? טווינג' משערת שזה מפני שבשנה ההיא היו כל בני הנוער (עד גיל 17) ילידי 1995 ואילך – דור ה־i בפיה, או דור ה־Z בפי אחרים, הדור הראשון שגדל אל תוך הסמארטפונים והמדיה החברתית והכירם כעובדה קיימת.

לכך, היא סבורה, יש השפעות מהותיות ומטרידות. בני נוער בארה"ב מבלים בממוצע שבע עד תשע שעות ביום בצפייה במסך: שעתיים ביום באינטרנט, שעתיים וחצי בהתכתבויות בסמארטפון, שעה וחצי במשחקים אלקטרוניים, חצי שעה בשיחות וידיאו ושעתיים מול הטלוויזיה (כל אלה אינם בהכרח מצטברים, שכן בני הנוער מסוגלים לעשות כמה מהם בבת אחת).[6] לא נשאר להם זמן לחיי חברה של מפגשים פנים אל פנים.

ב־2015 דיווחה החוקרת שֶרי טֶרקל כי המבוגר האמריקני הממוצע בודק את הטלפון שלו מדי שש דקות וחצי. רבע מבני הנוער בארה"ב מתחברים למכשיר בתוך חמש דקות מרגע יקיצתם בבוקר. רוב בני הנוער שולחים מאה ויותר הודעות ביום. שמונים אחוז ישנים כשהטלפון הסלולרי לצידם. ארבעים אחוז לא מתנתקים אפילו בזמן תפילות או ספורט.[7]

הצטבר גוף ראיות לכך שהחשיפה לסמארטפון גוזלת מילדים את שנתם, לא רק משום שהם מתעסקים בו בשעות מאוחרות אלא גם בגלל ההשפעה הרעה שיש על השינה לסוג האור המסוים המוחזר מהמסך, אור כחול. בסקר משנת 2015 נמצא כי 43 אחוז מבני הנוער האמריקנים מדווחים כי הם ישנים פחות משבע שעות בלילה – משך

השינה המזערי הנחוץ לבריאות טובה. ילדים זקוקים לשינה לשם חוסנם השכלי והרגשי.

ההשפעות הפסיכולוגיות מטרידות אף יותר. ילדים משווים את עצמם לפרופיל של חבריהם ברשת החברתית. הם מזהים עצמם כנחותים מהם, ושוכחים שהפרופילים הללו נערכים ונבררים בקפידה. הם משווים את עצמם האמיתי לגרסה הבררנית והחלקית של האנשים האחרים שעל המסך. הדבר גורם לרבים מהם להרגיש עלובים ובלתי־ראויים ואף לחוש דיכאון.

הנסיכה הבריטית מייגן הרגישה צורך להזהיר מפני שיבוש ההערכה העצמית של צעירים בגלל התחרות על הלייקים ברשת החברתית ובשל צפייה בתצלומים ערוכים באינסטגרם שאנשים מצטיירים בהם יפים מכפי שהם באמת.[8] שאנון מקלאפלין בת ה־18 מבלקבורן שבאנגליה אמרה ל'גרדיאן' ב־2019: "מאז שאובחנתי כסובלת מדיכאון וחרדה, בתחילת גיל ההתבגרות, הבריאות הנפשית שלי הושפעה מהמדיה החברתית – בלי ספק". תורמת לכך העובדה שאנשים מציגים לראווה ברשת את הצדדים החיוביים בחייהם, ומסננים את הצדדים השליליים: "כשהייתי רואה שכולם כל כך מאושרים ונהנים מהחיים זה גרם לי להרגיש נורא". ההשלכות היו גם גופניות. "כל הזמן הייתי מוטרדת מהנשים הרזות להפליא שכולם מהללים את המראה שלהן".[9]

השוואת עצמנו לאחרים היא אינסטינקט אנושי נושן, אבל בסיס ההשוואה משתבש כשאנו משווים בין חיינו הממשיים לבין הגרסאות הערוכות והמיופות של חיי אחרים שאנו פוגשים במדיה החברתית. בין התופעות החדשות הקשורות בכך בולטת חרדת ההחמצה, ה־FOMO, מונח שנוסף למילון אוקספורד ב־2013. בעבר, אם אדם לא היה מוזמן למסיבה שחבריו הוזמנו אליה, הדבר אולי היה גורם לו עלבון או חרדה, אבל הוא לא היה מתחולל בפרהסיה. כיום, הכול פומבי. הכול משותף. הכול מכוון להצגת העצמי. התקשורת החברתית מזמינה אותנו לעולם של "פרסומת לעצמי"[10] ושל תחרות על תשומת לב שרק מעטים יכולים לזכות בה.

הכול משתעבד אפוא לתמונה ולפוסט. אדם המתפרנס מארגון

פגישות בין אנשים רגילים למפורסמים סיפר לי לאחרונה כי בעבר אנשים היו משלמים על הזכות לפגוש כוכב ולבלות עשר דקות בשיחה איתו. כיום, רוב לקוחותיו הם צעירים, וכל רצונם הוא צילום סלפי עם הכוכב שהם יוכלו להציג ברשת החברתית. הם מצטלמים – והולכים. דומה כי הם החלו לראות את העולם לא דרך עיניהם אלא דרך עדשת המצלמה הסלולרית. מכל קשת הקיום נפרסת פרוסה צרה אחת: מה שאפשר לצלמו.

עצם ההשפעה המצטברת של בילוי זמן רב כל כך בצפייה במסך ובהגבה מתמשכת להודעות ולרשומות משנה את תצורת המוח אצל צעירים. מחקר שהוצג בשלהי 2017 בפני האגודה הצפון אמריקנית לרדיולוגיה הראה כי אצל צעירים המכורים לסמארטפונים יש שיבושים באיזון הכימי במוח.[11] מחקר אחר, שהופיע בכתב העת של האגודה למחקר צרכני, הראה שעצם נוכחותם של סמארטפונים, גם כשהם מכובים, מפחיתה יכולות שכליות.[12] דומה כי נעשינו קשובים כל כך לטלפונים שלנו שקשה לנו להתרכז לגמרי בדבר אחר. לדברי החוקרים, תועלותיו של הסמארטפון, כמרכז של מידע, בידור וגירוי חברתי, עולות כנראה במחיר קוגניטיבי.

הסברה כי עצם גודש האינפורמציה בעידן האלקטרוני והדיגיטלי מצמצם את טווח הקשב הועלתה עוד לפני זמן רב. הראיות לכך בעיקרן אנקדוטליות. זה כמה שנים שהורים צעירים מספרים לי שקשה להם לשכנע את ילדיהם לקרוא ספר. אם אי־אפשר לספר סיפור בחמש דקות, אי־אפשר לספרו כלל. והנה, מחקר שנעשה לאחרונה באוניברסיטה הטכנית של דנמרק מגלה כי טווחי הקשב לפריטים בחדשות אכן פחתו עם הזמן. אחד המדדים במחקר היה משך הזמן שנושא אקטואלי הנידון בטוויטר נותר בגדר טרנד גלובלי, כלומר מעורר התעניינות ופעילות רשת. בשנת 2013 הממוצע היה 17.5 שעות, ואילו בשנת 2016 רק 11.9 שעות.[13]

מאמר מדעי אחר, של חוקרים מבית הספר לרפואה באוניברסיטת בוסטון, מעמיד בסימן שאלה את השימוש של הורים בסמארטפונים ובמחשבי לוח להרגעת ילדים בגיל הרך. על פי המחקר, הדבר עלול

לפגוע בהתפתחות החברתית והרגשית שלהם.[14] ד"ר ג'ני רָדֶסקי, אחת המחברים, תהתה: "אם זה יהפוך לשיטה העיקרית להרגעת פעוטות ולהסחת דעתם, האם הילדים יצליחו לפתח מנגנונים פנימיים של ויסות עצמי?".[15]

התוצאה הסופית של שימוש מופרז ברשתות חברתיות היא דיכאון ותסמינים הקשורים לדחק כגון הפרעות אכילה והתמכרות לאלכוהול ולסמים. בני דור ה־i, אומרת ג'ין טווינג', "חוששים ואולי אפילו מבוהלים" בשל זמן המסך חסר הגבולות ובשל תופעות כבריונות רשת ושאר צורות של הפחדה הקיימות בניו־מדיה. לעיל ציטטנו את אמירתה כי זהו "הדור הבטוח ביותר מבחינה פיזית, והשברירי ביותר מבחינה נפשית".

בייחוד מושפעות מכך נערות. מחקר עדכני של הקולג' המלכותי לרפואת ילדים ובריאות הילד בבריטניה גילה כי 38 אחוז מבנות ה־14 שהיו מקוונות יותר מחמש שעות ביום הרגישו אומללות, עייפות, חסרות מנוחה, חסרות ערך או על סף בכי. דוח משנת 2018 של האגודה למען הילד חשף כי כמעט רבע מבנות ה־14 בבריטניה פגעו בעצמן במהלך השנה שקדמה לתשאולן.[16] דיכאון בהשפעת אינטרנט מתחיל להיות מוכר כסיכון בריאותי ציבורי בבריטניה ובארה"ב.[17] באפריל 2019 הכריזה ממשלת בריטניה כי היא מתכננת להטיל קנסות על חברות אינטרנט המתירות שיתוף של חומר בעל פוטנציאל נזק, כגון קידום פגיעה עצמית והתאבדות ודימויים גרפיים של טרור והתעללות בילדים.[18]

התקשורת הבין־אישית חדלה בהדרגה להתרחש פנים אל פנים. אחים כותבים הודעות זה לזה גם כשהם בבית ביחד. בני נוער אומרים שהם מעדיפים לתקשר בהודעות כתובות ולא באופן אישי כי התקשורת האישית מעוררת אי־נוחות. התוצאה היא ירידה ניכרת באמפתיה ובכשרים החברתיים לעומת דורות קודמים.[19] קשה להם יותר לשמור על קשר עין ולהתרכז בהקשבה לאדם אחד. בימינו אנשים אפילו מפרקים מערכות יחסים בהודעת טקסט – והלוא פרדה, כדי שיהיה בה ולו גם צל חיוור של אנושיות, מוכרחה להיעשות בנוכחות שני

הצדדים. אנשים מתנצלים בפני זולתם במסרונים, אך מקבל ההודעה יודע היטב שמילים כתובות אינן דומות לביטוי ממשי, בפה, של חרטה. שרי טרקל מצטטת סטודנטית לכלכלה שתיארה למה היא מתגעגעת כשמישהו מתנצל בפניה במסרון:

> המילים המסומסות "אני מצטער" פירושן, מצד אחד, "אני לא רוצה שהמתח בינינו יימשך; בואי נהיה בטוב", ובו בזמן גם "אני לא מתכוון להיות לידך כשאת תקועה ברגשות שלך; תגידי לי כשהבעיות בינינו יהיו מאחורינו". כשאני רבה עם החבר שלי והריב נגמר במסרון "אני מצטער", יש ודאות של 100 אחוז שאותו ריב עצמו יחזור. הוא לא נפתר.[20]

אחדים מן המיטיבים לזהות את נזקי הניו־מדיה הם אותם אנשים עצמם שהניחו את המסד לקיומה. סטיב ג'ובס, למשל, סיפר בריאיון ל'ניו־יורק טיימס' ב־2011 שהוא אוסר על ילדיו להשתמש באייפד שהוא השיק זמן קצר קודם לכן. "אנחנו מגבילים את כמות השימוש של ילדינו בטכנולוגיה בבית", אמר מייסד אפל למראיין ניק בילטון.[21] טים קוק, שנטל את המושכות באפל אחרי מותו של ג'ובס, אמר שאינו רוצה שאחיינו יהיה במדיה החברתית.

ביל גייטס, מייסד מייקרוסופט, הגביל ב־2007 את זמן המסך של בתו כאשר ראה שהיא החלה לבלות זמן מוגזם במשחקי וידיאו. הוא הקציב לה 45 דקות ביום בימי חול, ושעה אחת בסוף השבוע.

אֵוון שפיגל, מייסד סנאפצ'ט, הגביל אף הוא את זמן המסך של בנו החורג בן השבע: 90 דקות בשבוע שלם. בריאיון ל'פיננשל טיימס' גילה שפיגל כי הוריו שלו לא הרשו לו כלל לראות טלוויזיה עד שהתקרב לגיל עשר. במבט לאחור, אמר, הוא חושב שאף כי הכלל הקשה על חייו, הוא התגלה כרב ערך כי "ביליתי הרבה זמן בבניית דברים, בקריאה ועוד".

מרק צוקרברג, מייסד פייסבוק, ואשתו פריסילה צ'ן, פרסמו ב־2017 מכתב גלוי לבת שנולדה להם, אוגוסט, ובו הסבירו מדוע הם

מוסריות

מרגישים כי חשוב שהיא "תפנה זמן לצאת ולשחק", שכן "הילדות היא קסומה".

כמה אירוני. דמויות אלו, סמליה המהלכים של התפתחות המחשוב, המחשב הנייד, הסמארטפון והמדיה החברתית, הקדימו להבין את הסכנה הטמונה בה לילדות ולכל הקשור בה. הם לא פעלו הרבה למתן פומבי לסיכונים, ולא ניסו ברצינות למזער אותם. אבל מה שהם הרגישו הוא עתה נחלת הכלל. הטכנולוגיה הגדולה הזאת, המעצימה, הדמוקרטית, המחברת, נושאת בכנפיה סכנות בריאותיות מתועדות, ומעוררת דאגה בקרב פוליטיקאים, מומחים לרפואה, מורים והורים גם יחד.

לא בריא לבלות כמה שעות ביום מול מסך. הדבר לא רק פוגע בבריאות הגוף והנפש – הוא גם ממכר ועלול לגרום דיכאון. הוא לא רק מעכב רכישת כשרים חברתיים שכל אדם זקוק להם במגעיו עם העולם – אלא אף מקטין את טווחי הקשב ופוגע ביכולת החשיבה המתמשכת והממוקדת. ועקרוני מכול, הוא מותיר אותנו טעוני טיפוח מוסרי: מכורים למרדף אחר פופולריות שאין לה דבר עם אופי, עם מידות טובות או עם כל דבר אחר. זוהי ההכשרה הגרועה ביותר שאפשר להעלות על הדעת לפיתוח חוסן או אושר בעולם ממשי של אנשים ממשיים ויחסים ממשיים.

* * *

כשהקשר האנושי איננו בדרך של פנים אל פנים, חסר דבר מה יסודי: כל הממד הרגשי הבונה אותנו כאנשים החיים, נושמים ומרגישים בקרב אנשים אחרים. אחת ההנחות הרווחות בעידן המדע והטכנולוגיה היא שתקשורת היא עניין של חילופי מידע, וככזאת היא יכולה להתקיים באותה מידה פנים אל פנים, בהתכתבות, בדוא"ל ובמסרונים. מידע שרציתי להעביר לך התקבל אצלך.

אבל התקשורת אינה כזאת. בתקשורת אמיתית יש נוכחות אישית. אחד הראשונים להסב את תשומת ליבנו למתחולל כאשר שני אנשים נפגשים ומדברים היה האנתרופולוג ברוניסלב מלינובסקי, שחקר בשנות העשרים של המאה הקודמת את אוכלוסיית איי טרובריאנד

בגיניאה החדשה. הוא שם לב שחלק נכבד מיומם של התושבים שם הם מקדישים לשיחות זה עם זה, אך כמעט אף פעם אין אלו שיחות של חילופי מידע. לפטפוט הזה, חסר פשר או סתמי ככל שהוא נראה, היה תפקיד חברתי חשוב. הוא יצר יחסים, "חיבור". בַּפוגה של השיחה אנחנו מאזינים; אנחנו קשובים לאדם אחר. אנחנו עונים, והמילים שאנו אומרים הן מענה למילים שאנו שומעים. הדיבור הוא המדיום של היחסים. הוא קרא לזה "התקשרות פָּאטית", כלומר דיבור שהפונקציה העיקרית שלו היא עצם קיומו: הדיבור כצינור של קשר היוצר מגע בין שני עצמִיִים, מנכיח אותם זה לזה, חושף אותם הדדית באורח שאיננו עוין.[22]

בתחום מחקר אחר לגמרי, המתמטיקאי אלן טיורינג מקיימברידג' הציע את מבחנו המפורסם לבינה המלאכותית. מה צריכה מכונה להיות מסוגלת לעשות כדי שנשתכנע שהיא צורת חיים אינטליגנטית? תשובתו: להיות מסוגלת לנהל שיחה ממושכת. הקונטרפונקט של ההקשבה והדיבור מצוי בלב מהותה של היות־אדם: כינון מערכת יחסים מוסרית, להבדיל ממערכת יחסים אינסטרומנטלית.

האנתרופולוג הבריטי רובין דנבּר פיתח עוד את רעיונו של מלינובסקי.[23] בעקבות מחקרים חשובים על התנהגות קופי אדם, שבהם נמצא כי כאשר הקופים מטפלים זה בזה נרקמת ביניהם אחווה, הציע דנבר כי השפה התפתחה מלכתחילה לצורכי טיפול הדדי. היא התפתחה ככלי לכינון קשרי אחריות הדדית, לבניית אמון, לחיזוק הקבוצה. השימוש בשפה במקום בחיבוק גופני אפשר להרחיב את הקבוצה למספרים גדולים הרבה יותר. השיחה כטיפול הדדי פירושה שהדיבור ביחד עניינו התחברות. עניינה הוא אנשים הבאים לכדי הבנה הדדית בעזרת כל הדקויות של נימת הקול, קשר העין, שפת הגוף ואותן פגיעויות עדינות שאנו רואים זה אצל זה כשאנו נמצאים זה לנוכח זה. חילופי מידע באמצעים אלקטרוניים אינם כאלה כלל.

דבר דומה אפשר לראות לגבי חברויות. מחקר משנת 2018 הראה שלאדם ממוצע בבריטניה יש 554 חברים מקוונים, אבל רק חמישה

חברי אמת קרובים.[24] זהו מדד להבדל בין חברות ממשית לחברות אלקטרונית – בין אנשים שאדם יכול לפנות לעזרתם, ואשר במידת הצורך יקריבו משהו למענו, לבין אנשים שהוא רק מחליף איתם מידע. למדיה החברתית יש תפקיד חיובי ביותר בכך שהיא מאפשרת לאנשים לשמור על קשר, לחלוק חוויות וידע, ולפתוח שערים לקשרים בעולם הממשי. אבל לשם חברות בין־אישית של ממש נדרשות השקעה של זמן, אינטימיות ומידה של פרטיות.

כך גם באשר לאמון בעסקים. יש צורות מפגש אלקטרוניות נהדרות: סקייפ, פייסטיים, גו־טו־מיטינג, זום ועוד. הן טובות להחלפת מידע ולהבעת דעות. ועדיין, לצורך הקשרים החשובים ביותר, אנשי עסקים טסים על פני מחצית הגלובוס כדי לדבר פנים אל פנים. יצירת אמון היא לב העניין, ומנהלים בכירים יודעים שאת האמון אפשר לוודא רק במפגש ממשי.

וגם חינוך. אחת מסדרות ההרצאות הנצפות ביותר – בין היתר צפו בה 30 מיליון סינים – היא הקורס "צדק" של מייקל סנדל מהרווארד. באולם ההרצאות יש אלף איש, אבל ההרצאות מתנהלות כשיחה בין המרצה לבין כמה מן האנשים בקהל. זהו הדבר הקרוב ביותר לדיאלוג סוקרטי שאפשר להגיע אליו בימינו. המחשבה כי כך היה באתונה לפני 2,500 שנה עולה ודאי בדעתם של רבים מן הצופים. האינטרנט מזכיר לנו כאן את הדבר שהוא עצמו אינו יכול לספק: את הריגוש שבהימצאות במקום, בשיחה ישירה עם אחד הגדולים במורי הדור; שבקיום "עשה לך רב".

חיבור, חבֵרות, אמון, מציאת מורה לחיים: כל אלה צומחים מהשיחה פנים אל פנים ומהאותות העדינים שאנו קולטים בה ואשר משרטטים את קווי המתאר של המגע האישי, אותות כגון שפת גוף, יציבה, מהירות הדיבור ועוצמתו, האיזון או האי־איזון שבקח־ותן של הדיבור וההקשבה, והחוויה החזקה הנלווית לכך, חוויית הבנת הזולת והיות מובן לו. אלה הם כישורים חברתיים חיוניים. הם צעדי הריקוד היסודיים של היחסים הבין־אישיים. הם צומחים מן המפגש הישיר בין בני אנוש חיים, נושמים, חושבים ומרגישים.

הרשתות החברתיות מילאו תפקיד מכריע במעבר מ"אנחנו" ל"אני". בעולם שהן יצרו, אני עומד על הבמה ומקבץ תשומת לב, והאחרים הם הקהל שלי. לא כך נבנית האישיות. לא כך אנו מתפתחים כסוכני מוסר, ישויות הפועלות בזירה המוסרית. המוסר נולד כשאני מתמקד בך, לא בעצמי; כשאני מגלה שגם לך יש רגשות, חשקים, שאיפות וחששות. אני לומד זאת כאשר אנו מעניקים זה לזה את נוכחותנו. מגע הגומלין המורכב הזה הוא מסלול איטי וסבלני של למידה, דרך שיחות עם בני משפחה, חברים, מכרים, מורים, מדריכים ואחרים. אנו מפתחים כך אמפתיה וסימפטיה. אנו לומדים כיצד לזכות בחסד וכיצד לגמול עליו. המוסר עניינו עיסוק בבשר החי של אחרים: בפגיעויות הרכות שלהם, המסתתרות מאחורי דימויים חיצוניים מצוחצחים לעילא, וביכולת שלנו לרפא מעט מכאביהם. אני לומד להיות מוסרי כשאני מפתח את היכולת לדמיין את עצמי במקומם, וזו יכולת שבכוחי לרכוש רק כשאני נמצא איתך, פנים אל פנים או כתף אל כתף.

הרגישויות ובני הגוונים הללו מתקיימים בבלתי־אמצעיות של המפגש החי, ובדרך כלל נעדרים מחילופי המידע האלקטרוניים. מכאן, בין היתר, "אפקט הסרת העכבות" של האינטרנט, המתבטא בכך שבשיח המקוון אנשים מסוגלים להיות בוטים ומעליבים הרבה יותר ממנהגם כאשר הם מצויים בנוכחותו הפיזית של בן שיחם. כשהקשר בינינו אינו ישיר בזמן ובמרחב אינני צריך להכיר בך כבן אנוש, ואני יכול לבטא את כל העולה על רוחי בלי לחשוב מה תהיה הרגשתך למקרא הדברים. התהליך הזה אינו לימודו של מוסר אלא ביטולו.

פייסבוק, טוויטר, סנאפצ'ט, אינסטגרם ודומיהם עלולים להיראות לנו כתחליף לקשר האמיתי, החיוני כל כך לאנושיות שלנו. האישיות מרודדת לכדי פרופיל, הלייקים תופסים את מקומה של ההוקרה הכנה, והצגת העצמי לראווה באה במקום מעורבות בדעת עם הבריות. תכופות דומה כי לא צמיחה אישית יש כאן אלא נרקיסיזם.

* * *

שני הוגי דעות יהודים מפורסמים במאה העשרים העמידו את היחסים

הבין־אישיים בלב תורות המוסר שלהם. מרטין בובר ידוע בהנגדה שלו בין שתי צורות יחסים: אני־לז לעומת אני־אתה. ביחסי אני־לז, אנו רואים את מושא היחס כדבר שיש לנתחו, למיינו ולכמתו. השאלה העיקרית שלי היא: איזה שימוש אני יכול לעשות באובייקט הלז שלפניי? הוא קרא ליחס זה "התנסות".

לסוג היחסים השני, אני־אתה, הוא קרא "מפגש". ביני לבינך יש יחס הדדי. אנחנו חלק מאותו עולם. אנחנו מסוגלים לשנות זה את זה. רוב עצום מן התקשורת בעולם המודרני מתקיים ברובד האני־לז. משום כך אנחנו מרגישים מנוכרים, מצויים בעולם שבעיקרו אין לו פָּנים. אך החשוב לנו באמת הוא המפגש עם ה"אתה" האחר. הדוגמה העילאית לכך היא היחסים שאנו מכנים אהבה, והם לב החיים המוסריים והרוחניים. יש בהם אות של שגב. גישתו של בובר מהדהדת כמדומה את רמיזתו של המשורר האנגלי ויליאם בלייק –

כִּי חֶסֶד – לֵב אֱנוֹשׁ לִבּוֹ
וְלַחֶמְלָה יֵשׁ פְּנֵי אָדָם,
לָאַהֲבָה – דְּמוּת אֵל וְאִישׁ,
שָׁלוֹם – כְּסוּתוֹ בָּשָׂר וָדָם.[25]

הדברים מחודדים אף יותר בתורת המוסר של הפילוסוף היהודי־צרפתי עמנואל לוינס. לוינס סבר שהחובה המוסרית נולדת ברגע שאנו פוגשים את מה שהוא כינה "פניו של האחֵר". לדעתו, הפעולה הבסיסית ביותר של ההכרה מתרחשת כשאנו יוצרים קשר עין עם אדם אחר: הנה אדם שיש לי חובות כלפיו מפני שהוא או היא אדם, גם אם הוא, כלשון המקרא, גר, יתום או אלמנה. במפגש בלתי־אמצעי זה, הקודם למחשבה, נולד המוסר. "הפנים מדברות אליי ובכך מזמינות אותי ליחסים", הוא כותב.[26] "הפנים פותחות את השיח הקמאי, שמילתו הראשונה היא מחויבות".[27] כאשר אנו פוגשים אדם אחר אנו מתחילים לתקשר ולבנות עולם משותף מתוך מעשה התקשורת: "המובן הוא פני זולת, וכל פנייה אל המילה מצויה כבר בתוך הפנים־אל־פנים הקמאי של השפה".[28]

כדי לממש את כל אנושיותנו אנו צריכים מפגשים ישירים עם בני אנוש אחרים. אנחנו צריכים להיות בנוכחותם, פתוחים לאחֵרוּתם, דרוכים לתקוותיהם ולחששותיהם, שותפים למחול הזוגי של השיחה, לקדימה־אחורה העדין של הדיבור וההקשבה. כך נבנות מערכות יחסים. כך אנו נעשים לישויות מוסריות. כך אנו לומדים לחשוב כ"אנחנו". אי־אפשר לעשות זאת באופן אלקטרוני.

בזכות המיידיות של הקשר הגלובלי שמציעה התקשורת החברתית, היא יכולה להיות מפלאי זמננו. אך אל לה להיעשות תחליף ליחסים פנים אל פנים במרחב ובזמן ממשיים, כי שם נולדים חיי המוסר ושם הם הוֹוים ומתרחשים.

פרק ד

המשפחה השבריירית

לאורך דורות על דורות ה"אנחנו" בכל תרבות נתקדש במוסד הנישואים: שני אנשים המתלכדים בברית של נאמנות ואהבה כדי לבנות חיים, בית ומשפחה. בעולם שגדלתי בו היה הדבר ברור לכול. לכן נסערתי עד עמקי נשמתי כאשר, ב־1967, נעשיתי מודע להיקפו של השינוי המוסרי שהתחולל באותו עשור. זה קרה כאשר האזנתי לשיחה על אהבה חופשית במסגרת הרצאות רייית של בי־בי־סי. זוהי סדרת משדרים בת שישה פרקים, שאורך כל אחד מהם חצי שעה, וכולה מלל קולח מפי אדם אחד. הרצאות רייית נחשבות למאורע השיא האינטלקטואלי של רשות השידור הבריטית. הן קרויות על שמו של הלורד רייית, מנהלו הראשון של הבי־בי־סי. לראשונה נשא אותן ב־1948 הפילוסוף ברטרנד ראסל.

ב־1967, תחת הכותרת "עולם דוהר", המרצה שזכה לכבוד היה אדמונד ליץ', פרופסור לאנתרופולוגיה בקיימברידג'. הייתי אז תלמיד תיכון, אך כבר נהגתי להאזין בדבקות להרצאות רייית; לא הבנתי אותן לאשורן, אבל נעימת הדיבור המהורהר הייתה מערסלת אותי אל איזו שלווה רכה. לא יכולתי לשער שכעבור עשרים ושלוש שנה אשא את ההרצאות הללו בעצמי. אך גם בתמימותי דאז לא יכולתי לטעות

באשר ללוז טיעונו של ליץ׳. הוא דיבר היישר אל רוח הרגע: תרבות הנעורים החדשה, מוזיקת הפופ, הסמים הפסיכדליים, ילדי הפרחים והמהפכה המינית. ככלות הכול, זה היה הקיץ של ׳מועדון הלבבות השבורים של סרג׳נט פפר׳ של הביטלס.

הדברים שאמר בהרצאה השלישית הם אשר גרמו לי להתכווץ בכיסאי. הוא דיבר על צורות חדשות של מערכות יחסים מיניות שצעירים מפתחים, ועל הגישה הטהרנית של הדור המבוגר. ליץ׳ צידד בצעירים בכל ליבו. עליהם להמשיך הלאה ולפתח דרכים חדשות של חיים יחד. ואז הוא אמר את זאת: ״המשפחה רחוקה מלהיות הבסיס לחברה הטובה; אדרבה, בסודותיה הצרים ובפרטיותה הדחוסה היא המקור לכל האי־נחת בחברה״.

ביום ההוא הבנתי שאנו נתונים ברעידת אדמה חברתית. ליץ׳ לא היה איש תרבות הנגד שעליה דיבר. הוא היה נציג מוערך של הממסד האקדמי, מגדולי האומה ומטוביה. והנה הוא פוטר בזלזול, שלא לומר בוז, את המוסד החשוב ביותר של הציוויליזציה המערבית, את הכלי שדרכו היא מועברת, כתורשה וכמורשת, מן העבר אל העתיד – הנישואים וחיי המשפחה.

המחשבה הראשונה שלי הייתה ״דַּבֵּר בשם עצמך, פרופסור ליץ׳״. ידעתי כי רק בזכות המאמץ וההקרבה של הוריי יכולתי ללכת לאוניברסיטה. ידעתי שלא רק למעני באתי ללמוד בה. לימודיי היו גם מעין השלמה של מה שלאבי המהגר לא הייתה מעולם הזדמנות לעשות. אני משער שכך הוא אצל רבים־רבים מילדיהם של מהגרים. אפשר לראות זאת כיום בקרב הינדים, סיקים ואחרים בבריטניה. דבר דומה תמצאו בקרב ילדיהם של מהגרים סינים. רב המכר של איימי צ׳ואה ׳המנון הקרב של אימא נמרה׳ גרם לרבים מאיתנו להבין שהאם הסינית היא אימא יהודייה בריבוע.

כמעט כל הציוויליזציות פיתחו דרכים לקידוש הנישואים והמשפחה. המייחד את קהילות המהגרים הוא הקושי הנוסף של ההסתגלות לארץ חדשה ותרבות חדשה. לאורך הדורות חוזקן של המשפחות היהודיות היה מקור חוסנן של קהילות היהודים, והוא

שעמד להן כשלא אחד בלבד עמד עליהן לכלותן ולהגלותן, לכולאן בגטאות ולהכריתן בפוגרומים, לאורך אלף שנה של היסטוריה אירופית. המשפחה היא ערך עילאי ביהדות. במשפחה אנו חוגגים את מועדינו ושבתותינו. לילד היהודי ניתן תמיד תפקיד המפתח בליל הסדר, מקום שם הוא מתוודע לתולדות עמו, והוריו ממלאים את היסודית בחובותיהם: ללמד את ילדם לשאול שאלות. משפחות חזקות יוצרות קהילות מסתגלות.

גם מחוץ לעולם היהודי הנישואים הם מעמודי התווך של המאמץ המוסרי, מפני שהם הדוגמה המובהקת ביותר להשתנותם של שני "אני"ים לכדי "אנחנו" קיבוצי. הנישואים הם קידושה של המחויבות לדאוג לאחר. הם מתן צורה לאהבה, לא כתשוקה חולפת אלא כחיבור מוסרי. כדי להבין מה מונח על כפות המאזניים עלינו לעמוד על ההבדל בין שני דברים הנראים ונשמעים דומים אך אינם כאלה: חוזים ובריתות.

בחוזה, שני יחידים או יותר, שלכל אחד מהם אינטרסים משלו, חוברים לעסקה בעלת תועלת הדדית. חוזים מסחריים מחוללים את השוק – וחוזה חברתי מכונן את המדינה. ברית היא דבר אחר. בברית, שני יחידים או יותר, שכל אחד מהם מכבד את חברו כפי שהוא, חוברים לקשר של אהבה ואמון ושיתוף אינטרסים, ולפעמים אפילו שותפות בחיים, מתוך התחייבות הדדית לנאמנות, ועל ידי כך יכולים לעשות יחד מה שאין איש מהם יכול לעשות לבדו.

חוזה הוא עסקה. ברית היא מערכת יחסים. או אם תרצו, חוזה עניינו אינטרסים, ואילו ברית עניינה הוא זהות. בברית אתה ואני מצטרפים יחדיו כדי ליצור "אנחנו". על כן, חוזים מועילים – ואילו בריתות משנות מן היסוד. הגיונה של הברית הוא הגיון שיתוף הפעולה. בזאת נבדלים הנישואים והמשפחה מהכלכלה והפוליטיקה, השוק והמדינה: הללו מושתתים על הגיון התחרות.

כמובן, לנישואים יכולה להיות צורה חיצונית של חוזה, אבל הגיונם הפנימי הוא הגיון הברית. כך גם נתפסה בישראל הקדומה מערכת היחסים בין העם לא־לוהים: כברית. המילה "אמונה" היא

אחותן הלשונית של המילים "נאמנות", "אמון" ו"אמונים": המאמין בזולתו נשאר נאמן לו בכל מצב, בוטח בו ומכבד את אמונתו של הזולת בו. הברית עם א־לוהים נתפסת אצל הנביאים כמעין ברית נישואים. האהבה, שכבר אמרנו שהיא הבסיס למוסר, נעשית כך גם הבסיס לתיאולוגיה. האמונה הדתית כמוה כנישואים. לכך מכוונים דברי הנביא הושע, האומר לישראל בשם ה' -

וְאֵרַשְׂתִּיךְ לִי לְעוֹלָם;
וְאֵרַשְׂתִּיךְ לִי בְּצֶדֶק וּבְמִשְׁפָּט,
וּבְחֶסֶד וּבְרַחֲמִים.
וְאֵרַשְׂתִּיךְ לִי בֶּאֱמוּנָה
וְיָדַעַתְּ אֶת ה' (ב, כא-כב).

הנישואים הם מיסודות החברה מפני שלכל אורך ההיסטוריה הם היו האופן היסודי ביותר שבו אדם מכיר במשהו שמעבר ל"אני" ולאינטרס האישי: ב"אנחנו" של הטוב המשותף, יחסי שיתוף הפעולה, הזהות המשותפת והאחריות הקולקטיבית.

אלקסיס דה־טוקוויל הבין זאת היטב. "אין ארץ בעולם שבה נוהגים כבוד בברית הנישואין יותר מאשר באמריקה, או שבה זוכה האושר בחיי הזוג להערכה גבוהה יותר או צודקת יותר", כתב ההוגה הצרפתי בן המאה ה־19 בספרו הגדול 'הדמוקרטיה באמריקה'. באירופה, לעומת זאת, "כמעט כל ההפרעות והשיבושים בחיי החברה מקורם בנווה המשפחה ולא הרחק ממיטת הזוג".[1]

הנישואים, סבר דה־טוקוויל, הם יסוד החברה החופשית: שלום הבית פירושו סדר חברתי, והיעדרו פירושו חוסר יציבות חברתי. להיגד הזה התייחס אדמונד ליץ' בבוז בהרצאות ריית. כאנתרופולוג ודאי ידע ליץ' את מה שג'יימס ק' וילסון עתיד היה לנסח כך: "כמעט בכל חברה שחקרו היסטוריונים או אנתרופולוגים נמצאו אנשים שהתגוררו יחד על בסיס קשרי דם ואחריות לגידול ילדים".[2] יש דפוסים רבים של מבנה משפחתי, כשם שיש סוגים רבים של חברות; אך משפחה

כלשהי יש כמעט בכל חברה, כשם שכמעט לכל חברה יש מערכת משותפת של נורמות וכללים.

בשנות השישים ספגו הנישואים והמשפחה מכה שקשָׁה כמוה לא ספגו למן היות התרבות המערבית. היא הייתה פְּרִיָם של כמה גורמים – ביניהם הופעתה, לראשונה במערב, של תרבות נוער המחזיקה את עצמה, המצאת הגלולה למניעת הירָיון וזמינותה הרַבָּה, והסתלקות צילה המאיים של המלחמה שחיזק כל כך את תרבות ה"אנחנו" במקומות כגון בריטניה. הצינורות של ההמשכיות התרבותית נקטעו, ואנשים הרגישו שהם ניצבים על סף עידן שונה בתכלית מהעידן הישן.

דניאל פטריק מויניהן, בדברים שכתב בארה"ב ב־1965, היה הראשון שהצביע על הסכנות העצומות שמעמידה לחברה התפרקות היחידה המשפחתית. הוא כתב על אפרו־אמריקנים, אבל דבריו נמצאו נכונים לחברה האמריקנית בכללותה.[3] כל מה שהוא חזה התממש, אבל את רוח הזמן ההוא אי־אפשר היה לכלוא. בעיני רבים, למין לא היה עוד קשר לנישואים או למחויבות; הוא נעשה פעילות פנאי. לאורך הדור הבא, בבריטניה ובאמריקה, פחות אנשים התחתנו, ואלה שהתחתנו עשו זאת בגיל מאוחר מבעבר. ב־1968, 56 אחוז מהאמריקנים בני 18 עד 31 (כלומר עד גיל 32 פחות יום) היו נשואים או ראשי משקי בית; ב־2012 – רק 23 אחוז.[4] שיעור הגירושים האמיר באורח חסר תקדים – לעיתים לכדי 50 אחוז; ב־2017 הוא עמד בבריטניה על 42 אחוז;[5] וכמעט מחצית הילדים נולדים מחוץ למסגרת הנישואים.

הנישואים מוצגים תדיר בלעג כפורמליות גרידא, "פיסת נייר", והמגורים יחד ללא נישואים החלו להצטייר כמקבילה או תחליף להם. למרבה הצער, הם אינם כאלה. בבריטניה המֶשך הממוצע של חיי נישואים המסתיימים בגירושים הוא 11 שנים ומשהו,[6] והמשך הממוצע של כלל חיי הנישואים הוא 30 שנה.[7] לעומת זאת, המשך הממוצע של מגורים זוגיים בצוותא ללא נישואים, בבריטניה ובארה"ב, הוא פחות מחמש שנים. הפעולה הפורמלית של ההתחייבות, המכוננת את הנישואים, יוצרת הבדל ניכר בעוצמת היחסים ובאורך חייהם.

למרות השינוי התרבותי, שההרצאות של ליץ' היו מתסמיניו, רוב האנשים מתחתנים. בשנים האחרונות שיעור הגירושים ושיעור הריונות הנעורים פחת. אבל ההשלכות של השינוי ההוא עודן בתוקף. התמוטטות הנישואים יצרה צורות חדשות של עוני כספי ומוסרי המתקיימות בעיקר בקרב משפחות חד־הוריות. בדרך כלל העול נופל על האם: היא העומדת בראש 92 אחוז ממשקי הבית החד־הוריים בבריטניה, נכון ל־2011. יותר ממיליון ילדים בבריטניה כיום גדלים, וימשיכו לגדול, ללא קשר כלשהו עם אבותיהם. על פי מחקר משנת 1993 בבריטניה, הסיכוי של ילד החי במשק בית של מגורים בצוותא להיות קורבן להתעללות בביתו גדול פי עשרים מזה של ילד הגר עם הוריו הנשואים.[8] קשה לברוח מהמסקנה שקריסת המשפחה היא חלק מההסבר לעלייה החדה בשיעורי הפרעות האכילה, השימוש בסמים ובאלכוהול, תסמיני העקה, הדיכאון, ההתאבדויות וניסיונות ההתאבדות בקרב צעירים.

הדבר יוצר בתוך החברות המערביות שסע מן הסוג שלא נראה מאז דיבר בנג'מין דיזראלי על "שתי אומות" באנגליה, עשירים ועניים, לפני מאה וחמישים שנה.[9] בעשור החולף שניים מן הבולטים באנשי מדע החברה בארה"ב פרסמו חיבורים פורצי דרך שהגיעו שניהם למסקנה כי לפחות לגבי שליש האוכלוסייה פג תוקפו של "החלום האמריקני" הגורס שכל אדם שיתאמץ וייזום יוכל להצליח בחייו. שני ההוגים באים מנקודות מוצא רעיוניות מרוחקות זו מזו: אלה הם צ'רלס מאריי, איש מכון אנטרפרייז והימין הליברטריאני, ורוברט פטנאם מהרווארד, איש השמאל הקהילתני. הימין הליברטריאני נוטה להתמקד בבחירתו של הפרט, ואילו השמאל הקהילתני באחריות הקיבוצית. ובכל זאת, ספרו של מאריי 'מתפרקים' (Coming Apart) משנת 2012 וספרו של פטנאם 'ילדינו' (Our Kids) משנת 2015 דומים עד להדהים. כל אחד מהם בחר לשוות לטיעוניו עוצמה דרמטית באמצעות התמקדות בשתי קהילות. מאריי כתב על בלמונט שבעיר בוסטון ועל פישטאון שבפילדלפיה, ופטנאם על שתי קבוצות בעיר פורט קלינטון שבמדינת אוהיו, האחת של בוגרי קולג'ים והאחרת לא.

שניהם טוענים כי מגזרי אוכלוסייה שחיו בקרבה רבה זה לזה, קיימו יחסי גומלין, ובסך הכול השתייכו לאותו עולם, התרחקו אלו מאלו מאז ראשית שנות השישים. המבוססים והמשכילים שגשגו, בעוד המצליחים פחות, שזכו להשכלה פחותה, נחשלו אחריהם יותר ויותר. אלו ואלו כבר אינם מאכלסים אותו מרחב חברתי. הפיצול בין מסלולי הקריירה והתגמול מוביל להתרחקות פיזית ומנטלית, ומסלולי החיים המזומנים לדור ההמשך שונים זה מזה עד מאוד.

מאריי ופטנאם סבורים שניהם שאין זה עניין שולי. זהו מצב המעמיד סימן שאלה גדול על ההיגד האמריקני הקלאסי כי כולם שווים בהזדמנויות, גם אם לא בתוצאות. הפער בין השליש העליון בחברה לשליש התחתון גדול כל כך, שאי־אפשר לומר עוד שלכולם יש הזדמנות אמיתית. הניעות החברתית פוחתת. הנרטיב האמריקני, האומר שכל מי שיתאמץ ויתמיד די הצורך יוכל להמריא לפסגה, נשמע מנותק ממציאות חייו של חלק נכבד מן האוכלוסייה. אומה חיה ומתקיימת על האידיאלים שלה. האם יכול אדם לומר כיום על בסיס מציאותי כי ארצות הברית עודנה, כלשון נאום גטיסבורג של אברהם לינקולן, "מחויבת לַהיגד כי כל בני האדם נבראו שווים"?

ההבדל מתחיל כבר בדפוסי הנישואים. כל קבוצות האוכלוסייה הושפעו מהמהפכה המינית של שנות השישים, אבל הקבוצות המצליחות יותר, בכל אחת מההשוואות, התאוששו במהרה והנישואים חזרו להיות בהן נורמה חברתית. לא כך היה בקרב החלק העני באוכלוסייה. שם זינקו שיעוּרי המגורים יחד בלי נישואים, ההימנעות מנישואים, הגירושים וההורות היחידנית. גוף ראיות עצום, במדעי החברה השונים, מראה שילדים נשכרים מגדילה במשפחה עם נישואים יציבים, שגירושים מזיקים לילדים, ושהורות יחידנית מזיקה להם אף יותר. הדבר עולה כאשר מודדים תוקפנות של ילדים, עבריינות נוער, היפראקטיביות, פשיעה, מחלות ופציעות, תמותה טרם עת, קבלת החלטות מיניות בגיל ההתבגרות, בעיות בבית הספר, נשירה מהם, בריאות רגשית, הישגים חינוכיים, הצלחות בקריירה, והיכולת לקיים מערכות יחסים חזקות ומתמשכות בכלל ונישואים בפרט.[10]

פתנאם משמאל ומאריי מימין מספרים אפוא סיפור דומה. השליש העליון בחברה – מבחינת ביטחון פיננסי והשכלה – טעם מן החירויות החדשות של שנות השישים ואילך, אבל חזר, פחות או יותר, למוסכמות ולהקפדות הישנות. האנשים הללו התחתנו, הצטרפו לקהילות דתיות, והיו להם תוכניות שאפתניות לגבי ילדיהם. הם השתדלו לגור בשכונות שבתי הספר בהן הם הטובים ביותר, או שלחו את ילדיהם לבתי ספר פרטיים, או שכרו למענם מורים פרטיים, והוציאו את מיטב כספם על חוגי העשרה.

השליש התחתון התקשה לשחות נגד הזרם. כיום, אנשיו חיים כמעט על כוכב לכת אחר מזה של בני ארצם המשגשגים. נטל כבד מועמס על אימהות יחידניות. יש עלייה בעוני בקרב ילדים, ואחת היא אם הוא נמדד על פי הכנסתה המוחלטת של המשפחה, על פי הכנסתה היחסית, או על פי נגישותה לשירותים ומשאבים שונים. שיעור עוני הילדים בארה״ב כיום הוא מהגבוהים בעולם המפותח. שכונות שלמות חיות בלי מבוגרים שישמשו לילדים דמויות לחיקוי, ובלי מי שיטיל משמעת על בני הנוער. במצב זה, באורח בלתי־נמנע, רבים מידרדרים לכנופיות נוער, ומשם לסמים ולפשיעה קלה, ומוצאים את עצמם בכלא נטולי תקוות לעתיד בטוח. בשכונות אלו ההישגים הלימודיים ירודים, האבטלה גואה, ושיעורי האלימות והכליאה נוסקים.

סגנון החיים הזה אינו נתון כולו לבחירתם. הוא נובע ישירות מבחירות של הוריהם והורי הוריהם. לפני כמה שנים, במסגרת הכנת סרט תעודה לבי־בי־סי על מצב המשפחה בבריטניה, ביליתי יום עם עבריינים צעירים במרכז שיקומי שנקרא בית שֶׁרבּורן. מקום זה נתן להם את הסיכוי האחרון לחזרה למוטב. מי מהמשוקמים בו שנתפס שוב במעשה פשע, נכנס לכלא. רובם היו כבני שמונה־עשרה. כולם ממשפחות הרוסות, ורבים מהם ממשפחות מתעללות. כשעודדתי אותם לדבר על ילדותם הם סירבו, מתוך נאמנות למשפחות. שיניתי אפוא את הגישה. אמרתי, ״יום אחד יהיו לכם ילדים. איזה סוג של אבות אתם רוצים להיות?״. למשמע השאלה הם התחילו לבכות. הם אמרו דברים כגון ״אני אהיה אבא קשוח, אבל אני אדאג שיהיו בבית

פרק ד – המשפחה השברירית

כללים, ובכל מצב שהילדים שלי יצטרכו אותי אהיה זמין להם". זו הייתה חוויה מכמירת לב ומדאיגה.

אלה היו בחורים עם אינסטינקטים מובהקים של טוב. לו נולדו אל סביבה משפחתית אחרת ודאי היו מתכוננים עתה ללימודים באוניברסיטה במקום להחזיק בציפורניים את הסף האחרון שלפני הכלא. העוול שעשתה להם החברה קשה למחילה. דור שלם ספג את הרעיונות בדבר מין ללא אחריות ואבהות ללא מחויבות, כאילו אין קורבנות לבחירה הזאת. אבל יש קורבנות, ובראשם ילדיהן של משפחות בלתי-מתפקדות ומתעללות. ילדים שכבר לא תהיה להם הזדמנות אמיתית לפעול להגשמת חלומותיהם, ושנתקעו, במקום זאת, בתרבות של עוני, אלימות, כלא והיעדר תקווה. בארה"ב ובבריטניה, ממשלה אחר ממשלה השקיעו סכומי עתק במענקים, יוזמות ותוכניות, אך אף לא אחד מכל המאמצים הללו הקטין באופן מובהק את שיעורי העוני בקרב ילדים – ועוני זה הוא בכל מקרה רק חלק מהבעיה. כי גם אם יוטב מצבם החומרי, הנזק הרגשי שנגרם להם הוא בלתי-הפיך. מי שראה בילדותו רק מודל משפחתי בלתי-מתפקד, אין לו על פי מה להתוות את התנהגותו שלו בבוא העת.

ובכל זאת, אישי ממסד כמו אדמונד ליץ' נשאו על כפיים את המהפכה המינית, ונתנו לצעירים של שנות השישים אור ירוק להמשיך בשעיטתם הלאה מן האיפוק, אבן הפינה של התרבות בבריטניה ובארה"ב. שינוי זה לא היה מעשה יד המקרה. רבים מהדוחפים לו הושפעו מעבודתה של האנתרופולוגית מרגרט מיד, אשר פרסמה ב-1928 ספר מפורסם ושמו 'התבגרות בסמואה'. היא תיארה בו תרבות של חופש מיני מוחלט, שאין בה שום מוסר מיני מוכתב, ושהחיים בה הם חיי אושר אידילי. בשנות השמונים ערער האנתרופולוג דרק פרימן מניו-זילנד על רבים מממצאיה; אומנם, לא את כל החוקרים הוא שכנע. כך או כך, שום תרבות מערבית, לפחות מאז התנצרות האימפריה הרומית, לא הנהיגה חופש מיני לכול, שאין בו קודים או מוסכמות של נישואים והורות.

האהבה כקשר מוסרי המובטח בנישואים מונוגמיים היא מן ההישגים הגדולים של המערב, צירוף מרשים של ריאליזם סוציו-

ביולוגי ויופי מוסרי ורוחני: הנישואים כבית היוצר של אהבה המביאה לעולם חיים חדשים.

במהלך התפתחותו של המין האנושי, שני שינויים העמידו בפניו אתגר אחד. האדם החל ללכת על שתיים, דבר שכיווץ את אגן הירכיים של הנקבות; ומוחו גדל פי שלושה, דבר שחייב גדילה של הגולגולת. שינויים אלה השפיעו ישירות על מועד הלידה של עוברים: הם חייבים להיוולד בשלב מוקדם מכפי שהיה, אחרת ראשם לא יעבור בתעלת הלידה. כך קרה שהתינוקות של בני האדם נולדים בבשלות פחותה משל יונקים אחרים, וזקוקים לתקופה ממושכת יותר של טיפול הורי צמוד. ההורות אצל בני אדם תובענית, משום כך, יותר מאצל בעלי חיים אחרים. היא מצריכה שני הורים פעילים: לא די לה באחד.

מכאן התופעה הנדירה יחסית בקרב יונקים: החיבור הקבוע בין בני זוג. אצל יונקים רבים אחרים תפקידו של האב מסתכם בהפריה. בקרב רוב קופי האדם האבות אפילו אינם מזהים את צאצאיהם, קל וחומר אינם מטפלים בהם. בממלכת החי כולה הגנת האם על הוולד היא מאפיין אוניברסלי כמעט, ואילו הגנת האב עליו נדירה. וכך, להופעת המין האנושי כפי שהוא מוכר לנו נלווה האיחוד בין האם לאב לשם הטיפול בילדם. אבל אז באה התרבות, ועימה ההפתעה השלישית.

בקרב הציידים־לקטים החיבור הזוגי היה הנורמה. המהפכה החקלאית יצרה עודף כלכלי והולידה את הערים ואת הציוויליזציה – ועימם, לראשונה, אי־שוויון חריף בין עשירים לעניים ובין בעלי שררה לנטולי כוח. הזיקוראתים הגדולים במסופוטמיה והפירמידות במצרים הקדומה, אלו ואלו בעלי בסיס רחב וקודקוד צר, היו הכרזות מונומנטליות, עשויות לבֵנים, על דבר החברה ההיררכית שבה המעטים רוכבים על גבי הרבים ושולטים בהם.

הביטוי המובהק ביותר לכוח בקרב זכרי אלפא, בני אדם וקופי אדם כאחד, הוא השליטה בגישה אל נקבות פוריות, המבטיחה לשולֵט מירוב של הפצת הגֵנים שלו לדור הבא. זוהי הפוליגמיה, המתקיימת בקרב כ־95 אחוז ממיני היונקים וכ־75 אחוז מהתרבויות האנושיות הידועות לאנתרופולוגיה. הפוליגמיה היא ביטוי עז לאי־שוויון, מפני

שפירושה הוא שזכרים רבים לא יזכו לעולם לרעיה ולילדים, ושכל אישה תזכה בבעלה רק באופן חלקי, כאחת מכמה נשים, ובדרך כלל בלי שהשתתפה כלל בבחירת בן זוגה. הקנאה המינית הייתה ועודנה, בקרב בעלי חיים ובני אדם כאחד, מניע מרכזי לאלימות, ויש אומרים המניע המרכזי.

לכן הפרק הראשון בספר בראשית מהפכני. הוא קובע שכל אדם, בלי תלות במעמדו, בצבעו, בתרבותו ובאמונתו, נברא בצלם א־לוהים ובדמותו. בעולם העתיק נחשבו השליטים, המלכים, הקיסרים והפרעונים כעשויים בצלם א־לוהים. ספר בראשית קבע שכל בני האדם הם משפחת מלוכה. לכולנו כבוד אדם שווה במלכות האמונה שבריבונות הא־ל.

מכאן נובע שלכל אחד מאיתנו זכות שווה להינשא ולהוליד ילדים. על רקע הנחת יסוד זו שהתורה מבהירה בתחילת סיפור בריאת האדם, ברור שסיפור אדם וחווה מושתת על הנורמה של אישה אחת ואיש אחד (והדבר נכון לקריאות שונות של הסיפור, גם לאלו הנוצריות). התורה עצמה מכריזה על כך: "עַל כֵּן יַעֲזָב אִישׁ אֶת אָבִיו וְאֶת אִמּוֹ וְדָבַק בְּאִשְׁתּוֹ וְהָיוּ לְבָשָׂר אֶחָד" (בראשית ב, כד). המונוגמיה לא נעשתה מייד לנורמה היחידה, גם לא בעולם המקרא. אבל רבים מסיפורי המשפחה המרכזיים במקרא, כגון אלה המתארים את המתח בין שרה להגר, בין לאה לרחל ובין ילדי כל אחת מהן, או סיפור דוד ובת־שבע, או עניין ריבוי הנשים של שלמה, מבקשים להציג את הבעייתיות שבפוליגמיה ולהעלות את המונוגמיה על נס.

עלייתה של המונוגמיה מפתיעה, משום שבדרך כלל ערכיה של חברה נכפים עליה בידי המעמד השליט.[11] המעמד השליט בחברה הירכית מרוויח ממתירנות מינית ומפוליגמיה בשורותיו, שהרי שתיהן מגדילות את הסיכויים שהגנים של בני מעמד זה יועברו לדור הבא. ואילו מן המונוגמיה העשירים והחזקים מפסידים, והעניים מחוסרי השררה מרוויחים. מיסוד המונוגמיה מנוגד אם כן לכיוון הזרימה הרגיל של השינוי החברתי. הוא ניצחון גדול של עקרון שוויון כבוד האדם.

היו לכך השלכות עצומות על חיי המוסר, בייחוד על מה שעתיד היה להיקרא המורשת היודיאו־נוצרית. אנו מכירים כיום את עבודתם של ביולוגים אבולוציוניים שהשתמשו בהדמיות מחשב ובאמצעים של תורת המשחקים כגון דילמת האסיר החוזרת ונשנית כדי להסביר מדוע האלטרואיזם ההדדי מתקיים בקרב כל בעלי החיים החברתיים. אנו מתנהגים כלפי אחרים באופן שאנו רוצים שהם יתנהגו כלפינו, ומגיבים להם בדרך שהם מגיבים לנו. כפי שכתב ק"ס לואיס בספרו 'ביטול האדם', ההדדיות היא כלל הזהב בכל הציוויליזציות הגדולות.

אך המקרא הוסיף על כך חידוש יוצא דופן. על פי המקרא, לא רק ההדדיות היא העיקרון המכונן של המוסר, אלא גם האהבה.[12] שלוש אהבות. "וְאָהַבְתָּ אֵת ה' אֱ־לֹהֶיךָ בְּכָל לְבָבְךָ וּבְכָל נַפְשְׁךָ וּבְכָל מְאֹדֶךָ" (דברים ו, ה). "וְאָהַבְתָּ לְרֵעֲךָ כָּמוֹךָ" (ויקרא יט, יח). והשלישית, החוזרת בתורה לא פחות משלושים ושש פעמים, "וַאֲהַבְתֶּם אֶת הַגֵּר כִּי גֵרִים הֱיִיתֶם בְּאֶרֶץ מִצְרָיִם" (דברים י, יט, ובניסוחים אחרים בעוד מקומות). כשם שא־לוהים ברא את עולם הטבע באהבה ובסליחה, כך אנו נדרשים לברוא באהבה ובסליחה את העולם החברתי. אהבה זו היא להבה הנדלקת בנישואים ובמשפחה. המוסר מרחיב אל העולם החיצוני את האהבה שבין בעל לאשתו ובין הורים לילדיהם – אהבות שעליהן לא נצטווינו מפני שהתורה מניחה שהן טבעיות.

חידוש זה הוליד את התובנה הדקה כי האמת, היופי, הטוב והחיים עצמם אינם קיימים בתוך אדם או ישות מסוימים, אלא בתָווך, במה שמרטין בובר כינה "הממד הבין־אישי": התנודה של הדיבור וההקשבה, הנתינה והקבלה. משום כך הברית, הקשר המוסרי ההופך שני "אני"ים או יותר ל"אנחנו", היא המושג המרכזי במקרא.

היהודים היו לעם בעל אוריינטציה משפחתית מובהקת, והיא אשר הצילה אותם מאובדן. אחרי חורבן בית שני בשנת 70 לספירה, היהודים נפוצו ברחבי תבל, ובכל מקום היו למיעוט, בדרך כלל נטול זכויות. הם סבלו רדיפות מן הגרועות ביותר שידע עם בעולם, ובכל זאת שרדו, שכן אף פעם לא איבדו שלושה דברים: את המשפחתיות, את הקהילתיות ואת האמונה.

הערכים הללו התחדשו מדי שבת, יום המנוחה שבו אנו נותנים לנישואים שלנו ולמשפחות שלנו את הדבר שהם זקוקים לו וצמאים לו יותר מכול בעולמנו העכשווי: זמן. כשיצרנו את סדרת הטלוויזיה שהזכרתי קודם, על מצב המשפחה בבריטניה, לקחתי את המומחית המובילה באותה עת בבריטניה לגידול ילדים, פנלופה ליץ', לגן ילדים יהודי. זה היה יום שישי בבוקר.

היא צפתה שם בילדים ממחיזים את אשר עתידים היו לראות בערב, סביב שולחן השבת המשפחתי. היו שם אימא ואבא בני חמש שבירכו את ילדיהם בני החמש לעיני נכדיהם בני החמש. עניין השבת ריתק אותה, והיא שאלה את הילדים מה הם הכי אוהבים ביום הזה. ילד בן חמש פנה אליה ואמר, "זה הערב היחיד בשבוע שאבא לא ממהר". כשהצילומים נגמרו, ויצאנו מבית הספר, היא פנתה אליי ואמרה, "הרב הראשי, השבת שלכם מצילה את הנישואים של הורי הילדים האלה".

סוד כוחה של המשפחה המסורתית – יצירת אומנות דתית נעלה – טמון בדברים שהיא מקבצת יחדיו: דחף מיני, תשוקה גופנית, חברות, רעוּת, קרבה רגשית ואהבה, הוֹלדת ילדים, ההגנה עליהם, הטיפול בהם, חינוכם המוקדם והטענתם בזהות ובהיסטוריה. אין עוד הרבה מוסדות ששזרו לחבל אחד כל כך הרבה דחפים ותשוקות, חובות ותחומי אחריות. זהו מוסד שנתן לעולם פשר ופני אנוש, פניה של האהבה.

מחמת מגוון שלם של סיבות – חלקן קשורות להתפתחויות רפואיות כגון הגלולה, הפריית המבחנה והתערבויות גנטיות; אחרות נוגעות לשינוי מוסרי, כגון התפיסה שאדם רשאי לעשות כל מה שאינו מזיק לאחרים; עוד אחרות קשורות להעברת האחריות מהפרט למדינה; וקבוצה נוספת עניינה שינויי העומק בתרבות המערב – כמעט כל הדברים שהנישואים צירפו פעם יחדיו התפצלו אלה מאלה. המין הופרד מהאהבה, האהבה מהמחויבות, הנישואים מההולדה, וההולדה מהאחריות לגידול הילדים.

כמובן, איש אינו רוצה להחזיר את העבר על כל עקותיו – נישואים בלי אהבה, משפחות סמכותניות, הורות אטומה רגשית וכן הלאה.

מוסריות

אבל אהדתנו האנושית כלפי אלה המחליטים לחיות בצורה אחרת משלנו אינה צריכה להפריע לנו לדגול בגלוי במוסד המשפחה, אשר תרם יותר מכל מוסד אחר בהיסטוריה לעיצובנו כבני אנוש מוסריים. המשפחה – איש, אישה וילדים – איננה עוד סגנון חיים בין רבים. היא האמצעי הטוב ביותר שנתגלה עד כה לטיפוח דורות העתיד ולהעמדת מערך של יציבות ואהבה לגידול ילדים. במשפחה אנו לומדים את צעדי הריקוד העדינים של מערכות היחסים האנושיות, ואת דקויות ההתנהלות במצבי מתח ועימות המתקיימים בכל קבוצה אנושית. שם אנחנו נוטלים לראשונה את הסיכון שבמתן אהבה וקבלתה. שם מנחיל דור את ערכיו לדור הבא, ומבטיח את המשכיותה של תרבות. המשפחה היא בית היוצר לעתידה של כל חברה. למען עתיד ילדינו, חובתנו להיות מגיניה.

חלק שני

השלכות: השוק והמדינה

פרק ה

מ"אנחנו" ל"אני"

איך זה קרה, התנועה הזאת מ"אנחנו" ל"אני", מחברה לעצמי, מהחוץ פנימה? ראינו בחלק הקודם כמה מן התסמינים, כגון הבדידות, העזרה העצמית והתמקדותה של התקשורת החברתית בהצגת העצמי כלפי חוץ. אבל כל זה הוא רק חלק מסיפור רחב יותר, השזור בתולדות המערב. בפרק הזה אני רוצה לשרטט את עיקריו.

מתי ומדוע החלו אנשים במערב לראות את עצמם כאינדיבידואלים? יש המקדימים את המועד אל תקופת המקרא, אל ההכרזה כי כל בני האדם נבראו בצלם א־לוהים. אחרים מסמנים כמחוללי השינוי את הפילוסופים היוונים הגדולים כגון סוקרטס או הסטואיקנים. הפילוסוף המדיני לארי זידֶנטופ הראה לאחרונה בספרו 'המצאת האינדיבידואל' כי הנצרות שחררה את הפרט מחיבוקה החונק־לפעמים של המשפחה.[1] אפשר לטעון גם שנקודת ההתחלה היא הרנסנס האיטלקי, ובפרט החיבור הנחשב כיום למניפסט שלו – 'נאום על כבוד האדם' של פיקו דלה מירנדולה. יש מידה של אמת בכל ההצעות הללו, ובכל זאת אי־אפשר להתכחש לכך שדבר מה מכריע קרה מאוחר יותר, בין המאות ה־15 וה־17, במרווח שבין קץ הפאודליזם ל"הולדת המודרנה".[2]

אנשים התחילו לכתוב אוטוביוגרפיות. אומנים התחילו לצייר דיוקנאות עצמיים. רמברנדט ואן־ריין (1669-1606) עשה זאת שוב ושוב: יותר מארבעים ציורים, שלושים ואחד תחריטים ושבעה רישומים של עצמו. אנשים חיו, יותר ויותר, בחדרים פרטיים. הפסיכולוג הצרפתי ז'ק לאקאן טען כי הולדת תחושת ה"אני" קשורה עמוקות לתחילת הייצור ההמוני של מראות זכוכית.[3] כל הדרכים בשלהי המאה ה־17, כותב ההיסטוריון כריסטופר היל, הובילו לאינדיבידואליזם: "יותר חדרים בבתים מבוססים, שימוש בזגוגיות בחלונות... החלפת הספסלים בכיסאות – כל אלה אפשרו יותר נוחות ופרטיות לפחות לחלק גדול מהאוכלוסייה". הפרטיות, הוא טוען, "תרמה להתבוננות פנימה ולחיפוש העצמי של הפוריטניות הרדיקלית, ולכתיבת היומנים האישיים והרוחניים".[4]

נקודת מפנה חשובה הייתה הרפורמציה: מרטין לותר הממסמר את 95 התזות שלו אל דלת הכנסייה בוויטנברג, וטובע את סיסמתה של הנאמנות למצפון האישי: "כאן אני עומד, איני יכול אחרת". לותר היה רחוק ממהפכנות: הוא לא שיחר אל החדש, אלא אל דבר ישן שהוא חשב שהכנסייה הקתולית שכחה: את קדימותו של המפגש הישיר בין היחיד לא־לוהיו, את ה"אני" של האמונה שאינו מתווך בידי ה"אנחנו" של הכנסייה. הוא דיבר על "כהונת כל המאמינים"; מונח שהוא שאב מהברית החדשה, אך פסוקי הסמך שציטט לו הם עיבודים של הפסוק בספר שמות שבו ה' אומר לבני ישראל "וְאַתֶּם תִּהְיוּ לִי מַמְלֶכֶת כֹּהֲנִים וְגוֹי קָדוֹשׁ" (שמות יט, ו).[5] כוונתו בכך הייתה להשיב את הסמכות מידי מוסד חיצוני, הכנסייה, אל המאמין היחיד ואל המפגש הישיר שלו עם הא־ל המתקיים בקריאה בכתבי הקודש ובהכרת החסד הא־לוהי.

לדברי פילוסוף המוסר אלסדייר מקינטאייר, חשיבותו של לותר בתולדות ההגות המוסרית נעוצה בכך שהוא העלה לראשונה את האינדיבידואל המוחלט, את האדם כפי שהוא, בלי שום תלות בתפקידים שהחברה ליהקה אותו להם. כשאנו מתים, אומר לותר, אנו מתים כעצמֵנו נטו. איש אינו יכול לעשות זאת במקומנו. "וככזה ממש, ריקן מכל התארים החברתיים, מופשט כמת מכל היחסים החברתיים,

עומד האדם כל ימיו לפני הא־ל".[6] איש מבלעדינו אינו יכול להחליט במקומנו בעניינים היסודיים הללו. התרבות והמבנים החברתיים אינם מסירים מאיתנו את האחריות היסודית להחליט איך לחיות ובמה להאמין. הכול תלוי ביחיד. הרפורמציה הייתה, אם כן, נקודת מפנה.

שתי נקודות מפנה נוספות נרשמו כעבור כמאה שנה, ושתיהן הרות גורל. הראשונה באה עם רנה דקארט (1650-1596), אבי הפילוסופיה המודרנית, בניסיונו להסביר את מהות הידע האנושי על יסוד ספקנות רדיקלית: פקפוק שיטתי בכל דבר. מפורסמת מסקנתו כי יש רק דבר אחד שהוא אינו יכול להטיל בספק: "אני חושב; משמע, אני קיים". המהפכנות שבדבר באה לו מכך שאחד היסודות המכוננים של המורשת הדתית של המערב הוא תשובת ה' למשה כששאל אותו בסנה מה שמו – "אֶהְיֶה אֲשֶׁר אֶהְיֶה" (שמות ג, יד), שתורגמה בלשונות אירופה כ"אני מה שאני".[7] השיטה הקרטזיאנית המירה את ההסתכלות התיאוצנטרית על המציאות, כזו שבה הידוע המוחלט הוא הא־ל, אל ההסתכלות האנתרופוצנטרית, זו הבטוחה, בראש ובראשונה, דווקא בהימצאותו של האדם. את השלכותיה המלאות של מהפכה זו, במלוא כוחן ההרסני, עתיד היה לנסח פרידריך ניטשה.

המפנה הנוסף רשום על שמו של ההוגה פורץ הדרך תומס הובס (1679-1588). ספרו 'לווייתן' הוא ראשון הספרים הגדולים של הפילוסופיה המדינית המודרנית. לתדהמתם של קוראיו בני זמנו, הוא ויתר לחלוטין על כל דוקטרינה מטפיזית או תיאולוגית שהיא, כגון זו המייחסת למלכים זכות א־לוהית למשול, ונקודת המוצא שלו היא היחיד בעל האינטרס האישי. כל מצב שבו יחידים חופשיים לקדם את ענייניהם כחפצם בלי גבולות יידרדר במהירות למה שהובס כינה "מצב הטבע", "מלחמת הכול בכול", עולם שבו פחד המוות אינו מרפה.

מה שיש לנו ואחרים חושקים בו יילקח מאיתנו, ואם יידרש לשם כך חוזק יד – הוא יינקט. לכן לכולנו יש אינטרס להקריב קורט מהזכויות והכוחות שלנו ולמסור אותם לגורם מרכזי, "לווייתן", שישתמש בהם כדי להבטיח את שלטון החוק בארצנו פנימה ואת ההגנה על ארצנו מפני פולשים. גיבור ה"עלילה" של הובס הוא

האינדיבידואל הראשוני, ה"אני" הנבחן בלי קשר לתרבות ולמעמד ולזיקותיו המכוננות למשפחה ולדת. בכך נולדה התפיסה המודרנית של החוזה החברתי, וה"אני" נע אל מרכז העולם ההגותי של המערב שלאחר הרפורמציה.

עמנואל קאנט היה מן התורמים העיקריים להמשך עלייתו של ה"אני" לגדולה. קאנט הדגיש מאוד את עוצמתה של התבונה האנושית ואת יכולתה של התודעה להבנות את העולם – לא העולם כפי שהוא לעצמו אלא העולם כפי שהוא נתפס אצלנו. הוא העביר את המציאות מן החוץ פנימה. הדרך הטובה ביותר להבין את כתביו על המוסר היא לחשוב עליהם כתרגום של הלותרניות לשפת החילוניות.

הרעיון המקראי כי כולנו עשויים בצלם א־לוהים וכדמותו הפך בתרגומו של קאנט לעיקרון: התייחס לזולת לא כאל אמצעי אלא כאל תכלית. התעקשותו הפאולינית של לותר כי האמונה חשובה מהמעשים התגלגלה לטענתו של קאנט כי שום דבר אינו טוב ללא תנאי, חוץ מהרצון הטוב. המוסר על פי קאנט, כמו האמונה על פי לותר, שוכנים בתוך התודעה או הנשמה. לא המעשה קובע, אלא הכוונה והטעם. ואחרון ומכריע, לשיטתו של קאנט כמו לשיטתו של לותר הסמכות נמצאת לא במוסדות חיצוניים אלא בחייו הפנימיים של היחיד. עשיית הטוב בגלל ציווי של מישהו אחר – א־לוהים או החברה – היא **הטרונומיה**, חוק שחוקק אחֵר ולא אנחנו, ולכן איננה התנהגות מוסרית. המוסר דורש **אוטונומיה**, כלומר שאני אחוקק אותו לעצמי.

מבחינה מסוימת, קאנט ולותר הם הפכים. קאנט האמין בתבונה, לותר בהתגלות. הרפורמציה עוררה את האדם להפחית בערך עצמו: רק א־לוהים יכול לעשות לנו טוב. הנאורות, לעומתה, עודדה את הצבתו הבוטחת של העצמי: רק אנו יכולים להגיע לידע אמיתי, באמצעות התבונה והתצפית. אולם שניהם שמו את האדם היחיד במרכז חיי המוסר. השפעה מכרעת במיוחד הייתה למושג האוטונומיה של קאנט.

קאנט לא חשב שיש בכך מרשם לשיבה למצב הטבעי שתיאר הובס, זה שבו, כלשונו של ספר שופטים, "איש הישר בעיניו יעשה".

להפך: הוא האמין כי פירוש שיטתו הוא שכולם יגיעו, לאור תבונתם, לאותו חוק מוסרי. הוא העמיד שלושה תנאים. ראשון, שכבר הזכרנו, חוק מוסרי צריך לראות את בני האדם האחרים כתכליות ולא כאמצעים. שנית, עליו להיות צו קטגורי, ולא היפותטי, כלומר הוא צריך להיות מוחלט ובלתי־מותנה. שלישית, עליו להיות אוניברסלי. כניסוחו, "עשה מעשיך רק על פי אותו הכלל המעשי אשר, בקבלך אותו, תוכל לרצות גם כן כי יהיה לחוק כללי".[8] במבט לאחור נראית מחשבה זו נטולת היתכנות: שכל האנושות, אפילו תצליח להשתמש בתבונתה הטהורה בלי להזדקק לרגש, תגיע לאותם עקרונות מוסריים עצמם. זו מחלת מקצוע של הפילוסופיה, לפחות בתצורתה המערבית: לשגות במחשבה שמה שנראה עכשיו משכנע נכון לכל התרבויות בכל הזמנים. מחשבתו המלבבת של קאנט על העולם, כאילו הוא מאוכלס כולו בחכמים וקדושים המחוקקים לעצמם את טהרת המוסר, לא יכלה להאריך ימים, ואכן קצרים היו ימיה.

שני גאונים בודדים בני המאה ה־19 זינקו מחלום התבונה של קאנט אל עולם לא רציונלי של בחירה אישית רדיקלית. אחד מהם היה דתי עד לשַד עצמותיו, האחר אנטי־דתי בנימי נימיו, ועם זאת שניהם היו ביקורתיים מאוד כלפי החברה ומוסכמותיה – ומרותקים לתופעות ריבוי הזהויות וריחוקו של האדם מתפקידו החברתי. הראשון הוא התיאולוג הדני סֶרֶן קירקגוֹר (1813–1845).

ביצירה מסחררת ומקורית מכף רגל ועד ראש, 'או־או', הציג קירקגור שני מצבי קיום שונים מיסודם בגילומן של שתי דמויות: האסתטי, שחי חיי חושים, והאתי, המחויב לישר ולטוב. אלה הם שני עולמות שונים של רגש ומחשבה; שני אופנים של חיים. כל אחד מהם עקבי ונאמן לעצמו אך אינו תואם בשום אופן את זולתו. במה אם כן לבחור? אין אמות מידה שאפשר לבחור על פיהן באורח רציונלי. אפשר רק להכריע, וזו תהיה הכרעה אי־רציונלית לחלוטין. צריך לבצע זינוק של אמונה. לראשונה הציג הוגה דעות את מה שישעיה ברלין עתיד היה לכנות "הבלתי־מדיד". לא כל הערכים יכולים להתממש בחייו של

אדם יחיד. האידיאה האפלטונית של הרמוניית האמיתי, הטוב והיפה כבר נשברה לאין מרפא. בהעמידו במרכז חיי המוסר את הבחירה הזאת, הלא־רציונלית במהותה, לא הבחירה מה לעשות אלא הבחירה מה להיות, היה קירקגור, בלי לדעת מה ניבא, לאקזיסטנציאליסט הראשון.

הדמות האחרת היא פרידריך ניטשה, ההוגה הנחשב בצדק לאב הרוחני החשוב ביותר של העולם הפוסט־מודרני. כתביו מאפשרים מגוון כמעט אין־סופי של פרשנות, ועדיין קשה לחלוק על כך שאחד מעמודי התווך של הגותו היא עמדתו כי כל מושג המוסר, כפי שהובן לאורך תולדות הנצרות, צריך לפנות את מקומו במהפכה שהוא כינה "שינוי ערכים".[9]

ניטשה היה הראשון שהכריז כי א־לוהים מת וכי אנחנו הרגנו אותו. הטענה הייתה רדיקלית כל כך, שבהציגו אותה בספרו 'המדע העליז' הוא שם אותה בפיו של משוגע. אבל הוא היה הרבה יותר מאתיאיסט גרידא. הוא סבר שכל המורשת היודיאו־נוצרית אינה אלא נקמתם של החלשים בחזקים; פעולת תגמול שהעבדים הנחילו לאדוניהם הקודמים. כולה תרגיל מתמשך של ressentiment, נקמנות. כל מה שהורגלנו לראות כמידות טובות, חמלה, חסד, הוא בעצם דרך לכבול את טבע האדם האמיתי, הנשלט בידי "הרצון לעוצמה", ולהסיר את כוחו מעליו.

בתחרות על עמדת הכוח רוב האנשים מפסידים, אבל כמה מהם מצליחים וכופים על האחרים את רצונם. לאדם כזה קרא ניטשה על־אדם. הנצרות התנגדה לדרך חיים זו בשם הצדק והשוויון. אבל ניטשה האמין שעידן הנצרות הגיע לסופו – ושטוב שכך, מפני שכאשר נחזור אל הטבע נגלה כי שבנו לעולם הגיבורים האפיים של העולם היווני הקדם־סוקרטי. למסקנה זו הגיע אגב לימים ברנרד ויליאמס, כדבריו ב'בושה וצורך', אולי הנאֶה בספריו. ניטשה לא אמר מה יקרה לשאר האנשים בעולם הנשלט בידי גיבורים מעין־מיתולוגיים, כנראה משום שפשוט לא היה אכפת לו. אותו עניינו המנצחים – לא המפסידים. עולם הנשלט בידי הרצון לעוצמה איננו עולם מוסרי על פי ההגדרות המוכרות לנו.

השפעתו של ניטשה על העולם בן זמננו אדירה עד אין חקר

כמעט. הוא היה מן הראשונים שגרסו שהלשון והרעיונות הם רק מסכה המסתירה קרב רצונות, מאבק כוח, המונח בתשתית החברה. בזאת היה, לצד מרקס ופרויד שבא אחריו, מחוללה של הרמנויטיקת החשד. אין אמיתות, הוא אמר, אלא רק פרשנויות. הפוסט־מודרניזם של המחצית השנייה של המאה העשרים שאב מבארו של ניטשה.

קירקגור וניטשה ערערו בהצלחה את יסודות המוסר כפי שהיו מוכרים במערב אלפי שנים, וכל אחד מהם הציע במקומם תפיסה אישית מאוד, סובייקטיבית, של חיי המוסר, שבליבה הבחירה: לא הבחירה הוותיקה בין הטוב והרע כפי שהוגדרו בתרבות השלטת, אלא בין טוב ורע שהיחיד מגדיר בעצמו, בכל ישותו. ה"אני" נעשה לא רק לשחקן הראשי בדרמה המוסרית, אלא גם למחזאי שלה, לכותב כלליה.

בתרבויות שונות באירופה התגלגל חידוש זה בדרכים שונות. בצרפת צמח ממנו האקזיסטנציאליזם, ששוכלל בבתי מדרשותיהם של סארטר וקאמי. הקיום שלנו קודם למהות שלנו, כניסוחו המפורסם של סארטר. כל קבלה שלמה של החברה וכלליה – המֶלצר המשחק בהתמסרות גמורה את תפקיד המלצר, כתיאורו החביב של סארטר – היא "אמונה רעה". באנו לעולם כדי להיות אנו־עצמנו, סבר סארטר, לא לשחק תפקיד שהחברה מכתיבה לנו. לימים, כפי שנראה בפרק על פוסט־אמת, צמחה מהלך־הרוח הזה האסכולה הידועה כפוסט־מודרניזם, בהנהגתם של פוקו, דרידה ואחרים.

בעולם האנגלו־אמריקני הביטוי המובהק ביותר להפנמת משנותיהם של ניטשה וקירקגור היה התיאוריה הידועה בשם אמוטיביזם: התפיסה כי השיפוט המוסרי אינו משקף שום מציאות אובייקטיבית. הוא רק תחפושת שאנו מלבישים על רגשותינו ועל ההערכות הסובייקטיביות שלנו, דרך לומר "אני אוהב את זה; אהבו את זה גם אתם". המוסר חדל כך להיות מובן כמערכת כללים שחברי קבוצה מסכימים, גם אם רק במשתמע, לציית לה – ונעשה עניין של טעם אישי בלבד.

מכאן נגזרת מערכת מוסר שאין בה עקרונות מוסכמים או אמיתות אובייקטיביות. זהו עולם של יחסיות, של סובייקטיביות

ושל רעיון חדש שהחל למשול בכיפה: אותנטיות, או בכינויה האחר אינדיבידואליזם אקספרסיבי. הצו המוסרי שונה בתוכנו אצל כל אחד מאיתנו, שכן צו זה הוא: הֱיו עצמכם.

בעוד קירקגור וניטשה בונים את הפילוסופיות שלהם, שני אישים אחרים, האחד פרשן פוליטי, האחר סוציולוג, ערכו תצפיות חשובות. הפרשן הפוליטי הוא האציל הצרפתי אלקסיס דה־טוקוויל, בעל החיבור עתיר התובנות 'הדמוקרטיה באמריקה' שפורסם בשנות השלושים של המאה ה־19. הוא גילה באמריקה תופעה שהוא לא פגש עד אז, וכה חדשה ומוזרה הייתה בעיניו שהוא טבע לה מטבע לשון חדש. הוא המציא את המילה אינדיבידואליזם.

הוא הדגיש כי אין כוונתו לאגואיזם. באומרו כי אדם אינדיבידואליסט אין הוא מסמן אותו כאנוכי וכמי שליבו גס בצרכים וברגשות של הזולת. "אבותינו הכירו רק את האנוכיות", הוא כותב, ומגדיר אותה כ"אהבה עצמית לוהטת ומופרזת". האינדיבידואליזם שונה. יותר ממה שהוא ליקוי באופי, הוא ליקוי בסביבה. הוא "רגש בוגר ושלו, המכוון כל אזרח להינתק מכלל חבריו ולפרוש הצידה עם משפחתו וידידיו, כדי שלאחר שייצור לו כך חוג קטן משלו יעזוב בחפץ לב את החברה לנפשה".[10]

דה־טוקוויל ראה בכך את הסכנה הגדולה ביותר לחופש הדמוקרטי בטווח הארוך. אנשים פשוט יפסיקו להתעניין ברווחתם של אחרים, וישאירו את האחריות לזולת בידי המדינה; על ידי כך יגדל כוחה של המדינה עוד ועוד, עד שהיא תיעשה למעין רודנות נעימה. האזרחים בחברה כזאת:

כל אחד מהם, המופרש לעצמו, כמו זר הוא לגורל זולתו; מבחינתו, ילדיו וחבריו הקרובים הם המין האנושי כולו; אשר ליתר אחיו האזרחים, הריהו מהלך לצידם אבל אין הוא רואה אותם; נוגע הוא בהם ואינו חש בהם כל עיקר; אין לו קיום אלא בעצמו ולשם עצמו בלבד, ואם אמנם עוד נותרה לו משפחה, לפחות אפשר לומר עליו ששוב אין לו מולדת.[11]

פרק ה – מ"אנחנו" ל"אני"

דה-טוקוויל חזה אם כן את הסכנות של מה שתיארתי בפרק הראשון כמיקור חוץ. אנשים ישאירו לטיפולה של המדינה כל מה שאינו נוגע להם באופן אישי, וסופו של תהליך זה יהיה אובדן החופש הדמוקרטי. הדבר היחיד שהגן על ארה"ב מן הסחף הזה היה כוחן של המשפחות, הקהילות, הכנסיות ואגודות הצדקה – במילים אחרות, הסביבות המוסריות שבהן אנשים דואגים זה לזה באופן פעיל. אזהרתו של דה-טוקוויל עודנה מהדהדת. אם נאבד זירות אלו של מפגשים פנים אל פנים, שבהן אנו מתרגלים את החוש המוסרי שלנו, סופנו שנאבד את החירות.

הסוציולוג, מחלוצי תחום ידע זה, היה אמיל דירקהיים. ביצירתו 'התאבדות' משנת 1893 טען דירקהיים כי בכל חברה הנתונה באנומיה – כלומר אין בה קוד מוסרי משותף – ירבו מקרי ההתאבדות. ברור היה לו שחברה אינה יכולה לשרוד מאובדן מה שהוא כינה "המצפון הקולקטיבי", אותו גוף מאחד של רעיונות, אמונות ועמדות הנותן צורה ולכידות לעולם החברתי המשותף. לא רק החברה תתפורר, אלא גם יחידים בתוכה, ורבים מהם לא יצליחו להתמודד עם מצב זה. נראה לי כי הדבר קורה בזמננו.

בארצות הברית, למשל, שיעור ההתאבדות עלה ב-30 אחוז בין השנים 2000 ו-2016. הוא עלה באחוז אחד מדי שנה עד 2006, ובשני אחוזים בכל אחת מעשר השנים הבאות. בקרב נערות ונשים שיעור ההתאבדויות עלה ב-16 השנים הללו בחמישים אחוז;[12] ובקרב בני 10 עד 34 ההתאבדות הייתה לסיבת המוות השנייה בשכיחותה.[13] בבריטניה שיעור ההתאבדות בקרב בנות 15 עד 19 הגיע בשנת 2017 לשיאו מאז החלו המדידות בשנת 1981, ובקרב הבנים בגיל הזה השיעור היה השני בגובהו. נתונים אלה כשלעצמם אינם מוכיחים בהכרח כי דירקהיים צדק; לכל אסון של התאבדות יש גורמים ייחודיים משלו. אבל הם אומרים דרשני. עולם בלי משמעות משותפת הוא עולם שקל להרגיש בו אבוד.

אנומיה, דומני, היא תיאור הולם למצב שאנו חיים בו כיום: עולם של יחסיות, אי-שיפוטיות, סובייקטיביות, אוטונומיה, זכויות

פרט והערכה עצמית. יתרונותיו של תהליך ארוך זה רבים, אבל גם האובדן ממשי. המעבר המהפכני מ"אנחנו" ל"אני" פירושו שכל מה שקידש פעם את הזיקות המוסריות המלכדות אותנו – דת, אמונה, תרבות, מנהגים ומוסכמות – חדל מלקדשם. האנרגיות המשוקעות עכשיו ב"אני" הוסטו לשם מהמשפחה, הקהילה ועדת המתפללים, ואלו נחלשו והותירו אותנו פגיעים ובודדים.

עולם אינדיבידואליסטי הוא אולי חופשי, אבל הוא רוחש בדידות, בידוד, פגיעות וניהיליזם, ושוררת בו תחושה כי בחשבון אחרון אין לחיים משמעות. אנחנו, ככותרת ספרה של שרי טרקל, 'לבד ביחד'. זהו מחירו של האינדיבידואליזם הקיצוני, שהוחרף עד מאוד בידי הסמארטפונים, התקשורת החברתית והיחלשות המסגרות שאנו יוצרים בהן מחויבויות מוסריות בנות קיימא. הכול נעשה מיידי, עסקי ווייצוגי. אנחנו מתחבאים מאחורי הפרופילים שלנו – ונעשים למסכות על פני עצמנו.

מכאן הפרדוקס העכשווי: אנחנו יכולים לקיים קשר שוטף ומיידי עם כל קצווי תבל, אבל תכופות קשה לנו לפטפט עם השכנים. אך כדברי רוברט הוֹל בספרו 'ארץ זאת של זרים', "האמת היא שמערכות יחסים הן המשאב בעל הערך ויוצר הערך החשוב ביותר בכל חברה. הן צינורות החמצן שלנו לקיום, לצמיחה ולשגשוג".[14] וכניסוחן של עורכות אסופת מחקרים חדשה, 'משבר הקשר': "במקום ה'אנחנו' נותרנו עם ה'אני', היחיד הנבדל, שצרכיו, רצונותיו וחשקיו קודמים לצורכי הכלל. החברה האנושית הגיעה בהתפתחותה לשלב שבו זכויות הפרט, בייחוד אלו הנוגעות לעושר, לכוח ולמעמד, גוברות על כל הזכויות והאחריויות האחרות".[15]

מה עושים קיפודים בחורף? שאל שופנהאואר. אם הם מתקרבים זה לזה יותר מדי, הם פוצעים זה את זה בקוציהם. אם הם ישמרו מרחק, יקפאו בקור. לא קל להגיע לאיזון נכון, ולחברה האנושית אין הומאוסטזיס, אותו מנגנון המסגל את הגוף לטמפרטורה החיצונית. כל עוד מקובלות עלינו כלכלת השוק והדמוקרטיה הליברלית, אי־אפשר להכריח אותנו להתקרב זה לזה כמו בעידן הקדם־מודרני, וגם אין אנו

פרק ה – מ"אנחנו" ל"אני"

רוצים בכך. אבל אי-אפשר להישאר במצב הנוכחי, כי העולם האנושי מתקרר והסופות בו גוברות. כדי להתמודד עם האתגרים שהמאה הזאת מזמנת לנו, אנחנו צריכים קצת יותר "אנחנו" וקצת פחות "אני".

פרק ו

המוסר מהשווקים

בספטמבר 2018 פורסם דוח חקירה פרלמנטרי על התמוטטות אחת מחברות הבנייה הגדולות בבריטניה, 'קָריליון'. החברה פורקה בינואר 2018, עם חובות בסך כ־7 מיליארד לירות שטרלינג. אנשים רבים נפגעו כתוצאה מכך. יותר מאלפיים איש איבדו את מקום עבודתם. 30 אלף ספקים של החברה ספגו הפסדים כספיים קשים. כך גם 28,500 גמלאיה. משלם המיסים כיסה 150 מיליון ליש"ט מן ההפסדים. הוקפאה לזמן לא מוגבל הפעלתם של בתי חולים חדשים שהחלו להיבנות בליברפול ובברמינגהם כדי להקל על העומס של שירותי הבריאות הלאומיים. ובכל זאת, בשעה שהחברה דהרה בעיניים פקוחות אל האסון, חברי הדירקטוריון שלה המשיכו לתגמל את עצמם בבונוסים שמנים.

הדוח היה חריף:

> עלייתה של קריליון ונפילתה המפוארת הן סיפור של פזיזות, היבריס ותאוות בצע. המודל העסקי שלה היה הסתערות חסרת מעצורים על מזומנים, מתודלקת ברכישות, בחובות תופחים, בהתרחבות לשווקים חדשים ובניצול ספקים. היא הציגה דוחות כספיים שנתנו פרשנות מעוותת למצב העסק, והעלו בכל שנה

מוסריות

את הדיבידנדים בלי קשר למאזן הכספי. התחייבויות ארוכות טווח, כגון מימון סדיר של תוכניות הפנסיה, טופלו כלאחר יד. גם כאשר ידוע היה ברבים כי החברה מתפוררת, הדירקטוריון היה טרוד בהגדלת הבונוסים לחבריו ובהגנה עליהם.[1]

לצערנו, זו רק דוגמה להתנהגות שקנתה לה לאחרונה אחיזה רבה. אחת הדוגמאות המוקדמות הייתה התמוטטות חברת 'אֶנרון' ב-2001. היא מתועדת בספרם של בת'אני מקלין ופיטר אלקינד 'החבר'ה הכי חכמים בחדר'.[2] אנרון, חברה אמריקנית לאנרגיה, סחר ושירותים, זכתה שש שנים רצופות בתואר 'החברה החדשנית ביותר' בארה"ב במגזין 'פורצ'ן'. היא העסיקה 29 אלף עובדים. בכל שנה רווחיה עלו, וכך גם ערך מניותיה. היא נחשבה מופת ראוי לחיקוי.

בשיא הצלחתה של החברה, העיתונאית הצעירה בת'אני מקלין כתבה מאמר שתהה איך הצליחה אנרון לרשום רווחים חריגים כל כך דווקא בתקופה של דשדוש במשק. תהיותיה תאמו מימרת כנף שיכולה הייתה לחסוך מרבים יגון ואבדון: "אם זה נראה טוב מכדי להיות אמיתי, זה כנראה לא אמיתי". בסוף 2001 התגלה כי אנרון ופירמת רואי החשבון המכובדת שלה 'ארתור אנדרסן' עסקו לאורך שנים בהונאה שיטתית תוך שימוש במידע פנים. אנרון הוכרזה פושטת רגל. חברת רואי החשבון התחסלה. על כל תרבות הממשל התאגידי בכלכלה המודרנית הוטל צל שטרם הוסר עד היום. האקדמיה הבריטית הלאומית פרסמה ב-2018 דוח בכותרת 'רפורמה בעסקים למאה ה-21', ובו טענה כי "התאגידים נוסדו מלכתחילה לשם תכליות ציבוריות ברורות", אך רק בחמישים השנים האחרונות הצטמצמו הללו לכדי תכלית אחת, רווח. הדבר פגע "בתפקידם של התאגידים בחברה, באמון בעסקים ובהשפעת העסקים על הסביבה, על האי-שוויון ועל הלכידות החברתית".[3]

שערוריית אנרון התרחשה בארצות הברית, אבל השחיקה בערכי המוסר בעסקים — דלדול היושר, היושרה, האחריות, השקיפות ואחריות הדיווח — החלה בבירור להשפיע על כל התרבות התאגידית במערב.

זמן קצר לאחר קריסת אנרון שוחחתי עם הלורד ארנולד ויינסטוק, הנחשב לאחד התעשיינים הבריטים המובילים בדורו. השיחה הייתה מן הנוקבות שניהלתי בחיי. ויינסטוק היה דמות מופת בעולם העסקים: שיטותיו היו מושא לכתיבה נרחבת, והן נלמדו בבתי ספר לעסקים ברחבי העולם. תחת ידיו צמחה החברה שניהל מדי שנה בשנה לאורך עשורים, מתוך זהירות פיננסית מופלגת. הוא ראה בזהירות זו אחריות בסיסית שלו כמנהיג עסקי. עסקים, אמר לי כמה שנים קודם לכן, אין עניינם רווח קצר טווח, אלא תועלת ארוכת טווח לציבור, לבעלי המניות ולמועסקים כאחד.

אולם עתה, בשלהי העשור השמיני לחייו, וכשמותו הקרב כבר נשקף מעיניו, הוא היה צל חיוור של עצמו הקודם. הוא נראה אדם שבור. הוא לא היה דתי, אבל הוא קרא לי כי רצה לומר לי דבר לפני מותו. הוא אמר לי כך: ״הקדשתי את חיי לבניית העסק. שילמתי לעצמי משכורת מכובדת, אבל צנועה. מחליפי בתפקיד משלם לעצמו פי עשרה, ואת כל מה שבניתי הוא החריב״. כפי שגיליתי כעבור זמן, הוא צדק, וכל עולם העסקים ידע זאת. יורשו נכנס לסדרה של רכישות חסרות אחריות, מתוך התעלמות גמורה מהעקרונות שהעלו את החברה לגדולה לאורך ארבעת העשורים הקודמים, והוביל אותה להפסדים איומים ולחורבן.

אחד מגורמי התשתית לשינוי זה בתרבות התאגידית בבריטניה ובאמריקה הוא בלי ספק הפחתת האסדרה בתחומי הכספים בשנות השמונים, הידועה בשמות תאצ׳ריזם ורייגנוֹמיקס, בהתאמה. אין לי ביקורת על המדיניות הזאת. היא הייתה נכונה לזמנה. בשנות השבעים נמצאו המדינות הללו במיתון עמוק – כלכלי, חברתי ופסיכולוגי. הפחתת האסדרה התניעה ארבע תקופות גאות רצופות שהובילו לצמיחה כלכלית מתמשכת. רובנו הרווחנו ממנה, במישרין או בעקיפין.

אבל לא במידה שווה. מאז 1980 ההכנסות ברוטו של העשירון העליון בארה״ב הוכפלו. הכנסות המאיון העליון שולשו. ואילו הכנסות האלפיון העליון גדלו פי שבעים ויותר. באותה תקופה, ההכנסה ברוטו של ששת העשירונים התחתונים בקרב העובדים האמריקנים נשארה

יציבה או אף ירדה במונחים ריאליים.[4] בבריטניה היחס בין הכנסות המנכ"לים לבין ממוצע הכנסות העובדים עלה מ־45:1 ב־1998 עד כדי 120:1 ב־2010.

בשנת המפולת 2008 שוק המניות צנח ב־30 אחוזים, אך משכורות המנהלים הבכירים עלו ב־10 אחוזים.[5] ג"פ מורגן, מייסד הבנק הנושא את שמו, אמר פעם כי אף אחד בצמרת של חברה אינו צריך להשתכר יותר מפי עשרים מאלו שבתחתית. כיום משכורות הבכירים בתאגידים הגדולים עולות על שיעור זה בהרבה. המציאות גרועה אף יותר מכפי שנראה במבט ראשון, כי בתאגידים רבים רוב העבודות בשכר נמוך מיוצאות לקבלנים, ואינן נמצאות כלל ברשימת מקבלי המשכורות של החברה. המשק בבריטניה ובאמריקה עבר היערכות מחודשת, מעידן שוויוני יחסית בשנות החמישים, בעקבות השפל הגדול של שנות השלושים ומלחמת העולם השנייה – לעידן אי־שוויוני עד מאוד, הנמשך עתה. הדבר אינו מקרי. השינוי חל בתקופת המוטציה התרבותית שבה השתנה ה"אנחנו" ל"אני". אם תכליתו של התאגיד אינה אלא בקשת הרווח, מדוע שלא יוחל הדבר גם על אותם יחידים המצויים בעמדות כוח? למה שלא יתרגמו את תחושת הערך העצמי שלהם לתגמולים כספיים? וכאשר רק שורת הרווח קובעת, ברור מה קורה לשירות, לנאמנות ולחובה כלפי אחרים.

הרכיב הדרמטי ביותר, ובעצם השערורייתי ביותר, במשבר הסב־פריים של 2008 היה תוצאה של פיתוח הנגזרות הפיננסיות המשתמשות בהֶחלף חדלות פירעון (CDS): בעיקרו, זהו מנגנון המאפשר לבנקים למנף פיקדונות בהיקף חסר תקדים באמצעות מיקור חוץ של הסיכון, באופן המזכיר את מה שאנו, כאנשים פרטיים, עושים כשאנו רוכשים פוליסת ביטוח. הסיכון הופחת באמצעות אסטרטגיה של פריסתם וחלוקתם של הסיכונים למוצרי חבילה פיננסיים, כאלה שכל אחד מהם מכיל נתחים זעירים ממספר רב של הלוואות. הדבר מְזער את השפעתו של כל אובדן חוב של אדם יחיד, אך למעשה חשף את כל שרשרת המכשירים הפיננסיים והמוסדות הכספיים לאפשרות

של קריסת דומינו. המוסדות והמכשירים הללו היו כה קשורים זה בזה, שהתמוטטות של כל חלק שהוא במערכת הבנקאות הגלובלית העמידה בסיכון את כולה. השפעתן העיקרית של נגזרות חדשות אלו הייתה הקלה על שוק הדיור: היא אפשרה את משכנתאות הסב־פריים, משכנתאות שבדרך כלל לא היו ניתנות מטעמי היעדר ביטחונות.

באותה עת נראה היה כי נמצאה דרך מבורכת להגדיל את שיעור בעלי הבתים בארה"ב. שיעורי הריבית היו נמוכים ללא תקדים, וההצפה בקונים חדשים נראתה כתחילתה של גאות מתמדת בשוק הדיור. כולם ירוויחו. אנשים רבים מאוד יוכלו לראשונה להיות בעלי הבתים שהם גרים בהם. יהיה להם נכס גדול שערכו רק יעלה עם הזמן. במקביל, הבנקים יוכלו למנף את הונם במידה שכמוה לא הייתה. כולם עתידים היו להרוויח. איש לא עתיד היה להפסיד.

אז, בהיות התהליך בחיתוליו, צריכים היו יותר אנשים לזכור את המימרה שהפעילה את בת'אני מקלין בפרשת אנרון. אם זה נראה טוב מכדי להיות אמיתי, זה כנראה לא אמיתי. דווקא היה מי שזכר: לא אחר מוורן באפט, שלאורך חמישים שנה התמיד והיה המשקיע המצליח ביותר בארה"ב. ב־2002 הוא כבר כינה את משכנתאות הסב־פריים "כלי נשק פיננסיים להשמדה המונית".[6] סוחר האופציות לשעבר נסים ניקולס טאלב פרסם ב־2007 ספר שכותרתו 'הברבור השחור: השפעתו המטלטלת של הבלתי צפוי על הכלכלה והחיים'. הוא הצביע בו על חוסר אמינותן של תחזיות, בין היתר תחזיות כלכליות. כפי שאמר שר ההגנה האמריקני לשעבר דונלד רמספלד בהקשר אחר, "אנחנו יודעים על הדברים שאנו יודעים שאנו יודעים אותם, ועל הדברים שאנו יודעים שאיננו יודעים אותם, אבל לא על הדברים שאיננו יודעים שאיננו יודעים אותם": על אותם גורמים שאיננו מעלים בדעתנו ואף על פי כן יש להם השפעה מכרעת על השווקים.

גאות מתחלפת בשפל, רווחים נעשים הפסדים, ואנשים סובלים. כמה מן הקוראים זוכרים ודאי כיצד בסרט 'פארק היורה' אומר המתמטיקאי־הפילוסוף בגילומו של ג'ף גולדבלום לְיַזָּם פארק היורה בגילומו של ריצ'רד אטנבורו, כי כל התכנון שלו מבוסס על תחזיות

רציונליות ומתעלם מעקרונות חשובים כגון תורת הכאוס, משוואות לא ליניאריות ומושכים מוזרים. "אם יש דבר אחד שההיסטוריה האבולוציונית מלמדת אותנו – הרי זה שאי־אפשר לבלום את החיים", הוא אומר, ומוסיף: "אבל המדענים שלך שקעו כל כך בשאלה אם הדבר אפשרי, שלא עצרו לחשוב אם הדבר רצוי". דומה כי כך הוא גם באשר לאותן נגזרות פיננסיות מורכבות.

ראשונים ליפול היו בנק האחים להמן בארה"ב ובנק נורת'רן רוק בבריטניה, אך אבני הדומינו הבאות קרסו מייד אחריהם בשרשרת מבעיתה. התלות בין הבנקים בעולם הייתה חזקה כל כך, שאחת הנפגעות הראשונות והקשות הייתה דווקא איסלנד, שאוכלוסייתה רק 300 אלף נפש, ואשר לא נחשבה בשום אופן למרכז פיננסי עולמי. קלות השגתו של אשראי זול פיתתה שחקנים קטנים רבים להתחייב מעל ליכולתם, ועל כן להינזק קשות כבר בשוך הגאות.

אחד מלקחי נפילת השווקים ב־1929 נלמד בכל זאת. הממשלות, באמצעות הבנקים המרכזיים, נחלצו מייד להצלת הבנקים מקריסה, בהזרמה מאסיבית של כספים. בסופו של דבר לא "החבר'ה הכי חכמים בחדר" הצילו את המצב, ודאי לא המתמטיקאים שיצרו את הסיכונים המאובטחים מלכתחילה, ולא הבנקאים עצמם שגילו ברגע האמת שאין להם מושג של ממש מהן באמת משכנתאות הסב־פריים. היו אלו דווקא הממשלות, אלו שנדחקו מן המגזר הפיננסי בתהליך הסרת הרגולציה בשנות השמונים, ואשר גם תפקידן בכלכלה העולמית צומצם וזולזל בשנים שלאחר מכן. תחושת האחריות המוסרית שלהן כלפי הציבור היא שהצילה את הכלכלה מהתמוטטות גמורה. בשעת המבחן השוק נזקק להצלה מידי ישות שאיננה השוק ושאיננה פועלת על פי עקרון האינטרס העצמי המכוון את השוק.

מה שקרה אחר כך הותיר בפה טעם רע שלא התפוגג עד היום. הבנקים שניצלו בידי הממשלות, באשר הם "גדולים מכדי שאפשר להרשות לעצמנו שייסגרו", המשיכו לתגמל את בכיריהם בתשלומי בונוס. במקרה אחד נודע לשמצה בנקאי בכיר שתגמל את עצמו ב־30 מיליון לירות שטרלינג במשכורת ובבונוסים גרר את הבנק שבראשותו

אל סף האבדון. רק מפני שהבנק נחשב "גדול מכדי שנוכל להרשות לעצמנו שייסגר" הצילה אותו הממשלה.

הציבור בכללותו הוכה אל החומֶש. בבריטניה ובארה"ב יותר ממיליון בתים עוקלו. האנשים שהובטח להם בית ראשון בבעלותם מצאו עצמם שוב חסרי בית. כדי להשיב את המשק לאיזון כלשהו, מדינה אחר מדינה אימצה תוכניות צנע. רבים־רבים סבלו מכך, בפרט אלו התלויים בשירותי הממשלה – בעוד, לעיני כול, הבנקאים הבכירים האחראים לכאבם פוצו עליו בבונוסים שמנים. לסטלין מיוחסת המימרה "מותו של אדם אחד הוא טרגדיה, אך מותם של מיליונים הוא סטטיסטיקה". ההתמוטטות של 2008-2007 הראתה לנו כי הדבר נכון גם לגבי עולם הכספים.

האי־שוויון וחוסר ההוגנות לא חדלו מאז. אדרבה, המשכורות והבונוסים של בנקאי הצמרת הוסיפו לנסוק, ומשכורות העובדים שבתחתית המשיכו לדשדש ואף להצטמק. כפי שראינו, ב־1965 היחס בין שכרו הממוצע של מנהל בכיר לזה של עובד מן השורה היה 20:1; כיום הוא 312:1.[7] הדבר פגע מאוד בדימוי העסקים ואנשי העסקים בעיני הציבור. בבריטניה, הכלכלנית נורינה הרץ מדווחת על צניחה באמון שהצעירים רוחשים כלפי תאגידים גדולים. לפני שני דורות 60 אחוז מהאנשים בטחו בתאגידים שהם עושים את הדבר הנכון. כיום רק 6 אחוזים סבורים כך.[8] בארצות הברית סקר המיליניאלים השנתי של מכון דֶלוֹיט העלה ממצאים שמגמתם דומה. בתוך שנה אחת, בין הסקר של 2017 לזה של 2018, שיעור הצעירים המאמינים שעסקים מתנהגים בדרך כלל באופן אתי צנח מ־65 ל־48 אחוז, ושיעור המאמינים כי בכירי עולם העסקים מחויבים לעזור לשיפור החברה נפל מ־62 ל־47 אחוז. נמצא כי 75 אחוז סבורים שבכירי המגזר העסקי מתמקדים במטרות משלהם במקום לשקול את טובת הציבור הרחב, ו־62 אחוז חושבים ששאיפתם היחידה של ראשי חברות מסוימות היא לעשות כסף.[9] תפיסות אלו אינן נכונות בהכרח, אך שכיחותן הגואה מלמדת על אובדן חמור של האמון כלפי עולם העסקים וכלפי יכולתו של השוק לווסת את עצמו על פי האינטרסים של הטוב המשותף.

דומה כי הדור הצעיר מסכים עם תיאורו של ראשון ההוגים הגדולים של כלכלת השוק, אדם סמית, שכתב בספרו 'עושר העמים': "נדיר שבעלי אותו מקצוע נועדים יחדיו, אפילו לשם שעשוע והסחת דעת, ושיחתם אינה מובילה לאיזו קנוניה נגד הציבור או מזימה של העלאת מחירים" – או, נוסיף, העלאת משכורות ובונוסים. החלטתם של מנהלים בכירים ליטול לעצמם נתחים שמנים כל כך מכספי התאגידים שהם מנהלים, משכורות ובונוסים ואופציות מנייתיות ושאר מיני חֵלב ואַליה שמשכורות העובדים הן ככבשת הרש לעומתם, נראית לפעמים כתוצר של קנוניה כזו בין המנהלים הללו לחברי הדירקטוריונים, המוציאה מכלל חשבון את טובתם של העובדים, של הציבור הרחב ושל המדינה.

עניין זה הוא רק דוגמה אחת לבעיה עקרונית: שהשוק מיטיב ליצור עושר יותר מכפי שהוא מיטיב לחלק אותו, ולחלוקה הוגנת אין די באינטרס העצמי. דרושה גם תפיסה של טוב משותף, של "אנחנו" שמעבר ל"אני". שווקים צריכים כללי מוסר.

אם דבריי אלה ביקורתיים, אין זה מפני שאני טוען למומחיות בתחום (אם כי בבואי לאוניברסיטה נרשמתי תחילה ללימודי כלכלה), אלא בשל דברים שהיו. בשנת 1992, בראשית כהונתי כרב ראשי לבריטניה, הקמתי יחד עם רב צעיר ומבריק, פינחס רובינשטיין, את האגודה היהודית לאתיקה בעסקים (JABE), שפעלה בהצלחה רבה לאורך כעשרים שנה. חששנו שהדה־רגולציה הכלכלית תיצור תמריצים להרע וסיכונים מוסריים – את אשר כינה ג'ורג' ברנרד שו, בהקשר אחר, "פיתוי גדול מאחורי פרצה גדולה" – והרגשנו שזה הזמן הנכון לפנות לעצתם של אנשי עסקים בולטים בקהילה. הם הסכימו: הקבוצה שהקמנו כללה מנכ"לים של כמה מהחברות הציבוריות הגדולות בבריטניה, לצד אנשי מקצוע בכירים – עורכי דין, רואי חשבון וכלכלנים – וקבוצה מייצגת של עיתונאי כלכלה בולטים. התגייסות זו הוכיחה שהמנכ"לים עצמם מכירים בצורך לתת ממד מוסרי לקבלת ההחלטות בעולם הכלכלי.

האגודה לא הסתפקה בחשיבה, משל הייתה גרסה יהודית מקומית

לפורום הכלכלי העולמי. יצאנו לבתי ספר, ועודדנו תלמידי תיכון להעמיק בדילמות מוסריות מהחיים הכלכליים של כולנו. העיתונאים כתבו תרחישים. צוות של שחקנים מקצועיים המחיז אותם. התלמידים השמיעו תחילה את דעתם: מה הם היו עושים במצבים כאלה, ולמה. בשלב הבא הסבירו אנשי העסקים ואנשי המקצוע לתלמידים מה הם עצמם היו עושים, ולבסוף הציג באוזניהם רב את עמדת ההלכה בנושא. גרסה נוספת של החומר, בלי הממד היהודי־דתי, הוצעה לכל התיכונים בבריטניה בכותרת "ממון ומוסר".

כמה מאותם אנשי עסקים עצמם אמרו לי ב־2008 כי הם מזועזעים מהתנהגותם של הבנקאים והמוסדות הפיננסיים בעקבות המפולת. הם נחרדו לשמוע כיצד סיכנו הבנקים את כספם של הלקוחות. הם זעמו על כך שהבנקאים לא רק תגמלו את עצמם בנדיבות מופלגת מלכתחילה, אלא אף הכינו לעצמם מצנחי זהב שיבטיחו כי הם ירוויחו רווח נאה בין שיצליחו בין שייכשלו: המקרה הקלאסי של "סיכון מוסרי".

סיכון מוסרי הוא מצב שבו אדם או ארגון נוטל סיכונים מתוך ידיעה שגם אם החלטתו תתגלה כשגויה המחיר יתגלגל על גורם אחר. במצב כזה יש עיוות בתהליך קבלת ההחלטות. היות שהרווח הפוטנציאלי גבוה ואילו בהפסד הפוטנציאלי יישאו אחרים, יש כאן תמריץ ליטול סיכון גבוה שאין לו הצדקה במצב רגיל. הנגזרות הפיננסיות שחוללו את משבר הסב־פריים נוצרו מתוך הנחה שיש בהן משום מיקור חוץ יעיל של הסיכון. מעבר לכך, גם אם מישהו שקל את הסיכון לאי־פירעונות בהיקף גדול, הוא ודאי שיער – נכונה – שהבנקים החשובים גדולים מכדי לקרוס, שהרי אם הממשלות יניחו לזה לקרות ייגרם נזק קשה למשק כולו. וכך, הבנקאים הכניסו את לקוחותיהם לאזור סכנה שהם עצמם שמרו ממנו מרחק בטוח. לא היה סיכוי שיפסידו בשום תרחיש. כאשר עמדה הכלכלה הגלובלית על סף תהום, לא נתקלתי ולו בדיווח אחד על בנקאי שביטא חרטה, בושה או רגשות אשמה על כך שאחרים סבלו בשעה שהוא התהלך שאנן וחסין מפגע. דומה היה כי הם כלל לא הבינו את גודל ההפקרות המוסרית שהם נהגו בלקוחות שבטחו בהם.

תחושה בסיסית של צדק, במובנו כהוגנות, מוטמעת ביצר האנושי. אפשר להבחין בה כבר אצל פעוטות.[10] "זה לא פייר!" הוא מן ההיגדים המוסריים הראשונים שאנו משמיעים. תחושת צדק זו היא מולדת, ואינה ייחודית לבני אדם. כל בעלי החיים החברתיים מרגישים כעין זה. ישנה הרצאת טד מפורסמת, זמינה ברשת, של חוקר קופֵי האדם הדגול פראנס דה־ואל.[11] נראים בה שני קופי קפוצ'ין בכלובים סמוכים, מבצעים תרגיל בהשגחת המאמן שלהם. משימתם היא למסור לו אבן דרך סורגי הכלוב. הוא מתגמל אותם בפרוסות מלפפון.

ואז עושה המאמן דבר שונה. הוא מתגמל את הקוף הראשון בעינב. קופים אוהבים מלפפון, אבל ענבים הם אוהבים יותר. הקוף השני צופה בכך מקרוב. המאמן פונה אליו. הקוף נותן למאמן את האבן – ומקבל ממנו פרוסת מלפפון. פרצופו של הקוף הוא התגלמות הזעם הקדוש. הוא מביט במלפפון, ואז במאמן, ואז מטיס את המלפפון רחוק ככל שהוא יכול. המאמן נותן לו עוד פרוסה מן המלפפון – והקוף מעיף גם אותה.

זו המחשה דרמטית מאין כמוה לעומק חוש הצדק־כהוגנות המושרש בנו. חוש זה הוא המאוים במצבי סיכון מוסרי. אנשים החושבים על הצלחתם של מייסד מייקרוסופט ביל גייטס, מייסד אפל סטיב ג'ובס המנוח, או מייסד אמזון ג'ף בזוס, מפקפקים אולי במדיניות זו או אחרת של החברות הללו, ועדיין הם מחשיבים אנשים אלה כמי שנטלו סיכון; שהימרו על עתידם ובזכות זאת הצליחו. היה להם הרבה מה להפסיד, כשם שהיה להם הרבה מה להרוויח. סיכון מוסרי הוא היפוכו של דבר. זהו סיכון שאין בו הסתכנות, ועל כן הוא מתגרה בתחושת הצדק־כהוגנות שלנו. בעיניהם של רבים־רבים, ההתנהגות החמקנית והחמדנית של הבנקאים בזמננו חשפה את השוק במֵרעוֹ הָא־מוסרי.

לעיתים קרובות מדי, מהתמוטטות אנרון עד עתה, אנו חוזים בראשי תאגידים ומוסדות פיננסיים גדולים המקדמים מדיניות קצרת רואי, נוטלים סיכונים שאין להם תוחלת, מרעיפים על עצמם משכורות

ובונוסים אבסורדיים בגודלם, ומותירים למועסקים, לגמלאים ולציבור הרחב לשלם את המחיר כשמגדל הקלפים קורס.

בעיניי, לכלכלת השוק החופשית יתרון מוסרי מוחץ. הוכח כי היא הנוגדן הטוב ביותר שהומצא לעוני כולל. בתוך שנות דור בלבד היא הקימה מעפר דל יותר ממאה מיליון איש בהודו וכמעט מיליארד בסין; זו תמורה שאין לה תקדים בתולדות האנושות. הכלכלה החופשית יוצרת תמריצי ענק ליצירתיות, המתנה הפלאית שלנו, בני האדם. האם מייקרוסופט, אפל וגוגל – וכל החדשנות הטכנולוגית שהן הביאו לחיינו – היו מתקיימות שלא בכלכלת שוק? האם הייתה צומחת הבינה המלאכותית, עם ההבטחה הכבירה הגלומה בה, בין היתר, לחדשנות רפואית ולשיפור האבחון? השוק החופשי שחרר אנשים באופן שהמרקסיזם לא היה מצליח לעולם.

ויתרה מכך. כפי שהראה הכלכלן וההיסטוריון היהודי הדגול אלברט הירשמן במחקרו הקלאסי 'החשקים והאינטרסים', הוגי הנאורות אדם סמית, דייוויד יום ומונטסקייה ראו בשוק פתרון יעיל לאחת מחולשותיה הקשות והוותיקות של האנושות: האלימות. כאשר שתי אומות נתקלות זו בזו, אמר מונטסקייה, הן יכולות לעשות אחת מן השתיים: להילחם זו בזו, או לסחור זו עם זו. אם יילחמו, בטווח הארוך שתיהן יפסידו. אם יסחרו, שתיהן ירוויחו. זה היה כמובן ההיגיון מאחורי הקמת האיחוד האירופי: לחשק יחדיו את עתידן של המדינות, ובפרט צרפת וגרמניה, כך שיהיה להן אינטרס חזק לא לשוב ולצאת למלחמה כפי שעשו, במחיר נורא, במחצית הראשונה של המאה העשרים.

ברנרד מנדוויל, המשורר וההוגה מערער המוסכמות, פרסם ב־1714 את 'משל הדבורים', ובשמו האחר 'מידות רעות פרטיות, בְּרָכות ציבוריות', פואמה שמכמה בחינות הטרימה את אדם סמית. הוא עורר סערה ציבורית בבריטניה כשטען שם שתאוות הבצע, מידה רעה של הפרט, יכולה להפוך באמצעות פעילות כלכלית לברכה לכלל. אומנם, אין זה בדיוק מה שאמר אדם סמית. סמית דיבר לא על חשקים

אלא על אינטרסים. השורות המוכרות ביותר ב'עושר העמים' שלו הן אלו: "לא מטוב ליבו של הקצב, מבשל השיכר או האופה, מצפים אנו להניח אוכל על שולחננו, אלא מדאגתו של כל אחד מהם לענייניו הוא". סמית עשה לכלכלה מה שהובס עשה לפוליטיקה. הוא הראה שהאינטרס העצמי מוביל, באורח הגיוני, ליצירת מערכת של חוזים מסחריים – כפי שאמר הובס, בהקשר המדיני, לגבי החוזה החברתי שהוא פרי איגום האינטרסים העצמיים.

הוגי הנאורות סמית, יום ומונטסקייה ידעו שאחיזתה של הדת בציבור מתרופפת; שסמכותה של הכנסייה נפגעה בעקבות האלימות והמלחמות שהיא יצרה בין קתולים לפרוטסטנטים. לכן חיפשו בסיס ניטרלי יותר, חילוני, לעמודי התווך של החברה; למה שהתיאולוג האנגלי בן התקופה, ההגמון ג'וזף באטלר, כינה "אהבת עצמי צוננת", ואלקסיס דה־טוקוויל קרא "האינטרס העצמי המובן נכונה". אבל אף לא אחד מהם סבר שהשוק יוכל לתפקד בלי כללי מוסר.

כפי שהזכרנו, אדם סמית עצמו כתב יצירה חשובה בתחום תורת המוסר, 'התיאוריה של רגשות מוסריים', לפני שחיבר את 'עושר העמים'. המשפט הפותח של הספר מלמדנו מייד על ההקשר שבו תפס סמית את פעולת השוק: "גם אם נניח כי האדם אנוכי מאוד, עלינו להודות שיש בו מטבעו יסודות הגורמים לו להתעניין במזלם של אחרים ולחוש כי אושרם נחוץ לו, אף כי אין הוא מרוויח מאושרו של הזולת דבר לבד מן ההנאה לראותו". ברור היה לסמית כי להיות אנושי פירושו להיות בעל חוש מוסר; להנחה זו היו שותפים כל אנשי הנאורות הסקוטית, בהם גם דייוויד יום ואדם פרגוסון. ביסוד תפיסתו באשר למהות האנושיות עמדה ההכרה כי על המוסר למשול ביחסים הבין־אישיים.

והנה, עוד במאה ה־18, מזהיר דייוויד יום מפני הסכנה שבתפיסה הצרכנית. מבין המידות הרעות, הוא כותב ב'מסכת על טבע האדם', "החמדנות המגרה אותנו לצבור טובין ונכסים עבור עצמנו ובשביל חברים קרובים – רק היא אינה יודעת שובע, רצופה, חובקת כול, ומאיימת ישירות על קיומה של החברה".[12] המתח שבין האינטרס

העצמי לטוב המשותף עודו מאיים עלינו, אם כן. איך מרפים אותו הלכה למעשה? בימינו עברה החשיבה בנושאים האלה מהתבוננות תיאורטית טהורה בהתנהגות האנושית אל הנסיינות של מדעי החברה. מחקרים ניסויִים מעמיקים נערכו לבחינת תהליך קבלת ההחלטות המתקיים במרווח שבין אנוכיות להוגנות.

דוגמה קלאסית לכך היא "משחק האולטימטום".[13] יש בו שני שחקנים: מציע ומקבל. למציע מוקצים 10 דולרים, והוא יכול להציע לשחקן השני, המקבל, חלק כלשהו מהסכום, כפי בחירתו. התנאי היחיד הוא שאם המקבל מסרב להצעה, המציע מפסיד את כל עשרת הדולרים. על פי ההיגיון הקשיח, כדאי למציע להציע דולר אחד. המקבל ודאי יקבל את ההצעה, כי דולר אחד הוא יותר מלא־כלום. אך במציאות, ברוב המקרים המציע נותן כמחצית הסכום – אם מתוך חוש מולד של הוגנות, אם מתוך חשש שהמקבל יסרב לקבל נתח קטן מתוך אותה תחושה של ציפייה להוגנות.

מפליא אף יותר הוא "משחק הטובין הציבוריים". יש בו ארבעה שחקנים, שאינם ידועים זה לזה, וכל אחד מקבל 20 דולר. המשחק הוא סדרה של סבבים, שבכל אחד מהם שם כל שחקן כסף בקופה מרכזית, הסכום הכולל מוכפל, ומחולק שווה בשווה בין השחקנים. כל שחקן מקבל פירוט כמה כסף יש לו עכשיו, ומה עשו האחרים. כך, למשל, אם כל אחד מהשחקנים שם בקופה 20 דולר, הסכום מוכפל וכל אחד מהם מקבל בחזרה 40 דולר. לעומת זאת, אם שלושה שחקנים שמו 20 דולר והרביעי לא שם כלום, 60 הדולרים שהצטברו מוכפלים, 120 הדולרים מחולקים לארבעה, וכל שחקן מקבל 30 דולר – וכך לשחקן שלא שם כסף יש עכשיו 50 דולר, ולכל אחד מחבריו רק 30. משתלם, אם כן, לא לתרום לקופה המשותפת כאשר אחרים תורמים לה.

משתלם, אך לא לאורך זמן. השחקנים האחרים מבינים שאחד מהם אינו תורם, ובזה אחר זה חדלים לתרום אף הם. עכשיו אין טוב משותף, אלא רק טובין פרטיים של היחידים. כולם מפסידים מזה, שהרי אין יותר הכפלות. אנשים מוותרים, אם כן, על רווחים פוטנציאליים משום שתחושת הצדק שלהם נפגעה. יתרה מכך: כאשר

מוצעת לשחקנים אפשרות לשלם לצד שלישי כדי שייקח כסף מאלה שאינם תורמים, רובם המכריע בוחרים באפשרות זו.[14] לכאורה, תמוה. למה להקריב את קניינך לשם הענשת הזולת? אך יש פה היגיון מוצק. הפיתוי להיות טרמפיסט – להרוויח מן הטובין הציבוריים בלי לתרום את חלקך; לדאוג רק ל"אני" ולא ל"אנחנו" – הוא פיתוי חזק, ולכן התמריץ שלא להיות כזה צריך להיות חזק יותר. הענשת המשתמטים עולה לנו כסף, אך אנו רואים בכך מחיר שראוי לשלם למען הטוב המשותף.

התנהגותם של בנקים, מוסדות פיננסיים אחרים ומנכ"לים של תאגידים גדולים עוררה תחושות זעם גופניות ממש. ככלות הכול, תחושת הבטן היא המניעה את תחושת הצדק־כהוגנות. אבל התנהגות זו הייתה תוצאתו ההגיונית של האינדיבידואליזם שתפס אצלנו את מקום המוסר משנות השישים ואילך, בגבור ה"אני" על ה"אנחנו". איך יכולנו לדחות את טיעוני המוסר המסורתי בכל תחומי החיים, ולצפות שדווקא בתחום השוק הם יוסיפו לשרור? האם לא לכך כיוון אותו נאום מפורסם שנשא השחקן מייקל דגלס בסרט 'וול סטריט', שהדגיש כי "תאוות הבצע – אין לי מילה מוצלחת יותר – היא טובה"? החמדנות, אמר, "לוכדת את תמציתה של הרוח האבולוציונית"; היא מסמנת את "התפרצותה של רוח האדם מעלה־מעלה".

בעולם שהשוק מושל בו, ושתפעולו מונע בידי תאוות הבצע, מגיעים הבריות לידי אמונה כי ערכו של אדם נמדד ברווחיו הכספיים ובכושר הקנייה שלו, ולא בתכונות אופי כגון יושר, הגינות ועזרה לזולת. הפוליטיקה עצמה, משאינה יכולה לבסס עצמה על מוסר משותף לאזרחיה, חדֵלה לעסוק בחזון, בשאיפות ובטוב המשותף ונעשית עניין עסקי, ניהולי, סוג של מוצר צרכני: הצבע למפלגה הנותנת יותר דברים שאתה חושק בהם, וגובה תמורתם פחות מיסים. אך מה מגלה המצביע? שהפוליטיקאים גוזרים לעצמם קופונים כספיים מן המשחק; שהפוליטיקה נתפסת כעסק ככל העסקים, ואף מן המפוקפקים שבהם. הדור הצעיר רואה זאת, ומתרחק. למה לו

פוליטיקה עכשיו? אם הכול כסף, הרי יש מקומות שאפשר להרוויח בהם הרבה יותר.

אלא שכל תפקיד מנהיגותי מטיל על האדם אחריות כלפי האנשים שהפקידו בידו חלק משלומם. כך גם בעולם העסקים, הפיננסים והתאגידים הגלובליים. בלי כללי מוסר, שווקים אינם יכולים לתפקד. אפילו המילים השימושיות בעולם הכלכלה מעידות על כך. "קרדיט" בא מאותו שורש לטיני שבא ממנו "קְרֶדוֹ", "אני מאמין". "אמון", שקיומו או היעדרו מעצבים את טיבם של שווקים, ואף הוא כרוך בשורשו באמונה: אמון הוא אמונה בזולת. כך גם ה"נאמנות", המככבת בשלל מונחים בעולם שוק ההון, זו שהיעדרה חולל את המשבר של 2008. "עֲרֵבוּת" היא אותה ערבות שכל ישראל ערבים בה זה בזה. כל אלה הינם, או היו, מונחים מוסריים ביסודם. כאשר מתמוטט האמון, היסודות מתערערים.

יותר מכל שיטה כלכלית אחרת הצליחה כלכלת השוק ליצור עושר, למגר עוני ולשחרר יצירתיות אנושית. הכשל אינו מצוי בשוק עצמו, אלא בתפיסה שהשוק הוא כל אשר אנו צריכים. שווקים אינם מבטיחים הוגנות, אחריות או יושרה. הם יכולים לְמָרֵב רווח לטווח קצר על חשבון קיימות ארוכת טווח. אי־אפשר לסמוך עליהם שיחלקו את התגמולים באורח הוגן. אין בכוחם להבטיח יושר. כשעומד מולם אינטרס עצמי בוטה, נוצרת תשלובת של מרב הפיתוי ומרב ההזדמנות. שווקים צריכים כללי מוסר, ואינם יוצרים אותם.

הם נוצרים בידי בתי ספר, כלי תקשורת, מנהגים, מסורות, מנהיגים דתיים, דמויות מופת מוסריות והשפעה של בני אדם. אבל כאשר הדת מאבדת את קולה והתקשורת סוגדת להצלחה, כאשר הטוב והרע נעשים יחסיים וכל דיבור על מוסר מוקע כ"שיפוטי", כאשר מידלדלים חושי הכבוד והבושה ואנשים מוכנים לעשות כל דבר שאפשר לעשות ולחמוק מעונש – כי אז שום אסדרה מגבוה לא תציל אותנו. אנשים ימשיכו להערים על הרגולטורים, כפי שעשו במה שכּוּנה "הַסְחָרַת" הסיכונים שפירושה היה שאיש אינו יודע מי חייב מה למי.

מוסריות

השווקים נוצרו כדי לשרת אותנו; אנו לא נולדנו לשרת את השווקים. הכלכלה זקוקה לאתיקה. כוחות השוק לבדם אין די בהם כדי לקיים את השווקים לאורך ימים. השווקים תלויים בכך שנכבד את האנשים המושפעים מהחלטותינו הכלכליות. אם נאבד זאת נאבד לא רק כסף ומקומות עבודה, אלא גם דברים משמעותיים אף יותר מהם: את החופש, האמון וההגינות; הדברים שיש להם ערך – אך אין להם מחיר.

פרק ז

שוק האושר

כשה"אני" גובר על ה"אנחנו", הלך־הנפש של השוק מתפשט אל תחומי חיים אחרים, שאינם שייכים אליו. הדוגמה המדהימה ביותר לכך היא בקשַת האושר. האושר מתחיל לאבד את הקשר למוסר, ולהיקשר במוצרים, בשירותים ובחוויות שאנו יכולים לקנות. במסורת היוונית ובמסורת היודיאו־נוצרית כאחד, האושר נקשר בטבורו למידות הטובות. הוא נחשב לתוצר של חיים המתנהלים על פי אידיאלים מוסריים. ואולם מאז שנות השישים צורתו משתנה, והולמת יותר ויותר את קווי המתאר של חברה צרכנית שהמניע העיקרי בה הוא סיפוק עצמי. התוצאה היא שנעשינו מאושרים פחות, או לפחות לא מאושרים יותר. כטענתו של ריצ'רד לאיארד בספרו 'האושר: לקחים ממדע חדש', לאורך המאה החולפת ההכנסות בבריטניה ובארה"ב הוכפלו, אך האנשים כיום אינם מאושרים יותר מכפי שהיו לפני מאה שנה.[1] לדעתי, אנו מחפשים את האושר במקומות הלא נכונים. ושמא אנו אף מחפשים את הדבר הלא נכון.

הפרשנות המשפיעה ביותר בתרבות המערב על האושר היא זו של אריסטו. הוא האמין שבקשת האושר היא גלעינו של כל מפעל אנושי.[2] כל מעשה שאנו עושים נועד לאיזו תכלית, "למה שהוא טוב",

אבל יש רק "טוב" אחד שאנו שואפים אליו כתכלית בפני עצמו, ולא מסיבה אחרת, והוא האושר (וביוונית של אריסטו: אֶוּדֵימוֹנְיָה). רעיון מרכזי זה קשור אצלו ללא התר בחיי המוסר. האושר, אמר אריסטו, הוא "פעילות מסוימת של הנשמה המבוצעת בסגולה טובה",[3] כלומר על פי המידות המוסריות הטובות. המאושר הוא האדם החי היטב ועושה חיל. אומנם, יש גם תנאים חומריים לחיים מאושרים. עני מרוד, או חולה קשה, אינם מגיעים לידי אושר. ההצלחה אינה לגמרי בשליטתנו. כולם מבקשים את האושר, אבל לא כולם משיגים אותו. וזאת, לאו דווקא באשמתם. אבל בדרך כלל האושר נלווה לחיים שיש בהם אצילות, אומץ, מתינות וחוכמה. האושר קשור ליושר, לא לעושר. לסוג האדם שאתה, לא למיצובך החברתי.

דברים דומים אפשר למצוא במקור חשוב אחר של ערכי המערב: בתנ"ך. ספר תהילים פותח בקביעה בדבר האושר: "אַשְׁרֵי הָאִישׁ אֲשֶׁר לֹא הָלַךְ בַּעֲצַת רְשָׁעִים וּבְדֶרֶךְ חַטָּאִים לֹא עָמָד וּבְמוֹשַׁב לֵצִים לֹא יָשָׁב". במזמורים אחרים נאמר, "אַשְׁרֵי שֹׁמְרֵי מִשְׁפָּט עֹשֵׂה צְדָקָה בְכָל עֵת" (קו, ג) ו"אַשְׁרֵי תְמִימֵי דָרֶךְ הַהֹלְכִים בְּתוֹרַת ה'" (קיט, א). ההנחה ברורה, שוב. האושר, או הברכה – המושגים כמעט נרדפים – פירושם חיים על פי דבר ה' ורצונו, שבהם רואה המקרא את החיים המוסריים. המאושר הוא העושה את הטוב, אשר חי בהרמוניה עם ערכי היסוד שהבורא הטמיע בבריאה.

רק בשלהי המאה ה־17 החלו לתפוס את האושר במונחים של רגשות, של חוויה פרטית. ג'ון לוק דיבר עליו כעונג חושני. בדרגתו הנמוכה ביותר, אמר, האושר הוא "חופש מכל כאב ונוכחות של עונג בכמות שבלעדיה איש אינו יכול לחוש מסופק", ובמלוא מובנו הוא "מרב העונג שיכול להיות לנו".[4] זהו שינוי של ממש מתפיסת האושר כאודימוניה, כמצב מסוים של הוויה ועשייה, להֵדוֹנְיָה, שהיא הרגשה של הנאה ועונג. ובכל זאת, לוק וממשיכיו עדיין האמינו שטבע האדם גורם לאנשים להרגיש אושר כאשר הם פועלים על פי המידות הטובות, וכאב או רוגז כשהם פועלים אחרת. תומס ג'פרסון, שמנה את "בקשת האושר" בהכרזת העצמאות האמריקנית בין אותן "זכויות שאין

להכחישן", ראה כמובן מאליו שהאושר כרוך בעקבו בחוש המוסרי, ושעיקר הסגולה הוא להיטיב עם הזולת.[5]

על פי כל הגישות הללו, ולאורך רובה המכריע של ההיסטוריה של המערב, היה לאושר ממד מוסרי מובהק. האושר נתפס כקשור בעשיית הטוב, לא רק הטוב בעינינו; בסגולה, לא רק בעונג כתכלית בפני עצמה. תהום פעורה בין עמדות אלו לבין ההבנה העכשווית של האושר כחוויה פרטית וכשביעות רצון מן החיים על פי דיווח עצמי. היו כמובן חריגים. הפילוסוף היווני אפיקורוס (341–270 לפני הספירה) היה הדוניסט: הוא האמין שהחיים הטובים עשויים מרדיפת העונג ומהימנעות מכאב. ואפילו הוא לא היה מסכים עם כל ערכי התרבות הצרכנית. הוא סבר שחשוב להגביל את החשק, לא להבעיר אותו; הוא נשא עיניו לחיים פשוטים, לשלוות נפש ולשמחה בחלקנו. אך בעיני רוב רובם של יתר ההוגים הקלאסיים, אין שום היגיון באמירה שאפשר למצוא אושר בהתמקדות בלעדית בעונג הפרטי. בעיני אריסטו, כמו גם בעיני המקרא, יש בכך משום סתירה מהותית. מה אם כן קורה לאושר כשהוא נעקר מחוש המוסר ומקושר במקום זאת לצורת החשיבה של השוק?

אנו חיים בתקופת שפע שהאדם לא ידע כמוה. רמת החיים עולה בעקביות בחמישים השנים האחרונות. אנו יכולים לנסוע סביב העולם, לשמור על קשר מתמיד עם חברים בכל מקום, לקנות כמעט כל מה שאנו רוצים, לצפות בסרטים החביבים עלינו בלחיצת כפתור בבית, לקרוא בדרך זו גם את הספרים שאנו אוהבים, ולמצוא במהירות ובלי יזע תשובה כמעט לכל שאלה. עוד לפני שנות דור, זמינות המידע וקלות התקשורת שהם נחלתנו היום היו בגדר בל־ישוער. תוחלת החיים בבריטניה עמדה בשנת 1900 על 47 שנים לגברים ו־50 לנשים; בשנת 2017 המספרים היו 79 ו־83 בהתאמה – עלייה של שנתיים־שלוש בכל עשור. חד וחלק: אנחנו אמידים יותר, מיודעים יותר, בריאים יותר וחופשיים יותר מכל דור בעבר.

ובכל זאת, אם להזכיר רק תסמין אחד של הדיספוריה בת זמננו, במהלך העשור האחרון שביעות הרצון של בני נוער מחייהם צנחה.

השימוש בסמים, ממריחואנה דרך אופיואידים עד הרואין וקריסטל מת׳, זינק. בפרק על המדיה החברתית הזכרנו את העלייה החדה בשיעורי הדיכאון, המחלות הקשורות לעקה, ניסיונות ההתאבדות וההצלחות להתאבד בקרב בני נוער. ציינו גם כי יותר אנשים מבעבר מדווחים כי הם בודדים. כמה מן המדינות העשירות ביותר בעולם מידרדרות בדירוג האושר בקרב האוכלוסייה: בריטניה נמצאת עתה במקום ה־15, וארה״ב במקום ה־18.[6] כדברי ריצ׳רד וילקינסון וקייט פִּיקֶט בספרם על כלכלת השוק The Spirit Level (כלומר ״הפֶּלֶס״, אך גם במובן המילולי ״מפלַס הרוח״), ״פרדוקס ראוי לציון הוא כי דווקא במרום שיאו של ההישג החומרי והטכנולוגי האנושי, אנו מוצאים את עצמנו רדופי חרדה, נוטים לדיכאון, מוטרדים מהשאלה מה חושבים עלינו אחרים, מפקפקים בחברויות שלנו, להוטים אחר צריכה, ונטולי חיי קהילה לגמרי או כמעט לגמרי״.[7] איך זה קרה?

סיבה אחת לכך היא שהחברה הצרכנית ממקדת את תשומת ליבה במה ש(עדיין) אין לנו, במקום במה שיש לנו. התרבות הצרכנית תלויה בהפצת הלך רוח של קנאה וצרות עין. היא מעוותת את מערכת הערכים שלנו לכדי אבסורד. האם יש שמץ של שפיות במחשבה כי אושר פירושו בעלות על תיק צד של מותג חובה מסוים, או על שעון שוויצרי עבודת יד במחיר מופרע ש״לעולם לא יהיה באמת שלך״, כי תמיד אתה ״תחפש את הדור הבא״, ואשר מראה מה השעה בדיוק כפי שעושה זאת שעון שמחירו פרוטות? הנפנוף בסגנון החיים של העשירים והמפורסמים, כוונתו המחושבת לעורר קנאה ולהסיט את תשומת הלב ממה שהינך למה שיש לך.

האבסורד של תרבות הצרכנות מגיע לשיא כשעשירים מאמצים אופנות והתנהגויות המחקות עוני חמור. מכאן אופנת הרזון הקיצוני. לאורך ההיסטוריה, רזון היה סימן לעוני, והיפוכו אותת על עושר. המילים ״כבד״ ו״כבוד״ קרובות לא במקרה ולא רק בעברית. והנה התהפכו הערכים. כזו היא גם אופנת הג׳ינס הקרוע, והיקר להחריד, המעוצב בקפידה רבה כך שייראה כבגד של אדם שאין לו כסף אפילו למכנסיים, והזוג שהוא לובש שנים על שנים בלה, דהה ונפרם. יכול

אדם לבזבז הון כדי להיראות כאילו ירד מנכסיו וממכנסיו וגירד את סמרטוטיו מתחתית החבית של חנות יד חמישית.

תוכלו כמובן לפטור דוגמה זו כשטחית, אך לא את נקודת העומק הגלומה בה: שבאמצעות גירוי מתמיד של האי־נחת שלנו, חברה צרכנית גרורת פרסום, שלכאורה חותרת אל האושר, נעשית למערכת לייצור ולהפצה של אומללות. כפי שניסחה זאת מנהלת לשעבר במעבדות המחקר של ג'נרל מוטורס, הפרסום הוא "יצירתו המאורגנת של חוסר שביעות רצון".[8] האושר טוב לנו, אבל רע לעסקים. לכן יש לגרום לנו לראותו תמיד כמחכה לנו ממש מעבר לפינה, מייד אחרי קניית המוצר הבא.

בקיצור, החברה הצרכנית מעודדת אותנו לבזבז כסף שאין לנו על מוצרים שאיננו צריכים למען אושר שלא יאריך ימים. הסיבה לכך שאושר כזה הוא קצר מועד נעוצה בהבדל היסודי שבין האושר ההֵדוני, הרגשה רגעית של תחושה מענגת, לבין האושר האודימוני, שהוא הרגשה ממושכת שמסבים לנו חיים טובים, משמעותיים וראויים. האושר ההדוני תובע גרייה מתמדת. מכאן בא המושג "ההליכון ההדוני": הסיפוק ההדוני משביע רק להרף עין, ואנו ממשיכים ללכת וללכת אחריו ולדרוך באותו מקום.[9] מקנייה לקנייה רווחתנו החומרית אולי משתפרת, אך נפשנו אינה מאושרת משהייתה.

נצנוצי השוק המפתים זוהרים מאי־פעם. בעבר הפרסומות הופיעו בעיתונים ובין תוכניות הטלוויזיה, וכוונו אל כולנו ולא אל מי־מאיתנו. הפרסום המפולח, ה"מטרגט" אותנו באמצעות היסטוריית חיפושי האינטרנט שלנו, שינה את פני הדברים. כפי שהראה יובל נח הררי בספרו החשוב 'ההיסטוריה של המחר', כיום אפשר לתמרן אותנו לא בקבוצות אלא דווקא כפרטים.[10] לדבריו, הגענו לנקודה שבה אמזון, גוגל והרשתות החברתיות מכירים אותנו היטב מכפי שאנו מכירים את עצמנו. הדבר הופך אותנו פגיעים במיוחד, שכן קבוצות יכולות להתארגן ולהשיב מלחמה – לא כן יחידים.

קרב איתנים מתחולל עתה לכיבוש תשומת הלב האנושית. כאשר נשאל ריד הייסטינגס, מייסד־שותף ומנכ"ל נטפליקס, מיהו

המתחרה העיקרי שלו, הוא ענה: השֵינה. הניו־מדיה תלויה במידה רבה בהשתלטות על הקֶשב שלנו. כאשר נטפליקס משחררת את כל פרקיה של סדרה חדשה בבת אחת, היא מחזקת את תופעת צפיית הבינג׳, הלוא היא צפיית הרצף או בולמוס הצפייה: צריכה מרתונית של עוד ועוד פרקים בישיבה ממושכת אחת. יו־טיוב נהגה בעבר להציע לצופה, בסוף הסרטון, סרטונים אחרים; בזמן האחרון, הסרטון הבא מתחיל מייד, בלי שבחרת בו. פייסבוק, אינסטגרם ורשתות חברתיות אחרות מעודדות הארכה של השהות בהן בעזרת עדכונים מתמידים, האשטגים חדשים וכגון אלה. מטרתם היא להיעשות, ככותרת ספרו של אדם אלטר שממנו שאבתי דוגמאות אלו, לישויות ״שאין לעמוד בפניהן״.[11] אמצעי תקשורת מסוג זה פועלים במתכוון להיעשות ממכרים. בדיון בבית הלורדים כינה אותן אחד מחברי הבית ״קראק־קוקאין לילדים״.

החיים בחברה צרכנית טורפים את שלוות נפשנו. הם מחרחרים בנו תחושת חסר. המדיה החברתית בפרט חוללה מקורות חדשים לגמרי של אומללות. ראינו כבר את ההשפעות השליליות על מתבגרים, המשווים בין עצמם לבין התמונות המלוטשות היטב של חבריהם לפייסבוק. גם מחוץ למסכים, בחברה הצרכנית אנו פועלים כדי שיקנאו בנו ולא כדי שיוקירו אותנו. אין זו תשתית מוצלחת לבנות עליה חיים. עוד במאה ה־17 הסביר זאת שפינוזה כך:

> ההצלחה האמיתית והאושר של כל איש הם אך במה שחלקו בטוב, ולא בתהילה זו כי הוא לבדו, ולא כל זולתו, חלקו בטוב. כי החושב את עצמו מאושר יותר לפי שטוב לו בלבד ולא לזולתו, או לפי שהוא מאושר יותר ומצליח יותר משאר הבריות, הרי שאינו יודע הצלחה אמיתית ואושר מה הם. וקורת הרוח הבאה לו מכך, אם איננה דבר ילדות, אין לה מקור אחר זולת קנאה ורוע לב. דרך משל, ההצלחה האמיתית והאושר של אדם אינם אלא בחכמה ובהכרת האמת, אך אינם כלל וכלל במה שהוא חכם מזולתו או במה שהאחרים חסרים הכרה אמיתית, שהרי דבר זה אינו מגדיל כלל את חכמתו, כלומר את הצלחתו האמיתית.[12]

זהו ניתוח מדויק, אך יש בו בעיה: כדי לחיות כפי שהוא מציע עלינו להשתמש בקליפת המוח הקדם־מצחית שלנו: אותו חלק במוח המעבד את המידע באיטיות יחסית ובאורח רציונלי. אלא שבמוחנו יש גם חלק אחר: המערכת הלימבית, המכונה לעיתים מוח השימפנזה ומגלמת את מה שמכונה בקבלה "הנפש הבהמית" – ומצטיינת בחישוב מהיר של מעמדנו בתוך הקבוצה. זהו אזור המוח היוצר תחושות המניעות אותנו לפעולה; וזהו המקום שבו אנו מרגישים בעוצמה רבה אם יש לנו יותר ממה שיש לזולת או פחות.

פירוש הדבר הוא שיש בנו פוטנציאל דליק־בקלות להיעדר מתמיד של שביעות רצון. במקום שנרגיש מאושרים יותר משום שיש לנו יותר ממה שהיה לנו בשנה שעברה, אנו עלולים למצוא עצמנו ממוקדים בעובדה שגם לאחרים בקבוצת ההתייחסות שלנו יש יותר ממה שהיה להם, ולכן אנחנו רואים עצמנו כדורכים במקום ואף כבושלים במרוץ. אדוארד ורוברט סקידלסקי טוענים שזאת הסיבה לכך שאחת התחזיות המפורסמות ביותר של הכלכלן ג'ון מיינרד קיינס לא התממשה. בשנת 1930, על סמך חישובים של עלייה בפריון העבודה, הגיע קיינס למסקנה כי בעתיד יעבדו אנשים רק שלוש שעות ביום, חמישה ימים בשבוע. ביתר הזמן הם ייהנו מברכת הפנאי. כך הוא תיאר את העתיד לבוא:

> אני צופה כי נהיה חופשיים לשוב אל כמה מן העקרונות הברורים והוודאיים ביותר של הדת ושל הסגולה המסורתית: שתאוות הבצע היא מידה רעה, שנשיכת נֶשך היא עוון ואהבת הכסף מגונה, שההליכה הנאמנה בנתיבי הסגולה והחוכמה הבריאה ממזערת את דאגת המחר. עוד נשוב להציב את התכלית מעל האמצעים ולהעדיף את הטוב על פני השימושי.[13]

קיינס לא הרבה לטעות, אך הנה כאן שגה. במציאות, שעות העבודה כמעט לא פחתו, ובכמה ממשלחי היד אף התרבו עם השנים למרות המיכון והטכנולוגיה. מחקר של מכון גאלופ משנת 2014, למשל, העריך

כי שבוע העבודה הממוצע של עובדים במשרה מלאה עומד על 47 שעות, כמעט כמו האומדן בזמן שקיינס כתב את דבריו, 48 שעות.[14] יתרה מכך, לפני מחצית המאה רק 20 אחוז מהאימהות עבדו. כיום, 70 אחוז מהילדים באמריקה חיים במשק בית שכל המבוגרים בו מועסקים.[15] האחים סקידלסקי טוענים שהסיבה לכך היא שאנחנו תחרותיים, שאנחנו משווים בלי הרף את עצמנו לאחרים. "בשום רמה של עושר חומרי לא אסתפק במה שיש לי, כי תמיד למישהו אחר יהיה יותר."[16]

השוק אינו רק חברות ותאגידים, קניות ומכירות, רווחים והפסדים. הוא גם הלך נפש, מנטליות, דרך להסתכל בדברים. יש אומרים אפילו שהוא נעשה דת – אמונת קמעונות, ישועה בשופינג, כתבי מחילה בגיהוץ כרטיס – שהיכלי התפילה שלה הם הקניונים, והחטא הנתעב בה מכולם הוא אי-שדרוג המכונית והסמארטפון לדגם שהושק השנה. השוק נהפך לדרך להבנת מצבו של האדם ולעיצובו; הוא מלמד אותנו שכל דבר נתון למכירה ולקנייה, שלכל דבר יש מחיר. זו דרך עקומה מאוד להבין בה מהו אדם.

יש ערכים רבים שהשוק מכרסם בהם. קחו למשל את הנאמנות. נאמנות פירושה קיום המחויבות שלנו לאדם או לעניין בזמנים קשים כבזמנים נוחים. נאמנות פירושה לא לערוך כל הזמן השוואות בחיפוש אחר המותג החדש, המוצר המשופר או העסקה המושלמת. אך אלו הן ההשוואות שהשוק מעודד אותנו לערוך. הוא מפחת את ערך הנאמנות; בעצם, הוא מגחיך אותה. אלא שמערכות יחסים בנות קיימא, והנישואים בפרט, תלויות בנאמנות. אין אנו אטומים חופשיים המשייטים באוקיינוס של אפשרויות. יש לנו זיקות – למשפחתנו, לחברינו, לעמיתינו, לשכנינו. ההון החברתי, בכל מעגליו, עשוי מנאמנויות. בלעדיהן, כל עולמנו האישי מאבד את עושרו ואת מרקמו.

הלך הנפש של השוק יכול לעודד חברות מסחריות לחשוב בצורות הדוחקות את הנאמנות אל השוליים. עד לפני זמן לא רב יחסית, החברות הגדולות ייצרו את מוצריהן בעצמן. לשם כך נדרשו להעסיק עובדים רבים, ולהיות, במידה זו או אחרת, מחויבות בנאמנות כלפיהם. הכלכלה הגלובלית שינתה לחלוטין את המציאות הזאת.

המותגים הגדולים כבר אינם מייצרים את מוצריהם בעצמם. הם מוציאים את הייצור למיקור חוץ, בדרך כלל לארצות ששכר העבודה בהן נמוך. במצב זה, של העסקה עקיפה ושל ריחוק, הן יכולות בקלות להתנער מאחריות לתגמול הנמוך ולתנאי העבודה העלובים של הפועלים. מכלול הערכים כולו יוצא רחוק מהעין ורחוק מהלב.

דוגמה אחרת: הספורט. זה כמה עשורים שהספורט נעשה חלק מעולם העסקים הגדולים. המועדונים הגדולים קונים את השחקנים, המנהלים והמאמנים הטובים ביותר, וזוכים בטורנירים ובתחרויות. גם יוצאי הדופן נאלצים להיעתר לחוקי המשחק החדשים. מקרה כזה מתואר למשל בסרט 'מאניבּוֹל', המבוסס על ספר בשם זה מאת מייקל לואיס, בעיבוד התסריטאי אהרן סוֹרקין. מסופר בו סיפורו האמיתי של אנליסט שפיתח אלגוריתם ממוחשב המאפשר לקבוצת הספורט המשתמשת בו לקנות שחקנים טובים יותר במחיר נמוך יותר מכפי שהייתה עושה בשיטות הבחירה המסורתיות. על כך נסובה העלילה כולה. כמובן, היה בה לקח טוב. היא הראתה כיצד יכולה קבוצה בעלת משאבים מוגבלים להתעלות בכוח המוח על עשירות ממנה. זו הייתה קריאת תיגר על הגמוניית המזומנים, שבה העושר מקנה ניצחון גם בתחום כמו ספורט. ועדיין, בסופו של חשבון, זהו סרט על כסף, לא על ספורט.

יש סרטים רבים על בייסבול כמטפורה לרוח האדם – 'הטוב מכולם', 'שדה החלומות' ואחרים. הספורט שובה את דמיוננו משום שיש בו נאמנות ואומץ, עמל ואימון, רוח צוות והשראה המרוממות קבוצת אנשים לגדולה. 'מורשת', ספרו של ג'יימס קֶר על נבחרת הרוגבי האגדית של ניו-זילנד, הוא ספר על אופי, על ענווה, על אחריות, על הקרבה ועל טקסיות.[17] אלה אינם ערכי שוק. הפיכתו של הספורט למערכת של אלגוריתמים, שהעמל האישי והמאמץ הקבוצתי נדחים בהם לשוליים והחזר ההשקעות הכספיות הוא העיקר, היא סילוקה של הספורטיביות מעולם המשחק ומהזירה האנושית. מה קורה כשבני אדם מוכרזים בלתי־יעילים ומוחלפים בידי רובוטים? מה עולה אז בגורלו של הספורט? ובגורלנו?

דוגמה חיה לאופן שבו הלך הרוח של השוק עשוי לשנות את מהותו של מוסד ולערערו יש בספרו של דן אריאלי 'לא רציונלי ולא במקרה'. הוא מספר שם על גן ילדים בישראל שהחליט לקנוס הורים המאחרים לאסוף את ילדיהם, בתקווה לשים קץ לתופעה.[18] אלא שההפך קרה. לפני השתת הקנסות, ההורים הרגישו אשמה כשאיחרו, ועל כן השתדלו שזה לא יקרה, ואיחרו במקרים נדירים. מרגע שהוכנס לתמונה קנס כספי, ההורים החלו כנראה לתפוס את יחסיהם עם הגן אחרת: לא כיחס שיש בו נורמות חברתיות, אלא כיחס שיש בו נורמות שוק. מעתה, כביכול, הם צריכים לשלם לגן כדי שישמור על ילדיהם מעבר לשעת הסיום. ואם כך, לפעמים, כשלא נוח להגיע בזמן, שווה לשלם את המחיר הזה. כך קרה ששיעור האיחורים עלה. למרבה העניין, גם אחרי שהגן ביטל את הקנסות המשיכו ההורים להרבות באיחורים. שכן משעה שהלך הרוח השתנה, והנורמות היו לנורמות שוק, רגשי האשמה סרו. קשה להחזיר את הגלגל המנטלי לאחור.

לנוכח עצבנות מתמדת זו שיוצרת תפיסת האושר מונחית־השוק, מאביסת־החושים, רודפת־התענוגות, היש לנו מה לומר בזכות השיבה אל המסורת הדתית והפילוסופית העתיקה, הרואה את האושר כחיים הנחיים היטב?

גוף ראיות מרשים יספק לנו אחד המחקרים הרפואיים המפורסמים ביותר בזמננו, הידוע בכינוי מחקר הנזירות. זהו מחקר שניהל דייוויד סנואודון מהמרכז הרפואי של אוניברסיטת קנטקי בארה"ב. הוא בחן את דפוסי הבריאות של כשבע־מאות נזירות ממסדר 'אחיות בית הספר של גבירתנו', בדגש מיוחד על מחלת אלצהיימר. המשתתפות היו בנות 75 עד 107; אך כוחו המיוחד והמרתק של המחקר בא לו בזכות הגישה שהייתה לחוקרים לרשימות אוטוביוגרפיות שכתבו הנזירות כשהיו בשנות העשרים המוקדמות לחייהן, כדרישת קבלה למסדר – יותר ממחצית המאה לפני עריכת המחקר.

החוקרים נעזרו בניתוח בלשני כדי לשרטט על פי הרשימות את דיוקנן האישיותי של הנזירות בצעירותן. אחד הממצאים היה שככל שהנזירה ביטאה בצעירותה רגשות חיוביים יותר – שביעות רצון,

הכרת תודה, אושר, אהבה ותקווה – כך גדלה הסבירות שכעבור שישים שנה ויותר תהיה חיה ובריאה. המתאם היה גבוה כל כך, שהחוקרים יכלו לנבא בדיוק של 85 אחוזים מי מן הנזירות תפתח אלצהיימר ומי לא. פער ממוצע בן כשבע שנים בתוחלת החיים נתגלה בין הנזירות שנטו להכרת תודה לבין אלו שנטייה זו הייתה חלשה אצלן. רגש הכרת הטוב מוסיף לנו שנות חיים.[19]

הקשר בין אושר לחיים ארוכים נבדק במחקרים נוספים. סוניה ליובומירסקי מאוניברסיטת קליפורניה בריברסייד הראתה כי אנשים שהתבקשו למנות בכתב אחת לשבוע, לאורך עשרה שבועות, חמישה דברים שהם מודים עליהם – נטו להרגיש אופטימיים יותר, ומרוצים יותר מחייהם, מאנשים בקבוצות ביקורת.[20] מחקרים אחרים הראו כי בימים שאנשים מתמקדים בהם בהכרת תודה, ומבטאים אותה, הם חווים יותר רגשות חיוביים. הכרת הטוב מעודדת את ההתענגות על חוויות טובות. היא מחזקת תחושות של ערך עצמי. היא עוזרת להתמודד עם עקה. היא חוסמת התעסקות הרסנית בהשוואת עצמי לאחרים. היא מעודדת התנהגות מוסרית: אנשים מכירי טוב נוטים יותר לעזור לזולת. היא נוטה להפחית רגשות שליליים כגון כעס. והיא בולמת את ההליכון ההדוני.[21] הכרת הטוב היא ניגודו של הלך הרוח שיוצרת החברה הצרכנית מונחית השוק. איזהו מאושר? השמח בחלקו, לא המתאווה תמיד לעוד.

סטיבן פוֹסט, פרופסור לביואתיקה ולרפואת משפחה באוניברסיטת קייס וֶוסטרן ריזרב בקליבלנד שבארה״ב, ליקט דוגמאות המלמדות כי לנתינה ולאלטרואיזם השפעה חיובית על בריאותנו. הוא קורא לזה מדע האהבה. בספרו ׳מדוע לאנשים טובים קורים דברים טובים׳ הוא מתעד מחקר של פול וִוינק מקולג׳ וֶולזלי המראה כי נתינה בגיל תיכון מנבאת בריאות טובה בגוף ובנפש בגיל מתקדם.[22]

מחקר אחר, שערך דאג אומן מאוניברסיטת קליפורניה בברקלי, הראה כי שיעורי התמותה בקרב קשישים שהתנדבו בשני ארגונים או יותר היו נמוכים ב־44 אחוז.[23] סדרת מחקרים שנערכו בקרב מתבגרים אמריקנים הראתה כי אלה מהם הנותנים לזולת, המלאים בתקווה

מוסריות

והמתנהלים היטב בחברה נוטים להיות מאושרים יותר מהאחרים, פעילים יותר ותוססים יותר.

ניל קראוזה מאוניברסיטת מישיגן מצא כי אנשים שהעניקו תמיכה חברתית לאחרים חוו פחות חרדה כאשר נקלעו בעצמם למצוקה כלכלית. במחקר אחר הוא מצא כי הצעת תמיכה רגשית לאחרים עזרה לאנשים לסלוח לעצמם על טעויות שעשו.[24] הפסיכולוגית סטפני בראון מאוניברסיטת מישיגן גילתה בתום מחקר בן חמש שנים על זוגות קשישים כי בקרב אלה שלא סיפקו תמיכה לאחרים היו שיעורי התמותה גבוהים יותר.[25]

אלן לוקס, מחבר הספר 'כוחה המרפא של עשיית הטוב' ומחלוצי החוקרים בתחום, דיבר על "ההַיי של העוזרים": הרגשה של התעלות הנפש ורוממות הרוח ש־50 אחוז מהאנשים חווים כשהם עוזרים לזולת. 43 אחוזים מדווחים על תחושת כוח ומרץ בעת עזרה לאחרים, 13 אחוז אף אומרים שהם חווים כך פחות כאבים ומחושים.[26]

הקשר בין אלטרואיזם, בריאות ואושר סבוך, וטעות תהיה לפשטו יתר על המידה, אך די במחקר זה ללמדנו שתפיסת האושר הקלאסית עוד כוחה במותניה. אנחנו אכן מרגישים טוב יותר כשאנו עוזרים לזולת, כשאנו דואגים לטוב המשותף, למה שאריסטו כינה "פעילות מסוימת של הנשמה המבוצעת בסגולה טובה".

אך לאושר ממד נוסף, הנוגע לחוזקם של קשרינו החברתיים – יחסינו עם בני משפחה וחברים. גם בעניין זה אספה סוניה ליובומירסקי חומר רב; ובהקשרו היא מצטטת את דברי הלל הזקן, "אם אין אני לי, מי לי? וכשאני לעצמי, מה אני?". והיא קובעת במילים פשוטות: "לאנשים מאושרים יש מערכות יחסים טובות מאלו שיש למאושרים פחות".[27] בדרך כלל, הם מיטיבים לנהל את קשרי הרעות והמשפחה. לרובם יש מעגל רחב של חברים ומכרים, זוגיות אוהבת ותמיכה חברתית. הסיבתיות כאן דו־כיוונית. ידידים מסבים אושר, ולמאושרים קל יותר להתיידד. מערכת מורכבת זאת של קשרי אנוש היא היוצרת את סביבת התמיכה, ההרגשה הטובה, החוסן והאמון, המזינה חיים מאושרים.

ממצא זה מגובה במחקר שהוא מן הגדולים במחקרים העוקבים אחר אנשים לאורך חייהם – "המחקר הגדול", שהחל בשנת 1938 ואשר עוקב, זה יותר משמונים שנה, אחר חייהם של 268 גברים שהיו אז סטודנטים בהרווארד (בימים ההם התקבלו לשם רק גברים). המחקר מנסה לגלות מהם המאפיינים התורמים לשגשוגו של אדם: מתכונות אישיות, דרך אינטליגנציה, עד בריאות, הרגלים ומערכות יחסים. לאורך יותר משלושים שנה ניהל את המיזם ג'ורג' ויילאנְט, ותיעד את מסקנותיו בספריו 'להזדקן היטב' ו'ניצחון הניסיון'.[28] בריאיון שפורסם במארס 2008 בעלון החדשות הנשלח אל נבדקי המחקר נשאל ויילאנט "מה למדת מהגברים של 'המחקר הגדול'?" – וענה: "שהדבר היחיד שבאמת קובע בחיים הוא היחסים שלנו עם אנשים אחרים".[29] סקירה של המחקר שהופיעה ב־2017 נחתמה כך: "יותר מכסף, יותר מתהילה, מערכות יחסים קרובות הן השומרות על אושרם של אנשים לאורך חייהם... קשרים אלה מגינים על אנשים בתקופות קשות, עוזרים בעיכובה של הירידה המנטלית והגופנית, ומנבאים חיים טובים ומאושרים יותר מכפי שמנבאים זאת מעמד חברתי, מנת משכל או אפילו גֶנים".[30]

אם כך הוא הדבר, האושר קשור ל"אנחנו" יותר מאשר ל"אני". ממצאי 'המחקר הגדול' עוזרים להסביר את המצוקות שמעורר האתוס הצרכני. הרבה יותר מכפי שהאושר נוגע לרכישות, להשתכרות ולבעלות, הוא נוגע למעשים שלנו, למה שהננו, ולטיב קשרינו עם הזולת.

כבר בימי קדם הפליא לתאר זאת קהלת בן דוד. היה לו הכול, אבל לא היה לו שום דבר שיעשה אותו מאושר:

> הִגְדַּלְתִּי מַעֲשָׂי: בָּנִיתִי לִי בָּתִּים, נָטַעְתִּי לִי כְּרָמִים; עָשִׂיתִי לִי גַּנּוֹת וּפַרְדֵּסִים וְנָטַעְתִּי בָהֶם עֵץ כָּל פֶּרִי... כָּנַסְתִּי לִי גַּם כֶּסֶף וְזָהָב וּסְגֻלַּת מְלָכִים וְהַמְּדִינוֹת... וּפָנִיתִי אֲנִי בְּכָל מַעֲשַׂי שֶׁעָשׂוּ יָדַי וּבֶעָמָל שֶׁעָמַלְתִּי לַעֲשׂוֹת – וְהִנֵּה הַכֹּל הֶבֶל וּרְעוּת רוּחַ וְאֵין יִתְרוֹן תַּחַת הַשָּׁמֶשׁ (קהלת ב, ד-ה; ח; יא).

שימו לב לשימוש החוזר בגוף ראשון יחיד. בכל המקרא אין ריכוז עיקש כזה של אני ואני: בניתי לי, עשיתי לי, כנסתי לי. קהלת הביא את האני אל שיא ביטויו, וכל מה שהדבר הניב לו הוא "הבל ורעות רוח". קוראים רבים של קהלת מבינים שנושאו הגדול הוא התפכחות מאשליות ורודות. אך אין זה כך. המחבר גם מגלה דבר המקלף ממנו את תשישות הקיום: הוא מגלה את **השמחה**, מילה המופיעה 17 פעמים במגילה קצרה זו. השמחה היא הגואלת את החיים ומרווה אותם בחן ובחסד. שמחה בעמל ("מְתוּקָה שְׁנַת הָעֹבֵד" – ה, יא), שמחה בחיי הנישואים ("רְאֵה חַיִּים עִם אִשָּׁה אֲשֶׁר אָהַבְתָּ" – ט, ט), ושמחה בהנאות הקטנות של החיים. שאבו שמחה מכל יום ויום.

במקרא השמחה היא שיתופית במהותה. היא תופעה של "אנחנו". בעל מְצֻווה לשמח את אשתו (דברים כד, ה). החגים הם מועדים של שמחה ביחד, "אַתָּה וּבִנְךָ וּבִתֶּךָ וְעַבְדְּךָ וַאֲמָתֶךָ וְהַלֵּוִי אֲשֶׁר בִּשְׁעָרֶיךָ וְהַגֵּר וְהַיָּתוֹם וְהָאַלְמָנָה אֲשֶׁר בְּקִרְבֶּךָ" (שם טז, יא). הבאת הביכורים למקדש נעשתה בחגיגה קיבוצית: "וְשָׂמַחְתָּ בְכָל הַטּוֹב אֲשֶׁר נָתַן לְךָ ה' אֱ־לֹהֶיךָ וּלְבֵיתֶךָ, אַתָּה וְהַלֵּוִי וְהַגֵּר אֲשֶׁר בְּקִרְבֶּךָ" (שם כו, יא). השמחה היא אושר ששותף. הד לתובנה מקראית זו נשמע בספרו העכשווי של דייוויד ברוקס 'ההר השני: החיפוש אחר חיים מוסריים'. הוא טוען שהאושר "כרוך בניצחון של העצמי" ואילו השמחה "נוטה להיות כרוכה באיזו התעלות על העצמי".[31]

ממצא מאלף שעלה לאחרונה בחֵקר האושר קשור לזמן ולהתמקדות. סוניה ליובומירסקי ערכה ניסוי על השפעתה של הכרת התודה. היא חילקה את המשתתפים לשתי קבוצות. המשתתפים בקבוצה הראשונה התבקשו למנות את הברכות שבחייהם שלוש פעמים בשבוע (בימי ראשון, שלישי וחמישי); משתתפי הקבוצה השנייה – אחת לשבוע (במוצאי יום ראשון). בקבוצה השנייה נמדדה בסיום הניסוי רמת אושר גבוהה מזו שנמדדה בתחילתו – אך לא כן בקבוצה הראשונה. ליובומירסקי משערת שאנשי קבוצת השלוש־פעמים־בשבוע השתעממו מהמשימה והחלו לראות אותה כמטלה מייגעת, ואילו לאנשי הפעם־בשבוע המשימה נראתה בכל שבוע

פרק ז – שוק האושר

כחדשה, מרעננת ובעלת משמעות.[32] דבר דומה מצאה החוקרת כשבדקה התנהגות אלטרואיסטית. שתי קבוצות התבקשו לעשות חמישה מעשי חסד בשבוע, לאורך שישה שבועות. חברי הקבוצה הראשונה הונחו לעשות זאת בכל זמן שהוא במהלך השבוע, ואילו חברי הקבוצה השנייה נתבקשו לעשות את כל חמשת המעשים הטובים ביום מסוים אחד בשבוע. רק אצל חברי הקבוצה השנייה נמצאה עלייה במפלס האושר.[33]

זהו ממצא מדעי מרשים המסביר מדוע יום השבת, שהזכרתי לעיל בעניין הסמארטפונים והמדיה החברתית, הוא בעל השפעה חזקה כל כך על תרבויות שאימצו אותו. השבת היא נוגדן להלך הנפש של השוק, הניתן באופן ממוקד: אחת לשבוע. היא מוקדשת לדברים שיש להם ערך ולא מחיר. היא יום הלא-שוק המובהק. אסור לנו לקנות ולמכור. אסור לעבוד, ואסור לשלם לאחרים שיעבדו בשבילנו. ביום הזה אנו מעלים על נס את מערכות היחסים. בעלים שרים שיר שבח לנשותיהם. הורים מברכים את ילדיהם. אנו מפנים זמן לסעודה משותפת עם המשפחה ועם חברים. בבית הכנסת אנו מרעננים את תחושת הקהילה שלנו. בני הקהילה חולקים זה עם זה את שמחותיהם – תינוק חדש או תינוקת חדשה, בר מצווה ובת מצווה, אירוסים, חתונה מתקרבת. האבלים מוצאים הקלה בהיותם בקרב הקהילה. אנו קוראים יחד בתורה, ומזכירים לעצמנו את הסיפור שאנחנו חלק ממנו. אנו מתפללים יחד, ומודים לא-ל על חסדו עימנו.

השבת היא בעצם מימוש חזונו של קיינס בדבר עידן של עבודה מוגבלת ופנאי מרובה שרוח האדם יכולה לפרוח בו. איננו צריכים לחכות עד ששבוע העבודה יצומצם לחמש-עשרה שעות (אם בכלל יש לחלום הזה תוחלת). השבת נוטלת את העתיד האוטופי ומשתילה אותו בהווה, וכך יוצרת את המאזן המוצלח ביותר שנוצר אי-פעם בין העבודה לחיים. זהו יום של הכרת טובה, שבו מרוץ ימי החול נעצר ואנו מוצאים מפלט בנווה של מנוחה.

הכלכלן הצ'כי תומש סֶדלאצ'ק, בספרו 'כלכלת הטוב והרע,'[34] משכנע את קוראיו כי העולם זקוק ל"כלכלת שבת": הפסקה במרוץ

האין־סופי אחר עוד ועוד, שבה נשמח במה שיש לנו ונחדל לשקע את כל מאודנו במה שעדיין אין. הוא מעיר כי עצם הצורך לצוות על מנוחה שבועית פרדוקסלי: הרי הרצון לנוח טבעי. אלא שיש משהו בטבע שלנו – ממשיך סדלאצ׳ק ומסביר – השואף אל המרב ותובע מאיתנו להמשיך להשיג עוד ועוד, בלי לאות ובלי סוף. כך נגרמת לנו תשישות – גופנית, רגשית ונפשית. האיזון שהתורה יוצרת, שישה ימי מאמץ ואחריהם יום של מנוחה, הנאה ומרגוע, הוא לדעתו איזון מיטבי.[35]

השבת היא דרך אחת להצבת גבולות לשוק ולהלך־הרוח שלו, המתמקדת בממד הזמן. יש גם דרכים אחרות: ערכים כגון נאמנות שאין להקריבם על מזבח רדיפת הרווחים; היבטים של אושר הנגזרים לא ממה שאנו מרוויחים, קונים או מחזיקים בו אלא מתרומתנו לחייהם של אחרים; והכרת תודה על מה שיש לנו במקום נהייָה מתמדת אחר מה שאין. ערכי השוק אינם היחידים שעלינו להחשיב. לאושרנו האישי, כמו גם לאושרנו המשותף, זה המכונן את החברה הטובה, נחוצים ערכים נוספים. נישואים אינם עסקה. הורות אינה סוג של בעלות. אוניברסיטאות אינן מכונות ממכר לאינטלקט. הדאגה לבריאותנו שונה מהדאגה לחשבון הבנק שלנו. שכונות אינן צריכות להיות גטאות של זהב. הפוליטיקה אינה צריכה להיות שׂררה למכירה.

לשוק שימושים משלו, והם יכולים להיות נהדרים, אבל יש בחיינו מרחבים הזקוקים להגנה מפניו. אנושיות היא יותר מרְווחיות.

פרק ח
דמוקרטיה בסכנה

הסוציולוג פיטר ברגר דמיין פעם כיצד הופיע איש הרוח הראשון בקרב בני המין האנושי. "אחרי שלאורך מאות שנים לא עשו בני האדם דבר לבד מהרעשה קצבית בכלי האבן שלהם ושמירה על מדורות לבל יכבו", כתב, "היה מישהו שקטע את הפעילויות החביבות הללו לפרק זמן שהספיק כדי שמחשבה חדשה תעלה בדעתו – והוא הזדרז להודיע עליה לשאר חברי השבט. מותר לנו לנחש כי רעיון זה היה 'השבט נמצא במשבר'."[1]

אנשי הרוח של ימינו אינם מותירים לנו ספק בשאלה איפה לדעתם עומד היום המערב. הציצו בכותרות של כמה ספרים בולטים על מצב הדמוקרטיה הליברלית במערב שהופיעו באחרונה. **איך נגמרת דמוקרטיה**. למה כשל הליברליזם. **התאבדות המערב**. כיצד מתות **דמוקרטיות**. האם יכולה הדמוקרטיה לשרוד בקפיטליזם הגלובלי? **נסיגת הליברליזם המערבי**. ועוד ועוד. בעקבות מערכת הבחירות לנשיאות ארה"ב ב-2016 כתב טימותי סניידר, פרופסור למדע המדינה באוניברסיטת ייל, ספר שכותרתו **על הרודנות**, שנעשה רב מכר. מדלן אולברייט, האישה הראשונה בתפקיד מזכירת המדינה של ארה"ב, פרסמה ב-2018 ספר ושמו **פשיזם: אזהרה**. גם הוא נעשה רב מכר.

אין אלו הקינות הרגילות שהפיקה התרבות האמריקנית של עד לא מכבר – הנחושה, האופטימית, האומרת ועושה. אנשי הרוח אומרים לנו שהשבט נמצא במשבר.

שני אירועי הצבעה חשובים ב-2016, הבחירות לנשיאות בארה"ב והמשאל על הברקזיט בבריטניה, התאפיינו בקיטוב מר שארצות אלו אינן רגילות בו. החתכים הפוליטיים שהם שסעו בחברה לא הגלידו בזמן שעבר מאז. הם העמיקו והעלו מוגלת טינה. באירופה, בעוד ועוד מדינות, השתררה הרגשה מוחשית שהמפלגות הממסדיות איבדו קשר עם הציבור ועם הנושאים המציקים לו. הימין הקיצוני והשמאל הקיצוני גדלו, לעיתים על חשבון המפלגות האחרות ולעיתים באמצעות השתלטות על מפלגה ממסדית קיימת. קהל הבוחרים חיפש פנים חדשות, שלא מן המאגרים הרגילים של הפוליטיקה. הפופוליזם במערב הגיע לשיא שלא ידע מאז שנות השלושים.

ברחבי אירופה פרצו התפרעויות. ב-2018 לבדה נרשמו התפרעויות המוניות בבלגיה, בהולנד, בגרמניה, באוסטריה, בשוודיה, בהונגריה ובאלבניה. מעבר לאוקיינוס, בעיירה האמריקנית החיננית שרלוטסוויל, ביתה של אוניברסיטת וירג'יניה, אשר נוסדה ועוצבה בידי תומס ג'פרסון, התקיים ב-11-12 באוגוסט 2017 מצעד של אנשי העליונות הלבנה, ברית טמאה של לאומנים לבנים, אנשי ה"אלט רייט" החדש, תומכי הקונפדרציה, ניאו-פשיסטים וניאו-נאצים. הצועדים הניפו רובים, סמלים נאציים וצלבי קרס, ושלטים עם סיסמאות אנטישמיות ואנטי-מוסלמיות. הפוליטיקה האמריקנית לא ידעה תופעות כאלו שנים רבות.

האמון בפוליטיקאים ובממשלות צנח ברחבי המערב לשפל חדש. בבריטניה, בראשית 2016, רק 36 אחוז מהציבור הביעו אמון בממשלה. בתחילת 2017 השיעור קטן לכדי 26 אחוז. רק 18 אחוזים בטחו במפלגות שהן עושות את הדבר הנכון, ורק 19 אחוזים סברו כך לגבי מנהיגי המפלגות. אשר לארצות הברית, ב-1958 שלושה רבעים מציבור הבוחרים אמרו שהם בוטחים בממשל שהוא עושה את הדבר

הנכון, לפחות רוב הזמן. ב־2017 השיעור היה 18 אחוזים. על פי מכון המחקר 'פיו', אובדן האמון התחולל בכל קבוצות הגיל, הגזע והמוצא.[2]

על פי מחקרם של יאשה מונק מהרווארד ורוברטו פואה מאוניברסיטת מלבורן, ה"מילניאלז" (בהגדרתו המרחיבה של המושג: ילידי 1980 ואילך) מאבדים את אמונתם בדמוקרטיה. רק שליש מהם סבורים שזכויות האזרח "הכרחיות באופן מוחלט" בדמוקרטיה, לעומת 41 אחוז בקרב בני הדור הקודם. יותר מרבע מהם מזלזלים בחשיבותן של בחירות חופשיות, ורק מיעוט מעיד על עצמו כי הוא מתעניין בפוליטיקה – בעוד בקרב המבוגרים מהם זהו רוב. בשנת 1995 רק 16 אחוז מהאמריקנים הצעירים חשבו שהדמוקרטיה היא "שיטה גרועה" למדינתם, אך ב־2011 שיעורם של אלה כבר הגיע לכדי רבע.[3]

אפשר להבין למה. הופעת האינטרנט, התקשורת הגלובלית המיידית, הטלפונים החכמים והמדיה החברתית שחררה מערבולת של כוחות המשנה את העולם בעוצמה נדירה בהיסטוריה. ההשוואה המתבקשת ביותר היא להמצאת הדפוס באמצע המאה ה־15. התפרצויות כאלו של חדשנות עלולות למוטט סדרים פוליטיים. עצם מהותו של הכוח הפוליטי משתנה: הוא נעשה דיפוזי הרבה יותר.[4] המוסדות הדמוקרטיים שירשנו נוצרו על פי צרכיו של עידן אחר, בעל קצב שינוי איטי יותר. הטכנולוגיה מתקדמת במהירות, ואילו ההליך הדמוקרטי איטי. הבעיות הכלכליות, החברתיות והסביבתיות שאנו מתמודדים איתן כיום הן גלובליות, אך המבנים הפוליטיים היעילים שלנו הם לכל היותר מדינתיים. בנסיבות כאלו, צריכים היינו להתפלא אם המבנים הדמוקרטיים שלנו **לא** היו מזדעזעים.

ובכל זאת, בספר הזה אני מנסה לשרטט את הכוחות הפועלים בעולמנו ברובד עמוק יותר, ומשפיעים על התשתית המוסרית של החברה החופשית. כדי להבינם עלינו לחזור אל שני רגעים מכוננים שעיצבו את פני התרבויות הפוליטיות במערב: הכרזת העצמאות של ארצות הברית (1776) ו"הצהרת זכויות האדם והאזרח" שהתקבלה באספה המכוננת הלאומית של המהפכה הצרפתית (1789). שתיהן היו

נקודות מפנה בהיסטוריה של הפוליטיקה, ושתיהן כוננו מדינות לאום חילוניות. שתיהן נוסחו במונחים של זכויות, והושפעו מאוד מתיאוריות פילוסופיות שקדמו להן: התיאוריות של תומס הובס וג'ון לוק השפיעו על ההכרזה האמריקנית, ושל ז'אן ז'אק רוסו – על הצרפתית. ועם זאת, הן מגלמות תפיסות פוליטיות שונות בתכלית אף כי במבט ראשון הן אומרות אותו דבר בערך.

ההכרזה האמריקנית קובעת: "אנו סבורים שאמיתות אלה ברורות מאליהן, שכל בני האדם נבראו שווים, ובוראם העניק להם זכויות שאין ליטול מהם, ביניהן: חיים, חירות והחתירה אחר האושר...". ההצהרה הצרפתית פותחת: "בני האדם נולדו חופשיים ושווים בזכויותיהם, ועודם כאלה".

שני הבדלים ניכרים לעין. האחד הוא שההכרזה האמריקנית דתית בגלוי. היא מתייחסת ל"בורא". ההצהרה הצרפתית חילונית בגלוי. הדבר משקף הבדל יסודי בתפקיד הדת בשתי המדינות. כפי שציין דה-טוקוויל, "בצרפת כמעט תמיד ראיתי את רוח הדת ואת רוח החופש צועדות בכיוונים מנוגדים. ואילו באמריקה גיליתי שהן צועדות יד ביד ושולטות יחד באותה מדינה". זהו הבדל חשוב, אך לא הוא המעניין אותנו בדיוננו זה.

כאן אני רוצה להתמקד בהבדל השני: במילים "שאין ליטול מהם" המופיעות רק בהכרזה האמריקנית. מה הן מציינות? אם לא נבין זאת, לא נבין את אובדן האמון בפוליטיקה. ההכרזה האמריקנית מיוסדת על סוג מסוים של אמנה חברתית, זה של הובס ולוק. זו הצרפתית, לעומת זאת, מיוסדת על האמנה החברתית כפי שתפס אותה רוסו. השתיים העמידו שתי תרבויות פוליטיות שונות לגמרי.

תומס הובס שאל: למה אנשים מקימים ממשלות? מהו בסיס סמכותה של המדינה? הוא ענה שבלי ממשלה אנשים יתחרו זה בזה על אותה כמות מוגבלת של משאבים. אם אני אשיג יותר ממך, אתה תנסה לקחת זאת ממני, גם בכוח אם יהיה צורך; ואם לא תצליח לנצח אותי בעצמך, תאסוף עוד אנשים ותעשו זאת יחד. החיים יהיו הפקר, וכולנו נחיה בפחד מתמיד מפני רצח. ואכן, יש כיום בעולם מדינות

שיד החוק והשלטונות קצרה מלמשול בהן, איש הישר בעיניו יעשה, והכול חיים בפחד מוות.

לכל אחד מאיתנו יש לפיכך עניין לוותר על משהו מכוחו, על חלק מזכויותיו, למען גוף מרכזי שישתמש בכוח שאנו נותנים לו כדי לכונן שלטון חוק בארצנו פנימה, ויגן עליה מפני אויבים מבחוץ. זוהי האמנה החברתית, וכדי ליצור אותה אנחנו אכן נוטלים מעצמנו כמה מן הזכויות ומוסרים אותן לגוף מרכזי אוכף חוק. אבל יש זכויות מסוימות שאם נאפשר לנוטלן מאיתנו נחבל בעצם תכליתה של האמנה. זו משמעות הביטוי "שאין ליטול מהם". הובּס ראה ככזו את הזכות לחיים. האמנה החברתית נועדה, לדידו, להגן עלינו מפני אימת המוות, ולכן הזכות לחיים אינה ניתנת למסירה. לוֹק הוסיף עוד שתי זכויות, החירות והקניין; להן כיוונה ההכרזה האמריקנית באזכְּרה את זכויות ה"חירות והחתירה אחר האושר".

על פי תפיסה זו של האמנה החברתית, סמכותה של המדינה מבוססת על "הסכמת הנמשלים", כלומר קיומה הוא אינטרס של כל אזרחיה, כפרטים. הם רוצים שהממשלה תגן על דברים מסוימים – חייהם, חירותם וקניינם – וזה הכול. זוהי תורה של ממשלה מוגבלת, שבה **הזכויות הן הדברים שאנו מסרבים למסור למדינה**. הזכויות הן המרחבים הפרטיים המוגנים בחיינו, אשר אַל לה למדינה להיכנס אליהם. המילים "שאין ליטול מהם" משרטטות את הקווים שאסור למדינה לחצות.

תפיסתו של רוסו הייתה אחרת. הוא הסכים עם הובס ולוק שבלי מדינה יימצאו הבריות בסכסוך בלתי־פוסק, לנוכח קיומו של קניין פרטי. לכל אחד מאיתנו יש אינטרסים: אנחנו רוצים מה שיש לאחרים. על כן, המדינה אינה יכולה לספק את האינטרסים שלנו **כיחידים**, שהרי אין דרך להשביע את כל הרצונות גם יחד. המדינה נועדה לספק את האינטרסים שלנו כגוף **קולקטיבי** המבקש את הטוב המשותף. רוסו כינה זאת le volonté générale, "הרצון הכללי". ההצהרה הצרפתית מציינת זאת במפורש בסעיף 6 שלה: "החוק הוא ביטויו של הרצון הכללי".

הרצון הכללי איננו סך הרצונות של היחידים, שרוסו כינה "רצון הכול". זהו דבר אחר לגמרי. זהו מה שאנו אמורים לרצות כישות קולקטיבית. כל יחיד האומר "אני לא רוצה את הטוב המשותף; אני רוצה את הטוב הפרטי והאישי שלי" אומר דבר לא נכון, כי בעומק ליבו, היות שהוא רוצה לחיות בחברה, הוא רוצה את הטוב המשותף. מכאן דבריו הידועים לשמצה של רוסו כי במקרה כזה אנחנו, כלומר המדינה, צריכים "להכריחו להיות חופשי". אנחנו מבינים את רצונו האמיתי של היחיד היטב מכפי שהוא עצמו מבין אותו.

האמנה החברתית של רוסו **איננה** מבוססת על הסכמת הנמשלים כאנשים פרטיים. היא מבוססת על הפוליטיקה של כולנו־יחד, הרואה בכלל האזרחים אישיות קולקטיבית. מתוך רצוננו בטוב המשותף, אנו מוסרים למדינה את הזכות לפעול בשמנו כגוף מאוגד. קל להבין מדוע בקשת החירות של כולנו־ביחד עשויה להיות כרוכה בהקרבת מלוא החופש שלנו כיחידים־בודדים. יעקב טלמון קרא לפוליטיקה מהסוג הזה "דמוקרטיה טוטליטרית".[5]

עלינו להיות הוגנים כלפי רוסו: הוא סבר שסוג זה של פוליטיקה יכול להצליח רק בערי מדינה כגון אתונה העתיקה או ז'נבה הקלוויניסטית, העיר שהוא חי בה. הדוגמה הטובה ביותר בזמננו היא הקיבוץ. כולם משתתפים בקבלת ההחלטות, כל הרכוש שייך לקבוצה ולא לפרטים, ולכל אחד ואחת מוקצות משימות לבצע למען הכלל. אפילו בהיקף קטן כזה, החופש של כולנו־ביחד מגביל באורח חריף את החופש של כולנו־כיחידים. יישום של תפיסה זו לחברה שלמה עלול להיהפך במהירות למחזה ביעותים. פוליטיקה אוטופית, בין בצורתה המהפכנית, הצרפתית, בהשראת רוסו, ובין בגרסתה המרקסיסטית הצעירה ממנה, נעשית סיוט דיסטופי, מוקדם (בדרך כלל) או מאוחר. בימי שלטון הטרור שלאחר המהפכה הצרפתית (בשנים 1794-1793) נידונו למוות 16,594 איש. זהו הדבר שעלול לקרות כאשר מקדמים את "הטוב המשותף" על חשבון חירות הפרט.

רוסו, שמת ב־1778, היה ודאי מזדעזע מהשימוש שנעשה במשנתו. אבל גרסתו לתורת האמנה החברתית היא תיאוריה של

פרק ח – דמוקרטיה בסכנה

ממשל שהתערבותו בחיי המדינה מרבית, ולא מזערית, ותפיסתו באשר ל"זכויות" היא היפוך התפיסה של לוק, ג'פרסון והמסורת האנגלו-אמריקנית. הזכויות, על פי גרסת רוסו, אינן מגדירות את התחום שאסור לממשלה להיכנס אליו. להפך: **הזכויות הן תביעות מן המדינה, שרק פעולה פוליטית מצידה של המדינה יכולות להוציאן לפועל.**

וכך, אף כי המסמכים המכוננים שלהן מתחילים בהיגדים דומים מאוד, הגישה האנגלו-אמריקנית והגישה הצרפתית כלפי הפוליטיקה, המדינה וזכויות האדם שונות מאוד זו מזו. הדבר נסתר בדרך כלל מעינינו בגלל השימוש באותן מילים, "חירות" ו"זכויות". אבל מילים אלו מציינות בכל אחת מן הגישות דברים שונים לגמרי, ויוצרות סוגים שונים של תרבות פוליטית.

ההבדל הגדול ביותר הוא שבגרסה האנגלו-אמריקנית, לא המדינה היא המייצרת את הטובין החברתיים הנעלים. עושים זאת האנשים, המתארגנים במשפחות, בקהילות ובאגודות וולונטריות. משימתה של המדינה היא להגן על המרחב הזה מפני חדירתה של הפוליטיקה. לעומת זאת, במודל המהפכני הצרפתי, המדינה היא הנותנת את הזכויות, ואילו המשפחות, הקהילות והאגודות הוולונטריות הן בעיני הפילוסופים של המהפכה הסחת דעת מסוכנת, משום שאנשים מקדמים דרכן יחדיו אינטרסים שונים ומשונים כראות עיניהם במקום להניח למדינה ליצור את הטוב המשותף.

בניסוח אחר: במודל האנגלו-אמריקני יש שלוש זירות חברתיות עיקריות: המדינה, היחידים, והחברה האזרחית. המגזר השלישי ברשימה, החברה האזרחית, נתפס כחיוני ביותר לבריאותה של הדמוקרטיה, כי שם אנחנו מתלכדים ברמה המקומית ומקימים קהילות מוסריות שבהן אנשים עוזרים זה לזה, במערכות יחסים של פנים אל פנים ושכם אל שכם, לעשות יחד את אשר אין אדם יכול לעשות לבדו. במרחב הזה, הקטן מהמדינה אך גדול מהיחיד, נולד וחי מה שטוקוויל כינה "אומנות ההתאגדות" שהוא ראה בה את המקום החיוני ל"לימוד החירות".

במודל המהפכני הצרפתי יש רק שתי זירות: המדינה והיחיד. המדינה פועלת למען הטוב המשותף, ומשאירה ליחידים את החופש

לעשות כל שהם חפצים כל עוד אינם מזיקים לאחרים. במונחי הדיון שלנו בעמודים אלה – במודל הצרפתי ישנו השוק, שבו אנו מייצרים וצורכים כיחידים, וישנה המדינה שבה אנו מתפקדים כקולקטיב. **כל דבר קולקטיבי הוא פוליטי, הוא עניין של כוח.** במודל האנגלו־אמריקני, יש דבר מה מעל ומעבר למדינה ולשוק: כל אותם מקומות שאנו מתאגדים בהם לא מפני שמשלמים לנו (השוק), לא מפני שהחוק מחייב אותנו (המדינה), אלא מפני שאנחנו יצורים מוסריים שאכפת להם משכנים ומזָרים. **לא כל דבר קולקטיבי הוא פוליטי. דבר קולקטיבי עשוי גם להיות מוסרי: עניין לא לכוח אלא למצפון, לחובה ולמידה הטובה.** שם חיי המוסר נמצאים בשיאם: היכן שאנו מתרגלים בלי הרף את שרידי האלטרואיזם שלנו, ויוצרים חברויות ואהבות הגואלות אותנו מבדידותנו.

היעד שטיעוננו חותר אליו מסתמן עתה לעין. איכשהו, כמעט בלי שהבחנו, המודל הצרפתי החל במחצית המאה האחרונה להשתלט על בריטניה ועל ארצות הברית. הזכויות חדלו להיות מגבלות על פעולותיה של המדינה, ונעשו לזכאויות: דרישות מהמדינה שתפעל. איך זה קרה? בספרה שכבר נעשה לקלאסיקה Rights Talk (פירוש שמו כפול: 'הזכויות מדברות' וגם 'הדיבור על זכויות') מסבירה פרופסור מרי אן גְלֶנדון, מרצה למשפטים בהרווארד, כי "העיוּר, התיעוש, הבירוקרטיה, הניידות הגיאוגרפית, תרבות ההמונים ומרכוז העוצמה הפוליטית מימשו במידה רבה את מפעלם של המהפכנים הצרפתים: הבאת האזרחים באשר הם שם לידי יחסים בלתי־אמצעיים עם הממשלה".[6] שעה שהקהילות מתרופפות וההתאגדויות הוולונטריות נחלשות, הציבור פונה אל המדינה שתמלא את מחסורו. החברה דועכת, תחומה של הממשלה מתרחב בלי הרף, והחזון האנגלו־אמריקני הישן בדבר הגבלת ההתערבות הממשלתית כבר אינו קוסם לאזרחים. וכך, מובנו של המונח "זכויות" בעיני הבריטים והאמריקנים מתקרב עוד ועוד לזה הצרפתי, קרי דרישות מן המדינה, ומתרחק ממובנו במסורת לוק וג'פרסון: הזכויות כמרחב אזרחי לא־פוליטי שאנו מבטאים בו

את אחריותנו כלפי הזולת, את רצוננו כי גם הוא וגם אנו נחווה את האצילות שבהיות אדם ואזרח.

כאשר ציר המוסר הוחרג מן ה"אנחנו" והוסט אל ה"אני", הידלדלו כמעט כל מוסדות החברה האזרחית: הנישואים, המשפחה, הקהילות, עדות המתפללים, בתי התפילה וכל היתר. בקנה מידה מקומי אפשר לפעמים עוד למצוא אותם באיתנם, אבל לא במדינה בכללותה, ובייחוד לא באזורים עירוניים הסובלים מעוני, מאבטלה ומתסמיניו החיצוניים של הייאוש, מגרפיטי על הקירות עד סוחרי סמים ברחובות.

מה קורה כשהחברה האזרחית נחלשת ונשארים רק השוק והמדינה? או־אז, אנשים מתחילים להעמיד למדינה דרישות שאין היא יכולה להשביע. המדינה איננה יכולה ליצור משפחות חזקות וקהילות תומכות. אין בכוחה לספק לילדים הורים יציבים ואחראים. היא יכולה לממן בתי ספר, אך אין היא יכולה לייצר מורים מעוררי השראה. אין בידה לחולל את מוסר העבודה, השליטה העצמית והחוסן שבלעדיהם אין האדם יכול לפרוץ את מעגל הקסמים של העוני והאבטלה ולנהל חיים של אושר ותקווה.

המדינה עשויה מכוח. משפחות וקהילות עשויות מאנשים. הן עשויות מיחסים אישיים ומהיכולת שלנו לרומם איש את רעהו מן הייאוש והעצבות. אלה הם דברים שאי־אפשר לערוך להם מיקור חוץ אל המדינה. מקוֹמם בחברה האזרחית. המדינה היא אַל־אישית, והיא מוכרחה להיות כזאת. על כן אין בכוחה לעזור כשהמעטפת האישית שלנו נפגעת. כוחו של המודל האנגלו־אמריקני כפי שהתפתח במאה ה־19 ובתחילת המאה העשרים היה טמון בכך שהוא לא נשען כל כולו על המדינה. בכנסיות או במועדונים חברתיים, באיגודים מקצועיים או בקהילות עדתיות, אנשים עזרו זה לזה ברמה המקומית – ולא פעם, קשרים אלה היו הרוח המחייָה שלהם.

ה"אנחנו" חיזק את ה"אני", כי הוא הראה לאנשים מה הם יכולים להשיג במאמץ משותף בלי להיות תלויים במדינה. כשרק המדינה יְשֵׁנה, הציפיות אינן יכולות אף פעם להתממש במלואן. הזכויות

נתפסות יותר ויותר כזכאויות, וזאת דווקא כאשר ה"אנחנו", תחושת האחריות המשותפת, נחלשת. התוצאה היא פרישתם של משופרי המזל: אותם עשירים ומצליחנים המתבדלים מהכלל ואינם מכירים באחריותם האנושית כלפי העניים.

אחד מציוני הדרך החשובים של ניצחון המודל הצרפתי היה קבלתה של הכרזת זכויות האדם באו"ם ב־1948. בסגנונה ובמילותיה היא קרובה להצהרה הצרפתית המהפכנית הרבה יותר מכפי שהיא קרובה להכרזת העצמאות האמריקנית. כהצהרה על אידיאלים הדברים נשמעים נעימים, אבל תרבות מבוססת זכויות בסגנון הצרפתי, כשהיא מיתרגמת לכלכלה הגלובלית של המאה ה־21, מחוללת עימותים שאין היא יכולה ליישב וציפיות שאין בכוחה להשׂביע. במילותיה של מרי אן גלנדון, "רטוריקת הזכויות החדשה עוסקת פחות בכבוד האדם וחירותו ויותר בחשקים עיקשים שאין להם סוף". שיח הזכויות, היא אומרת, "נענה בקלות לממדים הכלכליים, האישיים והמיידיים של הבעיה, אך מזניח בעקביות את ההשלכות המוסריות, החברתיות וארוכות הטווח".[7]

ציפיות שאיננענות יוצרות אווירה של נבגדות ותרעומת. אנשים מאבדים אמון בפוליטיקה ובפוליטיקאים, ואולי הם צודקים. אך אז מתחילות לבצבץ תופעות צופנות סכנה: מהומות, זעם, אלימות, ואופנה של ציניות כלפי חשיבותו של החופש הדמוקרטי. אנשים מתחילים לשאת עיניים אל מנהיגים "חזקים" המתעלים את הזעם הציבורי אל מתקפה על האליטות בשם העם. כך נולדת פוליטיקה פופוליסטית.

הפופוליזם הזה נולד מתוך מצוקות אמיתיות, טינה כנה ותחושה מתפשטת של עוול והשפלה. הסבל ממשי, כפי שמבהירה קריאה בספרים בולטים על בחירות 2016 בארה"ב כגון 'קינת הכפריים' (Hillbilly Elegy) של ג'ד ואנס ו'זרים בארצם' של ארלי ראסל הוכשיל, או בספרו של דייוויד גודהארט על בריטניה של הברקזיט 'הדרך אל מקום־שהוא' (2017). אנשים אכן נבגדו. הם שמו את יהבם במוסדות שלא נהגו באחריות המוטלת עליהם. לעיתים קרובות מדי דומה היה

שהאליטות פועלות רק על פי האינטרסים העצמיים שלהן. בתחומי חיים רבים, המנהיגות הייתה מתנשאת, מושחתת, או פשוט לא מתאימה.

הפוליטיקה הפופוליסטית היא, כלשונו של קרל מרקס בעניין אחר, "אנחתה של הברייה הנדכאת, הלב בעולם חסר לב, והנשמה במציאות שמכרה את נשמתה". אך ספק רב אם היא תביא את הגאולה.

זוהי פוליטיקה הנשענת על חשיבה מאגית. האמונה כי מנהיג חזק אשר מתעב את ההליך הדמוקרטי, משתמש ברטו יקה פלגנית, שווה נפש כלפי השאלה אם בפיו אמת או כזב, מתעלם ממוסכמות הפוליטיקה המוכרות, פונה ישירות אל לב ההמונים, מאשים במצב הביש של האומה קבוצה מסוימת באומה או אומות ועמים שכנים, ומדבר לא אל היצר הטוב שבנו אלא אל יצרנו הרע – האמונה כי מנהיג כזה יכול להשיב את האומה אל גדלותה הישנה היא חשיבה מאגית.

הפוליטיקה הפופוליסטית מניבה לעיתים רווחים ממשיים בטווח הקצר. אך כאשר מתחיל הציבור להבין כי הבעיות עמוקות וסבוכות מכפי שחשב, המנהיגים הפופוליסטים יוצרים שעירים לעזאזל כדי להאשימם בכישלונם שלהם: האליטות, התקשורת, המהגרים, המוסלמים, היהודים – ואז מתעוררת מערבולת הסמכותנות, ומעיפה הצידה את הזכויות, את הצדק ואת החירות עצמה. אחד הראשונים שהזהירונו מכך היה אפלטון, שאמר כי דמוקרטיה תתנוון תמיד לכדי רודנות. הוא ידע זאת מניסיונו. אתונה הייתה ערש הולדתה של הדמוקרטיה עת הנהיג אותה סולון בשנת 594 לפני הספירה, אך אותה אתונה, כעבור כמאתיים שנה, דנה למוות את מורהו של אפלטון, סוקרטס, על שהשחית את הנוער כשלימד אותו לשאול שאלות.

צר מאוד לראות איך, כמעט מבלי שהדבר יורגש, בריטניה וארה"ב נטשו את המסורת הייחודית שלהן, המסורת של לוק וג'פרסון, ואימצו את המודל הצרפתי המהפכני מבית היוצר של רוסו – זה הרואה בזכויות תביעות מהמדינה במקום מגן מפני המדינה. מסורת נזנחת זו, המסורת האנגלו־אמריקנית, היא אשר אפשרה ליחידים להשיג, איש איש עם שכניו וחבריו, בעשייה אלטרואיסטית ושיתופית, את

מוסריות

אשר תקצר ידם של הפוליטיקה והכוח מהשיג: תחושה מפותחת של אחריות כלפי רווחת הזולת.

אם נמשיך לאמץ את מודל הזכויות הצרפתי, ונפסיק להאמין בקיומה של זירת הפעולה המרכזית של האחריות האישית, נאבד את רגש המוסר המשותף המפעם במשפחות ובקהילות. נישאר רק עם השוק והמדינה. השוק אינו יכול ליצור צדק חלוקתי. המדינה אינה יכולה לברוא בקרב אזרחיה ולמענם כבוד אנושי וחוסן, אדיבות ואחריות. המדינה יכולה לתת הרבה: בריאות, רווחה, חינוך, ביטחון ושלטון החוק. אבל אין היא יכולה להנחיל את האזרחות הפעילה היוצרת דבר יום ביומו, בשלל הקשרים מקומיים, את האכפתיות, החמלה והקרבה המכוננות את החברה הטובה.

הסירו את המערך המוסרי של החברה האזרחית – וסופכם שתקבל פוליטיקה פופוליסטית ודריסה של החופש בשם החופש. הבחירה הזאת אינה מומלצת.

פרק ט

הפוליטיקה של הזהות

הנה ניסוי מחשבה: דמיינו שאתם לוקחים לאצטדיון הכדורגל את הרובוט שלכם רובי, בעל בינה מלאכותית מזהירה עד להדהים, המשמש לכם משרת, עוזר צמוד, יועץ, מאמן אישי, מדרבֵּן וחבר שאינו מכזיב. רובי לא שמע עד היום על כדורגל, ועל כן הוא מתכונן היטב למאורע: הוא שואב מהאינטרנט כל מה שנכתב על כדורגל, לומד את החוקים, משתלם אפילו בדקדוקי הלכות נבדל, מערה אל קרבו כל נתון וכל סטטיסטיקה אפשריים על משחקי עבר, וכעבור זמן קצר הוא מסוגל להביס כל חולה כדורגל בתחרות ידע.

במהלך המשחק רובי מעבד את המידע המגיע אליו מחיישניו המגוונים. בתום המשחק אתם שואלים אותו אם נהנה. "לגמרי", הוא עונה. אבל אז הוא שואל, "הכדורגל הוא מִשחק – אני צודק?". "בטח", אתם עונים. "אז כל תוצאה שלא תהיה, העולם ימשיך להיות מה שהיה?" – "כן, ממש, כך". – "אז למה כולם פה כל כך מתרגשים? למה היו בעבר תגרות אלימות במגרשים? למה ביל שנקלי, המנג'ר של ליברפול בשנות השישים ובתחילת שנות השבעים, אמר ש'יש

אנשים שחושבים שכדורגל הוא עניין של חיים ומוות. אני מאוכזב מהם מאוד. כי אני מבטיח לכם שכדורגל הוא הרבה הרבה יותר מזה'? **למה אנשים מתרגשים כל כך ממשחק?**".

אין זאת שאלה שולית. מבחן טיורינג לבינה מלאכותית שואל אם מחשב מסוגל לנהל שיחה עם אדם בלי שהאדם ידע אם בן שיחו הוא מחשב. אני מציע מבחן אחר: האם יכול מחשב להבין את היצרים שמעוררת תחרות ספורט? ההתנהגות האנושית מתגלה כאן בשיא האי־רציונליות שלה ובשיא עוצמתה הרגשית. אהדת הספורט קשורה לזהות, לצורך שלנו להזדהות עם קבוצה שקיומה מאושרר במלואו דווקא כאשר היא מתנגשת בקבוצה אחרת. אין בזה היגיון רב במושגיו של המוח הרציונלי, קליפת המוח הקדם־מצחית, יסוד "החשיבה האיטית" של התודעה האנושית. איך תוכל בינה מלאכותית להבין דבר כזה? אלא שהסוגיה אינה תיאורטית כלל; פעם אחר פעם, בתקופת הנאורות במיוחד אבל לא רק בה, נתן המערב משקל יתר לרציונליות האנושית ומשקל חסר לכוחה של השבטיות, העשויה להתבטא בלאום, בדת, באתניות, במפלגה פוליטית ובשפע דרכים אחרות שאנו מגדירים בהן מי אנחנו ומה אנחנו.

אנחנו בעלי חיים חברתיים. אבותינו הציידים־לקטים חיו מאות אלפי שנים בקבוצות קטנות, והדבר הותיר בפסיכולוגיה שלנו חותם בל־יימחה. הרבה מן הטוב שבטבע האנושי נובע מכך, וגם הרבה מן הרע שבו. בדרך כלל אנחנו אלטרואיסטים כלפי חברי הקבוצה שלנו ותוקפנים, לפחות בפוטנציה, כלפי חברי קבוצות אחרות, בייחוד כאשר אנו רואים בהן איום על קבוצתנו.

"קבוצתיות" מובנית זו מצויה בליבה של הזהות: אני מי שאני בגלל הקבוצה או הקבוצות שאני שייך להן. אני הנני כי אנחנו הננו. השאלה מיהו בשבילנו אותו "אנחנו" תלויה בחלקה בבחירתנו האישית: זו הקבוצה שעימה אנו בוחרים להזדהות. בחלקה הנוסף היא תלויה בתרבות שסביבנו: האם ברירת המחדל הזהותית שלה אמורה במונחים של מעמד? הכנסה? השכלה? מוצא? שמא דת? לאום? גורם אחר? תרבויות שונות מרובדות על פי פרמטרים שונים. ובחלק אחר שלה

תלויה השאלה בגורל ולא בבחירה: הרי לא בחרתי מי יהיו הוריי, או איזה מטען גנטי יקבע את נתוניי ואת נטיותיי. כך או כך, הזהות, במובנה של מילה זו השולט כיום בזירה הפוליטית, איננה דבר פרטי ואישי. היא דבר שאני חולק עם חברי הקבוצה שאני תופס כממד החשוב ביותר בחיי.

עד שנות החמישים "זהות" לא הייתה מילת מפתח בשיח הציבורי. רק בעקבות עבודתו של הפסיכולוג אֶריק אריקסון היא זכתה לבולטות. הביטוי "פוליטיקה של זהויות" חדש אף יותר. שורשיו בראשית שנות השמונים. ובכל זאת הוא הפך עד מהרה לאחד הממדים הראשיים בפוליטיקה במערב, והימין והשמאל כאחד רותמים אותו למטרותיהם. השמאל מתמקד בקבוצות שהחלו לראות את עצמן, לא בלי בסיס, כמוזנחות לשוליים, מדוכאות ומקורבנות: אפרו־אמריקנים, נשים, דתות מיעוט, קהילות להט"ב, ולאחרונה גם טרנסג'נדרים. הימין, בייחוד בגרסאותיו הפופוליסטיות, מתמקד יותר ויותר בקבוצה אחרת, גברים לבנים עניים, בפרט בפריפריה, שהגיעו למסקנה כי קולם אינו נשמע אצל האליטה השלטת העסוקה בהקשבה למיעוטים אחרים ובהאדרתם. "הזעם הלבן" הזה, כפי שהוא מכונה, נחשב לגורם מרכזי בהצבעה בעד הברקזיט ובבחירות לנשיאות ארה"ב ב־2016.

בעקבות הבחירות הללו, שלושה הוגים נודעים פרסמו ספרים על הנושא: מארק לִילה ('ליברל מאז ולעתיד'), אנתוני אפיה ('השקרים המקשרים') ופרנסיס פוקויאמה ('זהות: פוליטיקת הזהות בזמננו והמאבק להכרה'). שלושתם טוענים כי פוליטיקת הזהויות היא סכנה ברורה ומיידית לדמוקרטיה הליברלית. היא מפוררת את החברה וקורעת אותה לשבטים עוינים. היא בולמת את השיח על הטוב המשותף. היא נוטה להידרדר במהירות לפוליטיקה של מרמור ולתחרות של מסכנות. נוצר מעגל קסמים ספירלי: השיסוע החברתי מחולל פוליטיקה פלגנית, וזו מעמיקה את השסעים החברתיים ומחריפה אותם, וחוזר חלילה. פוליטיקת הזהויות היא מן הגורמים למנטליות האנחנו־והם המובילה לפופוליזם, שבתורו, כפי שראינו, הוא אות אזהרה למצבה של הדמוקרטיה.

אך כפי שמראה ניסוי המחשבה שלי על הכדורגל, פוליטיקה של זהות איננה דבר חדש. זו רק שיבתו הנוכחית של סיפור שתחילתו עוד בטרם היות התרבות. רוב אורכה של ההיסטוריה לבשה תופעה זו מדי מלחמה. אחד מהישגיה הגדולים של התרבות הוא ביותה של התופעה ותיעולה למשחקים תחרותיים. הלהט האדיר של אוהדי הקבוצות, שורשיו בצורך הקדום והלאו־בר־כיבוש להיות שייך: להזדהות עם דבר מה הגדול ממידותיי.

עלינו להיות מודעים להיסטוריה הזאת, כי לא נבין את פוליטיקת הזהויות אם לא נדע שהיא פרק חדש ברצף מאורעות אשר עקבותיו, כעקבותיהן של תופעות רבות כל כך בחיינו, מוליכות אל המאה ה־17.

נזכור נא כי מכל צורותיה של הזהות, העמוקה והעיקשת ביותר הייתה, לאורך ההיסטוריה, הזהות הדתית. כאשר אמונה אחת רווחת באומה כולה, היא מלכדת את בניה יחדיו. מכאן טיבו הטראומטי של המאבק בין זרמי הנצרות במערב לאחר הרפורמציה. כל עוד התנהלו המלחמות **בין** אומות או אימפריות, כבמסעי הצלב למשל, הזהות נטתה להתחזק, לא להיחלש. אף פעם איננו אלטרואיסטים כפי שהננו בצאתנו למלחמה בשם הקבוצה שלנו: האומה, האימפריה, האמונה. בלהט הקרב יש הקרבה והתמסרות גמורה לכלל. אחריו, גאווה שוררת בקרב המנצחים, ואילו המפסידים מנסים יחד להתאושש. כך או כך, בעת עימות הגבולות ברורים. זה "אנחנו" מול "הם". לעומת זאת, כאשר המלחמה אוכלת בעם פנימה, כאשר מִקטע אחד ממה שהיה לא מכבר "אנחנו" נעשה ל"הם" חדש, מתחוללת טראומה. כך קרה בקֶרב הנצרות המערבית אחר הרפורמציה, כאשר בתוך תחומי האמונה הנוצרית, ובתוך כל עם ועם, התגלע הקרע בין הקתולים לפרוטסטנטים. על רקע הקרע הזה, במאמץ לאחותו, גמרו אומר הוגי הנאורות **לבטל את הזהות ולהמירה באוניברסליות**.

זה היה החזון האוטופי במאה ה־18, "חלום התבונה". אם דקארט הראה כי אפשר להתפלסף בלי הנחות דוגמטיות, וניוטון המחיש איך

אפשר להסביר את היקום בלי רעיונות תיאולוגיים או טלאולוגיים, למה לא להחיל זאת גם על הבנת האדם והחברה? אחד החלוצים בכך היה ההומניסט הגדול מישל דה־מונטיין. שלוש פעמים, לא פחות, בין 1562 ל־1570, הוא היה עֵד להיגררותם של הצרפתים למלחמות דת פנימיות. לבסוף, ב־1572, הגיעו מוראות טבח ליל ברתולומאוס הקדוש, תחילה ברצח 3,000 הוגנוטים בפריז, ועד מהרה לטבח המוני של 70 אלף איש ברחבי צרפת. לנוכח הזוועות פרש מונטיין לחדר עבודתו, להרהר ולקרוא על טבע האדם. על אחת מקורות העץ בחדרו חרת את סיסמתו של המחזאי הרומי טרנטיוס, בן המאה השנייה לפני הספירה, "אנוש הנני, ושום דבר אנושי אינו זר לי". משפט זה עתיד היה להיות עמוד האש המהלֵך לפני מונטיין ולפני מחנהו לאורך מאתיים השנים הבאות.

עיקר השפעתו של מונטיין היה, בסופו של דבר, בהתפשטות האמונה כי בכוחה של התבונה לעזור לנו להתרומם מעל ליצרים השבטיים ולהרגלים הלוחמניים אשר גררו אפילו נוצרים ברי־לבב לרצוח זה את זה בשם אלוהי האהבה והסליחה. עלינו לזנוח את תפיסת בני האדם על פי צבע, מעמד, תרבות ואמונה; לדבר על "האדם", כרעיון, לא על אנשים; על "האנושות", לא על בני אנוש. רעיון זה היה עמוד תווך בפילוסופיה של עמנואל קאנט, בן המאה ה־18, אשר הציב כאבן בוחן מוסרית את עקרון החלוּת האוניברסלית: "עשה מעשיך רק על פי אותו הכלל המעשי אשר, בקבלך אותו, תוכל לרצות גם כן כי יהיה לחוק כללי".[1] זה היה חזון האושר על החזרה אל ה"שָׂפָה אֶחָת וּדְבָרִים אֲחָדִים" שלפני מגדל בבל.

ביטוי נצחי נתן לכך בטהובן בסימפוניה התשיעית שלו, מן השנים 1822–1824, שבה שיבץ בפרק האחרון, באורח חסר תקדים בסוגת הסימפוניה, שירת מקהלה וזמרים: את ה"אוֹדָה לַשִּׂמְחה" של פרידריך שילר, עם השורות "כָּל בְּנֵי הָאָדָם אַחִים הֵם, / עַל כַּנְפֵי עֶדְנָה יִדְאוּ". ביטוי קלאסי נוסף ניתן לכך ביצירת הדרמה הלירית של פֶּרסי

ביש שֶׁלי משנת 1818 'פרומתאוס המשוחרר', המגוללת חזון אידילי לאנושות:

חָפְשִׁי מִשּׁוֹט וּמַשְׁרְבִיט: אָדָם
שָׁוֶה, בְּלִי שֵׁבֶט, מַעֲמָד וּלְאֹם.
פָּטוּר מִפַּחַד וּפֻלְחָן: הַמֶּלֶךְ
שֶׁל עַצְמוֹ; צוֹדֵק, נָבוֹן – אָדָם.
חָפְשִׁי מִיֵּצֶר? לֹא. רַק מֵאָשָׁם.[2]

חזון זה הוא מן האציליים בתולדות המערב. אך הוא אוטופי עד ייאוש ואינו בר־קיימא. הוא מתעלם מהצורך שלנו בזהות, מהתשוקה הניצחת להשתייך לקבוצה. וכך, במקרה קלאסי של שיבת המודחק, ארי הזהות הנושן שב בשאגה במאה ה־19, בדמותן של הנאורות שכנגד, הרומנטיקה, והאדרת הגורמים הרציונליים פחות המעצבים את מהותנו.

הוגי הבתר־נאורות באירופה כבר לא ביססו את הזהות על הדת. הם לא רצו לשוב אל השסעים שעוררו את הנאורות מלכתחילה. במקום זאת, הם התמקדו בשלוש חלופות חילוניות לדת: לאום, גזע ומעמד. הם גם לא חשבו כמו הפילוסופים מן המאה ה־18 במונחים של אמיתות על־זמניות. מחשבת המאה ה־19 נאחזה דווקא בהיסטוריה. היא ראתה את הזמן כציר של התפתחות, התקדמות, מסע מתרבויות פרימיטיביות לתרבויות מתוחכמות יותר ויותר. הֶגֶל הביא רעיון זה אל הפילוסופיה, דרווין אל הביולוגיה, ומדע האנתרופולוגיה, דרך חקר תרבויות אחרות, אל ההבנה העצמית המתחדשת של המערב.

אומות התקיימו מאז ראשית התרבות. אבל הלאומיות כאידיאולוגיה היא תוצר של המאה ה־19. החוקרים חלוקים באשר לנסיבות הולדתה. הסבר אחד, מתבקש, נוגע למהפכה התעשייתית, ששינתה את תנאי החיים בהעבירה אוכלוסיות מהכפר אל העיר ומהשדה אל בית החרושת, אותן "טחנות שטניות אפלות" בלשונו של המשורר ויליאם בלייק. ארנסט גלנר ייחס את הלאומיות לצורך החדש שנוצר בכלכלה המתועשת בחינוך לכול ובתוכנית לימודים אחידה.[3]

בנדיקט אנדרסון הדגיש דווקא את תפקידה של טכנולוגיית המידע החדשה – עיתונות ארצית. בגישתו מהדהדת הערתו של הגל כי האדם המודרני החליף את תפילת השחרית בקריאת החדשות בעיתון הבוקר.[4]

מבנים חברתיים חדשים הופיעו. הנרי סַמנר מיין (1822-1888) אמר שבמודרנה אירע מעבר **ממעמד לאמנה**. החברה חדלה לשקף מבנה היררכי המעוגן כביכול בטבע, שבו מעמדו של אדם נקבע בלידתו – ועבר לאמנה חברתית יצירת אנוש. אחרים מתארים זאת כמעבר **מגורל לבחירה**. הסוציולוג הגרמני פרדיננד טניס (Tönnies, 1855-1936) דיבר על המעבר מ"גֶמַיינשַפְט" ל"גֶזֶלשפט": מהקהילות המקומיות החמות והמהודקות של פעם אל חברת זָרים עירונית, נעדרת ממד אישי, המוסדרת באמצעות חוקים.

כך או כך, לאחר המהפכה הצרפתית והולדת מדינות הלאום החילוניות החלו הוגי דעות לתהות לאום מהו. תנועות לאומיות אדירות עיצבו אז את גבולות אירופה, תחילה בהנהגת נפוליאון בצרפת, ואחריו בהובלת ביסמארק בגרמניה וגריבלדי באיטליה. מקור השפעה בולט על מגמה זו היה הפילוסוף הגרמני יוהן גוטפריד פון־הֶרדֶר (1744-1803), שהדגיש את חשיבותן של השפה והתרבות. לאומות, טען, יש רגישויות ייחודיות, שהתעצבו לאורך מאות שנים והונחלו מדור לדור באמצעות הלשון והלכי המחשבה שהלשון יוצרת. הרדר עצמו לא היה לאומן, אבל הוא היה דמות מפתח במהלך הנגד לאוניברסליזם של הנאורות. "הפֶּרא", כתב, "האוהב את עצמו, את אשתו ואת ילדיו בשמחה שקטה, והמסגרת המצומצמת של השבט היא לב חייו, הוא בעיניי ישות ממשית יותר מאותו צל מבוית הנושא עיניו לצללית של כלל בני מינו".[5]

זרמים אינטלקטואליים נוספים התוו את פניה של המאה ה־19. הייתה אז התעניינות עצומה בתולדות הטבע, עם גילוים של שרידי מינים שנכחדו וההבנה שהיקום קדום הרבה יותר מכפי שמקובל היה לחשוב עד אז: ניוטון, לא פחות, עוד השקיע בתחילת המאה ה־18 זמן רב בכינון הכרונולוגיה המדויקת של הבריאה, על יסוד האמונה שהעולם נברא לפני פחות מ־6,000 שנה. רעיון האבולוציה של

המינים הופיע בתחילת המאה ה־19 בתיאוריה של ז'אן בטיסט למארק, ולאחריה, ב־1858, במחקריהם של צ'רלס דרווין ואלפרד ראסל וואלס שהחליפו אותה. כן התעורר בתקופה זו עניין עולמי באנתרופולוגיה ובחקר תרבויות 'פרימיטיביות'.

כאשר שלוש התיאוריות הללו חברו יחדיו, התוצאה הכמעט בלתי־נמנעת הייתה מה שכונה "המחקר המדעי של הגזע". החלוץ היה חוקר הטבע הצרפתי ז'ורז' קוּבייה (1832-1769), ובין ממשיכיו הבולטים היו ארתור דה־גוֹבּינוֹ (1882-1816) בצרפת וארנסט האקל (1919-1834) בגרמניה. על פי תפיסה זו, השוני בין גזעי האדם דומה לשוני בין מיני בעלי חיים שונים, ויש לכך מדדים פיזיולוגיים כגון צורת הגולגולת או כף הרגל. טוהר הגזע, דוקטרינה שפותחה תחילה בספרד במאה ה־15, שבה והופיעה ברחבי אירופה במאה ה־19. אליה נוסף פסידו־מדע ארסי אף יותר: הדרוויניזם החברתי, שהציע הפילוסוף האנגלי הרברט ספנסר (1903-1820) ואימץ ארנסט האקל בגרמניה. תורה זו לא רק הצדיקה את האימפריאליזם, הקולוניאליזם והעבדות, אלא היא אף נתנה לגיטימציה "מדעית" לרעיון שבהיסטוריה ובביולוגיה כאחד שורר אותו כלל: החזקים שורדים באמצעות חיסול החלשים. היא אף סיפקה בסיס חדש ללאומנות: הגזע. הלאום נעשה מעתה לא רק ישות פוליטית או תרבותית, אלא גם תופעה ביולוגית. בגישה זו טמונה סכנה חמורה, שאכן התממשה בידי הנאציזם: היא אפשרה להם לטעון שמי שאינו ארי במוצאו איננו שייך באמת לאומה הגרמנית, והוא מסכן את הטוהר הגזעי שלה. הגזע, אם כן, היה החלופה השנייה לדת.

השלישית הייתה המרקסיזם, הרעיון שהדינמיקה האמיתית בהיסטוריה מתרחשת לא בזירת האומות או הגזעים כי אם בזירת המעמדות ובמאבק על הבעלות על אמצעי הייצור. מרקס עצמו תיאר את הקומוניזם כתחליף לדת. הדבקות בדת, אמר, היא "בעת ובעונה אחת ביטוי לסבל ממשי ומחאה נגד סבל ממשי". הדת היא "אנחתה של הברייה הנדכאת, הלב בעולם חסר לב, נשמתה של מציאות שניטלה ממנה הנשמה". היא "אופיום להמונים", במובן זה שהיא ממסכת את

סבלו של האדם העובד, אך לא מרפאת את הפצע. במקום הדת יבוא סדר כלכלי חדש שישים קץ לניצול העניים בידי העשירים. למעשה, כמוהו כפילוסופים של המהפכה הצרפתית, הוא הציע משיחיות חילונית שתוגשם דרך הפיכתם של מבני הכוח הקיימים.

כל שלוש התנועות הציעו רגש השתייכות חזק – במקום אותו ריק זהותי מופשט של האדם־באשר־הוא־אדם שגרס הרציונליזם של המאה ה־18. זו הייתה אחת התמורות הגדולות בתולדות המערב: מעידן התבונה לעידן הרומנטיציזם והמהפכה. במקום האוניברסלי בא גלגול חדש של הפרטיקולרי, כלאום, גזע או מעמד. במקום להתמקד במאחד את האנושות החלו ההוגים להתמקד בשונה, במבחין ובמייחד. רעיונות אלו, ילידי המאה ה־19, הניבו פירות מרים במאה ה־20. הלאומנות המליטה שתי מלחמות עולם. הגזענות ילדה את השואה. המרקסיזם השריץ את סטלין, הגולאג והקג"ב. אם נוסיף לקדרה את הקומוניזם הסיני יסתכמו האבדות בנפש של התנועות הללו בכ־100 מיליון.

בעקבות הטראומות הללו החלה בשנות השישים של המאה ה־20 מנוּסָה חדשה מהזהות: מהלאום, מהגזע או מהמעמד. הפעם, המפלט היה לא האוניברסלי, כמו במאה ה־18, אלא דווקא האינדיבידואלי. את מקורות ההשראה למגמה זו הזכרנו בפרק קודם: קירקגור וניטשה. לכך נוספה עתה חשיבה מקיפה של אנשי רוח על השאלה איך יכלה השואה להתחולל בלב אירופה שלאחר הנאורות. כמה מהם, כגון תיאודור אדורנו ומקס הורקהיימר, דיברו על האישיות הסמכותנית ועל הסכנה שבתרבות המוקירה ציות מוחלט לסמכות חיצונית. דמויות כגון הרברט מרקוּזֶה, כוכב השמאל החדש, התמסרו למהפכה המינית יותר מאשר למהפכנות כלכלית או פוליטית, ודיברו על המחיר הנפשי של דיכוי הארוס והכפפתו לכללי מוסר. פוסט־מודרניסטים כגון ז'ק דרידה ומישל פוקו ערערו על כל הוודאויות של המודרנה עצמה: האובייקטיביות של המדע, סמכותה של המסורת, סיפורי־העל שהמערב סיפר לעצמו לאורך אלפיים שנה, ואפילו מושגי יסוד כגון 'אמת' ו'טקסט'. הם הכפיפו את כל אבני היסוד של הנאורות ליחסיות ולסובייקטיביות, והאינדיבידואלי המיר כל דבר אוניברסלי שהוא.

כך נולדה תרבות הנגד של שנות השישים, נישאת על גלי האנרגיות של השפע הבתר־מלחמתי, הגלולה למניעת הירין, תרבות הנעורים החדשה, המחאה נגד מלחמת וייטנאם, המהומות שפרצו ב־1968 בארה"ב בעקבות רצח מרטין לותר קינג הבן ובפריז נגד הקפיטליזם, הצרכנות והערכים המסורתיים, ושדות התות הנצחיים של חוגגי וודסטוק ב־1969.

המשורר הלאומי של התנועה החדשה היה בוב דילן, שמילות שירו 'הזמנים הם משתנים' בישרו ב־1963 את בואה של תרבות הנגד, בבקשן מאימהות ואבות ברחבי הארץ "אל תמתחו ביקורת על מה שאתם לא מסוגלים להבין". בניהם ובנותיהם יצאו עתה מכלל שליטתם. כעבור שמונה שנים קיבלו בני דור הבייבי בום מג'ון לנון, בשירו 'דַמיינו', את המקבילה שלהם ל'פרומתיאוס המשוחרר' של שלי: חזון מתנגן על עולם שאין בו מדינות, דתות, גן עדן וגיהינום; עולם בלי שום דבר אשר צריך להרוג למענו או כדאי למות למענו.

זו הייתה בריחתה השנייה של אירופה מהקטגוריות הפלגניות של הזהות (ה"מדינות" וה"דת" בפי לנון) – וכמו הבריחה הראשונה, היא הייתה אוטופית עד לשַד עצמותיה. הליברליזם של שנות השישים הושתת על ההנחה כי הפרט הוא נשאן של הזכויות, וכי האוטונומיה האישית היא הערך העליון בסדר החברתי. התיאורטיקנים המרכזיים שלו היו שני פילוסופים מהרווארד: ג'ון רולס ממחנה השמאל הדורש צדק חברתי, ורוברט נוזיק מהימין הליברטריאני. עקרונית, אדם יכול לעשות כל שחפץ ליבו ובלבד שיהיה הדבר חוקי, הוגן, ולא מזיק לאחרים.

אך בטרם חלף עשור כבר הוכיחה שורה של הוגים מבריקים – ביניהם אלסדייר מקינטאייר, מייקל סנדל, מייקל וולצר, צ'רלס טיילור ורוברט בלה – כי האינדיבידואל המופשט הזה, שאין לו זיקה לשום קבוצה, "העצמי נטול המיקום" בניסוחו של סנדל, אינו קיים במציאות. אנחנו לא רק אינדיבידואלים. אנחנו יצורים חברתיים המעוגנים ברשת של מערכות יחסים – משפחות, חברים, עמיתים, שכנים, חברים לעבודה וחברים לתפילה – וחלק ממערכות היחסים הללו הם מן היסודות המכוננים את תחושת העצמי. ה"אני" כשלעצמו,

אין לו זהות. אנחנו מי שאנחנו בגלל הקבוצות שאנו משתייכים אליהן. אכן, הליברליזם מאפשר לנו להצטרף לקבוצות כאלו ולעוזבן על פי בחירתנו. בזאת בעצם נעוצה הליברליות שלו. הוא הופך קבוצות העלולות להיות כפייתיות להתאגדויות מרצון חופשי. ועדיין, טענו הוגים אלה, הקהילה היא תנאי לזהות – ועל כן זכו לכינוי המשותף "קהילתנים".

כל זאת, בזירה האינטלקטואלית. התפתחות אחרת אירעה בינתיים בזירה הפוליטית: הרב־תרבותיות. היא נוצרה כתגובתן של ממשלות לשינויים הדמוגרפיים שהתחוללו במערב אירופה ובצפון אמריקה בשל הגידול הרב בהגירה אליהן. בספר אחר הסברתי בהרחבה מדוע אני חושב שהרב־תרבותיות, אף כי מניעיה נאצלים, היא מדיניות שגויה והרת אסון, המפוררת את המרקם החברתי בכל חברה שהנהיגה אותה.[6] אף כי ייעודה לקדם את השתלבותן של קבוצות מיעוט אתני ודתי בחברה הכללית, היא מובילה להתבדלות. אף כי כוונתה לקדם סובלנות, היא משמשת כר פורה לצורות חדשות ומדאיגות של אי־סובלנות. היא הפכה את החברה מבית משותף למלון שבו לכל קבוצה יש חדר משלה וכמעט שאין תחושה של שייכות לכלל.

המדינה הראשונה שהנהיגה רב־תרבותיות, והראשונה שהצטערה על כך, הייתה הולנד. הולנדים שנשאלו בראיונות מדוע הם מתנגדים לה ענו שזה מפני שהם תומכים בסובלנות. כשנתבקשו להסביר את ההבדל בין השתיים, רבים מהם השיבו שסובלנות פירושה התעלמות מהבדלים, בעוד הרב־תרבותיות עסוקה כל הזמן בהדגשתם.[7] בניסוחם של פאול סנידרמן ולוק הגנדורן, מחברי מחקר על השפעתה השלילית של הרב־תרבותיות על החברה ההולנדית, "ברכותיה של הסובלנות רבות ועלותה זניחה. לעומת זאת, התועלת הממשית של הרב־תרבותיות מתגלה כזניחה, ואילו עלותה גבוהה". והם מסבירים: "קיומה של זהות משותפת יוצר תמיכה בהכלה; ואילו הבלטת הבדלים של זהות אתנית ודתית מעוררת את התגובות המַדירות שהיא נועדה למנוע".[8]

הפוליטיקה של הזהות מעמיקה את הקיטוע החברתי שהרב־תרבותיות גורמת. על קווי השבר התרבותיים והאתניים היא מוסיפה

עוד צורות מבדלות של זהות המבוססות על מגדר ועל נטייה מינית. יש בה סכנה ממשית של ביקוע החברה לגטאות מבדלי־עצמם הנמנעים מתקשורת הדדית. אחת האקסיומות של פוליטיקת הזהות היא כי "רק מי שבקבוצה שלי יכול להבין את הכאב שלי". זהו היפוכה הגמור של המימרה של טרנטיוס "שום דבר אנושי אינו זר לי". זה כשלוש מאות שנה שהמערב מפתח, בהצלחת־מה, אתיקה של סובלנות ושל כבוד לַשוני; וחברה ליברלית, אף כי הדעה הקדומה והאפליה ודאי קיימות בה, שואפת למגרן בכל פעם שהן מרימות את ראשן. דבר זה אינו מתיישב בשום אופן עם פוליטיקה של זהות, הבונה חומות בדלנות סביב מיעוטים ובעודה דורשת מהחברה הכללית להכיר בסבלותיהם של מיעוטים אלה היא אוסרת עליה לבוא מבית לחומות. כמו שאמר מארק לִילה ב־2016 לסטודנטים באוניברסיטת רטג'רס, "אתה לא יכול לומר לאנשים 'אתם מוכרחים להבין אותי' ובאותו זמן גם לומר להם 'אתם לא מסוגלים להבין אותי'".[9]

תגובת נגד זאת לאינדיבידואליזם הליברלי תיגמר בטרגדיה, כפי שקרה לתגובות הנגד בנות המאה ה־19 לאוניברסליזם של הנאורות. היא הופכת את ההבדל להדרה ולחשד. היא בונה חומות, לא גשרים. היא משתמטת מהמלאכה הקשה של הבנת השונים מאיתנו, כיבודם והעשייה המשותפת איתם. היא מטפחת את הלך הרוח של הקורבנוּת והנדכאות. היא נוטשת את רעיונות הבסיס המשותף והטוב המשותף. פוליטיקת הזהות בשמאל העכשווי, זו שהתפרטה בקמפיין הבחירות 2016 בארה"ב לנשים, היספנים, "אמריקנים אתנים", הקהילה הגאה, "אמריקנים ילידים", "אמריקנים אפריקנים", "תושבי איי האוקיינוס השקט" ועוד עשר קבוצות זהות[10] – מחוללת תגובת ראי בימין הקיצוני העולה לאחרונה – אנשי עליונות לבנה בארה"ב, החזית הלאומית בצרפת, מפלגת החופש בהולנד, מפלגת אלטרנטיבה לגרמניה ומפלגת החופש באוסטריה, לצד הממשלות הסמכותניות בהונגריה ובפולין.

אחד התסמינים לחולי הפוליטי הוא שיבתה של האנטישמיות לכל ארצות אירופה, כדי כך ש־40 אחוז מיהודי היבשת שקלו ב־2018

לעזוב את ארצותיהם (על פי סקר של הסוכנות האירופית לזכויות אדם בסיסיות).[11] כמעט בלתי־ייאמן הוא שדבר כזה קורה כאשר זיכרון השואה עוד חי וניצוליה עוד מתהלכים בינינו. לאורך ההיסטוריה, חדירתה של אנטישמיות אל תוך הזרם המרכזי בפוליטיקה הייתה פעם אחר פעם אות מבשר לקריסה חברתית. כאשר אנשים מחפשים שעיר לעזאזל, כגון היהודים, כדי להאשים אותו בעוונותיהם, הם מציגים בכך את הסימנים הראשונים לתפקוד לקוי של החברה ולהתמוטטות הדמוקרטיה. מה שהוצג בקול תרועה כמצמיח סובלנות הוליד עוד היעדר סובלנות, טינה, מרמור וכעס.

הפוליטיקה של הזהות היא, אם כן, הפרק האחרון בסיפורו הארוך של המערב מהרפורמציה עד היום. הוא החל בבריחתה של הנאורות בת המאה ה־18 מהזהויות הפרטיקולריות אל הומניזם אוניברסלי. דבר זה הוביל לנאורות שכנגד במאה ה־19, בדמותם של הלאומנות, הגזענות והמרקסיזם. בשנות השישים של המאה ה־20 החלה מנוסה מקבוצות הזהות אל האינדיבידואליזם, ותגובת הנגד לכך באה בשנות השמונים בדמותה של הרב־תרבותיות, ובהמשך בדמות יוצאת חלציה, פוליטיקת הזהויות.

ישנה חלופה לקצוות הללו, או לפחות צריכה להיות. חלופה זו עניינה התמקדות בחברה ולא במדינה. החברה היא זירתם של הערכים המוסריים המשותפים לנו. המדינה, לעומת זאת, עניינה בקֻשת הכוח והשימוש בו. המאבק על ההכרה ועל הזכות להיות שונה שייך למאבק על חברה צודקת ורחומה, לא לזירת המדינה הדמוקרטית ליברלית. בשני העשורים ומשהו ששימשתי בהם רב ראשי בבריטניה פעלנו יחד – הקהילה היהודית, הכנסייה האנגליקנית, הקתולים, הכנסיות החופשיות, הִינדים, סיקים, מוסלמים, בודהיסטים, ג'ַיינים, זורואסטרים ובהאים – לקידום יחסים בין־קהילתיים טובים, כבוד הדדי וחברות אישית. הצלחנו לעשות זאת משום שרחקנו מהפוליטיקה; משום שפעלנו יחד כאזרחים בריטים תחת גגה המגונן של מדינה דמוקרטית ליברלית; משום שהערכים המוסריים והרוחניים של הדתות שלנו הם שהניעונו; ומשום שלא התחרינו על עמדות כוח.

רבגוניות מעשירה אומות, ורבגוניות שיש עימה השתלבות עולה בקנה אחד עם זהות לאומית משותפת. הדרך הטובה ביותר שמצאתי לתמצות הרעיון היא זו: **כאשר אנחנו שומרים על הייחוד שלנו, אנחנו תורמים לחברה את מה שרק אנחנו יכולים לתת לה.** כך אפשר להיות נוצרי או הינדי או מוסלמי או יהודי ובה בעת אנגלי גאה. עליית הימין הקיצוני כתגובת נגד לשמאל הקיצוני החדש מחייבת אותנו לזכור את האבחנה היסודית של ג׳ורג׳ אורוול בין פטריוטיות ללאומנות. הלאומנות, שהוא התנגד לה, כרוכה לטעמו בעקבה עם השאיפה לכוח, ומטרתה המתמדת היא להבטיח לאומה עוד ועוד יוקרה: ״הלאומנות היא תאווה לכוח מאוזנת על ידי הונאה עצמית״. את הפטריוטיות, לעומת זאת, הגדיר כ״מסירות למקום מסוים ולדרך חיים מסוימת, שאדם מאמין שהם הטובים בעולם אבל אין לו שום רצון לכפות אותם על אחרים״.[12]

בלי פטריוטיות לא תתקיים תחושה מלכדת של שייכות וזהות. אבל הפטריוטיות שייכת לחברה האזרחית, כלומר לקהילת המוסר שאנו כאזרחים חיים על פי הערכים המשותפים לחבריה. אם אין קהילת מוסר לאומית, אם החברה האזרחית מתפוגגת וגוועת וכל שנשאר הוא הזירות התחרותיות של השוק ושל המדינה, כי אז הדמוקרטיה הליברלית נתונה בסכנה. הפוליטיקה של הזהות היא תסמין של קריסת הזהויות הלאומיות ומוסדות החברה האזרחית. אם נאבד את הבסיס המוסרי של החברה, נחזור למציאות שתומס הובס תיאר כ״נטייה כללית של כל המין האנושי, תשוקה מתמדת וחסרת מרגוע להשגת כוח אחר כוח, שאינה פוסקת אלא במוות״.[13] אין זה המרשם לברכתה המשותפת של חברה חופשית.

פרק י
זמן ותוצאות

אני אוהב בדיחות, כי לפעמים הן מבטאות רעיונות פילוסופיים שקשה לנסח בדרכים אחרות. הנה בדיחה יהודית ישנה מאוד, הנוגעת לטיעון של ספרנו:

יהודי זקן ויהודי צעיר נוסעים ברכבת. הצעיר שואל: "סליחה, מה השעה?"
הזקן לא עונה.
"סליחה, אדוני, מה השעה?"
הזקן ממשיך לשתוק.
"אדוני, אני שואל אותך מה השעה. למה אתה לא עונה?"
והזקן אומר: "ידידי הצעיר, התחנה הבאה, בעיירה הקטנה שלנו, היא האחרונה במסלול הזה. אני לא מכיר אותך, אז אתה בוודאי זר פה. אם אענה לך, יתפתח בינינו קשר. אצטרך להזמין אותך לביתי. אתה בחור נאה, ויש לי בת יפה. אתם תתאהבו זה בזו, ותרצו להתחתן. אז תגיד לי, נראה לך שאני רוצה חתן שאין לו כסף לקנות שעון?"

במילים אחרות: למעשים קטנים יכולות להיות תוצאות גדולות.

טענתי שקלקולי השוק והמדינה שאנו רואים כיום, וגם חלק מהבדידות והניכור שדנתי בהם בחלק הראשון, הם תוצאות של חוויה גורלית שעבר המערב בשנות השישים בעקבות אימוץ הרעיון שאפשר לקיים חברה בלי קוד מוסרי משותף. בדורות עברו, הדבר נחשב בדרך כלל בלתי־אפשרי. בחברה היה תמיד ממד יסודי של "אנחנו". בתוכו חשבו אנשים זה על זה ועל הטוב המשותף. כללי המוסר יכולים להשתנות ולהתפתח לאורך הזמן, אבל הם תמיד המַים והלֶחם של חיינו המשותפים.

לרוב אורכה של ההיסטוריה, הדת הייתה הדבק שליכד חברות. באמצע המאה ה־19, כשדמויות כמו מתיו ארנולד וג'ורג' אליוט החלו להטיל ספק באמונה הדתית, המוסר נראה כתחליף לה. כך נולד עידן שהעמיד את המוסר על ראש שמחתו. איך הגענו משם עד הנה? איך התחלנו להאמין שאפשר לקיים חברה שהיא לא יותר מאוסף של יחידים העסוקים כל אחד בקידום טובתו האישית, ובמקרה חיים באותו אזור ובאותו זמן?

אני רוצה לטעון שההגות המערבית מאבדת לעיתים קרובות מדי את רגישותה לממד הזמן. לכל החלטה יש השלכות. אלו מהן הניתנות לחיזוי, הן ברובן ההשלכות קצרות הטווח. ואילו ההשלכות לטווח הארוך נמצאות מעבר לאופק הנראה. הרעיון פשוט, אך משמעויותיו העצומות נשכחות תדיר. זה תורף הבדיחה שסיפרתי: בטווח הארוך, למעשים קטנים יש תוצאות גדולות.

את הוויכוח על הליברליזציה של המוסר והמשפט, שחוללה רבים מהשינויים החברתיים והתרבותיים שאירעו בחמישים השנים האחרונות, ניהלו בבריטניה סביב שנת 1960 שני דוברים חריפי שכל: השופט הדגול הלורד פטריק דֶוולין, והפרופסור למשפטים הדגול לא פחות, איש אוניברסיטת אוקספורד, הרברט ליונל אדולפוס (הל"א) הארט. הם התמודדו, בדרכיהם השונות, עם שאלה אחת: האם צריכה החברה לעגן את המוסר בחקיקה, או שיש להותיר את המוסר למצפונו של הפרט?

בהרצאה נוקבת, בשנת 1959, טען הלורד דוולין כי מוסר משותף

חיוני לחברה.[1] חברה אינה סתם אוסף של יחידים העושים כחפצם כל עוד אינם פוגעים בזולתם. יסוד מוסד בה, שבהימוטו תימוט, הוא אמונות משותפות על אודות הישר והטוב. "בלי תפיסות משותפות על הפוליטיקה, על ערכי המוסר ועל האתיקה, שום חברה אינה יכולה להתקיים". והוא המשיך: "אם אנשים ונשים ינסו ליצור חברה שאין בה הסכמה בסיסית על הטוב ועל הרע, הם ייכשלו; ואם כוננו אותה על הסכמה משותפת אך ההסכמה מתפוגגת – החברה תתפורר".[2]

לדבריו, כל חברה זכאית להגן על עצמה, באמצעות חוקיה ומשפטיה, מפני סכנות מבית ומחוץ, ו"מוסר מְמוסד נחוץ לרווחת החברה ממש כפי שנחוץ לה מִמשל טוב". והוא המשיך:

> התפוררות של חברות מבפנים מצויה יותר משבירה של חברות בלחץ חיצוני. כאשר אין החברה שומרת על מוסר משותף היא מתפוררת, וההיסטוריה מלמדת שהתרופפות כבלי המוסר היא תכופות השלב הראשון בהתפוררות; על כן יש הצדקה מלאה לכך שהחברה תנקוט לצורך שימור הקוד המוסרי שלה אותם צעדים שהיא נוקטת לשימור שלטונה ושאר מוסדותיה החיוניים.[3]

על כך חלק הל"א הארט בסדרת הרצאות שנשא ב־1962.[4] הוא לא דחה את הרעיון שהחברה צריכה עקרונות מוסר משותפים, אך לטעמו לא את כל העקרונות האלה צריך החוק האזרחי לאכוף. אדרבה, אל לו לעשות זאת, מפני שיש ערכים אחרים המתנגשים איתם, כגון החירות, הפרטיות וכיבוד מצפונו של הפרט. אין שום הליך הכרעה כללי, תקף בכל הזמנים ובכל הנסיבות, המאפשר להבחין בין התחומים שבהם ראוי להגביל את ההתנהגות בחקיקה לבין אלה שבהם יש להותירה בידי האמונה האישית ובחירתו של היחיד. משום כך, ככלל, דוגל הארט בהשקפה שהציג כמאה שנים קודם לכן ג'ון סטיוארט מיל במסתו 'על החירות' – "שהתכלית היחידה אשר לשמה מותר בדין להשתמש בכוח כפייה כלפי איש הנמנה עם חברה תרבותית היא מניעת נזק לאחרים. טובתו שלו, בין הגשמית ובין הרוחנית, אין בה משום היתר מספיק".[5]

מוסריות

ידו של הארט הייתה על העליונה, ותפיסתו של מיל – ראיית החירות כחופש מ־ ולא כחופש ל־, כניסוחו של ישעיה ברלין – התבססה במערב כהבנה הבלעדית וההכרחית של רעיון החירות, וכעקרון היסוד של הדמוקרטיות הליברליות. מה שנחשב ב־1859 רדיקלי כמעט עד כדי חשש לדבר עליו בציבור נתפס ב־1962 כהיגיון פשוט ומובן מאליו.

אלא שרוב התיאוריות של המוסר והחברה סובלות מבעיה אחת: גורם הזמן. הוויכוח בין הלורד דוולין והפרופסור הארט בתפר שבין שנות החמישים והשישים נראה פשוט יחסית. הארט טען שהחברה לא תתפרק אם יותרו דברים שהיו עד אז אסורים, ודוולין סבר שכן. ההנחה הטבעית היא שבמחלוקת כגון זו, עמדה אחת תתגלה כנכונה והשנייה כשגויה. אך יש אפשרות שלישית: שהארט ודוולין צדקו שניהם, אך כל אחד מהם חשב במחזורי זמן אחרים.

הארט היה אקדמאי באוקספורד, ואילו דוולין שופט בריטי בכיר. הארט הכיר רעיונות. דוולין ראה אנשים. הוא ידע מניסיונו האישי שרעיונות שנשמעו נכונים בדור אחד עלולים היו, בכל זאת, להוליד עבריינים צעירים בדור הבא. הארט **חשב** על התוצאות; דוולין **ראה** אותן. אני חושד שדוולין, שהיה בעל חוש היסטורי חזק, פשוט חשב לטווח ארוך יותר מהארט.

הנהרה לרעיון זה הגיעה, כעבור עשור שנים, מתחום שלמראית עין אין לו כל קשר לענייננו. בישיבה ה־139 של האגודה האמריקנית לקידום המדע, ב־1972, נוסח לראשונה רעיון מדעי משנה פרדיגמה: תורת הכאוס, העיקרון שעל פיו משק כנפיו של פרפר בברזיל יכול לגרום לטורנדו בטקסס.

בבסיס תורת הכאוס נמצאת ההנחה כי מערכות מורכבות (כגון מזג האוויר, בדוגמה הנזכרת – והחברה האנושית על אחת כמה וכמה) הן במהותן בלתי־ניתנות לחיזוי. הדבר נשמע אולי טריוויאלי, אך אין הוא כזה. הוא מפריך אחת מן התיאוריות המפורסמות ביותר של הנאורות במדע: עיקרון לַפְּלָס, שפורסם ב־1814, בדבר הסיבתיות או הדטרמיניזם המדעי. כך אמר אז לפלס:

אנו רשאים לראות את מצבו הנוכחי של היקום כתוצאה של עברו וכסיבה לעתידו. שֵׂכֶל היודע ברגע מסוים מהם כל הכוחות היוצרים תנועה בטבע, ומה מצבם של כל הפריטים שהטבע מורכב מהם – שכל זה, אם הוא גם עצום דיו לנתח את כל הנתונים שברשותו, יכול להקיף בנוסחה יחידה את תנועותיהם של כל הגופים ביקום, מגדולים שבגדולים ועד אטומים בודדים. לשכל כזה, שום דבר לא יהיה לא־ודאי, והעתיד והעבר כאחד יהיו פרוסים במלואם לנגד עיניו.

בקיצור: אמור לי הכול על אודות עכשיו, ואומר לך, בוודאות מוחלטת, מה עתיד לקרות בעוד מאה שנים או אלף. כעבור כמה חודשים הלך לפלס לנפוליאון והציג בפניו את התיאוריה שלו. נפוליאון שאל אותו, "אמור לי, איפה א־לוהים בתיאוריה שלך?". לפלס השיב במילים שמדענים ואתיאיסטים מצטטים מאז ועד היום כהוכחה לניצחונם על הדת האי־רציונלית: Je n'avais pas besoin de cette hypothèse, "אינני זקוק להשערה הזאת". לשון אחרת: האמונות הטפלות, כגון הדת, כבר מאחורינו. המדע יגלה לנו את כל מה שעלינו לדעת. על סמך נתונים מספיקים אנו יכולים לחזות את העתיד בדיוק מלא ובוודאות מוחלטת. תורת הכאוס אומרת לנו שאין הדבר כן. מערכות מורכבות הן בלתי־ניתנות לחיזוי. התיאוריה של לפלס התגלתה כהיבריס רציונליסטי, יומרת שווא גאיונה: בטוחה בעצמה – ושגויה.

יש לזאת גם השלכות מוסריות. העיקרון המוסרי הידוע ביותר והמצוטט ביותר בתקופה המודרנית הוא אולי עקרון התועלתנות של ג'רמי בנתם: פעל כדי להפיק את התוצאות הטובות ביותר: את מרב האושר למרב האנשים. אך עיקרון זה שנוי במחלוקת, והוא עורר שאלות רבות. האם כל צורות האושר נחשבות באותה מידה? האפשר לכמת את האושר? איך מאזנים בין אושרו של רוב לזכויותיו של מיעוט? ועוד ועוד. אבל אחת השאלות היסודיות ביותר היא זו שמעלה הבדיחה שלנו: שאלת הזמן. **לכמה זמן** אנחנו אחראים לתוצאות

מוסריות

המעשים שלנו? האם רק לתוצאות המיידיות, או גם לאלו הרחוקות? האם רק לאלו שהתכוונו להן, או גם לתוצאות בלתי-מכוונות? האם רק לאלו שיכולנו לחזות, או לכולן?

ובכל מקרה, איך אפשר לזהות במערכת מורכבת כמו החברה האנושית את השלכותיה של תופעה קודמת? איך יודעים מה היה קורה אלמלא היא?

כמה ארוכת טווח צריכה החשיבה שלנו להיות?

למה שנרצה חתן שאין לו כסף אפילו לקנות שעון?

איך משקללים את ממד הזמן כשבוחנים סוגיות מוסריות? תורת הכאוס מלמדת אותנו שכל מערכת מורכבת היא בלתי-ניתנת לחיזוי; והאנושות היא בוודאי מערכת מורכבת. קרל פופר לימדנו כי "הגורם האנושי הוא-הוא היסוד בחיים החברתיים ובכל המוסדות החברתיים שהוא לגמרי בלתי צפוי וגחמני".[6] אף פעם איננו יכולים לדעת איך יגיבו אנשים לאירוע נתון, או איך יגיבו אחרים לתגובה זו. לכן, בלב-ליבה של התועלתנות יש בעיה: אין לנו שום דרך לדעת את ההשלכות ארוכות הטווח של כל החלטה שהיא, ובפרט כאשר מושפעים ממנה אנשים רבים.

ההוגה השמרני-ליברלי פרידריך פון-האייק גרס כי הדרך היחידה לתכנן לקראת העתיד היא ללמוד מהעבר. בספרו האחרון, 'יומרה קטלנית', טען טענה חשובה מאוד: כדי שהשוק החופשי ו"הסדר המורחב" שלו יופיעו, מוכרח להתקיים סוג מסוים של מוסר.[7] לאורך אלפים רבים של שנים חיו בני האדם בחבורות קטנות של ציידים-לקטים, ובתקופה זאת, הפרה-היסטוריה הארוכה של ההומו-ספיינס, נוצרו האינסטינקטים שלנו. הללו, דחפים של סולידריות ושל זולתנות, אפשרו לקדמונינו לחיות יחד בקבוצות צפופות-יחסים. יחידים לא יכלו לשרוד מחוץ לקבוצות אלו לאורך ימים.

אך כאשר עברה האנושות מהקבוצה הקטנה או השבט להתלכדויות גדולות ופתוחות יותר, המאפשרות ארגון חברתי וכלכלי מורכב, נדרש שינוי עמוק באופן שאנשים מתייחסים בו זה לזה. האינסטינקטים כבר לא הספיקו להסדרת היחסים הבין-אישיים. נדרשו חוקים העוסקים

בקניין הפרטי, באמות המידה של היושר, בחוזים, בחליפין וכן הלאה. אופן היווצרותם של חוקים אלה אינו חשוב לענייננו. החשוב לנו כאן הוא לדעת שהם הופיעו ונפוצו. הקבוצות שדבקו בחוקים שלהן הצליחו לגדול ולהתפשט יותר מאחרות. אל תשאלו מה אנשים התכוונו שֶיקרה, אמר האייק; שאלו מה קרה למעשה.

החוקים החברתיים שלנו דורשים לא פעם מאנשים להתנהג שלא על פי האינסטינקטים שלהם. לכן, אין די בהכרת החוקים ואי־אפשר לסמוך על נטיות הלב: את כללי ההתנהגות יש לרכוש בתרגול מעשי. החינוך המוסרי נעשה לעניין של חיקוי, של לימוד דרך הרגליים והידיים, של הנחלת המסורת באמצעות ההרגלה. המוסר עצמו מורכב בחלקו הגדול מצוּוי לא־תעשה: איסורים המהווים גבולות, מסגרות לתחום שבתוכו אפשר להכיל את הפעולה האנושית החופשית ולהנחות אותה, כשם שגדות נהר מכילות את זרם המים ומנחות את כיוונו. סוג זה של מוסר אפשר את מעברה של האנושות מחברוֹת שבטיוֹת לציוויליזציות, שבהן יכלו התאגדויות גדלות והולכות של יחידים ושל קבוצות לפתח תחומי התמחות ועניין שונים ובה בעת למלא את צורכיהם באמצעות התהליך השלו יחסית של סחר וחליפין.

כך היה בעבר. אך האייק לא התפתה לראות את החברה החופשית כמובנת מאליה. הוא סבר שהיא חשופה לשתי סכנות עיקריות. מצד אחד, הסכנה המתמדת לסגת אל סולידריות קבוצתית פרימיטיבית, שצילה הצמוד אליה הוא שנאת הזרים. מנגד נמצא קולה המפתה של אותה "יומרה קטלנית" של התבונה, המטעה אותנו לחשוב כי באמצעות כוונה מודעת ותכנון מחושב נוכל לשפר את המוסר שהוריש לנו העבר ולעצב את מוסדות החברה מחדש. זאת הייתה, לדעתו, השגיאה המהותית לא רק של הסוציאליזם אלא גם של ליברלים כמו ג'ון סטיוארט מיל, שסברו כי מגבלות המוסר המסורתיות הן ברובן מיותרות, מטען עודף שאנו סוחבים מעידן של דעות קדומות.

הדבר גרם להאייק להרהר בתפקידה של הדת בשימור מסורות המוסר, אף על פי שהוא עצמו היה, על פי עדותו, אגנוסטיקן. אנחנו חבים לדתות, כתב, את העובדה שמסורות המיטיבות עם האוחזים בהן

"שומרו והועברו לאורך זמן מספיק כדי לאפשר לקבוצות המאמצות אותן לצמוח, וליהנות מהזדמנות להתפשט באמצעות ברירה טבעית או תרבותית".[8]

תכונה חשובה של הדת, לדידו של האייק, היא הענווה, ואפילו יראה, שהיא רוחשת כלפי מוסדות המוסר הגדולים שבלעדיהן לא היה מתפתח 'הסדר המורחב' שלנו. היא מגינה מפני מה שהוא מכנה "האשליה הרציונליסטית שהאדם, מכוח האינטליגנציה שלו, המציא מוסר שהעניק לו כוח להשיג יותר משאי פעם היה יכול לחזות".[9] הדת רואה את המוסר כמתת ידו של הא־ל. האייק ראה אותו כתוצר של כוחות אבולוציוניים. אך המשותף לשתי תפיסות אלו הוא התנגדות חריפה ועקרונית למחשבה שאנחנו, כיחידים או במשותף, יכולים להמציא מערכת מוסר משופרת בכוח תבונתנו לבדו וכך לְמָרֵב את האושר או דבר טוב אחר. חוק התוצאות הלא־מכוונות יביס תמיד את הטובות בכוונותינו.

שעה שמבקשים לחולל שינוי חברתי גדול, ראוי אפוא, לאור טיעונו זה של האייק, להקשיב לקול האומר (בין אם האייק עצמו היה מנסח זאת כך ובין אם לא): חִשבו למרחקים ארוכים. לִמדו מההיסטוריה. בדקו מה הצליח בעבר ומה נכשל. אל תשלו את עצמכם שאתם יכולים לחזות את העתיד ולשלוט בו. אתם עלולים להתניע תהליכים שיגרמו נזק רב, ודבר זה לא יתגלה מייד. תשמעו אנשים הטוענים מתוך ודאות גמורה שצעד מסוים הוא בטוח, ויעברו שנים ואף עשורים עד שהסכנה תתברר. לכך כיוון האייק בדברו על היומרה הקטלנית. בשל היומרה הזאת, אנשים טובים מקבלים החלטות רעות.

מצוקותיה של המאה ה־21, שאנו חוזים בהן היום, לא התחוללו מייד עם התמורות של שנות השישים. שני דורות עברו עד שהן צצו. דוגמה מוחשית לכך היא נושא הסמים.

* * *

התאריך: 25 בינואר 2019. סרט מושק בלונדון. 'ילד יפה' הוא סיפורו צורב הלב של אב שבנו התמכר לסם ושל ניסיונו להציל את בנו

מחולי נפשי, מפשיעה, מאלימות וממוות בטרם עת. זהו סרט מטלטל, שייחרת בזיכרון בזכות משחקם של שני שחקניו הראשיים, הראויים לפרס האוסקר, סטיב קארֶל וטימותי שאלאמֶה. כוחו של הסרט רב גם משום שיסודו בסיפור אמיתי, הפרוס בשתי אוטוביוגרפיות, האחת של האב והאחרת של הבן: דייוויד וניק שֶף.

ניק רק בן שתים־עשרה כשאביו מגלה שהוא משתמש בקנביס. ניק מבטיח שיפסיק, אך ממשיך. קמעה־קמעה הוא מטפס בסולם החומרה של הסמים: קוקאין, קריסטל מת' והרואין. הוא נעשה מכור. שוב ושוב שׂורה עימו אביו ולוקח אותו לשיקום. שוב ושוב ניק נגמל לזמן מה, אך כשבאה לידו ההזדמנות הוא אינו עומד בפיתוי ונסוג אל ההתמכרות. צֶלם האדם המתורבת נמוג ממנו. הוא גונב מכולם, גם מאחיו הצעיר. הוא ישן ברחוב, צורך מנות יתר וכמעט מת. אבל אביו מסרב לוותר עליו, וסירוב זה מציל אותו. כתובית בסוף הסרט מספרת שניק נקי זה עשר שנים. אך הסרט אינו מרכך את המסר ואינו מנסה לרומם את הרוח. זהו סיפור מכאיב, והוא סיפורם של אנשים רבים מכפי שנדמה לנו.

זה מתחיל בקנביס, הנחשב בעיני רבים לבלתי־מזיק, ודאי לא יותר מאלכוהול או סיגריות. אך מתברר שאין הדבר כן. אף כי הוויכוח בנושא מוסיף להתנהל, יש ראיות מובהקות לכך שהקנביס הוא סם מעבָר. במחקר אחד נמצא שהמכורים לו הם בעלי סבירות גבוהה פי שלושה מאחרים להתמכר להרואין.[10] מחקר אחר הראה כי משתמשי קנביס נוטים פי חמישה מאחרים לצרוך באופן מסוכן סמים אופיאטיים כעבור שלוש שנים.[11]

אלכס ברנסון, סופר זוכה פרסים ולשעבר עיתונאי בניו־יורק טיימס, פרסם בפברואר 2019 ספר ושמו 'סַפרו לילדיכם: האמת על מריחואנה, מחלות נפש ואלימות'. האזהרה שהוא משמיע שם אינה משתמעת לשתי פנים. במקביל לכך שהשימוש בקנביס נעשה מקובל בחברה – ובכמה מדינות בארה"ב אף נעשה חוקי – מתרבּוֹת העדויות הברורות לקשר בין צריכת הסם לבין מחלות נפש ופשיעה אלימה.

שיעורי הפסיכוזה בקרב צעירים בארה"ב הוכפלו בין השנים 2008 ו־2017. במהלך תקופה דומה, מ־2006 עד 2017, מספר האמריקנים המשתמשים בקנביס מדי יום עלה במהירות, מ־3 מיליונים ל־8. הראיות הרפואיות אינן מוחלטות, אך הן נותנות כיוון. סוג הקנביס הנמצא בשימוש כיום חזק הרבה יותר מזה שרווח בשנות השבעים. שיעור החומר הפעיל, האחראי להשפעות הפסיכולוגיות, THC, עמד אז על כשני אחוזים. כיום הוא גדול פי עשרה ויותר. מחקרים שנערכו בפינלנד ובדנמרק מצביעים על עלייה מובהקת בשיעור הפסיכוזות, המקבילה לעלייה בשימוש בקנביס. דוח של שירותי הבריאות בבריטניה משנת 2019 מעריך כי הסיכוי לחוות מקרה ראשון של פסיכוזה גבוה פי חמישה אצל אנשים המשתמשים מדי יום בקנביס בעל ריכוז רב של חומר פעיל.[12] מחקר שנערך ב־2012 בקרב יותר מ־9,000 גברים אמריקנים מצא קשר בין שימוש בקנביס לבין הכפלה של שיעורי האלימות במשפחה.[13]

לדברי ברנסון, הוא החליט לכתוב את הספר כשאשתו, פסיכיאטרית העובדת עם פושעים חולי נפש, אמרה לו שהדבר היחיד המשותף לכל מטופליה הוא שהם השתמשו במריחואנה. ובכל זאת, על פי דיווח של אליס תומסון ב'טיימס' הלונדוני, מדינת ניו־יורק הודיעה על תוכניות להתרת השימוש בקנביס לצורכי פנאי, "מתוך ציפייה מוצהרת להכנסות של 300 מיליון דולר ממיסים בשלוש השנים הראשונות".[14] אם זהו המניע, הלך־הרוח של השוק יצא מדעתו.

זה רק חלק מטרגדיה חמורה יותר. על פי ידיעה של דייוויד ברוקס ב'ניו־יורק טיימס' בשנת 2017, שני מיליון וחצי אמריקנים מכורים לאופיואידים. מספר המתים מן ההתמכרות הזאת בשנה עלה מ־8,200 בשנת 1999 ל־33,000 בשנת 2015. פירוש הדבר, הוא מעיר, הוא שבשנתיים 2015-2014 מתו מהתמכרות לאופיואידים יותר אמריקנים מכפי שנהרגו במלחמת וייטנאם כולה. המרכז לבקרת מחלות ומניעתן באטלנטה דיווח ב־2015 כי אנשים המכורים למשככי כאבים אופיואידיים, הניתנים במרשם רופא, מתמכרים להרואין בשיעור גבוה פי 40 מכלל האוכלוסייה.[15]

בבריטניה, על פי מחקר פורנזי שנעשה בקינגס קולג' בלונדון, השימוש בקוקאין הוכפל, ויותר מכך, בחמש השנים שקדמו ל־2019.[16] על פי סוכנות הפשע הלאומית, תפיסות הקוקאין שולשו בשנים האחרונות, מ־42.8 טונות ב־2013/14 ל־122.9 טונות ב־2017/18. בכירי משטרה וממשל טוענים שעלייה חדה זו משקפת הפצה גוברת של סמים, ומכאן שגם גידול במספר סוחרי הסמים והכנופיות הפועלות בבריטניה, ועלייה מקבילה באלימות הקשורה לסמים. בפברואר־מארס 2018, שיעור מעשי הרצח בלונדון היה גבוה מזה שבניו־יורק, לראשונה בהיסטוריה המתועדת. מגפת סכינאות פקדה אז את העיר, וחלק מהתקיפות נגמרו במוות. שר המשפטים דייוויד גוֹק אמר כי "האנשים שצורכים קוקאין בסעודות ערב אחראים לתדלוק האלימות ברחובות לונדון".[17] את הדברים הדהדה נציבת המשטרה העירונית קְרֶסידה דיק: "יש קבוצה שלמה של אנשים במעמד הביניים שיושבים וחושבים על ההתחממות הגלובלית, על סחר הוגן, על הגנת הסביבה ועל מזון אורגני, אבל סבורים שאין נזק בשכטה של קוקאין. אבל יש. זה יוצר אומללות".[18]

עתה ניסע בזמן לאחור אל שנת 1967. ב־26 במאי יצא לאור אלבומה של הביטלס 'מועדון הלבבות השבורים של סרג'נט פפר'. הוא היה רווי רמזי סמים. המתמצאים בתחום אולי הבחינו כבר קודם בהשפעת המריחואנה על האלבום Rubber Soul (דצמבר 1965), או בהשפעת הסמים הפסיכדליים על האלבום Revolver (אוגוסט 1966). על 'סרג'נט פפר' נחה דווקא רוח האל־אס־די. היה שם 'לוסי בשמיים עם יהלומים' של ג'ון לנון, עם "פרחי צלופן" ו"עיני קליידוסקופ". רינגו סטאר הגיע להַיי "עם קצת עזרה מחברים". ובשיר האחרון, "יום בחיים", חוזרת השורה "מתחשק לי להדליק אותך". אני זוכר את האביב ההוא אחרת, מפני שהתחלתי אז ללמוד פילוסופיה וקראתי על העימות בין הארט לדוולין.

לנון לא התעלם מסכנות הסמים הפסיכדליים: "הוא כיבה את המוח שלו במכונית". הוא אפילו רמז למעורבות של החברה הגבוהה בלונדון בשעשועי הסמים: "הם ראו פעם את הפנים שלו; אף אחד לא היה בטוח אם הוא מבית הלורדים". חברי הביטלס צרכו אמפטמינים

מאז 1960 כדי להישאר ערים בהופעות המרתוניות שלהם במועדוני הלילה בגרמניה – וב־1964 הכיר להם בוב דילן את המריחואנה. אבל אל האל־אס־די התוודעו ב־1965, בגלל רופא שיניים לונדוני שנתן ללנון ולג׳ורג׳ הריסון קוביות סוכר עם נגיעות של הסם, וסיפר להם על כך רק אחרי שבלעו אותן. לנון כעס, והחוויה הייתה מבעיתה בעיניו, ואילו בעיני הריסון היא הייתה מיסטית: ״היה שם א־לוהים, ויכולתי לראות אותו בכל גבעול עשב. זה היה כמו לצבור חוויות של מאות שנים ב־12 שעות״.[19]

איש צווארון לבן בריטי הוא שהכניס אפוא את הביטלס לעולם הסמים הפסיכדליים. ואנשי האליטה המשכילה באמריקה ובבריטניה הם שעמדו בראש החץ של עידוד ההתנסות בסמים אלה. באמריקה, בראשית שנות השישים, זה היה פרופסור מהרווארד – טימותי לירי. באנגליה הניף את הדגל ב־1954 אלדוס האקסלי בספרו ׳דלתות התודעה׳. והאיש שהניח כתר של רומנטיות על השימוש בקוקאין היה לא אחר מיקירה של אנגליה הוויקטוריאנית, סר ארתור קונן דויל – כאשר נתן לגיבורו שרלוק הולמס להזריק לעצמו תמיסת קוקאין בריכוז 7 אחוזים, בעזרת מזרק ששמר בנרתיק של קטיפה מרוקנית. היו עוד צרכני סמים בצמרת הנוצצת של אנגליה בימי המלכה ויקטוריה – הידוע מכולם הוא הסופר תומאס דה־קווינסי.

נקודת מפנה בבריטניה הייתה מאמר מערכת מפורסם של ה׳טיימס׳ הלונדוני ב־1 ביולי 1967. כותרתו, ״מִי מְעַנֶּה פַּרְפַּר מֵעַל גַּלְגַּל־שְׁבִירָה?״, לקוחה משירו של אלכסנדר פופ ׳איגרת לד״ר ארבתנוט׳ משנת 1735. המאמר התייחס למעצרם של אנשי להקת הרולינג סטונס, מיק ג׳אגר וקית׳ ריצ׳רדס, והאשמתם באחזקת סמים לא־חוקיים. המשטרה רצתה במשפט מתוקשר, כדי שהדור הצעיר ילמד שסמים אינם עניין של מה בכך. בכיריה סברו שאם לא תינקט פעולה ציבורית חריפה עלול דור שלם ליפול לתהום הזאת. אולם המאמר בטיימס טען שצריך לשחרר את ג׳אגר וריצ׳רדס, מכיוון שהם משמשים שעירים לעזאזל בסוגיה שאינה נוגעת להם, שכן הסמים שהם החזיקו אינם מזיקים.

מחבר המאמר היה עורכו החדש של העיתון היוקרתי, ויליאם ריס־מוג, שכבר היה קרוב לשיא מעמדו כהתגלמות הטוב והנעלה שבבריטניה בת הזמן. אני הייתי בן תשע־עשרה, והוא היה אחד מגיבוריי. הוא היה מומחה לכל דבר, מכלכלה עד שירה, וכל דבר שאמר נשא חותם של חוכמה וסמכות. אני זוכר את המאמר בבהירות. זה היה מהרגעים שעיצבו את שנות השישים, והדברים שהוא אמר נראו הגיוניים. אך צפו נא בסרט 'ילד יפה', או קראו את 'ספרו לילדיכם' של אלכס ברנסון, ותהיו נרעשים עד עומק נשמתכם. גם לו קם כיום סופר שכישוריו בתיאור אומללות חברתית משתווים לאלה של צ'רלס דיקנס, הוא היה מתקשה לתאר את האסון שמחולל השימוש בסמים בקרב צעירים. בריטניה וארה"ב של 2019 רחוקות מעידן מכרות הפחם ו"טחנות השטן" של המאה ה־19, אך ילדינו וצעירינו סובלים באופנים שהם אולי קשים יותר. הקנביס אינו עניין של מה בכך, ומגפת הסמים שהחלה בשנות השישים הרסה את חייהם של מאות אלפים.

זה אם כן העוקץ של הבדיחה הישנה ההיא. חשבו ארוכות, חשבו לעומק, על התוצאות העתידיות האפשריות של החלטותיכם. דברים שנראים היום לא־מזיקים עלולים להיראות במבט לאחור, בעוד חמישים שנה, כמזיקים מאוד. האמונה שאנו יכולים לחזות תוצאות עתידיות היא, כדברי האייק, יומרה קטלנית.

* * *

לאורך עשרים ושתיים שנות כהונתי כרב ראשי בבריטניה, זכיתי מדי שנה ליצור לבי־בי־סי תוכנית טלוויזיה לקראת ראש השנה העברית. הרעיון היה להעביר, ככל האפשר, מסר אוניברסלי – שכן הקהילה היהודית בבריטניה קטנה, ובכל מקרה חלק גדול מאוד מכלל הציבור שם אינו דתי כלל.

מדי שנה היה בכך אתגר. איך מתרגמים מושגים דתיים לשפה ולרגישות חילוניות בתכלית? אתגר מיוחד היה לי באחת השנים, כשרציתי להסביר לצופים את הרעיונות החשובים אך הקשים של

תשובה ושינוי התנהגותי, הנמצאים בלב האתיקה היהודית־נוצרית. איך אפשר לעשות זאת בלי מונחים וסמלים דתיים?

בסופו של דבר הבנתי שהדרך הטובה ביותר לעשות זאת היא להשתמש במושג ההתמכרות. אנחנו יודעים איזה נזק אנו עושים לעצמנו כשאנו מתמכרים לאלכוהול, לסמים או לפעילויות כגון הימורים. ובכל זאת קשה לנו מאוד להיגמל מהרגלים כאלה, הרסניים ככל שיהיו.

צריך לקרות כאן דבר הדומה מאוד לתשובה. תחילה, עליך להבין שאתה עושה את הדבר הלא־נכון. שנית, עליך להודות בכך בגלוי. שלישית, עליך לבצע שינוי התנהגות, גם אם הוא קשה מאוד. היגמלות מסמים היא הדבר הקרוב ביותר העולה בדעתי להיגמלות מהרגלים רעים ומעוונות.

לפיכך בחרתי לבלות יום עם קבוצה של מכורים להרואין בני שמונה־עשרה. זו הייתה חוויה דוקרת. רובם באו מבתים הרוסים וממשפחות מתעללות. לא הייתה להם הזדמנות חיים הוגנת, וליבי יצא אליהם. לו הייתי במצבם, אינני בטוח שהיה לי הכוח שלא ליפול לאיזו שְׁאוֹל שִׁכחה של אלכוהול או סם.

מנהלת מרכז הגמילה הייתה אישה צעירה מרשימה, שנראתה כמי שבכוחה לעורר שינוי התנהגותי אצל הבחורים הפצועים והיקרים הללו. שאלתי אותה, פשוט, "מה הדבר הזה שאת נותנת להם, שנותן להם את הכוח לשנות?". את תשובתה לא אשכח. "אנחנו האנשים הראשונים שהם פוגשים בחייהם שנותנים להם אהבה ללא תנאים", היא התחילה. לזה ציפיתי. הרי אהבה ללא תנאים היא לב האמונה – האמונה הדתית, וגם האמונה באדם. המשפט הבא שלה הוא שהמם אותי. "אנחנו האנשים הראשונים שהם פוגשים בחייהם שאכפת להם מספיק כדי לומר להם לא". רעד עבר במורד עמוד השדרה שלי. לפעמים, גורלו של אדם תלוי ביכולת לומר את המילה "לא" ולשמוע אותה.

עברו שנים, ולנוכח ההתפשטות האדירה של השימוש בסמים, לרפואה ולרעה, ושל ההתמכרות להם בקרב מיליוני צעירים במערב,

אני חושב על החיים הרבים שהיו ניצָלים לו נמצאו להם דמויות של סמכות והשפעה שהיה אכפת להן מספיק כדי לומר בתוקף ״לא״.

* * *

חמישים שנה עברו מהעלאתם של הסמים על נס בתרבות שנות השישים עד שהבעיה נעשתה למגפה עולמית בממדיה הנוכחיים. פרק זמן דומה עבר מרגע שעורערו המשפחה והקהילה עד שהיקף הבעיות החברתיות שהדבר יצר הגיע להיקף שאנו מתמודדים עימו כיום. האם ישנם דברים הקורים עכשיו, ואשר את תוצאותיהם החמורות נגלה בעוד חמישים שנה? יש כמה נושאים כאלה, וכל אחד מהם רחב מכדי שנוכל לעסוק בו כאן כראוי. אזכיר אחד מהם, וגם זאת בקיצור נמרץ: שינוי האקלים, שהוא האתגר המובהק ביותר של תקופתנו. בעוד חמישים שנה נביט לאחור ונתפלא מדוע לא נקטנו היום פעולה החלטית. עיקרון האייק חל גם פה. כדי לקבל מושג על העתיד יש להביט אחורה, לא קדימה. יש לנו די ראיות להרס סביבתי קשה כמעט בכל מקום שבו הציבו בני אדם את כפות רגליהם. פוטנציאל הנזק עצום בהיקפו ובמגוון סוגיו, וחלק גדול ממנו יהיה בלתי־הפיך משיתממש.

אם לא נטפל בעניין בהווה, נוריש לדורות העתיד כדור־ארץ עם טמפרטורות נוסקות, דפוסי מזג אוויר קיצוניים, תקופות בצורת ארוכות וקשות, אוקיינוסים חמים מכפי שהם כיום, סופות טרופיות עזות מן המוכר לנו, קרחונים נמסים בים וביבשה, מפלס ים גבוה, יַמים מזוהמי פלסטיק, ערים מזוהמות אוויר, אזורי חוף נמוכים שסכנה לגור בהם, והכחדת מיני בעלי חיים וצמחים בהיקף כמעט חסר תקדים.

חוקר הטבע דייוויד אטנבורו, בעדות בפני הפרלמנט הבריטי ב־9 ביולי 2019, קרא לחולל ביחסנו כלפי הסביבה הטבעית תמורה דומה לזו שחלה במאה ה־19 ביחס לעבדות. היו ימים שהעבדות נחשבה נורמלית – והנה היא נהפכה לבלתי־קבילה. כך, אמר, צריך להיות גם באשר להשחתת הסביבה בידי האדם.[20]

בהקשר של דיוננו, שינוי האקלים הוא דוגמה מובהקת לחולשתה

הגורלית של התרבות מוכוונת ה"אני", שבה השוק והמדינה הן הסמכויות המוכרות היחידות. השוק מתמקד בעיקרו ברווח לטווח הקצר, לא באחריות לטווח ארוך. יש פתרונות מבוססי שוק לבעיות הסביבה, אבל הם כרוכים בהתערבות ממשלתית. נדיר שהשוק מגיע אליהם בכליו שלו בלבד.

אשר למדינה, גם כיוון זה מוגבל בדרך כלל, הפעם בגלל אופק הזמן של הממשלה, הלוא הוא הבחירות הבאות, שמעבר לו אין היא רואה דבר. הממשלות חוששות להשית על קהל המצביעים מחיר גבוה תמורת רווחתם של בני העתיד הרחוק.

ואשר לפרט בעל האינטרס האישי: איזו אחריות אני חש כלפי עתיד רחוק שממילא לא אחיה בו? כל השלושה – השוק, המדינה והפרט – פועלים על בסיס רציונליות מקומית, שקשה לתרגם אליה את האחריות הסביבתית הגלובלית. דומני שזו הסיבה לכך שלמרות כל הידוע לנו על שלל האסונות הסביבתיים המתרגשים עלינו מאז שנות השישים, עדיין לא אימצנו מדיניות חמורה דיה לבלימת ההאצה בהתחממות הגלובלית ושאר תסמיני שינוי האקלים.

מכאן חשיבותו היסודית של ממד ה"אנחנו" בחשיבה המוסרית, "אנחנו" המתפשט בזמן ובמרחב. אני אחראי לטובתם של אחרים, גם אלה שיבואו אחריי. אני, בין יתר הדברים, שומר על העתיד למען הדורות שטרם נולדו. על כן, מבחינה מוסרית, אל לי לפעול בדרכים שיתגמלו אותי כאן ועכשיו אם דורות העתיד יצטרכו לשלם את המחיר.

מסביר זאת יפה רוב וילֶר מאוניברסיטת סטנפורד. אנשים, כתב, מסתייגים בדרך כלל מצעדים פוליטיים כואבים, גם למען מטרות מועילות; "אבל הם חושבים בצורה אחרת כאשר הם מעורבים בנושא באופן מוסרי. במקרים אלה הם נכונים יותר לערוך ניתוח עלות-תועלת מפוכח, ולפעול מתוך הכרה שזה הדבר שצריך לעשות."[21] המוסר משנה את דרך המחשבה שלנו על בעיות ועל פתרונן. הוא מרומם אותנו מהאינטרס האישי אל ההתבוננות בטוב המשותף, ומהתמקדות צרה ברווח המיידי אל אופקים רחוקים יותר. אנחנו זקוקים ליכולת לחשוב כך, בגוף ראשון רבים ובלשון עתיד מרחיקת לכת, כדי להתגבר

על קוצר הרואי הגורם לאנשים לחשוב שאפשר להתעלם מהמוסר בלי לשלם מחיר עצום.

המסע הארוך מה"אנחנו" אל ה"אני", מקוד מוסרי משותף אל "המוסר הוא מה שאני בוחר להיות", אולי נראה בשנות השישים הגיוני. הארט ניצח, דוולין הפסיד. זאת היסטוריה ואיננו יכולים לשנותה עכשיו. אבל אנחנו חיים עם התוצאות, וחלקן עגומות מאוד: התמכרות לסמים, שווקים שהמוסר הוסר מהם, הפיכת האושר למוצר צריכה, התפוררות המשפחה, ועוד תופעות שנפגוש בפרקים הבאים. דַּבָּרֶיהָ של התקופה – פילוסופים, משפטנים ואנשי מוסר – לא הביאו בחשבון את חוק התוצאות הלא־מכוונות. הדברים לעולם אינם קורים בדרך שחשבנו שיקרו. המחשבה במערב היא תכופות קצרת רואי. אפשר אף לומר: עיוורת זמנים.

נדרש אומץ מוסרי לומר "לא" לדברים שבהווה הם מפתים אך לטווח הארוך הם הרסניים: סמים, מוצרי פלסטיק זולים, מכוניות לכול, ושאר הצורות שבהן אנו מתענגים בהווה על חשבון עתיד ילדינו. עלינו להקצות בחיינו מקום לצבור בו את החוכמה המשותפת על הטוב המשותף, ולהיות נכונים להקריב משהו מרווחתנו למען צורכיהם החיוניים של הדורות שיבואו.

חלק שלישי

העודנו יכולים לחשוב ביחד?

פרק יא
פוסט־אמת

באפריל 2007 החלה הודעת דוא"ל להתגלגל ברשת האינטרנט, ועד מהרה נפוצה בכל העולם דובר האנגלית ואף מעבר לו. נאמר בה כי "השבוע הסירה בריטניה את נושא השואה מתוכנית הלימודים בבתי הספר מפני שהוא 'מעליב' את האוכלוסייה המוסלמית, הטוענת שזו המצאה". הוסבר בה כי "זהו אות מבשר רעות לפחד המשתרר בעולם ולקלות שבה מדינות נכנעות לו". הכחשת השואה, רמזה ההודעה, נמצאת בעלייה והשיגה ניצחון היסטורי בבריטניה. חשוב, נאמר שם עוד, ליידע אחרים במה שקרה, ועל כן המקבלים מתבקשים להעביר הלאה, עד שההודעה תגיע ל-40 מיליון קוראים.

הסיפור היה כוזב. גרגיר האמת היחיד בו היה דיווח כי בית ספר אחד מבין רבבות בתי הספר בבריטניה אינו מלמד על השואה, מסיבה שאינה זו שנמסרה בהודעה. קרן הוראת השואה בבריטניה פרסמה הכחשה ברגע שנודע לה על הדוא"ל, אך היא לא הייתה ויראלית כמו ההודעה הכוזבת שהיא ביקשה לתקן. הפחד היה מידבק כל כך, שהוא הוליד סיפור כוזב חדש. מישהו פירש את ראשי התיבות UK, הממלכה המאוחדת (בריטניה), כראשי התיבות של אוניברסיטת קנטקי, ועתה

מוסריות

נפוצה ההודעה שאוניברסיטה זו הסירה את לימודי השואה מתוכניות הלימודים שלה. היא נאלצה לפרסם הכחשה.

ההודעה הראשונית נָפוצה מאוד בקרב יהודים אמריקנים, ורבים מהם קיבלו אותה פעמים רבות. הרושם שהותירה היה כה חזק, שהליגה נגד השמצה ביקשה ממני לצאת למסע הרצאות בארה״ב רק כדי לשכנע את היהודים שם כי בריטניה אינה נכנעת לאנטישמיות בסגנון שנות השלושים או לרדיקליזם האסלאמי. אינני יודע עד כמה הצלחתי. הפחד היה כה רב, שגם לאחר שהוכחתי לאנשים שהאמת אחרת חשדם לא התפוגג. במסע ההוא גיליתי כי המימרה הישנה ״השקר מספיק להקיף את העולם כשהאמת עוד שורכת את נעליה״ – קיבלה משנה תוקף בעידן האינטרנט.

מילון אוקספורד הודיע ב־2016 כי ׳פוסט־אמת׳ היא ״מילת השנה״ שלו. שם תואר זה הוגדר כמציין ״נסיבות שבהן עובדות אובייקטיביות מעצבות את דעת הקהל פחות מפניות אל הרגש ואל האמונה האישית״. ב־2017 הופיעו שלושה ספרים שונים שכותרתם ״פוסט־אמת״, מאת שלושה עיתונאים בריטים: ג׳יימס בּוֹל, מתיו ד׳אנקונה ואוואן דייוויס.[1] הדבר מעיד אולי על חוסר יצירתיות במתן שמות לספרים, אך ודאי הוא מלמד גם על עומק חדירתו של הרעיון כתופעה בולטת בזמננו. ד׳אנקונה ציין בספרו שהמונח עצמו הופיע עוד ב־1992 במסה מאת המחזאי סטיב טֶזיך בכתב העת ׳ד׳ה ניישן׳. טזיך כתב על פרשת איראנגייט ועל אירועים נוספים שבהם הציבור הולֵך שולל, וטען כי ״אנו, כאנשים חופשיים, החלטנו בחופשיות שרצוננו לחיות באיזה עולם של פוסט־אמת״.[2] אבל השימוש במונח האמיר ב־2016, סביב הבחירות לנשיאות ארה״ב והמשאל על הברקזיט בבריטניה.

שני מסעי הבחירות הללו התאפיינו בשימוש נרחב בתקשורת החברתית לשם השפעה על דעת הקהל, לצד שלל טענות ומענות בדבר הטעיה במקרה הטוב ושקרים ישירים במקרה הטוב פחות. סביב משאל הברקזיט נשמעו אמירות מטעות מאוד, ומהן נודעה לשמצה במיוחד הטענה כי בריטניה תחסוך מדי שבוע 350 מיליון לירות שטרלינג,

עלות חברותה באיחוד האירופי, ותוכל להפנות אותן לשירותי בריאות. השנים שעברו מאז הבהירו היטב כי אנשי הקמפיין של שני הצדדים ידעו מעט מאוד על התוצאות העתידיות של הצעד. גם בעת ששורות אלו נכתבות התוצאות אינן ברורות. באמריקה, הבחירות לנשיאות התאפיינו בהאשמות פרועות שהקשר בינן לבין האמת היה, איך לומר, גמיש משהו.[3]

באורח בולט אף יותר, חברות התקשורת החברתית, ופייסבוק בפרט, ערכו מניפולציה אפלה במה שאמור להיות פרטי ומוגן. בשערוריית "קיימברידג' אנליטיקה", נתוניהם האישיים של 87 מיליון איש, מהם 70 מיליון בארה"ב, נשלפו ונוצלו לשימוש פוליטי בלי ידיעה או הסכמה. כיום ידוע לנו כי הייתה גם מעורבות רוסית בשתי מערכות הבחירות הנזכרות, כנראה במטרה לערער את יציבות הפוליטיקה במערב. בבחירות בארה"ב, 'הסוכנות הרוסית למחקר באינטרנט', ארגון המעסיק בסנט־פטרסבורג יותר מאלף עובדים הפועלים בזהויות שאולות, החדירה מידע מתסיס אל יותר מ־126 מיליון משתמשי פייסבוק ו־20 מיליון משתמשי אינסטגרם.[4] הדבר מבשר רעות לעתיד הדמוקרטיה.

על היקף הבעיה מעידים שני דוחות אמריקניים מהעת האחרונה. סקר של מכון ברוקינגס העלה כי 57 אחוז מהנשאלים נחשפו לחדשות כזב במהלך קמפיין בחירות אמצע הקדנציה ב־2018. 19 אחוז סברו שלמידע זה הייתה השפעה על הצבעתם. 42 אחוז גרסו כי בשנה ההיא היו יותר חדשות כזב מאשר ב־2016.[5] מחקר של מכון פיו משנת 2019 חשף את עומק הדאגה שהתופעה מעוררת בציבור. רוב האמריקנים סבורים עתה שחדשות הכזב הן איום בסדר גודל לאומי, החמור יותר מאיומי הטרור, ההגירה הבלתי־חוקית, הגזענות והסקסיזם. כמעט שבעה מכל עשרה אומרים שהדבר פוגע באמון בין אנשים. 56 אחוז סבורים שהבעיה תחריף בחמש השנים הבאות, ורק אחד מעשרה חושב שהניסיונות להפחיתה ינחלו הצלחה.[6]

הלורד הול, מנכ"ל הבי־בי־סי, הזהיר בדברים שנשא בלונדון ב־2019 כי העולם עומד בפני "המתקפה הגדולה ביותר על האמת

מאז שנות השלושים". הוא השווה את תפוצת חדשות הכזב לתעמולה הנאצית לקראת מלחמת העולם השנייה, ואמר ש"מתקפה על האמת היא מתקפה על הדמוקרטיה".[7]

בפרקים הקודמים תיארתי את תוצאותיה של מהפכה מוסרית שמקורותיה עוד בימי הרפורמציה. מהפכה זו הוקצנה במאה ה־19 והייתה למציאות משותפת, ציבורית, מובנת מאליה, בשנות השישים של המאה ה־20. בפרקים הבאים אני רוצה להתבונן בתופעות נוספות, שההיסטוריה שלהן קצרה יותר ואשר הולדתן כרוכה בהתפתחויות בטכנולוגיית המידע והתקשורת. מה קורה לאמת כאשר עיקר המידע שברשותנו מגיע לא מספרים ומעיתונים אלא מהרשתות החברתיות? ומדוע בעצם אנו צריכים לדאוג לאמת?

עימות בין האמת לבין הכוח מתקיים כמעט מהולדת התרבות. תמיד יש פער בין העובדות לאשורן לבין מה שבעלי הכוח רוצים שאנשים יחשבו שהוא עובדה. ההיסטוריה העתיקה מספקת דוגמה חדה: הדיווחים המצריים על ניצחונו של רעמסס השני על החיתים בקרב קָדֵשׁ, בשנת 1274 לפני הספירה. מתברר כי ישנו תיעוד חלופי מן התקופה ההיא, ועל פיו השליט המצרי נפל במלכודת שטמנו לו החיתים: הם שלחו אחד משלהם, שהתחזה לעריק, לספֵּר לרעמסס שהחיתים ברחו מהעיר. על סמך הידיעה המשמחת נע פרעה עם צבאו ונפל כפרי בשל אל תוך מארב חיתי. הכוח המצרי המבולבל והמתוחבל הצליח לשרוד רק בזכות תגבורת שהגיעה ברגע האחרון.

בקרב עצמו לא הושגה הכרעה, ורעמסס נסוג. אלא שבמקדשים במצרים תועד הסיפור שלו על האירועים, כאילו נחל ניצחון כביר. אומרים שאת ההיסטוריה כותבים המנצחים; כאן היו הכותבים למנצחים בעיני ההיסטוריה אף שלא ניצחו כלל. מי שיכול להשפיע על הסיפור שיספרו בני העתיד משתדל שבסיפור הזה הגיבור יהיה הוא.

דבר דומה להפליא כתב ג'ורג' אורוול ב־1942 על התעמולה הפשיסטית במלחמת האזרחים בספרד: "סוג דברים זה מבהיל אותי, כי הוא נותן לי תכופות את ההרגשה כי עצם המושג אמת אובייקטיבית מתנדף מהעולם. הרי לשקרים הללו, או לדומיהם, יש מרב הסיכויים

להיכנס להיסטוריה... וכך, מכל בחינה מעשית, השקר יהפוך לאמת".[8] הכוח שואף לכפות על תודעת הבריות את פרשנותו שלו לאירועים ולעולם כולו; זו גם האימה המנשבת בין דפי הרומן של אורוול '1984'.

ובכל זאת, לרוב אורך ההיסטוריה של המערב התקיים גם מהלך נגד, רגלו האחת בדת והאחרת בפילוסופיה, שהוקיר את האמת כערך בפני עצמו. עיקרון שקבע כי את האמת אסור להטות, לעוות, לסלף או לחלק למען מטרות אחרות. נביאי ישראל דיברו אמת באוזני השררה. הברית החדשה מכריזה שהאמת משחררת. הפילוסופים, בהשראת סוקרטס, הקדישו את חייהם לחיפוש האמת (אף כי בחיבורו 'הרפובליקה' פיתח אפלטון את מושג השקר האציל, הנאמר לצרכים פוליטיים). היכן שיש מרחב מוסרי איתן, חופשי מהמרדף אחר העושר והכוח, בלתי־תלוי בשוק ובמדינה, יש לאמת סיכוי לצאת ללא פגע מהמתקפות המתנהלות נגדה מזמן לזמן. במרחבים אלה, אמירת שקר היא אות קלון, בין אם אתה מדען, איש עסקים או פוליטיקאי – ואילו מוניטין כדובר אמת הם עדות אופי חיונית.

עולם של אמת הוא עולם של אמון, ולהפך. יש בו משהו גדול יותר מיחידים המבקשים את טובת עצמם. האמת היא בו המקבילה הרוחנית למרחב הציבורי שכולנו חולקים, עם כל הבדלי הטעמים והנטיות שלנו. רק כאשר פיתח המדע דרכים לבחינת אמיתותן של השערות, בניסויים ובבחינת ראיות, נעשה הידע ליותר מאשר דעה, והתאפשרה התקדמות ממשית בזירת האמת. בדרך כלל, היכן שיש יושר – אמת ואמונים – ישנם חוק וסדר ושגשוג. כבוד לאמת חיוני לקיומם של סמכות, של מאמץ משותף ושל נועם בין אדם לחברו. אבל לשם כך דרושה ענווה. עליי להיות מסוגל להכיר בכך שעובדות מסוימות הן אמת אף שאינן מתיישבות בקלות עם האמונות שלי. עליי להודות שיש דבר מה גדול ממני.

התכווצות הזירה המוסרית בשנים האחרונות, והמעבר שאירע בהן מ"אנחנו" ל"אני", חברו להתפתחויות המפליגות שאירעו באותו זמן בטכנולוגיות התקשורת – וְחָברוּ לְהָרַע. את מעמדה הציבורי המכובד של האמת החליפו רעשי המדיה החברתית והיעדרה של

בקרת איכות כלשהי על האינטרנט. עוד ב־1995, לפני היות גוגל, כתב העיתונאי ג'ון דיאמונד כי הבעיה האמיתית באינטרנט היא שאין בו "שום דרך ממשית להבחין בין אמת לשקרים".[9] אפשר למצוא שם מידע מכל סוג: אמיתי וכוזב, מדויק ומסולף, מבוסס מחקר ובדוי, מאוזן ומוטה. ואין דרך יעילה לומר מהו מה. כאשר נכנסת לזירה זו גם הפוליטיקה, ואת מקומו של השכנוע תופס בה השיווק, מרכז הכובד שלה עובר בהדרגה מעובדות, מדיניות ודיון רציונלי לרגשות ולהפעלת אנשים באמצעות תחושות הבטן שלהם.

וכך, אף כי תמיד היו בעולם עובדות אלטרנטיביות, חדשות כזב ופוסט־אמת, אמצעי התקשורת החדשים הצמיחו לתופעות אלו כנפיים והזניקו את מהירות הפצתם ואת היקפה. האינטרנט, יוטיוב והמדיה החברתית נגישים לכול, ומי שחפץ להפריח שמועות ולהפיץ טענות לא בדוקות יכול לעשות זאת בקלות וביעילות חסרות תקדים. לעיתונות האיכות יש עקרונות אתיקה פנימיים משלה. "הבעת הדעה חופשית, אבל העובדות קדושות", אמר ב־1921 צ' פ' סקוט, איש ה'מנצ'סטר גארדיאן'. "כל אדם זכאי לדעה משלו", אמר דניאל פטריק מויניהן, "אבל לא לעובדות משלו". אך זה זמן מה שנתח גדול מהאוכלוסייה מקבל את המידע החדשותי לא היישר מהעיתונות אלא בתיווכה של המדיה החברתית, הנטולה מנגנון ישיר של בדיקת דיוק ושל ברְרנות, ואפילו כאשר המקורות בה נחזים כעיתונאיים הם אינם בהכרח כאלה. האינטרנט עוד לא פיתח אתיקה אמינה של אמת.

שני גורמים הופכים מציאות זו למסוכנת במיוחד. האחד ידוע בשם **הטיית האישור**. זוהי הנטייה שלנו להאמין לידיעות המתיישבות עם תמונת העולם שלנו, ולפסול אחרות. האלגוריתמים של הרשתות החברתיות מכפילים את כוחה של הטיה זו, בהציגם לנו פריטים שהם יודעים שסביר כי נסכים איתם. על פי נתוני מכון פיו משנת 2018, כ־68 אחוז מהאמריקנים מקבלים לפחות חלק מהמידע החדשותי שלהם מהרשתות החברתיות – שכאמור נוטות להבטיח שהידיעות שנקבל יתאימו להשקפות שלנו. 57 אחוזים מהאמריקנים אומרים שהחדשות שהם רואים בתקשורת החברתית הן בלתי־מדויקות ברובן, ובכל

זאת, מטעמי נוחות, הם ממשיכים להשתמש בה כמקור לחדשות.[10] עמדות נוגדות אינן עוברות את המסננת הזאת, והדבר מוביל לחשדנות ולהעמקת חוסר ההבנה כלפי בעלי דעות אחרות. הבדלים נעשים שסעים. אט־אט אנו מוצאים עצמנו מאכלסים איים מנותקים, בכל אי בעלי השקפה אחת.

הגורם השני הוא העובדה **שהקֶשב שלנו ברֵרני**. אנחנו נוטים להבחין בדברים המעוררים בנו פחד, הרבה יותר מאשר בדברים אחרים. בתהליך זה מעורב החלק הפרימיטיבי ומהיר־התגובה ביותר במוח, המכונה לעיתים המוח הזוחלי, ואשר אמון על יצר ההישרדות. הוא המושל במשולש התגובות המיידיות לאיום – נוס, הילחם, או קפא על מקומך. הוא מנהל את הפחד, ופעולתו כה זריזה ומוכנית שקשה לגבור עליה. זאת הסיבה לכך שסיפור "הכחשת השואה" הכוזב שפתחתי בו עורר רבים כל כך, ואילו הודעות התיקון עברו מתחת לרדאר. אנו מגיעים אל שלב הבדיקה אם הפחד שלנו מוצדק רק לאחר שהאימה עצמה, העשויה לא פעם מזיכרונות מטראומות קודמות, כבר פעלה בנו את פעולתה.

התפשטות הפוסט־אמת קשורה אם כן עד מאוד למדיה החדשה, לתקשורת הגלובלית המיידית. אבל יש לה גם הקשר אינטלקטואלי רחב יותר. ובעצם שניים. הראשון שורשיו ביצירות מרקס, ניטשה ופרויד, ופול ריקֶר נתן לו שם גנרי: **הרמנויטיקת החשד**.[11] הכוונה היא לתפיסה, שמתחת לכל תקשורת גלויה מתחבא דבר נוסף. מתחת לטקסט יש סב־טקסט. אצל מרקס, אלה הם החזקים המממשים את כוחם. אצל ניטשה זהו ההפך: החלשים הנוקמים בחזקים. ואילו אצל פרויד אלה הם הזרמים התת־קרקעיים של הדחפים הלא מודעים. הצד השווה שבכולם: הנאמר חשוב פחות ממה שהוא מכסה עליו. "האמת" היא רק מסכה המסתירה את המציאות של יחסי הכוח.

ההקשר השני הוא התנועה הפילוסופית שפרחה משנות השישים עד שנות השמונים, **הפוסט־מודרניזם**. במידת מה היא קמה כהמשך לגישות הרמנויטיקת החשד; אבל כמשתמע משמה, היא קמה מתוך התנגדות מודעת למודרניזם וכוונה לרשת אותו. המודרניזם היה

הפרויקט של הנאורות. התבונה והתצפית – שנציגיהן הם, בהתאמה, הפילוסופיה והמדע – יכוננו אמת אובייקטיבית בלי הנחותיה הדוגמטיות של הדת.

על כך בדיוק ערער הפוסט־מודרניזם; הוא פסל את עצם הרעיון שיש אמיתות יסוד. לדידו, יש הבדל בסיסי בין המציאות לבין הדרך שאנו מדברים וחושבים עליה. דרך זו היא תופעה לשונית, והלוא יש לשונות רבות. הפילוסופיה היא בסך הכול דרכם של הוגה מסוים או תרבות מסוימת לפרש את המציאות. ההיסטוריה היא בת הטייתו של ההיסטוריון. משמעותו של טקסט ספרותי תלויה בקורא לפחות כשם שהיא תלויה במי שכתב אותו.

אפילו המדע אינו אובייקטיבי, טענו הפוסט־מודרניסטים. טקסט מַפתח בעניין זה הוא ספרו המשפיע של תומאס קון 'המבנה של מהפכות מדעיות'. הוא טען בו כי בכל תקופה, הדרך שבה המדע מפרש את הממצאים תלויה בתיאוריה השלטת, ב"פרדיגמה".[12] ממצאים שאינם הולמים את הפרידגמה זוכים להסברים מהסברים שונים, אך בנקודה מסוימת הצטברותם מולידה תיאוריה חדשה – למשל תורת היחסות או פיזיקת הקוונטים – והפרדיגמה משתנה. צירוף כל אלה מוביל למסקנה שהמציאות היא "הבניה חברתית". היא אינה נמצאת "בחוץ", בעולם, אלא "בפנים", בתודעה. אין דבר כזה אמת. יש אמיתות בלשון רבים, שכל אחת מהן היא בעיקרה סובייקטיבית. בדרך זו הגיע השיח האקדמי, כמכלול, אל ההיגד שניטשה השמיע מאה שנים קודם לכן, כי "אין עובדות, יש רק פרשנויות".

הפוסט־מודרניזם הצטיין בעמימותו. לדובריו הבולטים היה הרגל לדבר במשפטים שאל עומק פשרם כמעט שאין איש היכול לצלול. בדיחה בת הזמן סיפרה שההבדל בין מאפיונר לפוסט־מודרניסט הוא שהמאפיונר מגיש לך הצעה שאי־אפשר לסרב לה, ופוסט־מודרניסט – הצעה שאי־אפשר להבין אותה.

לא כולם קראו את אומני העמימות ההם; את ליוטר, בודריאר, דרידה, לאקאן, איריגארי, לאטור, וירייליו, דלז, גואטרי וכל היתר, כל אלה ששופדו על הגריל בספרם של אלן סוקאל וז'ן

בריקמון ׳מתחזים אינטלקטואליים׳.[13] אבל הם היו חלק מאווירה, ולמבשריהם – מרקס, ניטשה ופרויד – הייתה השפעה אדירה. הם אפשרו, ברובד אינטלקטואלי, להאמין שאין אמת, אף כי היגד זה עצמו לוקה בסתירה פנימית.

מחקר משנת 2015 בדק את התגובות של ליברלים ושמרנים לסוגים מסוימים של ידיעות חדשותיות. נמצא כי ״בדיוק באותה דרך ששמרנים פוטרים בלא כלום את התיאוריות המדעיות הנוגדות את השקפת עולמם, עושים גם ליברלים״.[14] המדע הוא, לדידם של אנשים, מה שמאשר את הדעות הקדומות שלהם, ההיסטוריה היא רק ״נרטיב״, והסיפור שהם מספרים על העבר תלוי בשאלה באיזה צד הם. המוסר כולו יחסי, כולו נגזרת של בחירה אישית. כך נוצר האקלים האינטלקטואלי המתאים למתקפה על האמת שאפשרו טכנולוגיות התקשורת החדשות. בעולם שאין בו אמת פורחות חדשות הכזב והעובדות האלטרנטיביות, שכן אין בו שום דבר אחר; שום דבר העומד מעל לקולות המתנגשים ולנרטיבים המתחרים. האמת הובסה בשדה התיאוריה זמן רב לפני שחוסלה בידי הרשתות החברתיות.

התוצאה בלתי־נמנעת. במָקום שהאמת מתה – מת האמון. רק עשרה אחוזים מבני דור ה־Z, ילידי 1995 ואילך, בוטחים בפוליטיקאים שיעשו את הדבר הנכון. לעיל ראינו שאובדן אמון זה הוא שיטתי. אנשים אינם בוטחים בעיתונאים, או בתאגידים בין־לאומיים, או בשום גורם אחר. הם מניחים כי הם, כציבור, מוֹלָכים שולל דבר יום ביומו. באין סמכות־על של אמת, כל שנותר הוא הסחריר, הערפול, ההכחשה ותמרון דעת הקהל.

ניטשה חזה כי כך יקרה. באבדם את האמונה הדתית, לא רק את הדת יאבדו בני האדם. הם יאבדו גם את המוסר, ועימו את בקשת האמת, ואז אפילו המדע יאבד את סמכותו. המדע, אמר ניטשה, יכול לתפקד רק אם ניגשים אליו מתוך אמונה מוקדמת: ״השאלה, האם האמת היא דבר שבהכרח, לא זו בלבד שמלכתחילה חייבים להשיב עליה בחיוב, כי אם אף במידה כזאת של חיוב, שיבוטא בכך ההיגד, האמונה, ההכרה הפנימית, ש׳אין דבר שיהא הכרחי יותר מאשר

האמת, ובהשוואה עימה, כל דבר אחר אינו אלא בעל ערך משני'". כי בעצם, למה שלא נרמה? ולמה שלא נניח לעצמנו להיות מרומים? יש יתרונות רבים לבקשת האמת, אבל גם למרמה יש. מבט כן על הקיום האנושי, אומר ניטשה, יגלה לנו כי החיים מכוונים "כולם על מראית-עין, כוונתי לומר, על טעות, רמאות, התחפשות, סנוור, סנוור עצמי". ההיסטוריה נשאה תמיד פניה לאומני התרמית. לכן, כאשר אנו מדברים על מחויבות לאמת, **"אנו ניצבים על קרקע המוסר"**. והוא ממשיך:

ועל דרך זו מובילה אותנו השאלה "למה מדע?" חזרה אל הבעיה המוסרית: **למה בכלל מוסר** כשחיים, טבע היסטוריה הם 'בלתי מוסריים'?... בכל זאת **אמונה מטפיזית** היא זו שעליה מיוסדת אמונתנו במדע – שגם אנו, אנשי ההכרה שבהווה, גם אנו חסרי האלוה ומתנגדי המטפיזיקה, גם את האש **שלנו** אנו נוטלים מאותו מוקד אשר הודלק על ידי האמונה בת אלפי השנים, אמונת הנוצרים, שהייתה גם אמונתו של אפלטון, וזה דברה: האלוהים הוא האמת והאמת אלוהית".[15]

ניטשה התמודד בלי מורא עם החידה שראה לנגד עיניו. הוא היה משוכנע שהדת היא שקר, ואף על פי כן הודה שהשלהבת שלה היא שעוררה את מפעל המוסר והמדע האנושי. השאלה שנאלץ לשאול מהדהדת אפוא ביתר שאת בזמננו: "מה הדין אם דווקא דבר זה מאבד יותר ויותר ממהימנותו?".[16] תשובתו הייתה פשוטה ונוקבת: אם יוסר הצו המוסרי – שניטשה האמין כי בחשבון אחרון הוא דתי או מטפיזי – לבני האדם לא תהיה שום סיבה לומר את האמת כאשר המרמה והמניפולציה מועילות להם יותר, כפי שקורה תכופות.

ניטשה, האתיאיסט התהומי ביותר במאות האחרונות, ומקור השראתם של הפוסט-מודרניסטים, היה ישר עד כאב כלפי קוראיו. בעולם בלי קוד מוסרי מוסכם, אל תצפו שהאמת תשרוד. זהו עולמנו היום. השימוש המניפולטיבי ברשתות החברתיות בשירות אינטרסים כלכליים ופוליטיים הכניס אותנו לעידן פוסט-אמת שהאמון במוסדות

פרק יא – פוסט־אמת

הציבוריים נמצא בו בשפל חסר תקדים. כך קורה כאשר מנסים לקיים חברה על יסוד השוק והמדינה לבדם.

בלי מחויבות מוסרית, קול הדממה הדקה של האמת אינו נשמע במעבה הקקופוני של שקרים, חצאי אמיתות, ערפולים וערבולים. בלי אמת אין אמון; בלי אמון אין חברה. האמת והאמונה יוצרים עולם שאנו יכולים לחלוק זה עם זה.

פרק יב

מרחבים בטוחים

הייתי הראשון במשפחתנו שהלך לאוניברסיטה. אבי עזב את בית הספר כשהיה בן ארבע־עשרה, אימי כשהייתה בת שש־עשרה. כניסתי לאוניברסיטה הסבה לי הלם תרבות. לראשונה פגשתי אנשים מהמעמד הגבוה; לראשונה פגשתי אנשים ממעמד פועלי התעשייה. השקפותיי אותגרו בכל יום ובכל דרך.

בימים ההם, להיות פילוסוף פירושו היה, כמעט בהגדרה, להיות אתיאיסט – אם כי סטודנט אחד שרבט גרפיטי בספריית אוניברסיטת קיימברידג': "א־לוהים קיים; הוא פשוט לא רוצה להתערב". כשהתחלתי את לימודי הדוקטורט, המנחה שלי ברנרד ויליאמס, אתיאיסט מושבע, הציע שאשהה שנה באוקספורד, בבית מדרשה של פיליפָּה פוט אשר אומנם הייתה אתיאיסטית אף היא, אך לפחות קיננה בה אהדת מה לאתיקה הדתית, להבדיל מרוב רובם של שאר הפילוסופים בעת ההיא. היא הייתה אריסטוטלית, ממבשריה של השיבה לאתיקת המידות שאלסדייר מקינטאייר עתיד היה להשיב בהצלחה לקדמת הבמה.

החינוך שקיבלתי עד אז לא הכין אותי למפגש הזה בשום אופן. אבל זאת הייתה התנסות מפוארת, מרגשת, מעוררת, מרחיבת אופקים. נהניתי מכל רגע, ולמדתי כמה מן האמיתות החשובות ביותר שלמדתי

אי־פעם. גיליתי כי האוניברסיטה היא מקום שאתה מקשיב בו בכבוד להשקפות קוטביות לזו שלך, בידיעה שאחרים יאזינו לך בכבוד אף הם.

אבא אבן ז״ל, שר החוץ של ישראל הצעירה, התחנך בקיימברידג׳, ולימים, כשבא לנאום שם, החל: ״הייתי כאן ולמדתי את היושרה, את הכנות ואת אהבת האמת... זה הזיק לי מאוד בקריירה הפוליטית שלי!״. הוא צדק, ביותר ממובן אחד. אבל זוהי מתנתו הגדולה של החינוך האוניברסיטאי: הנכונות לשמוע רעיונות שונים מאוד מאלו ששמענו עד כה; האומץ לבחון אותם ברצינות ולנסות להיכנס להלך־המחשבה של אומרם גם אם אין מסכימים איתו; והנכונות לחשוף את רעיונותיך שלך לביקורת קפדנית ולהרגיש לא מאוּיָם אלא מועשר. כך, ממש כך, הרגשתי.

זה היה מרחב בטוח, מרחב מוגן, מרחב של שיח עם כללי התנהגות ברורים: מדברים באדיבות, טוענים ברציונליות ומאזינים בכבוד. אדם שסיים אוניברסיטה ידע שהוא יכול להתמודד בלי פחד ובלי רתיעה עם כל האתגרים שהחיים הבוגרים יטיחו בפניו. כזה הוא החיפוש המשותף אחר האמת.

לכן נחרדתי כאשר, בשנת 2001, בתנו הצעירה שלמדה אז ב׳לונדון סקול אוף אקונומיקס׳ חזרה ערב אחד הביתה בדמעות. היא השתתפה בהפגנה נגד הגלובליזציה, שהידרדרה במהירות – תחילה למתקפה נגד אמריקה, ואז נגד ישראל, ואז נגד היהודים. היא אמרה לי, ״אבא, הם שונאים אותנו״. הזדעזעתי מכך שדבר כזה קורה במאה ה־21.

בשנים שחלפו מאז, קמפוסים אוניברסיטאיים בכל רחבי המערב נעשו למוקדי אי־סובלנות גואה, מסוג שלא חשבתי שאראה בימי חיי. קחו לדוגמה את קולג׳ ביילִיול באוקספורד, שהעמיד לבריטניה לאורך הדורות שלושה ראשי ממשלה, חמישה זוכי פרס נובל, והוגים וסופרים דגולים כגון אדם סמית, ג׳ראַרד מנלי הופקינס ואלדוס האקסלי.

באוקטובר 2017 החליטו הסטודנטים שם לאסור על ׳האיחוד הנוצרי׳ להשתתף ביריד תחילת השנה, שבו מוצגים המועדונים, הפעילויות ותאי־הסטודנטים, בטענה שנוכחותו של גוף נוצרי יוצרת תחושת ״ניכור״ אצל בני דתות אחרות ועל כן יש בכך משום ״מיקרו־

אגרסיה". מארגן היריד אמר כי הנצרות שימשה לאורך ההיסטוריה "כתירוץ להומופוביה ולצורות ידועות של ניאו־קולוניאליזם", ופירוש הדבר שסטודנטים עלולים להרגיש "לא רצויים" בקולג' החדש שלהם אם יוצב דוכן של האיחוד הנוצרי. נוכחות נציגים של גוף זה תסב "נזק פוטנציאלי" לסטודנטים החדשים. קמה צעקה גדולה וההחלטה בוטלה כעבור כמה ימים, אבל עצם הטלתו של האיסור מלכתחילה מזעזעת.

ב־2019, סגן נשיא אוניברסיטת קיימברידג' הגן על החלטת בית הספר לתיאולוגיה שם לבטל את הזמנתו של הפסיכולוג הקנדי ג'ורדן פיטרסון לשהות שם במסגרת מלגת מחקר. כפי שסיפרתי כבר במבוא, הסיבה לכך הייתה תצלום שבו נראה פיטרסון כשידו חובקת אדם הלובש חולצת טריקו עם הכיתוב "אסלאמופוב גאה". התצלום הוכיח, כביכול, שפיטרסון מאמץ את הסיסמה בעצמו.

זה היה תירוץ אבסורדי. כל מי שהרצה בפני קהל בנסיבות דומות יודע שבתום הערב ייגשו אליו עשרות אנשים, ואף מאות, וירצו להצטלם איתו. במקרה של פיטרסון, רבים אף שילמו על כך בכספם. המצטלמים מתחלפים במהירות והמרצה אינו יכול לעקוב אחר כל המתרחש, ודאי לא לעיין בכתובות שעל בגדי המצטלמים. צילום סלפי עם אדם במצבים כאלה אין פירושו הזדהות עם אותו אדם. ודאי שאין זה בסיס סביר לביטול הזמנה של מלומד כפיטרסון, שעבודתו האקדמית מוקדשת לחקר שורשיה של השנאה בעזרת ארכיטיפים, נרטיבים דתיים ופסיכואנליזה יונגיאנית. הרגשתי כאילו חזרנו לאחור בזמן; שאנו שוב ב־1745, עת נשללה מדייוויד יום הקתדרה לפילוסופיה של המוסר באוניברסיטת אדינבורו מפני שנחשד שהוא אתיאיסט. והלוא היו לי תקוות שהתקדמנו מאז.

אשכול של מושגים חדשים פלש אל הקמפוסים, והאפקט המצטבר שלו מעמיד בסכנה את החופש האקדמי ואת תפקודן של האוניברסיטאות כזירה של מגוון אינטלקטואלי, דיון מנומק, שיח אזרחי, הקשבה מכבדת וחיפוש משותף אחר האמת.

אחד המושגים האלה הוא **מיקרו־אגרסיה**. הוא מציין מעשה או אמירה זניחים וטריוויאליים אשר עלולים כביכול לגרום לעלבון

אף כי אין בהם כוונה כזו. כפי שהראו ברדלי קמפְּבֶּל וג'ייסון מֶנינג בספרם 'עלייתה של תרבות הקורבנוּת', זהו מושג משונה. ראשית, הוא פוסח על שתי הסעיפים. בשפה האנגלית מתקיימת אבחנה בין צורות שונות של "כבוד". שתיים מהן מאפיינות שני מבנים תרבותיים מנוגדים. Honour, שיש המתרגמים כ"הדרת כבוד", הוא סוג הכבוד הנקשר בביטויים כגון "כבוד המשפחה" או "למי יש יותר כבוד". Dignity, לעומת זאת, מציין באנגלית עכשווית את הכבוד השווה שיש לכל אדם; זה סוג הכבוד שמתכוונים אליו בביטויים כגון "כבוד האדם" ו"כבוד הבריות". מושג המיקרו־אגרסיה מעלה על נס, מצד אחד, את הזכות להיעלב, השייכת לתרבויות של Honour, שכן תרבויות של Dignity מעודדות אנשים לא לקחת אמירות של אחרים באופן אישי. מצד שני, האדם ש"נפגע" מהמיקרו־אגרסיה איננו אמור לנקוט פעולה; מצופה ממנו שילחץ על צד שלישי, כגון רשויות האוניברסיטה, לעשות זאת. זהו מאפיין מובהק של תרבויות Dignity.[1] אבל גם מעבר לכך, קשה למצוא במושג המיקרו־אגרסיה היגיון מוסרי עקבי. אם לא התכוונתי להעליב אותך, למה אני מוחזק כאשם בפגיעה ברגישות היתר שלך, השותלת בתוך דבריי השתמעות שאינה נמצאת בהם לא על פי כוונתי ולא על פי הבנתם של רוב האנשים?

מושג מַפתח נוסף הוא **מרחב בטוח**, דהיינו מקום שאדם אינו צריך להתמודד בו עם עמדות שעלולות לגרום לו להרגיש לא נעים. כמה מן האוניברסיטאות הפליגו כאן אל קצוות רחוקים. במאמר ב'ניו־יורק טיימס' תיארה ג'ודית שולביץ מקרה אחד כזה: הסביבה שנוצרה בשביל סטודנטים באוניברסיטת בראון שהשתתפו בדיון ציבורי בשאלה אם ארצות הברית היא "תרבות אונס".[2] מארגני הדיון חששו שסטודנטים יחושו מצוקה למשמע עמדתה של הפמיניסטית ונדי מק'אֶלרוי, ועל כן ארגנו מרחב שבו כל מי שחש שלא בנוח יוכל להתאושש. הם ציידו חדר אחד בעוגיות, חוברות צביעה, בועות סבון, בצק משחק, מוזיקה מרגיעה, כריות, שמיכות וסרטונים של גורים מפזזים, והושיבו בו אנשי צוות שקיבלו הכשרה לסיוע לסובלים

מטראומה. סטודנטית אחת שיצאה למרחב הבטוח הסבירה, "הרגשתי מופצצת בהמון השקפות שממש התנגשו עם האמונות הכי יקרות לי".[3]

יש בזה כמובן משהו אכפתי ומטפל, אבל זה גם מסוכן. כפי שציינה שולביץ, "ברגע שמסמנים מרחבים מסוימים כבטוחים, רומזים בעצם ששאר המקומות אינם בטוחים". ואם כך, אפשר לדרוש שגם יתר המקומות יהיו בטוחים יותר, ולאסור גם בהם השמעת דעות הגיוניות אך שנויות במחלוקת ולא קונצנזואליות. מתרחש כאן סיפוח זוחל של משטר דעות: בשלב הראשון קבוצות בעלות הגדרה עצמית זהותית מחפשות מרחב מוגן להיפגש בו, בשלב הבא הן כופות את אמות המידה שלהן על האוניברסיטה כולה, ועד מהרה הנהלת האוניברסיטה עצמה אוכפת את אמות המידה הללו בכל תחומיה ומענישה את העבריינים.[4] סטודנט באוניברסיטת קולומביה, אדם שפירו, סירב להשתתף בתרגול כלל קמפוסי של מרחב בטוח, וטען כי "אדיבות שאין עימה דבר לא תוביל אותנו לשום תובנה חדשה על האמת", וכי "אינני מבין איך מרחב תרפויטי יכול להיות גם מרחב אינטלקטואלי".

ביטוי מעשי לתפיסת המרחב המוגן הוא השימוש הגובר בפרקטיקת **שלילת הבמה** (no-platforming), כלומר גירוש דוברים מסוימים מקמפוסים משום שקבוצה זו או אחרת של סטודנטים אינה מסכימה איתם. כמה מן הלוחמים הגדולים ביותר נגד דעות קדומות בבריטניה נפלו בעצמם קורבן לאופנה זו של סתימת פיות: פמיניסטיות כגון ג'רמיין גריר, ג'ולי בינדל וסוזן מור, פעיל הלהט"ב פיטר טאצֶ'ל, הפעיל נגד גזענות ניק לאולס והקומוניסטית האיראנית מריאם נמאזי. במה פשעו? בכך שלא אימצו את הלהיט הערכי הטרי של היום, זה שהלהיט של אתמול עלול להתנגש בו.[5]

כמובן, לחופש הדיבור יש גבולות, והם מוגדרים בחוקי המדינות. התיקון הראשון לחוקה האמריקנית, למשל, מחריג מחופש הדיבור הסתה להפרת חוק מיידית. בתיק צ'פלינסקי נגד ניו־המפשייר (1942) קבע בית המשפט העליון כי בנסיבות מסוימות החוג לא יגן על "מילים לוחמות", כלומר על דיבור העלול לעורר הפרה מיידית של השלום,

קרי אלימות. בבריטניה, סעיף 4 בחוק הסדר הציבורי 1986 מגדיר כעבירה פלילית דיבורים או מעשים של איום, התעללות או עלבון הגורמים או סביר שיגרמו לאדם אחר הטרדה, בהלה או מצוקה. לדיבור מתעלל, גזעני או משלהב יצרים אין מקום בקמפוסים מפני שאין לו מקום בחברה בכלל. אבל לא ייתכן שהאפשרות שדובר יביע, באורח הגיוני ומכבד, השקפות שחלק מהקהל חולק עליהן תיחשב לסיבה מספקת לשלול ממנו את הבמה. מעשה כזה אינו רק איום ישיר ומיידי על חופש הדיבור; זו בגידה בייעודה של האוניברסיטה עצמה. "על האוניברסיטאות להיות מבצרים של חופש המחשבה והמחקר", כותב סר אנתוני סלדון מאוניברסיטת בקינגהם, "וָלא – תגוועֵנה ותעבורנה מן העולם".[6]

שלילת במה, מרחבים בטוחים והתנהגויות דומות היו תחילה אנקדוטות חריגות, אך סביב שנת 2013 החלו להתפשט במהירות: בשנה ההיא בני דור ה־Z, ילידי 1995 ואילך, הגיעו לפרקם האקדמי. האירוניה כאן עצומה. מבחינות מסוימות, הסובלנות ניצחה בתקופה זו בקרבות חשובים, בייחוד בתחום הקבלה של בעלי נטיות מיניות ומגדריות שונות. ובכל זאת, בתום עשרות שנים של אי־שיפוטיות, יחסיות מוסרית ואינדיבידואליזם מוחצן, השתררו עלינו שיפוטיות קיצונית ואבסולוטיזם מוסרי המיוסדים דווקא על רכיב קדמוני, קבוצת הזהות. האי־סובלנות החדשה מכוערת ורגרסיבית.

פרופסור ג'ף מקמהאן, בעל קתדרת ווייט לפילוסופיה מוסרית באוקספורד, ועימו פילוסוף המוסר פרופסור פיטר סינגֶר מפרינסטון והביו־אתיקנית ד"ר פרנצ'סקה מינרווה מאוניברסיטת גֶנט, חברו יחדיו ליצירת 'כתב העת לרעיונות מעוררי מחלוקת': פרסום אקדמי שידפיס מאמרים שעברו שיפוט עמיתים, אך בלי ציון שמות המחברים – כדי להגן עליהם מפני תגובות חריפות, מחאה ופיטורין. הצורך בהקמת כתב עת כזה מעיד כמאה עדים על האימה שחשים היום אקדמאים מן השורה הראשונה. כדברי מקמהאן, "יש באוניברסיטאות אווירת הפחדה הגורמת לאנשים לחשוש לדבר על נושאים שנויים במחלוקת". הם יראים מכך "כי הם חוששים שיבולע לקריירה שלהם ואפילו לשלומם הגופני".[7]

ג׳רארד בייקר, בעל טור בטיימס הלונדוני, גולל לאחרונה במאמר מרתק חוויות מטקס ההסמכה של בתו בקולג׳ אוברלין באוהיו שבארה״ב, המפורסם בהיותו הקולג׳ הראשון שפתח את שעריו, באמצע המאה ה־19, בפני נשים ובפני שחורים. בייקר קונן על הצרת האופקים שפקדה את המקום. הוא זיהה ״פיחות חד בנכונות של סטודנטים (ואקדמאים רבים) לחשוב מעבר למה שמסב להם נוחות״. הוא הוקיע את שלילת הבמה, את המרחבים הבטוחים ואת חוסר הסובלנות כלפי רבגוניות אינטלקטואלית. האפקט המשולב של כל אלה, כתב, ״הוא שהאוניברסיטאות האמריקניות מייצרות גדודים של גלמים המתוכנתים לחשוב באותו אופן, לשאוף אותן שאיפות ולהחזיק באותם רעיונות״.[8] מילים קשות, אך מאלפות דווקא משום שהן נשמעות מפי אורח לרגע הרואה כל פגע.

איך זה קרה? אידיאל האוניברסיטה היה קהילה מוסרית העוסקת בחיפוש משותף אחר האמת. מובן כי לא תמיד האידיאל מומש. אבל הוא היה האידיאל; רק בעשורים האחרונים עצם הרעיון של האוניברסיטה כמרחב מוסרי הידלדל, ובמקומו – כמו שקרה בחברה בכללותה – באו ערכי השוק (האוניברסיטה כפס ייצור לתארים המאפשרים קריירה) וערכי המדינה (האוניברסיטה כזירה של מאבקי כוח).

כאשר האוניברסיטה נתפסת במונחי שוק, היא חדלה להיות מקור השראה המקרין אל הקהילה את ערכי הלמדנות ואת המורשת העיונית של האנושות, ונעשית סחורה למכירה, תואר שקונה משרה משופרת ומשכורת משודרגת. ואם הסטודנטים משלמים מחיר, זכותם להחליט, במידת מה, מהו המוצר.

כאשר האוניברסיטה נתפסת במונחי כוח, כל המערכת מתכַּוונֶת אחרת. הכוח נמצא עתה בידיהם של אלה היכולים לגייס את מרב התמיכה באיומם להאשים את רשויות האוניברסיטה ברמיסת רגישויות של סטודנטים. גיוס הזעם נעשה לנשק פוליטי חזק כאשר אתוס הכוח גובר על אתוס הלמדנות.

כל אשכול הערכים שהאוניברסיטה בנויה עליהם מתחיל להיראות שברירי. מגמה אחת במיוחד התגלתה כהרת גורל: הרעיון

שנפוץ משנות השלושים עד שנות השישים כאילו השיח המוסרי הוא רק צורה מוסווית של הבעת רגש. לומר שדבר מה הוא טוב, או שמעשה כזה־וכזה הוא נכון, פירושו פשוט לומר "אני מסכים עם זה; עשו כמוני".[9] הרגש הוצב כך בלב חיי המוסר. אין זה מפתיע שמגמה זו שבה וצצה בזמננו, ועימה ההיסק הבלתי־נמנע: אם שיפוטיים מוסריים הם רק הצהרות על הרגשה אישית, כי אז אין באמת טיעונים מוסריים רציניים. הרי רגש איננו טענה. אפשר להרגיש ואפשר לא להרגיש. ורגשות, כיוון שהם דבר שאפשר לתקוף אותו, זקוקים להגנה. הָקימו להם אפוא מרחבים בטוחים!

גרג לוקיאנוף וג'ונתן היידט פיתחו רעיון זה בספרם על האיום נגד החופש האקדמי 'קלקולה של הרוח באמריקה'. כותרת ספרם היא משחק מילים על 'דלדולה של הרוח באמריקה' הקלאסי של אלן בלום; וכותרת המשנה היא "איך כוונות טובות ורעיונות רעים מגַדלים דור להגיע לכישלון".[10] נקודת הייחוס שלהם היא התרפיה הקוגניטיבית־התנהגותית, אחת משיטות הטיפול היעילות ביותר כיום.[11] הם מראים שאת כל הדברים שהתרפיה הקוגניטיבית־התנהגותית שואפת למזעֵר, פוליטיקת הקמפוסים העכשווית שואפת למָרֵב. הנזק הפוטנציאלי רב.

כך, למשל, פוליטיקה זו מעודדת את הסטודנטים לעסוק **בקריאת מחשבות**: לייחס לדוברים מחשבות שייתכן כי לא העלו על דעתם כלל. הם נקראים **להאסין**, כלומר להאמין שאסונות נוראים עומדים לקרות. הם **מתייגים**, כלומר תופסים את הזולת בצורה סטריאוטיפית. הם מפעילים **חשיבה דיכוטומית**, חשיבה של "הלנו הוא אם לצרינו". אין ניואנסים, אין מורכבות, רק איתי או נגדי. הם עושים **הכללת יתר**, בתופסם התרחשויות נקודתיות ככללים אוניברסליים. ועוד ועוד.

התרפיה הקוגניטיבית־התנהגותית מצליחה כל כך מפני שהיא מלמדת את ההפך הגמור. אל תקראו מחשבות, היא אומרת: אל תחשבו שאתם יודעים מה אחרים חושבים. אל תאסינו: לא כל דבר הוא אסון. אל תתייגו: כל אחד הוא יחיד ומיוחד. אל תחשבו באורח דיכוטומי: לא תמיד החיים הם או־או. אל תעשו הכללת יתר: ייתכן שנתקלתם בחריג ולא בכלל. לוקיאנוף והיידט מזהים כאן אפוא לא רק איום על

החופש האקדמי, אלא גם פסיכולוגיה רעה בפעולה. וזו, הם אומרים, תזיק ליכולתם של הסטודנטים לתפקד בעולם כאנשים בוגרים.

עליי להודות כי אני מודאג אפילו יותר מלוקיאנוף והיידט, מפני שאני מתבונן במתרחש בקמפוסים בבריטניה ובארה"ב לא רק בעדשת הרגשות, אלא גם בעדשת התקדימים ההיסטוריים. האינטלקטואל הצרפתי ז'ילין בֶּנְדָה פרסם בשנת 1927 ספר ושמו La Trahison des Clercs, 'בגידת האינטלקטואלים'. לטענתו, תרבות המערב חיה בעבר לאור ערכים נעלים – לאו דווקא בפועל, אבל לפחות בשאיפה. ואילו עכשיו, אמר, "האינטלקטואלים מאמצים את הלהיטויות הפוליטיות", כלומר את הקנאות והשנאות האידיאולוגיות למיניהן, ומניחים להן תשתית אינטלקטואלית.[12]

בשנת 1933 פוטרו בחטף כל היהודים ממשרותיהם האוניברסיטאיות בגרמניה. כידוע לשמצה, מרטין היידגר, מן הפילוסופים המקוריים והחשובים ביותר במאה העשרים, יישם את הצו הזה בהתלהבות יתרה, ופיטר גם אחד מן הנכבדים שבמוריו שלו עצמו.[13] ככל הידוע לי לא נשמעה על כך מחאה פומבית מפי אנשי רוח ואקדמאים לא יהודים.

היהודים סולקו כי הנאצים סברו שהיהודים והיהדות משחיתים את התרבות הגרמנית. יותר משמונים שנה קודם לכן, ב־1850, פרסם ריכרד וגנר את חיבורו Das Judenthum in der Musik, 'היהדות במוזיקה', כדי "להסביר את אחיזת הדיבוק המבחילה והבלתי־רצויה שתפסו בנו הטבע והאישיות של היהודים, וכך להצדיק את הסלידה האינסטינקטיבית שלנו מהם, החזקה והכובשת יותר מרצוננו המודע להיפטר מהם". היהודים פוגעים כביכול ברגישויות הגרמניות. בחוגי האומנים והאינטלקטואלים בגרמניה הייתה גישה זו לַקַו התַקין פוליטית, ולא נמצא מי שיזעק חמס.

היידגר עצמו היה חבר נלהב במפלגה הנאצית, ולאחר מעשה הוא לא הביע חרטה על כך. נעשו כמה ניסיונות להלבין את האנטישמיות שלו, לתרץ אותה או למזערה, אך את כל אלו הפריך פרסום 'המחברות השחורות' שלו ב־2014. הללו, כדברי ה'גארדיאן',

חשפו את "האנטישמיות כליבת הפילוסופיה שלו".[14] עוד ב־1929, לפני עלות היטלר לשלטון, כתב היידגר כי המלחמה נגד היהדות היא המאבק המכונן של התקופה: "אם לא נרענן את חיינו הרוחניים הגרמניים באמצעות כוחות ומחנכים ילידיים אמיתיים, נמצא עצמנו נכנעים סופית לייהוד הגובר, במובן הרחב ובמובן הצר של המילה".[15]

בפרנקפורט התקיים עד 1811 גטו שבו נדרשו כל היהודים לגור. בימי ראשון ובימי חג נוצריים הם חויבו להישאר בתחומיו, לבל ייפגעו רגשותיהם של נוצרים שייאלצו לראות יהודי בדרכם לכנסייה או בשובם ממנה. הגורם המחבר את כל שלוש הדוגמאות הללו – וגנר, היידגר וגטו פרנקפורט – הוא הרעיון כי עצם קיומו של מישהו־שאינו־כמוני במרחב שלי הוא פגיעה ואיום: על המוזיקה הגרמנית, על התרבות הגרמנית או על יום א' הגרמני. כך קורה כאשר מממשים את מלוא הזכות שלא להיחשף לעלבונות. המרחב הבטוח שלנו נוצר על ידי דחיקתו של איזה זולת אל הגטו או גרוע מכך.

כאן אנו מגיעים אל לב העניין, מפני שמרחב בטוח לחלק מהאנשים הוא מרחב מאוד לא בטוח לאחרים. וכפי שאמר הפילוסוף ג'ורג' סנטיאנה, "מי שאינם יכולים לזכור את העבר, מועדים לחזור עליו".

האנטישמיות, עצוב לומר, חזרה לקמפוסים בבריטניה ובארה"ב. בסקר של הסתדרות הסטודנטים הבריטית משנת 2017 דיווחו 28 אחוז מהסטודנטים היהודים כי הם חוו התעמרות אישית, ושני־שלישים מתוכם סברו שהיה בה יסוד אנטישמי. כמעט מחצית מהסטודנטים היהודים אמרו שהם ירגישו שלא בנוח להגיע לאירוע של הסתדרות הסטודנטים, ו־65 אחוז מהם סברו שההסתדרות לא תיתן מענה הולם לטענות על אנטישמיות אם תעלינה כאלו.[16] זו הבעת אי־אמון חריפה בגוף שאמור לייצג את כל הסטודנטים.

ב־2010 שוסע נאום של סגן שר החוץ הישראלי דני איילון בפני אגודת הסטודנטים באוקספורד בקריאות "לשחוט את היהודים".[17] מועדון יהודי באוקספורד שימש פעמיים בשנת 2018 יעד להודעות גזעניות.[18] לסטודנטית לרפואה באוניברסיטת דנדי, שביקשה ב־2019

שלא להיבחן בשבת, אמר הפרופסור שלה "את לא עושה בזה טובה גדולה לעם שלך, כי מעכשיו נחשוב פעמיים לפני שנקבל סטודנטים עם שם יהודי".[19]

במשאל של אגודת הסטודנטים היהודים ביוניברסיטי קולג' בלונדון בשנת 2019 נמצא כי 72 אחוז מהעונים, סטודנטים יהודים שם, חוו אנטישמיות בקמפוס; גילויי אנטישמיות אלו כללו, על פי מאמר של קייתי אליוט המרצה במוסד זה, "הכפשות גזעניות, שימושי־לשון אנטישמיים, הפצת תיאוריות קשר אנטישמיות, הערות אכזריות ו'בדיחות' על השואה ועל הנאצים, תוקפנות פיזית ומילולית והצקות בריוניות".[20] מיתוסים אנטישמיים קלאסיים, מעלילות הדם עד הפרוטוקולים של זקני ציון, ממוחזרים בגרסאות עדכניות. סביבה אוניברסיטאית שדעות קדומות מן הגרועות בהיסטוריה יכולות לצוץ בה מחדש איננה סביבה בריאה לא מבחינה מוסרית ולא מבחינה אינטלקטואלית.

הניסוי הראשון של האנושות בדמוקרטיה התקיים באתונה. אך כפי שכבר הזכרנו, לא חלפה אפילו מאה וטובי העיר דנו למוות את סוקרטס בעוון השחתת הנוער, שכן לימד אותם לשאול שאלות. זו דוגמה קדומה למה שקורה כאשר קבוצה מממשת את הזכות שלא להיות מועלבת. זו זכות הנקנית תמורת זכויות של הזולת; במקרה של סוקרטס, תמורת זכותו לחיות.

הדמוקרטיה כשהיא לעצמה איננה ערבה לחופש המחשבה והדיבור. לכן חשוב כל כך החופש האקדמי – והוא צריך להיות חופש לכולם, בשווה.

* * *

גורמים רבים נוטלים חלק במתקפה הנוכחית על החופש האקדמי, אך אין ספק שאחד מהם הוא, כפי שראינו, אובדן ערך האמת. אין אמת, גורסת המנטרה הפוסט־מודרנית: יש רק פרשנויות. אין היסטוריה; יש רק נרטיבים. האוניברסיטה, כמו כל מוסד חברתי אחר, מעוצבת מחדש. היא אינה נתפסת עוד כקהילה של מלומדים המבקשים את

האמת – אלא כמערכת של כוח. בעבר – אומרת התיאוריה השלטת עתה – החזקים שררו על החלשים על ידי כך שלימדו אותם לראות את העולם בדרך המנציחה את ההיררכייה הקיימת ואת עוולותיה. חובתנו לחשוף את פרצופה של ההגמוניה הזאת. בתפיסת העולם החדשה יש רק קורבנות ומדכאים, ואם אינך בצד של הקורבנות, על כורחך אתה בצד המדכא. זוהי הסחטנות המוסרית הנוגסת עכשיו בחופש הדיבור.

אחד הספרים המפחידים ביותר שקראתי הוא 'האסלאמיסט' מאת אד חוסיין.[21] חוסיין היה חבר בארגון האסלאמיסטי הקיצוני חִזְבּ א־תחריר. בספרו הוא מתאר בחיות רבה כיצד הצליח קומץ רדיקלים להטיל אימה במכללה שלמה במזרח לונדון ובה אלפי סטודנטים. ראוי שכולנו נקרא בספר הזה. מתברר כי קל עד להדאיג לסחוט הנהלת מכללה באמצעות איום לחשוף אותה ברבים בקלונה – במקרה זה, להציג אותה כגזענית או אסלאמופובית – ולנדות ואף לגרש כל מי שמתנגד לכך. הרדיקלים הצליחו ללהק את עצמם כקורבנות. וכך, כל מי שהתנגד להם הסתכן בהוקעה כמדכא, וכאשם, מתוך כך, בחטא הבלתי־נסלח של תרבות ההווה.

דוגמה מסוג אחר: זוג פרופסורים באוניברסיטת ייל, אריקה וניקולס כריסטָקיס, מצאו את עצמם בלב סערה משום שהציעו שהאוניברסיטה לא תהיה מעורבת ישירות בקביעה איך אסור ואיך מותר להתחפש בליל כל הקדושים; הם סברו כך כנראה משום שהמסיבות הללו אינן אירועים רשמיים של האוניברסיטה אלא התארגנויות סטודנטיאליות. אריקה, מרצה במרכז ללימודי הַיֶּלד בייל, אף הזמינה את הסטודנטים לדון בנושא בעצמם. "דברו זה עם זה", אמרה. "הדיבור החופשי, והיכולת לסבול דברים מרגיזים, הם סימניה של חברה חופשית ופתוחה". היא עודדה סטודנטים לקחת אחריות – אך קבוצה קטנה פירשה את דבריה כאילו נועדו להמליץ ברמיזה על תחפושות גזעניות. היא לא הבינה, כביכול, את הרגישויות של אלה הרואים עצמם קורבנות – והמסקנה הייתה שהיא דכאנית. היא ובעלה ניקולס נאלצו לבסוף לפרוש מתפקידם כראשי אחד הקולג'ים הפנימייתיים בייל, ואריקה עזבה את ייל לחלוטין.[22]

פרק יב – מרחבים בטוחים

ניטשה הזהיר בצדק כי כאשר האמת מתה, כל שנשאר הוא הרצון לעוצמה. המקום הראשון שבו נראית התופעה הזאת לעין כול הוא האוניברסיטה, מִשכנהּ של בקשַת האמת. ודאי, יש בחברה עוולות; יש דעות קדומות; יש מיעוטים מקופחים. עניינם צריך להישמע, והמאבקים סביבם צריכים להתנהל. אך כל זה שייך לתחום הפוליטיקה. הוא איננו תחומה של האקדמיה, ואיננו צריך להיות כזה. יש הבדל בין אמת לבין כוח. יש להם הגיונות שונים ומסגרות שונות.

האוניברסיטה צריכה להיות מגינת הדיון הפתוח, הוויכוח המנומס, הדיבור האדיב וההקשבה המכבדת. היא צריכה לתת מרחב לדעות מנוגדות ולקולות המערערים על ההנחות הנוחות לנו. היא צריכה ללמד אותנו להבדיל בין אמת לכזב, בין טיעון רציני להתחכמות, בין הצגת ראיות לנטיות לב גרידא. אסור לה ליפול לכדי אותו "אימוץ אינטלקטואלי של הלהיטויות הפוליטיות" שדרדר את האוניברסיטאות באירופה לפשיטת רגל מוסרית בשנות העשרים והשלושים במאה הקודמת, כי אם כך יקרה היא תבגוד במנדט שניתן לה להגן על החירויות הפוליטיות שלנו באמצעות הגנה על חירות המחשבה.

סיפור מעניין מופיע בגמרא על האמוראים בני המאה השלישית לספירה רבי יוחנן וריש לקיש. ריש לקיש היה בעברו שודד, אך רבי יוחנן, גדול חכמי ארץ ישראל בעת ההיא, שכנע אותו להתמסר ללימוד תורה. יום אחד, בבית המדרש, פרצה ביניהם מחלוקת חריפה בדבר הלכה. בכעסו הזכיר רבי יוחנן לריש לקיש את עברו, וביייש אותו כל כך שריש לקיש נפל למשכב ומת בחוליו.

רבי יוחנן התאבל כל כך, שחכמים חששו פן יצא מדעתו. הם החליטו שהוא צריך שותף חדש ללימוד, חברותא חדש, ושלחו אליו את רבי אלעזר בן פדת שנודע במומחיותו בהלכה. הסיפור ממשיך כך (בתרגום מארמית):

הלך רבי אלעזר וישב לפני רבי יוחנן. על כל דבר שאמר רבי יוחנן השיב לו רבי אלעזר "יש ברייתא שמסייעת לדבריך". אמר רבי יוחנן, "אתה חושב שאתה כמו ריש לקיש? כשהייתי לומד עם ריש

לקיש, על כל דבר שאמרתי הוא היה מקשה לי עשרים וארבע קושיות ומתרץ עשרים וארבעה תירוצים, ומתוך כך התחוורה לנו המסורת לאשורה. אך אתה, כל שאתה אומר הוא 'יש ברייתא שמסייעת לך', כאילו אינני יודע בעצמי שאני צודק".[23]

אתוס רדיפת הדעת של חז"ל מתגלה כאן, בסיפור על ויכוחים בין חברותות, במלוא העומק והתשוקה שלו. הסכנות אינן מטושטשות בטקסט. בלהט הרגע, רבי יוחנן אמר דבר שהתחרט עליו קשות, ואשר תוצאותיו היו הרסניות. אבל גם לאחר האסון, רבי יוחנן דבק בגישתו הרואה את חיפוש האמת כחשוב לא פחות מהאמת עצמה, את הקושיה כיסוד הידע, ואת החוכמה המתרבה בזכות קנאת סופרים. אם רק מראים לך שאתה צודק, אין זה מוסיף לך דבר. ההבנה באה מן הנכונות לספוג התנגדות.

מול הקיר החיצון של משכנה החדש של רשות השידור הבריטית בלונדון עומד פסל של ג'ורג' אורוול, ומעליו חרות משפט שהוא כתב ברוח דומה עד מאוד: "אם יש לחירות משמעות, הרי משמעות זו היא הזכות לומר לאנשים את שאינם רוצים לשמוע".[24]

במשפט הרומי יש עקרון יסוד, הקובע: audi alteram partem, "שמע את הצד האחֵר". רק כך אפשר להגיע לדין צדק. מוסד המתכחש לחובה לשמוע את הצד האחר אינו יכול לבסס צדק, לקדם ידע או לבקש אמת.

פרק יג
שני סוגי מחלוקת

בדברים שנשא בפני מנהיגים צעירים בסמינר בשיקגו, ב־29 באוקטובר 2019, תקף נשיא ארה"ב לשעבר ברק אובמה בחריפות חריגה את התרבות הפוליטית שהתפתחה במערב בשנים האחרונות, ובייחוד את השימוש ברשתות החברתיות כנשק פוליטי. הוא ביקר את השימוש שעושים בהן אנשים כדי להראות כמה הם "ווקים", כלומר להראות איזו רגישות מופלגת יש להם לענייני צדק חברתי, באמצעות הוקעה מקוונת של אחרים.

"התפיסה הזאת של טוהר, ושל התנגדות לכל פשרה, ושאתם תמיד חייבים להיות ווקים – אתם צריכים להיפטר ממנה מהר", אמר, והמשיך: "העולם מסובך. יש דברים עמומים. גם לאנשים שעושים דברים נפלאים יש פגמים. האנשים שאתם נלחמים נגדם, סביר שהם אוהבים את הילדים שלהם ושיש להם דברים משותפים אתכם".[1] במילים אחרות, סוגיות חברתיות ופוליטיות הן מורכבות ורבות־פנים. לא כל סוגיה היא קרב בין טוב לרע. לפעמים המאבק הוא בין טוב לטוב, בין שני אידיאלים חשובים שאינם מתיישבים. כך גם באשר לבני אדם. אפילו לטובים יש פגמים; אפילו לרעים יש צדדים מוארים. עוד אמר שם אובמה:

אני מרגיש לפעמים, כשאני נמצא בקרב צעירים מסוימים – וזה דבר שהמדיה החברתית מקדמת עכשיו במהירות – שיש לאנשים תחושה כזאת שהדרך לשנות דברים היא להיות הכי שיפוטי שאפשר כלפי אחרים, וזה מספיק.

אם אני מצייץ או מתייג על כך שעשית משהו לא בסדר, או השתמשת בפועל הלא נכון, אני יכול לשבת בנחת ולהרגיש טוב עם עצמי. ראיתם איזה ווק אני? לא פספסתם?... אבל זה לא אקטיביזם. ככה לא עושים שינוי. אם כל מה שאתם עושים הוא לזרוק אבנים, כנראה לא תגיעו רחוק.

אובמה דיבר מניסיון אישי. פעילות פוליטית רצינית דורשת מעורבות אישית ישירה. תחילת דרכו הפוליטית הייתה כפעיל קהילתי בשיקגו.

התגובות לנאום הזה היו מאלפות. מטבע הדברים היו שהסכימו והיו שלא. אך למרבה העניין, הגבול בין המסכימים למתנגדים לא היה הגבול שבין ימין לשמאל, אלא גבול גילי. הבּוּמֶרים (בני דור הבייבי בום, ילידי 1946 עד 1964) ובני דור ה־X (ילידי 1965 עד 1980) נטו להסכים עם הנשיא לשעבר, ואילו המילניאלים (ילידי 1981 עד 1994) ובני דור ה־Z (ילידי 1995 ואילך) נטו להתנגד לדבריו. בעיני קבוצות הגיל הצעירות, הרשתות החברתיות הן זירה פוליטית טבעית וצורה אמיתית של מעורבות ציבורית. כלשונו של כותב אחד בניו־יורק טיימס, "נדמה שאנשים מזדקנים ובעלי עוצמה מוטרדים מביקורת באינטרנט יותר מכפי שהם מוטרדים מאי־צדק".[2] בעיניהם של הצעירים, הרשתות החברתיות הן "הבמה היחידה שיש לרבים מאיתנו לדבר על הסוגיות שאכפת לנו מהן".

ברק אובמה עצמו מזדהה בבירור עם רבות מהסוגיות הללו, ועם האופן שבו תופסים אותן אלה המתכּנים ווקים: עם מצוקותיהם של העניים, המובטלים, המיעוטים האתניים וקהילות הלהט"ב. אך הוא ניסה לומר שגם בסוגיות הללו, בחברה חופשית אי־אפשר לחולל שינוי לטובה באמצעות הוקעה, ביוש, רצח אופי וצדקנות מעל בימת

פרק יג – שני סוגי מחלוקת

הרשתות החברתיות. את העולם משנים על ידי כך שמשנים אנשים, ואנשים יכול לשנות רק מי שמעורב איתם בדעת, רק מי שמבין שגם הם בני אדם עם ערכים ואידיאלים משלהם.

את זאת אומרים סוכני השינוי הזה עצמם. סיימון פאנשה, מייסד הארגון הבריטי לזכויות הלהט"ב 'סטונוול', הצהיר שההכרה בנישואים חד־מיניים הושגה "על ידי כך שדיברנו עם אנשים שאינם מסכימים איתנו".[3] פטריס קאן־קולר, ממייסדי 'חיי שחורים נחשבים', מצוטטת בספר 'איך נלחמים בעליונות הלבנה' כאומרת: "אנשים לא מבינים שלהתארגן זה לא להיכנס לאינטרנט ולקלל אנשים, או לצאת להפגנה ולצעוק משהו"; נדרשת עבודת שטח.[4]

לורטה רוס, אקדמאית אפרו־אמריקנית ופעילה בתחומי זכויות הנשים, הגזענות וזכויות האדם, מדברת אף היא נגד תרבות הצעקות וההכלמה ברשתות החברתיות. יש, היא אומרת, דרך יעילה הרבה יותר לבנות תנועות של צדק חברתי: "זה דבר שנעשה בין אנשים, בחיים האמיתיים". כדוגמה היא מתארת את עבודתה שלה בשנות השבעים בשיקום אסירים שהורשעו באונס. היא סיפרה להם על החוויה האישית שלה, כמי שהייתה קורבן למעשה אונס, ועל ידי כך יצרה סביבה שבה הצליחו האנשים הללו להיפתח ולספר על מעשי התקיפה שלהם, כתוקפים וגם כקורבנות. הם הקימו יחד את ארגון 'אסירים נגד אונס', המיזם הראשון באמריקה בהנהגת גברים נגד תקיפות מיניות.[5]

ג'ניס טרנר כתבה בטיימס הלונדוני כי "איומים מחרידים, חרחור תבהלות, עיים מדממים של שמם־הטוב־החרב של אנשים – כל אלה רק סותמים פיות; הם לא הופכים לבבות". הם יוצרים סביבה של אימה ופחד המזכירה את אלו שהתקיימו במדינות טוטליטריות. אומנם החירות עצמה אינה נתונה בסכנה, אבל שמו של אדם, מעמדו ומקום עבודתו – כן. להתחיל לינץ' בטוויטר, כתבה, יכול להיות עניין מרגש. אתה מוקיע את פלוני או שולל לגיטימציה מפלמוני, ואלפים מצטרפים. "זו חוויה מרנינה של סולידריות, כביכול, של תנועת המונים: כל האנשים האלה מסכימים איתי! אבל כל אחד מהם יושב לבדו, מבודד, ולוחץ על כפתור הלייק. בעוד רגע,

שתי־דקות־השנאה הללו כבר תישכחנה, וההמון יפנה אל מטרה חדשה המסתמנת באופק".[6]

דייוויד ברוקס טען במאמר בניו־יורק טיימס שפוליטיקת הווק מבטיחה כמעט בוודאות ששום שינוי לא יקרה. היא מעודדת אנשים לראות מקרי אי־צדק באופן מקסימליסטי, כמאורעות העוקרים את יסודי התבל ממש. היא אינה מותירה מקום לניואנסים, להבדלים הקטנים, לגורמים המסייגים, לנקודות מבט נוספות. היא עזת מבע, אך אינה מעשית. "היא איננה נוסכת באדם השראה לפעול, אלא מקפיאה אותו במקומו. להיות ווק הוא בראש ובראשונה להציב את עצמך כצופה במופע. לגרום לבעיה להיראות עצומה ובלתי־פתירה פירושו לעודד היבדלות, לבנות חומה בינך לבין הבעיה, במקום לחפש פתרון".[7]

מהו בעצם סלע המחלוקת בין אלה שהסכימו עם דבריו של אובמה לבין אלה שהתנגדו להם? אין זאת רק השאלה אם הרשתות החברתיות יכולות לחולל תמורה פוליטית. זהו רק גילוי שטחי של מחלוקת עמוקה בהרבה: האם בפוליטיקה יש מקום לעמימות ומורכבות? האם אני צריך לחלוק כבוד כלשהו לאלה שאינם מסכימים איתי? האם אנו יכולים להודות בכך שלבני בריתנו יש פגמים ולירבינו יש סגולות טובות? האם הפוליטיקה מקיימת יחסי אני־אתה, או שכל כולה מאבקי כוח? האם כולנו, שמאל וימין, פרוגרסיבים ושמרנים, חלק מקהילת גג מוסרית אחת? האם אנו מכירים בדברים המלכדים בינינו, או מתמקדים רק בהבדלים המפרידים בינינו? איך מנהלים מחלוקת בחברה מורכבת?

אני רוצה לערוך בפרק הזה אבחנה יסודית בין שני סוגים של מחלוקת, ולהסביר כיצד נראים חיים של נועם ואדיבות לצד אלה שאנו חולקים עליהם. דבריי שאובים מהמקורות היהודיים, ומתארים מסורת ייחודית ליהדות, אך בטוחני שדתות ומסורות אחרות תמצאנה דרכים משלהן להגיע למסקנה דומה.

* * *

ליהדות תכונה יוצאת דופן: כמעט כל כתבי הקודש בה רוחשים ויכוחים. במקרא, אברהם ומשה, ירמיהו ואיוב מתווכחים ארוכות עם א־לוהים. במדרשים, חכמים חולקים זה על זה בהתאם לעקרון "שבעים פנים לתורה". המשנה רצופה מחלוקות הלכתיות, ובגמרא נערמות מחלוקות האמוראים על מחלוקות התַנאים חכמי המשנה.

בכל החיבורים המרכזיים הללו, הטקסט מופיע וסביבו פירושים ופירושים שכנגד. במאה ה־12 עשה הרמב"ם את הנועז מכול: הוא חיבר קודקס הלכתי שכל המחלוקות הוסרו ממנו. אך הנה סביב חיבורו זה, 'משנה תורה', התעוררו ויכוחים רבים משהתעוררו סביב כל טקסט אחר בשמונה־מאות השנים שחלפו מאז. אצל אנשים אחרים יש שיחות; אצל היהודים – ויכוחים.

מטבע הדברים, חכמינו התבוננו גם במהותה של המחלוקת עצמה. האם כל המחלוקות טובות? האם תמיד יש תוקף לטיעוני שני הצדדים? האם יש גם מחלוקות הרסניות ומסוכנות? כשחידדו את אבחנותיהם, העמידרון על אבחנה אחת מרכזית: האבחנה בין "מחלוקת לשם שמיים" למחלוקת שאינה כזו.

הדוגמה הקלאסית של חז"ל למחלוקת לשם שמיים היא מערכת היחסים בין שתי האסכולות הגדולות של החכמים במאה הראשונה לפני הספירה, בית הלל ובית שמאי. הלל, בפרט, גילם בעיני חז"ל את אידיאל התלמיד־חכם. כך הם מתארים את המחלוקות בין שני הבתים:

> שלֹש שנים נחלקו בית שמאי ובית הלל. הללו אומרים הלכה כמותנו, והללו אומרים הלכה כמותנו. יצאה בת קול ואמרה, "אלו ואלו דברי א־לוהים חיים הן, והלכה כבית הלל".

> וכי מאחר שאלו ואלו דברי א־לוהים חיים, מפני מה זכו בית הלל לקבוע הלכה כמותן? מפני שנוחין ועלובין היו, ושונין דבריהן ודברי בית שמאי; ולא עוד אלא שמקדימין דברי בית שמאי לדבריהן.[8]

המושג "מחלוקת לשם שמיים" אִפשר לחכמים לראות את האי־הסכמות ביניהם ככוח מלכד, ולא רק מפצל. הדבר מובלע ברעיון הרדיקלי שעל פיו "אלו ואלו דברי א־לוהים חיים": לפעמים שני הצדדים צודקים.

מרומזת כאן חלופה לעיקרון הלוגי האריסטוטלי "חוק הסתירה" הקובע כי "או א או לא א", כלומר שכל היגד הוא או אמיתי או שקרי. לא בהכרח, אומרים חכמינו. שני היגדים מנוגדים, א ולא־א, יכולים להיות נכונים שניהם – מנקודת מבט שונות, או בזמנים שונים, או בנסיבות שונות. נכונות שניהם נובעת מהעובדה ששניהם פירושים לפסוק מקראי. אלו ואלו, אם כן, דברי א־לוהים חיים. והיות שא־לוהים חנן את בני האדם שברא בסמכות לפרש את דברו, שתי הדעות בעלות תוקף, אף כי רק אחת יכולה להתקבל כהלכה הנוהגת. ה׳ נותן את ברכתו לריבוי נקודות מבט, וכך בורא את האפשרות למחלוקת שאינה סכום אפס. תפיסות שונות יכולות להיות נכונות, גם אם רק אחת נפסקה להלכה.

אך יש כאן גם עניין עמוק יותר: דווקא הגדולים מכולם יודעים שהאמת שלהם איננה היחידה. בית הלל ידעו שיש מקום ליותר מפירוש אחד. על כן הם למדו את דברי יריביהם לצד דבריהם שלהם, ואף לפניהם. הם היו "נוחין ועלובין", כלומר אדיבים וענווים, כי הם הבינו שהאמת אינה עניין של הכול או לא־כלום. היא שיחה, וריבוי הקולות הוא עצם מהותה. היהירות האינטלקטואלית של אלה היודעים כי הם צודקים וכי החולקים עליהם טועים – נפסלת על הסף. במאמץ המשותף לברר מה ה׳ רוצה מאיתנו כאן ועכשיו, כל קול הוא חלק מהדיון, והדיון עצמו חשוב לא פחות מהתוצאה שלו.

זוהי אם כן הפרדיגמה של מחלוקת לשם שמיים. מהו היפוכה, מחלוקת שאיננה לשם שמיים? התגלמותה של זו הייתה בעיני חז"ל מחלוקת קורח ועדתו: הערעור על מנהיגותו של משה. כך מתחיל תיאורה בספר במדבר:

וַיִּקַּח קֹרַח בֶּן יִצְהָר בֶּן קְהָת בֶּן לֵוִי, וְדָתָן וַאֲבִירָם בְּנֵי אֱלִיאָב, וְאוֹן בֶּן פֶּלֶת בְּנֵי רְאוּבֵן, וַיָּקֻמוּ לִפְנֵי מֹשֶׁה... וַיִּקָּהֲלוּ עַל מֹשֶׁה וְעַל אַהֲרֹן,

וַיֹּאמְרוּ אֲלֵהֶם: "רַב לָכֶם! כִּי כָל הָעֵדָה כֻּלָּם קְדֹשִׁים וּבְתוֹכָם ה', וּמַדּוּעַ תִּתְנַשְּׂאוּ עַל קְהַל ה'?" (במדבר טז, א-ג).

קורח היה פופוליסט, מהראשונים בהיסטוריה המתועדת, והפופוליזם שב לאחרונה להופיע במערב, כפי שהופיע בשנות השלושים, ומאיים על עתיד החופש. המשותף לפופוליסטים מחד גיסא ולווקים שתיאר ברק אובמה מאידך גיסא הוא הבינאריות הקיצונית. אלו אף אלו מחלקים את העולם לטובים ורעים ורואים אותו בשחור־לבן בלי גוני אפור. אלו ואלו רואים את עצמם כצד המדוכא, ואת יריביהם כצד המדכא. הם אינם מזהים שום חוט של חסד בצד השני.

הפופוליזם הוא הפוליטיקה של הכעס.[9] הוא צץ כאשר גואה האי־נחת מהמנהיגים הפוליטיים, כאשר אנשים מרגישים שראשי הממסד פועלים למען ענייניהם האישיים ולא למען עניינו של הציבור, כאשר משתרר אובדן אמון ותפיסת הטוב המשותף מתפוגגת.

אנשים החלו להרגיש שהתפלגות התגמולים אינה הוגנת: מעטים נהנים מהצמיחה הכלכלית וגורפים הון, אך הרוב נשארים במקום שהיו בו, או אף נסוגים לאחור. רבים גם מרגישים שהמדינה שהם הכירו נגנבה מהם, אם בשל ערעור הערכים המסורתיים, אם בגלל הגירה רחבת היקף.

האי־נחת מתבטאת גם בדחייה של האליטות הפוליטיות והתרבותיות הנוכחיות. פוליטיקאים פופוליסטים טוענים שהם, ורק הם, משמיעים את קולו האמיתי של העם. המנהיגים הקיימים מחלקים ביניהם הטבות ואדישים לסבל ההמונים. הפופוליסטים מעודדים טינה כלפי הממסד. הם נוהגים במתכוון באורח פלגני ומשחר לעימות. הם מבטיחים מנהיגות חזקה שתחזיר לעם את מה שנלקח ממנו.

ב־2017, התמיכה במפלגות פופוליסטיות ברחבי אירופה הגיעה לכדי סביב 35 אחוז, השיעור הגבוה ביותר מאז שלהי שנות השלושים. מפלגות ימין קיצוני הגיעו לשלטון בפולין ובהונגריה, ויש להן נוכחות בולטת באוסטריה, בצרפת ובהולנד. בדרום אירופה, במדינות כגון ספרד ויוון, הפופוליזם נוטה בעיקר לשמאל. כך או כך, הפופוליזם

בעלייה והרודנות מחכָּה מעֵבר לפינה.[10] או־אז, זכויות האדם מוזזות הצידה והציבור נותן למנהיג החזק סמכויות חריגות. כך היה בשנות השלושים עם פרנקו, היטלר ומוסוליני. אנשים מוכנים למסור את החופש שלהם תמורת אוטופיה מובטחת, ולהחריש לנוכח עוולות קשות שנעשות כלפי השעיר לעזאזל שהמנהיג בוחר להאשימו בבעיותיה של המדינה.

מרד קורח היה תנועה פופוליסטית, וקורח עצמו היה ארכיטיפ של מנהיג פופוליסטט. הקשיבו בקפידה לדבריו אל משה ואהרן: "רַב לָכֶם! כִּי כָל הָעֵדָה כֻּלָּם קְדֹשִׁים, וּבְתוֹכָם ה' – וּמַדּוּעַ תִּתְנַשְּׂאוּ עַל קְהַל ה'?" (במדבר טז, ג).

אלו הן טענות פופוליסטיות קלאסיות. תחילה רומז קורח שהממסד, שמשה ואהרן הם נציגיו, מושחת. משה נפוטיסט: הוא מינה את אחיו לכוהן גדול. הוא מחלק את תפקידי ההנהגה הבכירים לקרובי משפחה מדרגה ראשונה במקום למנות להם אנשים ממעגל רחב יותר. שנית, קורח מציג את עצמו כדובר ההמונים. כל העדה קדושים, הוא אומר. אין בכם, משה ואהרן, שום דבר מיוחד. כולנו ראינו את הניסים שעשה עימנו ה'. כולנו שמענו את קולו. כולנו תרמנו לבניין המשכן. קורח משחק את תפקיד הדמוקרט – כדי שיוכל להפוך לאוטוקרט, לשליט סמכותני.

בשלב הבא, הוא וחבריו המורדים יוצאים למסע של הפצת חדשות כזב, כבימינו ממש. את זאת אנו מסיקים מהכתוב בעקיפין. כאשר משה אומר לה' "לֹא חֲמוֹר אֶחָד מֵהֶם נָשָׂאתִי וְלֹא הֲרֵעֹתִי אֶת אַחַד מֵהֶם" (טז, טו), אנו מבינים שהופצו נגדו האשמות כאלו: שהוא ניצל את תפקידו לרווח אישי. וכאשר משה אומר "בְּזֹאת תֵּדְעוּן כִּי ה' שְׁלָחַנִי לַעֲשׂוֹת אֵת כָּל הַמַּעֲשִׂים הָאֵלֶּה כִּי לֹא מִלִּבִּי" ברור, שוב, שזה מענה להאשמה: הפעם, שהוא מייחס לה' החלטות שהוא בודה מליבו.

נבזית מכול היא טקטיקת הפוסט־אמת שבפי דתן ואבירם: "הַמְעַט כִּי הֶעֱלִיתָנוּ מֵאֶרֶץ זָבַת חָלָב וּדְבַשׁ לַהֲמִיתֵנוּ בַּמִּדְבָּר כִּי תִשְׂתָּרֵר עָלֵינוּ גַּם הִשְׂתָּרֵר?" (טז, יג). זו האמירה המוטה ביותר בתורה. יש בה מכל רע: נוסטלגיה שקרית וצינית לארץ מצרים, בית העבדים הנורא,

כאילו הייתה ארץ זבת חלב ודבש – התיאור השמור לארץ ישראל, שאליה מוביל משה את בני ישראל על פי הבטחתו של ה׳; האשמת שווא של משה כאילו בגללו, ולא בגלל המרגלים, נגזר על דור יוצאי מצרים למות במדבר; והאשמה נוספת שלו כאילו הוא משתלט על עם ישראל בשביל יוקרתו האישית. שלושה שקרים מרתיחים.

צדק הרמב״ן באומרו[11] כי ערעור כזה על מנהיגותו של משה לא היה אפשרי בשלבים קודמים. רק לאחר חטא המרגלים, כשנגזר על בני ישראל שלא יזכו להיכנס לארץ ישראל, יכלו קורח והנלווים עימו לרכוב על גלי המרמור. הנרגנים הרגישו שאין להם מה להפסיד. הפופוליזם הוא הפוליטיקה של האכזבה, הטינה והפחד.

במרד קורח, באופן חריג ביותר, פעל משה על דעת עצמו, כשליט יחיד, והעמיד את ה׳ למבחן, כביכול:

> בְּזֹאת תֵּדְעוּן כִּי ה׳ שְׁלָחַנִי לַעֲשׂוֹת אֵת כָּל הַמַּעֲשִׂים הָאֵלֶּה, כִּי לֹא מִלִּבִּי: אִם כְּמוֹת כָּל הָאָדָם יְמֻתוּן אֵלֶּה, וּפְקֻדַּת כָּל הָאָדָם יִפָּקֵד עֲלֵיהֶם – לֹא ה׳ שְׁלָחָנִי. וְאִם בְּרִיאָה יִבְרָא ה׳ וּפָצְתָה הָאֲדָמָה אֶת פִּיהָ וּבָלְעָה אֹתָם וְאֶת כָּל אֲשֶׁר לָהֶם וְיָרְדוּ חַיִּים שְׁאֹלָה – וִידַעְתֶּם כִּי נִאֲצוּ הָאֲנָשִׁים הָאֵלֶּה אֶת ה׳ (במדבר טז, כח-ל).

צעד דרמטי זה, של יישוב סכסוך בכוח (במקרה זה, בכוחו של נס), כָּשַׁל לחלוטין מבחינת השפעתו על העם. הוא לא מיגר את המרמור. האדמה אכן פצתה את פיה ובלעה את קורח ואת עדתו, אבל הציבור, למרות בהלתו, לא התרשם. ״וַיִּלֹּנוּ כָּל עֲדַת בְּנֵי יִשְׂרָאֵל מִמָּחֳרָת עַל מֹשֶׁה וְעַל אַהֲרֹן לֵאמֹר: ׳אַתֶּם הֲמִתֶּם אֶת עַם ה׳!׳״ (יז, ו). ה׳ אומנם נענה לבקשתו של משה, אבל בעיני העם הבקשה עצמה הייתה בגדר הפעלת סמכות כוהנית פסולה.

מפתיע אף יותר הוא המסגור שנתנו חז״ל לעימות הזה. אפשר היה לצפות שהם יזהו כאן ניגוד של שחור-ולבן בין מרד לציות; אך הם הדגישו כי עצם קיומה של מחלוקת בזירה הציבורית יכול להיות חיובי. הם אמרו שחטאם של קורח ועדתו לא היה בכך שהם חלקו על

משה ועל אהרן, אלא בכך שזו הייתה מחלוקת "שלא לשם שמיים". זאת, כזכור, להבדיל ממחלוקת בית שמאי ובית הלל, שהייתה לשם שמיים ולכן סופה להתקיים, כלומר היא בעלת ערך נצחי.[12]

מה קובע אם מחלוקת היא לשם שמיים? המניע למחלוקת ודרך ניהולה. על פי המאירי, ועוד פרשנים בני ימי הביניים, ההבדל היסודי בין השתיים הוא שבמחלוקת לשם שמיים הצדדים מבקשים את **האמת**, ואילו במחלוקת מהסוג השני – את **הניצחון**. הלל ושמאי התווכחו מהי האמת, מהו רצון ה'. קורח קרא תיגר על מנהיגותם של משה ושל אהרן כי רצה לנצֵח: שגם הוא יהיה מנהיג.

במחלוקת של בירור האמת, המנצח מנצח וגם המפסיד מנצח; כי הפסד לאמת הוא ההפסד היחיד שהוא גם ניצחון. הוא מגדיל אותנו. כמו שאמר רבי שמעון העמסוני כאשר דרשותיו לכל מילות "אֶת" בתורה הגיעו אל מבוי סתום: "כשם שקִבלתי שכר על הדרישה כך אני מקבל שכר על הפרישה", כלומר על הוויתור.[13] לעומת זאת, במחלוקת לשם ניצחון, המפסיד מפסיד וגם המנצח מפסיד, כי מי שהקטין את יריביו הקטין גם את עצמו. משה ניצח במחלוקת עם קורח כאשר זכה לנס והאדמה פצתה את פיה. אבל הדבר לא שם קץ למחלוקת. בסוג זה של עימות אין תוצאות טובות. אפשר רק להשתדל למזער את האסון.

כל מעייניו של הפוסט־מודרניזם נתונים, בהשראת מרקס, ניטשה ופרויד, לפיתוח "הרמנויטיקה של חשד" שעל פיה אין אמת אלא רק ניצחון. כל מחלוקת היא הפעלה (מוסווית) של כוח, ניסיון לכונן "שיח הגמוני". היהדות דוחה תפיסה זו – לא מפני שאף פעם אינה נכונה, שהרי היא נכונה לגבי מחלוקות שאינן לשם שמיים, אלא מפני שאפשר לדעת מתי אינה נכונה. יש דבר כזה אמת, ומחלוקות הן לפעמים מאמץ משותף לגלות אותה. זה הבסיס לאמון שבו תלויה כל תקשורת כנה בין בני אדם.

בספרו הקצר והמעולה 'מהו פופוליזם?' טוען יאן־ורנר מולר שהסימן האמין ביותר לצמיחתה של פוליטיקה פופוליסטית הוא הדה־לגיטימציה של קולות אחרים. פופוליסטים טוענים כי "הם ורק הם מייצגים את העם". כל מי שחולק עליהם הוא "חסר לגיטימיות

בהגדרה". כשהם מגיעים לשלטון, הם משתיקים מתנגדים. לווֹקיוּת יש אותו מבנה טיעוני. מי שמחזיק בדעות שאינן בתחומי הנורמה שהווֹקים מגדירים, או משתמש במינוח שאינו מקובל עליהם, נידון להוקעה ולביוש ול"ביטול". לכן מסוכנת היא כל כך השתקתן של דעות לא פופולריות בקמפוסים כיום באמצעות "מרחבים בטוחים", "אזהרות טריגר" והענשה על "מיקרו־אגרסיות". כשהחופש האקדמי גוֹוֵעַ, גוֹוע אחריו החופש בתחומים נוספים.

הפלגנות של הפוליטיקה והתרבות כיום נובעת ישירות מאובדן תחושת ההשתייכות לקהילת מוסר: לחברה המקנה לכל היחידים בה את הביטחון כי אף על פי שדעותיהם שונות, ומתעוררות ביניהם מחלוקות, הם בנים ובנות לאותה אומה, יורשיה של אותה היסטוריה, שותפים לגורלה, ערבים זה בזה, וחותרים יחד אל הטוב המשותף. גם כשהתקיימה קהילה כזאת, הפוליטיקה הייתה לא פעם מחוספסת ואף בריונית. ועדיין, אנשים הכירו באנושיות של יריביהם, הקשיבו להם וידעו כי כנים הם.

תחושה זאת של השתייכות לקהילת מוסר, והכרה באנושיות המשותפת לכול, היא שעשתה את מרטין לותר קינג, את נלסון מנדלה ואת יצחק רבין למנהיגים הגדולים שהם היו. לא כוח הם חיפשו, אלא אמת. לא ניצחון אלא ריפוי. הם הבינו שמחלוקת איננה משחק סכום אפס. היא אינה עניין של מנצחים ומפסידים, אלא של התקדמות משותפת בהכרה שלנו בעוולות, בקשיים ובדעות הקדומות שעודם קיימים, ובאנושיותם של אלה הסובלים מהם. במחלוקת כזאת אין הכרח לשלול לגיטימציה מהיריב, לסלק אותו ולבטל אותו. מוטב, פשוט, לשכנע אותו.

מכאן כוחה של תרבות "מחלוקת לשם שמיים" היהודית. היהדות איננה משתיקה קולות נגד. להפך: היא מרוממת אותם. עוד בתקופת המקרא התגבשה מגמה זו בדמות מוסד הנבואה. הנביאים לא יָרְאו להשמיע אמת באוזני בעלי השררה. בתקופת חז"ל שגשגה תרבות המחלוקת, וכל דף במשנה, בגמרא ובכלל הספרות הרבנית הוא עדות חיה לכך. במדינת ישראל בת זמננו המחלוקת היא לחם חוקו של

מוסריות

החופש הדמוקרטי, בניגוד מזהיר למקובל ברוב המדינות הסובבות אותה.

חברה חופשית תלויה בכבודו של הנֶגד. היהדות כולה מושתתת על עיקרון זה. הוא המכונן את הדיאלוגים בין שמיים לארץ בתנ"ך, ובין בתי מדרשות מתחרים במשנה. הפוטר דעה יריבה בבוז מרושש את התרבות כולה. ספר איוב אינו עומד על השאלה אם איוב צודק או שוגה בתלונתו על העוול שהוא מרגיש שנעשה לו. תכלית הספר להראות שיש לו זכות לדבר, להתריס כלפי א־לוהים, להישמע ובמובן מסוים גם לקבל תשובה. העיתונאי ויליאם סאפייר קרא משום כך לספרו על איוב 'הדיסידנט הראשון'.

תרבות בריאה מגינה על מקומות המעודדים דיון ומכבדים דעות יריבות. בואו אל המקומות הללו: אתם תצמחו בהם למשמע דעות אחרות, בעלי הדעות האחרות יצמחו למשמע דעתכם, ויחד תוכלו לעשות גדולות ונצורות. אך התנגדו בכל לבבכם ובכל נפשכם לכל ניסיון להחליף את בקשת האמת בשאיפת הכוח. והתרחקו מאנשים, מתנועות וממפלגות העושים דמוניזציה ליריביהם. כמאמר ברק אובמה, "אם כל מה שאתם עושים הוא לזרוק אבנים, כנראה לא תגיעו רחוק".

פרק יד
קורבניות

ב־11 באוגוסט 2017 נפטר הגבר הזקן ביותר בעולם, חודש בלבד לפני יום הולדתו ה־114, ובכך היה לאחד מעשרת שיאני אריכות הימים מאז החל תיעוד האוכלוסין המודרני. מי שאינו יודע עליו דבר מעבר לכך, ודאי מדמיין אדם שזכה לחיים שלווים, נטולי אימה, סכנה וייסורים.

אבל ההפך הגמור הוא הנכון. האיש המדובר הוא ישראל קרישטל, ניצול השואה. הוא נולד בפולין ב־1903, שרד ארבע שנים בגטו לודז', ואז הובא לאושוויץ. בגטו מתו שני ילדיו. באושוויץ נרצחה אשתו. כאשר שוחררה אושוויץ הוא היה שלד מהלך: משקלו היה 37 ק"ג בלבד. הוא היחיד שנותר לפליטה מכל משפחתו.

הוא גדל בבית דתי, ונותר יהודי דתי כל חייו. כשנגמרה המלחמה, והוא עירום מכל אשר לו, התחתן בשנית עם עוד ניצולה. הם הולידו ילדים. הם עלו לישראל והתיישבו בחיפה. כאן הוא חזר לעיסוקו שלפני המלחמה: הוא הקים מפעל לממתקים. הוא היה לממציא. אם טעמתם קליפות תפוזים מצופות בשוקולד, או שוקולד עשוי בצורת בקבוק קטן וממולא ליקר, הנה נהניתם מפרי מוחו היצירתי. מכריו אמרו עליו שאין שמץ מרירות בליבו. האיש ששבע מרורים בחר להטעים את הבריות מן המֶתק.

בשנת 2016, כשהיה בן 113, חגג סוף־סוף את בר המצווה שלו. במועד, לפני מאה שנה, הדבר נבצר ממנו. הוא היה אז יתום מאם, ואביו היה מגויס למלחמת העולם הראשונה. בתזמון כמעט פיוטי, ישראל נפטר בערב שבת עקב, הפרשה הכוללת את פרשיית "והיה אם שמוע" ובה מצוות התפילין ומצוות לימוד התורה לדורות הבאים, "לְמַעַן יִרְבּוּ יְמֵיכֶם וִימֵי בְנֵיכֶם עַל הָאֲדָמָה אֲשֶׁר נִשְׁבַּע ה' לַאֲבֹתֵיכֶם לָתֵת לָהֶם כִּימֵי הַשָּׁמַיִם עַל הָאָרֶץ" (דברים יא, כא).

ישראל קרישטל היטיב לקיים את שתי המצוות הללו. ביום בר־המצווה המאוחר שלו התבדח ישראל כי הוא מניח התפילין הזקן בעולם. הוא אסף את ילדיו, את נכדיו ואת ניניו תחת טליתו הפרוסה ואמר, "אני איש אחד; תראו כמה אנשים רבים הבאתי לעולם. עכשיו, כשאתם ואני עומדים כאן מתחת לטלית שלי, אני חושב: שישה מיליון איש כמוני נספו. תארו לעצמכם איזה עולם הם היו יכולים לבנות".

ישראל היה איש מיוחד במינו. חייו של ישראל זורים אור על אחד הפסוקים המסקרנים ביותר בתורה. בתארה את מותו של אברהם מספרת התורה, "וַיִּגְוַע וַיָּמָת אַבְרָהָם בְּשֵׂיבָה טוֹבָה זָקֵן וְשָׂבֵעַ" (בראשית כה, ח). אין בתורה מוות שָׁלֵו מן המוות הזה. והרי אנו יודעים מה היו חייו של אברהם – כמה מתוחים, כמה מתסכלים, כמה עתירי ניסיונות קשים.

בצו ה' היה עליו להיפרד מארצו, ממולדתו ומבית אביו וללכת ליעד לא ידוע. פעמיים אילץ אותו הרעב לצאת לגלות ולסכן את חייו. צאצאים לאין ספור הובטחו לו, ככוכבי השמיים לרוב וכחול אשר על שפת הים – אך עד לגיל זקנה מתקדם התהלך ערירי. כאשר היה לו סוף־סוף בן מהגָר שִפחת אשתו, ה' אמר לו לגרשם. ואם ניסיון זה אינו שובר לב די צורכו, הנה את בנו היחיד משרה אשתו, יצחק, זה שה' אמר עליו שיהיה יורשו הרוחני וממשיך בריתו בדורות הבאים, הוא נצטווה להעלות לעולה.

שבע פעמים הובטחה לו ארץ, אך במות שרה לא היו לו אפילו ארבע אמות של קרקע לקבור אותה, והוא נאלץ להפציר בחיתים

פרק יד – קורבניות

למכור לו חלקת שדה ומערת קבר. אלה הם חיים של תקוות נכזבות והתגשמויות מושעות. על איזה מין אדם שחייו היו כאלה יכולה התורה לומר שמת "בשיבה טובה, זקן ושבע"?

את התשובה למדתי מסדרת מפגשים משני חיים שהיו לי עם ניצולי שואה. הם היו מן האנשים החזקים ומאושרי החיים שפגשתי מימיי. שנים רבות השתוממתי איך הם הצליחו בכלל להיאחז בחיים לאחר שראו מה שראו ולמדו מה שלמדו. הם חיו בגיא הצלמוות האפל ביותר שתרבות מן התרבויות ירדה אליו.

עד שהבנתי מה הם עשו. משתמה המלחמה, כולם כמעט בלי יוצא מן הכלל התמקדו בכל כוחם בעתיד. בארצותיהם החדשות, הזרות להם, הם בנו בתים וקריירות, נישאו והולידו ילדים והביאו לעולם חיים חדשים.

רבים מהם לא דיברו כלל על זיכרונותיהם מן השואה, גם לא עם בני זוגם, ילדיהם וחבריהם הקרובים. אצל רבים מהם השתיקה נמשכה חמישים שנה. רק אז, כשהעתיד שקוממו הסתמן כעתיד בטוח, הם הרשו לעצמם להביט לאחור להעיד על המוראות ועל המראות. כמה מהם כתבו ספרים. רבים מהם נסעו בין בתי ספר וסיפרו את סיפורם כדי שלא יהיה אפשר להכחיש את השואה. הם בנו תחילה עתיד, ורק אז ראו לנכון לזכור את העבר.

ואת זאת עשה אברהם. בימי חייו קיבל מא-לוהים שלוש הבטחות: לצאצאים, לארץ, ולהיותו אב המון גויים ולא רק אומה אחת (בראשית יז, ד-ה). והנה, במות שרה, בהיותו בן 137, היה לו בן אחד רווק; ארץ משלו לא הייתה לו, גם לא פיסת קרקע; ולאומים טרם יצאו ממנו. אך שום מילה של תלונה לא יצאה מפיו. דומה שהוא הבין שא-לוהים רוצה שיפעל, לא שיחכה לא-לוהים שיעשה את המלאכה במקומו.

ולכן, משמתה שרה מיהר ורכש חלקת קרקע ראשונה בארץ ההבטחה, את שדה המכפלה בחברון. ואז ציווה על עבדו למצוא אישה לבנו יצחק, כדי שיזכה לראות בחייו את נכדיו הראשונים שייוולדו לו מבנו ממשיך הברית. לבסוף, כשהיה כבר ישיש מופלג, התחתן בשנית

והוליד שישה בנים שעתידים היו להיות אבותיהם של המון גויים. רק להרף עין ישב והתאבל על העבר; הוא מיהר לעשות את הצעדים הראשונים לבניין עתידו.

כך עשה, בדרכו שלו, ישראל קריסטל – וכך הגיע השורד מאושוויץ להיות האיש הזקן בעולם. גם הוא מת בשיבה טובה, זקן ושבע. זהו רעיון שבכוחו לשנות חיים ולהפוך לב. **כדי להמשיך קדימה לאחר טראומה וטרגדיה יש לבנות תחילה את העתיד – ורק אז לגשת אל זיכרון העבר.**

ישנם קורבנות אמיתיים, והם ראויים לאהדה, להזדהות, לחמלה ולעזרה. אבל קורבן אינו זהה למי שמגדיר את עצמו קורבן. אדם נופל קורבן: כך קרה לו. אבל אדם יכול לבחור איך להגדיר את עצמו: מיהו ומהו. השיעור המאלף ביותר שלמדתי מאנשים אלה שזכיתי להכיר, אנשים שהיו קורבנות על פי כל הגדרה, הוא שבכוח רצונם הכביר הם סירבו להגדיר את עצמם ככאלה.

ועל כן, כאשר סיכמתי עם בי־בי־סי שאכין סדרת משדרים בכותרת "מוסר במאה ה־21", הרגשתי שעליי לנסוע לטורונטו ולשוחח עם אדם שלא פגשתי עד אז אך כבר הזכרתי כאן את שמו, הפסיכולוג הקנדי ג'ורדן פיטרסון, בשל התנגדותו הנחרצת לתרבות הקורבן, ועמידתו – הנדירה בימינו עד להכאיב – על כך שצעירים ייקחו אחריות לחייהם. הוא היה לאינטלקטואל־על בעיניהם של מיליוני צעירים, אך מנגד מלעיגים עליו ומבזים אותו רבים אחרים שחבל שאינם יודעים על מה הם מדברים. הפופולריות העצומה של ההסכתים שלו – הנמשכים שעות על שעות ותוכנם אינטלקטואלי להחריד – מלמדת שהוא אומר משהו שאנשים רבים מרגישים צורך לשמוע, ואשר אינו נשמע די הצורך מפי דוברים עכשוויים אחרים.

בשיחתנו היה רגע של עוצמה צורבת. פיטרסון סיפר על בתו מיכאילה. כשהייתה בת שש נתגלה שהיא לקתה בדלקת פרקים חריפה שמקורה אינו ידוע. שלושים ושבעה מפרקים בגופה נפגעו. לאורך שנות ילדותה ונעוריה היא עברה ניתוחי החלפת אגן והחלפת קרסול.

היא סבלה כאבים עזים ובלתי־פוסקים. כשאביה סיפר לי על מסכת ייסוריה קולו רעד והדמעות עמדו בגרונו. ואז אמר:

> אחד הדברים שנזהרנו בהם מאוד, ושהרבינו לדבר איתה עליהם, היה שלא תתפוס את עצמה כקורבן. והאמן לי, הייתה לה סיבה מצוינת להרגיש שהיא קורבן... אבל ברגע שהאדם החולה רואה את עצמו כקורבן... הוא שוקע במחשבות כעס ונקם – וזה יוצר אצלו מצב פסיכולוגי נורא כמו מצבו הגופני. אני יכול לומר לשבחה הגדול שזה חלק ממה שאִפשר לה להחלים; מפני שהיא הבינה לבסוף מה הבעיה שלה, וככל הנראה תיקנה אותה עד כדי 90 אחוז. המצב עוד לא לגמרי יציב, אבל הוא טוב לאין ערוך מכפי שהיה – מפני שהיא לא הרשתה למצב הבריאותי שלה להכניס אותה למצב קיומי של זעם... לאנשים יש הרבה סיבות להבְנות את עצמם כקורבנות. חייהם של רבים מלאים בסבל ובבגידה. אלו הן חוויות שנצרבות. השאלה היא איזו גישה נוקטים לעומתן. כעס, דחייה, תרעומת, עוינות, רצחנות? זה סיפור קין והבל, וזה רע. זאת הדרך לגיהינום.[1]

כששמעתי זאת הבנתי מה הוביל אותי אל האיש הזה. דבריו הזכירו לי מייד את ניצולי השואה שהכרתי. הם היו קורבנות של אחד הפשעים האיומים ביותר נגד האנושות, בכל ההיסטוריה. **ובכל זאת הם לא ראו עצמם קורבנות.** הניצולים שהכרתי, באומץ כמעט על־אנושי, הסתכלו קדימה, בנו להם חיים חדשים, העניקו זה לזה תמיכה רגשית, ואז, כעבור שנים רבות, סיפרו את סיפורם: לא כדי לתת מבט חדש בעבר, אלא כדי להעמיד את הצעירים של היום על חשיבותה של נטילת אחריות אישית לעתיד אנושי והומני יותר.

אבל כיצד זה אפשרי, שאלתי את עצמי. איך יכול אדם להיות קורבן אך לא לראות את עצמו ככזה – וזאת בלי לחטוא בהכחשה, בהשכחה, או בחשיבה משאלתית?

התשובה נעוצה ביכולת הייחודית שלנו, היכולת העושה אותנו לבני אנוש, לבחור בכל מצב בין מבט לאחור למבט קדימה. אדם יכול לשאול "למה זה קרה?", כלומר להביט לאחור ולחפש גורם בעבר. אך הוא יכול גם לשאול "מה עושים?" – כלומר להביט קדימה, לראות ברגע ההווה קו זינוק ולהחליט לאור זאת על נקודת היעד העתידית שלו.

יש הבדל הרה־גורל בין השניים. כי את העבר איננו יכולים לשנות. אך את העתיד – כן. המביט לאחור רואה את עצמו כאובייקט, ככלי משחק בידי כוחות שמעבר לשליטתו. המביט קדימה רואה את עצמו כסובייקט, כסוכן מוסרי בעל יכולת בחירה, המחליט באיזה נתיב ילך אל המקום שהוא רוצה להיות בו. אלו הן שתי דרכי חשיבה לגיטימיות, אבל האחת מובילה לתרעומת, למרירות, לזעם ולתשוקת נקם – והאחרת מוליכה לאתגר, לאומץ, לכוח רצון ולשליטה עצמית. את הדרך הזאת מייצגים בעיניי מיכאילה פיטרסון וניצולי השואה שהכרתי: את ניצחון הבחירה על הגורל.

ישנם קורבנות. ישנם עוול ודיכוי, קיפוח והדרה ובעבר היו נתונות קבוצות שלמות – יהודים, שחורים, צוענים, נשים, הומוסקסואלים, טרנסקסואלים – לשעבוד, לדחיקה לשוליים, ליחס מפלה ולהתעלמות. בעוולות הללו יש להילחם עד חורמה. זה ברור. חמלה, הרגש שאנו חשים כלפי קורבנות, היא מן היסודות המכוננים של החוש המוסרי. עליה עומד המיטב שבמסורות הדתיות והאתיות הגדולות. לרגש הזה, ולמעשים הטובים שהוא מעורר, לא צריך לשים שום סייג.

הדבר המסוכן הוא אחר: **הפוליטיזציה** של הקורבנוּת, כלומר העתקתה מיחידים לקבוצות ומשם אל הזירה הציבורית. בכל עידן יש קורבנות, וחובתנו לעזור להם. "לֹא תַעֲמֹד עַל דַּם רֵעֶךָ", אומרת התורה (ויקרא יט, טז). "לִמְדוּ הֵיטֵב", קורא הנביא, "דִּרְשׁוּ מִשְׁפָּט, אַשְּׁרוּ חָמוֹץ, שִׁפְטוּ יָתוֹם, רִיבוּ אַלְמָנָה" (ישעיהו א, יז). החדש והמסוכן הוא **תרבות** הקורבנוּת. יש בה טשטוש של הגבול בין האישי לפוליטי. היא נוגעת לתופעה שפיליפ ריף כינה "ניצחון התרפויטי".

המהפכה הליברלית של שנות השישים נעשתה כזכור בשמו של

פרק יד – קורבניות

הפרט. לפרט יש זכויות; לפרט צריך להינתן החופש לעשות כרצונו כל עוד אינו מזיק לאחרים. הפוליטיקה הליברלית במיטבה הינה, או שואפת להיות, עיוורת למעמד, לצבע, למגדר, לגזע ולדת. הגישה הרווחת במחשבת המערב היא שבראש מעיינינו נמצא הפרט, מעל ומעבר לכל שיוך וזיהוי. זכר או נקבה, שחור או לבן, עשיר או עני, יהודי או נוצרי, מאמין או כופר – כל זה אינו עיקר; הפרט הוא בעל הזכויות, החופש, הזכאות לכבוד והגישה לצדק.

ואז באו שנות השבעים שבהן, לפחות בבריטניה, הכוח הדומיננטי היה איגודי העובדים, ושנות השמונים, עת סחפו את המערב התאצ׳ריזם, כלכלת רייגן והליברליזציה של המשק. עם הזמן פחתה בולטותם של השסעים המעמדיים והכלכליים בפוליטיקה. סוגיות אחרות תפסו את מקומם. בתחילה, הגיבור היה הפרט; אך לבסוף השתלטו על הדיון הקבוצות: תחילה היהודים, ואז האפרו-אמריקנים, ואז הנשים, ואז ההומואים, ועכשיו הטרנסג׳נדרים. כולם דרשו לעצמם שוויון בפני החוק, וזה כמובן מוצדק לגמרי. אלא שדרישה זו הייתה שונה שוני מהותי מתביעת השוויון והצדק של העבר: הפעם הגדירה עצמה כל קבוצה כמושא לדעה קדומה או כקורבן לדיכוי. זו הייתה תפנית חדה מליברליזם קלאסי לדבר הדומה יותר לניאו-מרקסיזם: תפיסת עולם הרואה את החברה כמערכת של מבני כוח ואת האנושות כולה כנחלקת למדכאים וקורבנות. במקום לחתור להכרה כיחידים הם חתרו להכרה כקבוצות, שהפעם מגדיר אותן לא המעמד החברתי-כלכלי אלא סמנים קדמוניים כגון גזע, מגזר ונטייה מינית. זה היה הבסיס לפוליטיקת הזהויות שדנו בה לעיל.

במדינה הליברלית, פרטים פעלו למימוש זכותם לחיות כפי שהם בוחרים כל עוד אינם פוגעים בזולתם. במדינה בת זמננו, קבוצות נאבקות למען דברים שעד לא מכבר לא נחשבו אף פעם לעניינה של הפוליטיקה: הכרה, כבוד, הערכה עצמית. התרבות נעשתה פוליטית. כך גם הדימוי העצמי. תוכנית הלימודים המסורתית של הכתבים הקאנוניים – התנ״ך, שייקספיר וכל השאר – מוקעת כמי שמייצגת הגמוניה של זכרים לבנים מתים. קורפוס ספרותי זה גורם כביכול

לקבוצות מודרות לפתח דימוי עצמי שלילי, והדבר משפיע על סיכויי ההצלחה של חבריהן. מרקס דיבר על דיכוי כלכלי. יורשיו בני זמננו מדברים על דיכוי פסיכולוגי: הקבוצה שלנו סובלת מתת־הישגיות כי הפלו אותה לרעה, ואם לא הפלו במפורש הפלו במשתמע. זוהי, ממשיכה הטענה, הפרה של זכותה של כל קבוצה להערכה עצמית. אנחנו הקורבנות; לא קורבנות פשע, אלא קורבנות תרבות. אנחנו המדוכאים החדשים.

כל זה מוביל לפוליטיקה של קורבנות תחרותית. עשו לנו עוול. זלזלו בנו. אנחנו בעליה החוקיים של מה שברטרנד ראסל כינה פעם "סגולתו העילאית של הנדכא". יש בטיעון הזה גרעין של אמת. אבל אי־אפשר להופכו לפוליטי בלי להחריב את תשתיתה של הדמוקרטיה הליברלית, שהיא ההפרדה המשולשת בין אומה, קבוצה ויחיד, או במילים אחרות בין המדינה, החברה האזרחית והחיים הפרטיים. כאשר רגשות פרטיים (דימוי עצמי שלילי) נעשים חלק מההגדרה העצמית של הקבוצה, וכאשר קבוצות תובעות מן המדינה שתפעל לריפוין, נולדת פוליטיקת הזהות, או "הפוליטיקה של ההכרה". מצב זה נגזר ישירות מהרב־תרבותיות בת זמננו, והוא הסכנה הגדולה ביותר הגלומה בה. עמד על כך הפילוסוף הפוליטי מייקל וולצר:

> חברי קבוצות נדכאות קיבלו עידוד – שגוי לטעמי – להאמין שהם, יותר מכל דבר אחר, נפגעיו של זלזול מצד הקבוצה הדומיננטית ולתור אחר סימנים של יחס נאות. אבל מי שנמצא במצב של חשדנות כלפי הממד המקטין או הזדוני של דברים שייאמרו או ייעשו פוגע בעצמו. חשדנות כזו מובילה תדיר למבוי־הסתום של פוליטיקת הכעס והטינה.[2]

בחברה ראויה לשמה, אנשים פועלים לריפוי נחשלות וקיפוח. יש קבוצות שנדחקו לשוליים; יש קבוצות שסבלו מאוד בעבר. על פוליטיקה השואפת למתן הזדמנויות שוות ולכיבוד כל אדם אפשר לומר רק דברים טובים. אבל יש הבדל גדול בין פוליטיקה מכוונת עתיד לבין כזאת

המתמקדת במרמורי העבר; בין תרבות המעלה על נס את האחריות לבין כזאת הנבנית סביב מושג "זכויות" המתרחב עד בלי די; בין תרבות המגדירה אנשים כקורבנות לבין תרבות העוזרת לקורבנות אמיתיים לשקם את יכולת הפעולה וההגדרה העצמית שלהם. פוליטיקה עניינה כוח וחלוקת משאבים. היא אינה קשורה לפסיכולוגיה של ההערכה העצמית או להקצאת אשמות. כאשר הגבולות הללו מיטשטשים, נוצרת פגיעה אנושה ביחסים הבין־קבוצתיים הטובים, שחברה מגוונת אתנית ודתית תלויה בהם.

* * *

במאי 1944 נעצרו 12 אלף יהודי העיר קושיצה בסלובקיה (שסופחה אז להונגריה) והובלו לאושוויץ. ביניהם היו אדית אֶגר, נערה בת 16, אימהּ ואביה ואחותה מַגדה. הוריה של אדית נרצחו מייד. כאשר שאלה אדית אסירה אחרת במחנה הריכוז איפה היא תראה שוב את אימהּ, האישה הצביעה לעשן שעלה מהארובה במרחק ואמרה לאדית, "היא נשרפת שם. דברי עליה בזמן עבר". איכשהו, אדית שרדה לא רק באימי אושוויץ אלא גם במצעד המוות שבו נרצחו כמעט כל אלה שהלכו לצידה. כאשר, לבסוף, גילו אותה חיילים אמריקנים שוכבת תחת ערמת גופות, היא הייתה חולה בטיפוס, בדלקת ריאות ובדלקת קרום הריאות, וגבה היה שבור.

היא התחתנה עם בחור שהיה מאושפז לצידה בבית החולים. לבסוף היגרה המשפחה לארצות הברית, ושם אדית נעשתה פסיכולוגית. אבל טראומת אושוויץ לא הרפתה ממנה, עד שבהיותה בת 53 חזרה לשם להתעמת עם השדים שבתוכה. אחרי שנים רבות, בהיותה בת 90, נמרצת ואוהבת חיים, כתבה את ספר זיכרונותיה, 'הבחירה' שמו, שהופיע בשנת 2017 ונעשה רב מכר. אדית היא עדות חיה לצדקת גישתו של ויקטור פראנקל, גם הוא ניצול אושוויץ, שאמר שבמחנות מוות נשללו כל החירויות מלבד אחת: חירות התגובה התודעתית. כפי שאמרה לאדית אגר אימהּ כאשר הובלו לאושוויץ: "זכרי, אף אחד לא יכול לקחת ממך את מה שבראש שלך".

הסבל, אומרת אגר בספרה, הוא אוניברסלי, אבל הקורבנות היא כבר בחירה.[3] "יש הבדל", היא אומרת, "בין נפילת־קורבן לבין קורבנוּת". כולנו עלולים ליפול קורבן בשלב מסוים. נסבול מהתעמרות, מפציעה, ממזל רע או מכישלון. אנחנו חיים בחשיפה לכוחות שמעבר לשליטתנו. הנפילה־קורבן באה מבחוץ. אבל הקורבנות באה מבפנים. "אף אחד לא יכול להפוך אותך לקורבן; רק אתה יכול". אנחנו מפתחים סוג מסוים של הלך נפש, "דרך של חוויה והוויה שהיא נוקשה, מאשימה, פסימית, תקועה בעבר, לא סולחת, מענישה, ונעדרת גבולות בריאים". אנחנו נעשים "הסוהרים של עצמנו".

אגר אמפתית כלפי הקורבנות, ביניהם הוריה, ואינה מאשימה אותם. הנפילה־קורבן, כאמור, באה מבחוץ, ובמקרים רבים בידי כוחות שאין לנו שליטה בהם. אבל הריפוי בא כאשר אנו מסרבים להגדיר את עצמנו קורבנות. סירוב זה הוא ששמר עליה בחיים, והיא מנסה לעזור למטופליה לגייס אותו מתוכם. מכאן כותרת ספרה. תמיד יש בחירה. לא תמיד אנחנו יכולים לבחור מה יקרה לנו, אבל תמיד אנחנו יכולים לבחור איך להגיב. המאורעות אינם מגדירים אותנו. להרשות לעצמנו שכך נוגדר פירושו למסור לאחרים את הריבונות על חיינו. אגר, לעומת זאת, שאלה איך הסבל שחוותה יאפשר לה לעזור לאנשים אחרים שסובלים. היא רתמה את החוזק שלה כדי לנטוע חוזק בזולת. היא עזרה להם כשהלכו בגיא צלמוות. זה היה התיקון שלה, גאולת העבר, ריפויו של עולם שבור.

וזהו, במידה רבה, עניינו של המוסר.

השתמשתי לאורך הספר הזה במילה 'מוסר' כאילו יש רק דרך אחת להבינה. מובן שאין הדבר כן. ההבדל בין הבנת המוסר ביהדות ובנצרות לבין הבנתו בתרבות יוון העתיקה הוא אולי ההבדל הגדול ביותר בין מסורות אלו (אומנם, גם בתוך כל אחת מהן יש הגדרות מרובות למושג). היוונים האמינו ב'מוֹירָה', או 'אָנַנְקֶה', גורל שרירותי ובלתי־נמנע, שאורַקל יכול לדעת מראש. על כך מושתת למשל סיפור אדיפוס. לאיוס, אביו, שמע מהאורקל שבנו עתיד להורגו ולרשת את מקומו. כדי לברוח מגורל זה הוא הותיר את אדיפוס הפעוט כבול

בצוק, שימות שם. אך רועה אחד מצא את אדיפוס, הציל אותו וגידל אותו עם משפחתו, בלי שידע מי אביו. האורקל סיפר לאדיפוס שהוא יהרוג את אביו ויתחתן עם אימו. כאביו גם הוא רצה לברוח מגורל זה, ולכן עזב את הבית. הוא פגש זר, הם התווכחו, נלחמו, והזר מת. הזר הוא כמובן לאיוס. כוחה של הדרמה טמון בכך שכל מה שהדמויות עושות כדי לחמוק מהגורל רק מקרב אותן להתממשותו. זהו גלעין הטרגדיה היוונית. החופש של האדם הוא אשליה המתנפצת אל הסלע האכזר של ההכרח.

האתיקה היהודית־נוצרית, לעומת זאת, מתמקדת **באשמה ובאחריות**. לקראת סוף ספרו 'א־לוהים: ביוגרפיה' עורך ג'ק מיילס אבחנה מאלפת בין הטרגדיה היוונית לזו השייקספירית. בטרגדיה היוונית גורלו של אדם נקבע בידי גורמים חיצוניים לו, שאינם בשליטתו. בטרגדיה השייקספירית גורמים אלה הם פנימיים. המאבק מתקיים בתוך תודעתו של הגיבור. בגלל ההבדל הזה 'המלט' שונה כל כך מ'אדיפוס'. אצל המלט, העימות הוא פנימי: "בין ה'אודם הטבעי של עוז ההחלטה' לבין 'חיוורונם של הרהורי הלב'". לדברי מיילס, "ההשפעה העמוקה של המקרא על החברה האירופית היא־היא המסבירה מדוע הטרגדיה השייקספירית שונה כל כך מן הטרגדיה היוונית".[4]

הבושה וההכרח מולידים תרבות של **טרגדיה**. האשמה, התשובה והאחריות מולידות תרבות של **תקווה**. אם יש לנו רצון חופשי, איננו עבדים לגורל. אם בלב ההוויה נמצאת ישות סולחת, לא נגזר גורלנו לאשמת נצח. "ותשובה ותפילה וצדקה מעבירין את רוע הגזרה", כמאמרנו בתפילת יום כיפור. שום גורל איננו בלתי־נמנע, שום עתיד איננו קבוע מראש, ואין תוצאה שנבצר מאיתנו להיאבק בה. תמיד יש בחירה.

יש תרבויות טרגיות ויש תרבויות של תקווה, ואף כי יש תרבויות המשלבות רכיבים מזו ומזו, בעיקרן הן אינן עולות בקנה אחד. בתרבויות תקווה, אנחנו פועלים. אנחנו בוחרים. הכול תלוי בהחלטתנו, וזו אינה קבועה מראש. בתרבויות טרגיות, אנחנו קורבנות. אנחנו כלי משחק

מוסריות

בידי כוחות שמעבר לשליטתנו, וגם החזקים שבינינו סופם שייפלו שדודים בידם. הדרך היחידה להיוושע מן הקורבנות היא לסרב להגדרה העצמית הזאת. בטווח הארוך שום טוב לא יצמח ממנה, כי היא שייכת לעולם של טרגדיה. היא מחלקת אותנו לקורבנות ומדכאים – ואנחנו תמיד הקורבנות, והאחרים הם תמיד המדכאים. הֱביטו בכל אזור עימות בעולם ותמצאו שכל אחד מן הצדדים רואה את עצמו כקורבן, ועל כן חף מפשע, ואת הצד האחר כעושה הרע. זה מרשם לעימות נצחי ולאכזבה מתמדת. נותרים רק טינה, זעם ותשוקת נקם, והללו אינם משיגים דבר לבד ממעגל בלתי־נגמר של מעשי תגמול.

הבחירה בחופש מביאה לתבוסתה של הקורבנות ולהולדתה הגאולית של התקווה.

פרק טו

שובו של הביוש הפומבי

בשנת 2015, בוועידה עולמית לכתבי מדע שנערכה בסיאול, נאם הפיזיולוג הבריטי סר טים האנט. בשנת 2001 זכה בפרס נובל לרפואה על מחקרו בתחום התחלקות התא. הפעם התבקש לדבר על תרומתן של נשים למדע. הוא החליט לפתוח בבדיחה: ״תרשו לי לספר לכם על הצרות שלי עם בנות. שלושה דברים קורים כשהן במעבדה. אתה מתאהב בהן. הן מתאהבות בך. וכשאתה מותח עליהן ביקורת הן בוכות״. ההקשר היה נהיר ומודגש: הוא התבדח. מייד אחרי המילים האלה הוא ניגש אל ההמשך במילים ״ועכשיו ברצינות״ – ודיבר ברצינות על תרומתן של נשים למדע.

אבל הבדיחה צוטטה בטוויטר ונעשתה ויראלית. זעם פשט ברשת. האנט אולץ לוותר על מעמדו כפרופסור לשם כבוד בפקולטה למדעי החיים ב״יוניברסיטי קולג׳״ בלונדון וכחבר הוועדה של החברה המלכותית לפרסים במדעי הביולוגיה. נאמר לו שאם לא יפרוש מייד, יפוטר.

מדענים יצאו לאחר מכן להגנתו. מדעניות סיפרו כמה הוא עזר להן בקריירות שלהן. אשתו, מרי קולינס, הייתה מדענית דגולה בפני

עצמה. אבל בסופת האש של הרשת החברתית לא היה אפשר להשיב מלחמה שערה. כמעט בן־לילה הוא היה למנודה.

בספרו 'אז עשו לך שיימינג' מספר ג'ון רונסון את סיפורה של ג'סטין סאקו, מנהלת תקשורת משולבת בחברת האינטרנט IAC.[1] ב־20 בדצמבר 2013 היא חיכתה בנמל התעופה היתרו בלונדון, בדרכה מניו־יורק לקייפטאון. בעת ההמתנה העלתה לרשת טוויטר סדרת ציוצים משועשעת. באחד מהם כתבה "נוסעת לאפריקה. מקווה לא לחטוף איידס. סתם בצחוק. אני לבנה". היא חיכתה חצי שעה לתגובות, אך הללו לא באו. הטיסה ארכה אחת־עשרה שעות, שברובן היא ישנה.

כשהגיעה, גילתה שלאורך השעות הללו היא נעשתה לנושא הטרנדי מספר אחת של טוויטר. בעקבות זאת איבדה את מקום עבודתה. בלוגרים וסלבריטאים בעולם כולו טרחו להוקיע אותה. ב־11 הימים שמיום הציוץ עד תום השנה, חיפשו את שמה בגוגל 1,220,000 פעם.

סביבת המדיה החברתית החדשה הפכה כמעט כל סוג של התבטאות פומבית למסוכן מאוד. כפי שאמר לרונסון עיתונאי אחד, "אני פתאום מרגיש במדיה החברתית כמו מי שהולך על קצות האצבעות סביב הורֶה לא מאוזן, כועס ובלתי־צפוי, שעלול להתפוצץ עליי בכל רגע. זה מבהיל".[2]

המדיה החברתית השיבה, למעשה, את הביוש הפומבי: אותו סוג גס של עשיית צדק שנהג לפני העת החדשה, ואשר עדיין עשוי להתקיים במקומות שבהם שלטון החוק חלש וכנופיות כופות על החברה נורמות בלי סמכות משפטית מוסכמת כלשהי.

מבחינה מסוימת, צורה חדשה זו של ביוש יכולה להיות חשובה וחיובית. היא מאפשרת, גם למי שבלעדיה לא היו לו הזמן, הכסף או המשאבים לעשות זאת, להביא לידיעת הציבור התנהגות שיש להוקיע. דוגמאות טובות לכך הן חשיפות מעשי ההטרדה המינית והפדופיליה של אנשים כגון מפיק הקולנוע הארווי ויינשטיין או של כמה כמרים קתוליים, בעקבות האשמות מצד גולשי אינטרנט. החשיפה הפומבית והביוש הפומבי היו נאותים כאן.

במקרים כגון אלה, המדיה החברתית נתנה קול לאנשים שקולם לא היה נשמע בלעדיה, או שהיו חוששים להתלונן מאימתם של בעלי כוח ונגישות לייצוג משפטי מעולה. השפעתה של הרשת החברתית הייתה כאן חיובית, מעצימה ומוסרית.

אלא שלמשפטי השדה האלה יש בעיה: הם אינם מושתתים על נורמות משפטיות. אין הליך הוגן. לנאשם לא ניתנת הזדמנות מספקת להציג את הצד שלו. אין הליך נטול משוא פנים של הכרעה אם נעשה עוון, ואם כן, מהו העונש ההולם. במקום כל אלה מתקיים שלטון ההמון. ומשהותר מן ההמון הרסן, קשה להבחין בין עוולות אמיתיות לבין האשמות זדון, עלילות נקם ושאר הוצאות שם רע שהמוסר מהם והלאה.

דייוויד ברוקס מספר את סיפורה של אמילי, צעירה מלב סצנת מוזיקת הפאנק בריצ׳מונד שבמדינת וירג׳יניה בארה״ב. היא הייתה בקשר זוגי עם חבר להקה, ונסעה איתו להופעה בפלורידה – אך בדרך הם קיבלו הודעה שההופעה בוטלה כי הבחור הואשם בשליחת תצלום מיני למישהי שהתנגדה לכך שהוא יעשה זאת. בעקבות זאת הפנתה לו אמילי עורף וכתבה בפייסבוק פוסט שהוקיע אותו. הוא פוטר מהלהקה, איבד גם את מקום עבודתו, ונזרק מהדירה שלו. כעבור זמן מה, בלי קשר, אמילי הוקעה בגלל מעשה של בריונות רשת שהשתתפה בו עשר שנים קודם לכן, כשהייתה תלמידת תיכון. עכשיו הייתה היא למושא שנאה, הורחקה מסצנת הפאנק, ומצאה עצמה בודדה ומוכת הלם. לימים סיפרה כי הרגישה ש״נגמרו לי החיים״ ושהיא ״מפלצת״. כאשר האדם שכתב את הפוסט נגדה נשאל אם הוא מתחרט ענה שההפך הוא הנכון: הדבר הסב לו פרץ של עונג. מגיע לה, הוא אמר. ״לא אכפת לי אם היא עכשיו מתה, חיה או מה״. כאשר החל המראיין לתהות על הלך הנפש הזה, הוא גילה שאביו של המשמיץ התעלל בו בילדותו.

על שרשרת האירועים הזאת מעיר ברוקס כי היא מראה כיצד ״הקנאות מתודלקת במקרים רבים בידי אנשים המעבדים את פצעי הנפש שלהם״. כאשר ההוקעה נעשית באמצעות המדיה החברתית,

ולא במפגש פנים אל פנים, "אפשר להרוס חיים של אנשים בלי להכיר אותם כלל". הוא מוסיף כי "בהיעדר קשר אישי, לא מתאפשרות התנצלות ומחילה".[3]

ואכן, זה לב העניין. אנו עלולים בקלות לשכוח כמה מהאבחנות החשובות ביותר בחיי המוסר: בין תרבויות אשמה לתרבויות בושה, ובין עונש לנקמה. ההבדל ביניהם יסודי, והוא נגזר מן השאלה האם הצדק אישי או על־אישי.

הביוש הוא תגובה עתיקת יומין למעשים רעים. שורשיו קדומים בהרבה לאלה של המשפט הממוסד. היחידה החברתית העיקרית בימים הרחוקים ההם הייתה לא החברה כמכלול אלא חמולות, קבוצות, שבטים. בתרבות שבטית, כאשר בן קבוצה אחת פוגע בבן קבוצה אחרת, זו פגיעה בכבוד – והחרפה חייבת להימחות במעשה נקם. על כן פוגעת הקבוצה השנייה במי מבני הקבוצה הראשונה. מכאן מתחיל מעגל תגמול, שעלול להימשך עד בלי קץ. ייתכן שמעגל נקמות כזה הוא שהכחיד את האדם מאי הפסחא. חובבי התיאטרון מכירים את מעגל האימה בין משפחות מונטגיו וקפיולט, וחובבי הקולנוע – את זה שבין משפחות קורלאונה וטטאליה. אכן, בתקופות ההיסטוריות שסכסוכים בדיוניים אלה ממוקמים בהן, כבר היו חוקים ובתי משפט; אך הנאמנות השבטית מתגלה בסיפורים אלה כחזקה ממערכת המשפט הממסדית. המלומד הצרפתי רנה ז'יראר משער בספרו 'האלימות והקדושה' כי הדת נולדה כדרך להסטת אלימות מתוך הקבוצה אל גורם מחוצה לה, קורבן שסבלו ישיב לקבוצה את האחווה.

תרבות הנקם היא הדבר שהתנ"ך מנסה לשים לו קץ, מתוך מה שאלברט איינשטיין כינה "אהבת הצדק הכמעט פנאטית שלו". בקרב נוצרים שכיחה ההנגדה בין א־לוהי "הברית הישנה", כלשונם, שהוא קנא ונוקם, לבין אלוהי הסליחה של הברית החדשה. זו שגיאה חמורה. שורשיה של הסליחה הנוצרית אחוזים במושג הסליחה שהעמיד המקרא, "הברית הישנה". המקרה המתועד הראשון של סליחה בין־אישית הוא מחילת יוסף לאחיו אשר לפני שנים מכרוהו לעבדות. היום הקדוש ביותר בלוח השנה היהודי הוא יום כיפור, חגה של המחילה

מן השמיים. הסליחה והעונש כרוכים יחדיו. הם אינם ניגודים, אלא שני היבטים של אותה השקפה מוסרית.

הנקמה היא אישית. מישהו פגע בי ובקבוצה שלי, ולכן אני והקבוצה שלי חייבים לפגוע בו בחזרה. העונש, לעומת זאת, הוא על־אישי. זה טיבו של הצדק. הצדק מתקיים לא במרחב שבין משפחות מונטגיו וקפיולט, אלא במרחב שבין שתיהן לבין כס המשפט שאינו אישי ואינו נושא פנים. פסק הדין וגזר הדין אינם נחלתה של משפחת הקורבן, אלא נחלת השופטים, בית המשפט ומערכת הצדק.

שובו של הנקם ככוח פעיל, באדיבותה של המדיה החברתית, הוא אם כן נסיגה גדולה. כך גם הופעתה המחודשת של תרבות הבושה: שלילת כבוד פומבית בלי משפט, בלי הליך הוגן, בלי בקשות להקלה בעונש, בלי פרופורציה ובלי אפשרות לסליחה. ההבחנה בין בושה לאשמה מחזירה אותנו אל פרק מרתק בהיסטוריה הרעיונית של המאה העשרים.

אחרי המתקפה היפנית על פרל־הרבור ב־1941 הבינו האמריקנים שנכפתה עליהם מלחמה עם מדינה שהם אינם מבינים את תרבותה. הממשל פנה אפוא לאנתרופולוגית ידועה, רות בנדיקט, שתסביר לו את היפנים. היא עשתה זאת, וחיבורה בנושא התפרסם אחר גמר המלחמה בספר 'החרצית והחרב'.[4] אחת האבחנות המרכזיות שערכה שם בין התרבות היפנית לזו האמריקנית היא האבחנה בין תרבות בושה לבין תרבות אַשְׁמָה.

תרבויות אשמה תופסות את המוסר **כקול פנימי**, קולו של המצפון האומר לנו אם עשינו טוב או רע. תרבויות בושה תופסות את המוסר **כתביעה מבחוץ**, הציפיות של אנשים אחרים מאיתנו. כשאני מרגיש בושה, אני חווה או מדמיין כיצד אני נראה בעיני אחרים השופטים את מעשיי. תרבות הבושה היא מכוונת זולת. ואילו תרבויות אשמה הן מכוונות פְּנים.

תרבויות אשמה מבחינות בחדות בין החוטא לבין החטא. מעשה יכול להיות רע, אבל העושה אינו פסול כאדם. לכן אפשר לרפא אשמה על ידי חרטה, וידוי, חזרה לדרך הישר ונחישות שלא לשוב לדרך

הרעה. בתרבויות אשמה יש תשובה ומחילה. לא כן בתרבויות בושה. הבושה היא כתם על החוטא, והכתם לא יימחה אף פעם לגמרי. תרבות בושה אינה מספקת מחילה. היא מציעה דבר דומה אבל שונה: ריצוי, בדרך כלל בליווי מעשה של השפלה עצמית. בתרבות אשמה יש טעם להתוודות על החטאים. בתרבות בושה אין בכך שום טעם; להפך, כדאי לאדם להסתיר את חטאו בכל דרך אפשרית. כניסוחו של הרברט מוריס בפתח ספר בעריכתו, 'אשמה ובושה': "כשאנו חשים אשמה אנחנו נוטים להתוודות; כשאנו חשים בושה אנו מנסים להסתתר. דומה כי כדי להיפטר מן האשמה אנו משיבים דברים לקדמותם, אם רק יש לנו אפשרות לעשות זאת, ואילו כדי להיפטר מבושה אנו משנים את עצמנו".[5]

ברנרד ויליאמס, המנחה שלי לדוקטורט, עורך בספרו המעולה 'בושה והכרח' עוד אבחנה חשובה. החוויות הפרימיטיביות ביותר של הבושה "קשורות בראייה ובהיראוּת"; אך ייתכן ש"האשמה שורשה בשמיעה, בצליל קולו של השיפוט הנשמע בתוכנוּ; זהו הרגש המוסרי של המילה".[6]

זה זמן רב שאני חושב כי זה פשרו האמיתי של סיפור שזכה לשלל פרשנויות אחרות, סיפור חטא אדם וחווה. לדעתי לב עניינו של הסיפור אינו פרי אסור, או מין, או חטא קדמון. זהו סיפור על תפקידיהן של הראייה והשמיעה בחיי המוסר.

בתחילת הסיפור האדם ואשתו נמצאים בגן עדן "וְלֹא יִתְבֹּשָׁשׁוּ" (בראשית ב, כה). זהו האזכור הראשון של בושה במקרא, אומנם אזכור של היעדר בושה. הנחש אומר לאישה כי אם יאכלו היא ואדם מהפרי "וְנִפְקְחוּ עֵינֵיכֶם וִהְיִיתֶם כֵּא־לֹהִים יֹדְעֵי טוֹב וָרָע" (ג, ה). ציון פקיחת העיניים מעורר תהייה: הרי אין הם עיוורים; באיזה מובן עיניהם תיפקחנה? נראה כי זו דרך לציין כי צורה זו של שיפוט מוסרי, "ידיעת טוב ורע", קשורה לראייה דווקא, לא לשמיעה. זהו מוסר שבמרכזו הבושה. האישה מסתכלת בעץ ורואה "כִּי טוֹב הָעֵץ לְמַאֲכָל וְכִי תַאֲוָה הוּא לָעֵינַיִם וְנֶחְמָד הָעֵץ לְהַשְׂכִּיל" (ג, ו). אפילו המילים האחרונות כאן, "ונחמד העץ להשׂכיל", שלכאורה מדברות לא על העיניים אלא

על השכל, עשויות להתפרש כלשון הסתכלות: נחמד להסתכל בעץ (כך בתרגומו החדש לאנגלית של רוברט אורי אלטר, בעקבות רעיון של עמוס פונקנשטיין ולאור התרגומים הארמיים).[7]

בני הזוג אוכלים, ואכן "וַתִּפָּקַחְנָה עֵינֵי שְׁנֵיהֶם וַיֵּדְעוּ כִּי עֵירֻמִּם הֵם" (ג, ז). הכול כאן ויזואלי, מההתחלה ועד הסוף. אך כאן, במפתיע, בפסוק המעניין מכולם, מגיעה לפתע השמיעה: "וַיִּשְׁמְעוּ אֶת קוֹל ה' אֱ־לֹהִים מִתְהַלֵּךְ בַּגָּן לְרוּחַ הַיּוֹם. וַיִּתְחַבֵּא הָאָדָם וְאִשְׁתּוֹ מִפְּנֵי ה' אֱ־לֹהִים בְּתוֹךְ עֵץ הַגָּן" (ג, ח). מה מוזר הפסוק הזה. קולות אינם מתהלכים. ומא־לוהים אי־אפשר להתחבא. אך זה עצם העניין: אדם וחווה נעשו מוכווני ראייה לחלוטין. לכן חשבו שאפשר להתחבא. לכן גם חוו את הקול כמתהלך, כאילו היה עצם שאפשר לראות ולא לשמוע.

היהדות, המאמינה בא־ל בלתי־נראה שברא את העולם במילים, היא ניסיון לבסס את חיי המוסר על השמיעה ולא על הראייה: על דברים שאינם מראית העין, דעת הקהל, הכבוד והבושה. כפי שאומר ה' לשמואל, "כִּי הָאָדָם יִרְאֶה לַעֵינַיִם – וַה' יִרְאֶה לַלֵּבָב" (שמואל א' טז, ז). זוהי האתיקה של המילים, של דבר הא־ל. במרכזה עומד הציווי "שמע". היא מפנה אותנו אל הקול הפנימי, קול המצפון. היא מעדיפה את האשמה על פני הבושה; את התשובה על פני הדחייה; את הסליחה על פני הריצוי. היא מסתכלת על האדם כישות שלמה הנמצאת במישור אחר ממעשיה. זו הייתה אחת התמורות המהפכניות ביותר בתולדות המוסר, והציוויליזציה המערבית חבה לה חוב עצום עד היום.

שובם של הביוש הפומבי ומשפט השדה, עלייתם של הסרטונים הוויראליים והציוצים המגמתיים, אינם התקדמות אל עולם חדש ומופלא אלא נסיגה לעולם ישן מאוד: עולמם של רומא הקדם־נוצרית ושל היוונים הקדם־סוקרטיים. יש דרכים אחרות, מוצלחות יותר, להבטיח את עשיית הצדק.

פרק טז

מותה של הציוויליות

היינו חמישה, ישבנו זה מול זה, ונועדנו להיות ביחד בשמונה השעות הבאות. מצידו השני של המעבָר ישבו ראש ממשלת בריטניה ג'ון מייג'ור ושר החוץ שלו מלקולם ריפקינד. מולי ישב מנהיג האופוזיציה, טוני בלייר, ולידי מנהיג המפלגה השלישית בגודלה, הליברלים־דמוקרטים, פדי אשדאון. זה היה יום ראשון, 5 בנובמבר 1995, והיינו במטוס הוד מלכותה בדרכנו להלווייתו של יצחק רבין, ראש ממשלת ישראל, שהוביל את תהליך השלום בין ישראל לפלסטינים, תהליך אוסלו. ראש הממשלה יצחק רבין נרצח בליל האמש בידי קנאי יהודי דתי־לאומני במהלך הפגנת שלום בתל אביב.

טיסה מסחרית רגילה מלונדון לנתב"ג אורכת כארבע שעות וחצי, אבל המטוס המלכותי הזה היה לימוזינה עתיקה ואצילית, שהתניידה לאיטה, אף כי בהוד והדר, ונזקקה לחניית ביניים לשם תדלוק. הוזמנתי, כרב הראשי, לייצג בלוויה את הקהילה היהודית בבריטניה. האווירה הייתה חמורת סבר. כולנו ידענו שאדם גדול מסר את נפשו למען השלום במזרח התיכון, כפי שקרה גם לאנואר סאדאת, נשיא מצרים, שנרצח משום שכרת חוזה שלום עם ישראל ב־1979. מלחמות הופכות לא פעם אנשים רגילים לגיבורים, ואילו בקשת השלום עלולה לגרום

לגיבורים של ממש להיראות בוגדים בעיני כמה מן הלאומנים בקרב בני ארצם.

כחצי שעה לאחר ההמראה, פדי אשדאון פנה לג׳ון מייג׳ור ואמר, ״ג׳ון, שלושתנו כאן מנהיגים של שלוש מפלגות יריבות, ובכל זאת יש לנו כנראה במשותף זה עם זה יותר ממה שיש לכל אחד עם הקיצונים במפלגה שלו. אבל אף פעם לא ישבנו יחד כמו עכשיו. בוא נדבר בכנות ובפתיחות על מה שאנחנו באמת מאמינים בו בסוגיות הגדולות שעל הפרק״. ראש הממשלה מייג׳ור הסכים בחיוך וברצון, ולאורך שעות דיברו ארבעת הפוליטיקאים כידידים ותיקים. זו הייתה אולי הפעם היחידה ששיחה ממושכת כזאת התנהלה בין מנהיגי המפלגות. במשך שמונה שעות ישבתי והקשבתי לחברותת יריבים זאת של הפוליטיקה הבריטית, חסרת התקדים בלבביותה ובגילוי הלב הגמור ששרר בה. אני נוצֵר בהוקרה את זכר השעות ההן, כי הן הראו לי את הפוליטיקה במיטבה.

היסטוריונית אמריקנית, דוריס קירנְס גודווין, חיברה ספר על אברהם לינקולן ושמו ׳צוות של יריבים׳, ובו תיארה כיצד קיבץ הנשיא לינקולן את המועמדים שהתמודדו נגדו לנשיאות, והפך אותם לצוות שיתמודד עם סוגיית העבדות שהמחלוקת סביבה גררה את האומה למלחמת אזרחים.

בעידן קודם, היה בבריטניה צירוף לשון לציון התופעה: ״ארוחת ערב עם האופוזיציה״. זוהי **הציוויליות** במובנה העמוק: כל אותם נוהגי נימוס, אדיבות ועידון המאפשרים חיי חברה תקינים. הפוליטיקאים משחקים כביכול בקבוצות שונות, אבל מתוך אותה אהבת משחק, כבוד כלפי כישוריהם של האחרים, ואמונה שלמה שהקבוצה גדולה מהשחקן הבודד – והמשחק גדול מן הקבוצה. אותן ארוחות משותפות, אותם מפגשים פרטיים, השפיעו על אופייה של הפוליטיקה הבריטית בזירה הציבורית. גם כשהמנהיגים התווכחו זה עם זה בלהט, הם נהגו זה בזה כבוד גלוי, דיברו לגופו של עניין ולא לגופו של אדם, והיו מלוכדים סביב דבר שהוא יותר מסתם נימוסים טובים: סביב אמונה משותפת על תפקידה של הפוליטיקה. היא קיימת, כך האמינו כל הצדדים, כדי

ליישב בין הרצונות והשאיפות המנוגדים של אנשים במדינה – וכדי לעשות זאת בלי אלימות, בדיון מנומק ומיושב, מתוך הקשבה לדעות שאין מסכימים איתן, ובניסיון לשרת ככל האפשר את הטוב המשותף.

יצחק רבין, שזכיתי להכירו, האמין אף הוא בציוויליות מסוג זה, והרצח שלו היה תסמין להתמוטטותה בישראל. בחודשים שקדמו להירצחו דרבנתי אותו להקדיש יותר זמן לשיח עם גורמי הקצה במחנה הדתי־ציוני, שהתנגדו לתהליך השלום בעוז ולעיתים בלשון אלימה, אבל הוא אמר לי לא לדאוג. במכתב שכתב לי זמן קצר לפני מותו דיבר על אמונתו כי "כדי להשיג שלום, הפשרה והסובלנות הכרחיות". הוא האמין בדיבור עם כל הצדדים, ועשה זאת בענווה ובכבוד.

ביום ההוא לא יכולתי לברוח מזכרו של עוד אדם גדול שנרצח, ושאף הוא נותר רגוע לנוכח עימות: מרטין לותר קינג הבן. ארבע שעות אחרי מותו של קינג, ב־4 באפריל 1968, בנאום מאולתר שהיה אחד היפים שנשא מעודו (חודשיים לפני שגם הוא נרצח), פנה הסנאטור רוברט פ' קנדי היישר אל כאבם של האפריקנים־אמריקנים, אל יגונו האישי העמוק על רצח אחיו הנשיא ג'ון פ' קנדי שנים אחדות קודם לכן, ואל יגונה הכולל של אומה משוסעת. הוא הפציר בשומעיו לבל יבחרו "באלימות או בהפקר, אלא באהבה ובחוכמה, ובחמלה איש לרעהו, וברצון לעשות צדק עם אלה שעודם סובלים בארצנו, לבנים ושחורים כאחד". והוא חתם בציטוט דברי אייסכילוס על משימתה של הפוליטיקה: "לביית את פראותו של האדם ולעדן את חיי העולם הזה".

ציוויליות היא יותר מנימוסים טובים. היא הכרה בכך שדיבור אלים מוביל למעשים אלימים; שהקשבה מכבדת ליריבים היא חלק חיוני בפוליטיקה של חברה חופשית; ושהדמוקרטיה הליברלית, הבנויה כיום על אדנֵי ההכרה ביופייה של הרבגוניות, חייבת לשמור על השלום בין קבוצות מתחרות באמצעות מתן כבוד שווה לכולנו, עם כל המשותף ועם כל השונה. הפוליטיקה סובבת תמיד סביב השאיפה לכוח, אבל הפוליטיקה הדמוקרטית הליברלית נושאת עימה גם אחריות מיוחדת להשתמש בכוח הזה לכיבוד שלמותו של כל פרט ולהצמחת טובה לכלל.

קשה להתווכח עם הקביעה שבבריטניה ובארצות הברית הציוויליות בזירה הציבורית נמצאת בשפל חסר תקדים, או קרוב לכך. בבריטניה, מכון החשיבה 'פוליסי אקסצ'יינג'' פרסם לאחרונה נייר עמדה ושמו "עידן של אי־ציוויליות".[1] מוצג שם בלא כחל ושרק שינוי חריף בנימה ובאופי של הפוליטיקה הבריטית. השפה חוספסה. השיח התמלא עלבונות, התפרצויות זעם, מתקפות ארסיות נגד יריבים, הפחדה והתעמרות. נייר עמדה של 'הוועדה לאמות מידה בחיים הציבוריים' משנת 2017 טוען כי היקף ההפחדות בפוליטיקה הבריטית כיום מאיים על עצם מהותה של הדמוקרטיה הייצוגית. הרעל מתפשט בכל הכיוונים, ויש שפע דוגמאות למיזוגיניה, הומופוביה, דעה קדומה נגד מוסלמים, אנטישמיות, הכפשות אישיות, ייחוס מניעים מכוערים ליריבים, שגרה של השוואת יריבים פוליטיים לנאצים, תיאוריות קשר, איומים באלימות והאשמות בבגידה. ישנן גם דוגמאות לשלילת אנושיות: אנשי שמאל המכנים שמרנים, ואפילו אנשי לייבור מתונים, "נחותים מכּנימות".[2]

דבר דומה קורה גם בפוליטיקה האמריקנית. 'המרכז לחקר הנשיאות והקונגרס' פרסם ב־2019 דוח על מצב הציוויליות הפוליטית בארה"ב. דוּבר שם על "מפלגתיות גוברת, תפיסת ממשל של משחק סכום אפס, וקיבעון שבטי".[3] לצד זאת, המניפולציות ברשתות החברתיות ערערו מאוד את האמון בהליך הפוליטי, והתוצאה היא, כלשונו של הדוח, "גאות של גסות ושל אי־ציוויליות".

הבחירות לנשיאות ב־2016 התאפיינו במיוחד בשסעים עמוקים ובשיח נזעם. דונלד טראמפ תקף את יריבתו שוב ושוב בטיעונים שלגופו־של־אדם שהקשר בינם לבין האמת נראה תדיר מקרי למדי, ואילו הילרי קלינטון מצידה לעגה לירִיביה מצביעי טראמפ וכינתה אותם "הנתעבים: גזענים, סקסיסטים, הומופובים, קסנופובים, אסלאמפובים – תמשיכו אתם". על פי סקר של רויטרס ואיפסוס מינואר 2017, סמוך לאחר הבחירות וניצחון טראמפ, אחד מכל שישה אמריקנים הפסיק לדבר עם בן משפחה או חבר קרוב בגלל הבחירות.[4]

נכון, מערכות בחירות רבות בעבר נטו לשלהוב מתלהם

ולרטוריקה רותחת. זה חלק מרוחה התחרותית של הפוליטיקה הפונה להכרעת העם. אבל משהו חדש קורה בכל זאת, חדש ורע: התפיסה שהצד האחר איננו אנושי לגמרי, ושתומכיו אינם חלק מאותה קהילת מוסר שאנו משתייכים אליה; שהרגישויות שלהם זרות ומאיימות, כאילו היו לא סיעה נגדית בזירה הפוליטית אלא אויב לכל דבר. זוהי תוצאת פעולתם של ארבעה גורמים המתקיימים באופן בלתי־תלוי ובכל זאת מסבכים זה את זה.

הראשון הוא אותה התפתחות שאנו עוקבים אחריה לאורך הספר הזה: **האינדיבידואליזם** הגובר בחברות המערביות מאז שנות השישים. מלחמות העולם חוללו תחושת יחד חזקה, שנבטה בהן והחזיקה מעמד עוד זמן מה. הרגשת האחדות לנוכח האויב חזקה כל כך, שמנהיגים לא־דמוקרטיים רבים מאדירים במתכוון רוח רפאים של איום חיצוני כדי לאחד את האוכלוסייה סביבם ולהדעיך כל התנגדות למנהיגותם. אחדות זו היא תגובה אינסטינקטיבית הטבועה באדם עוד מעידן היותנו ציידים־לקטים.

כל מדינה השרויה בשלום לאורך זמן – וכאלו הן מדינות המערב מאז סוף מלחמת העולם השנייה – מגלה שרגש ה"יחד" של תושביה מתפוגג. הם מתחילים להרגיש כאוסף של חלקיקים אטומיים שאין ביניהם כוח מאחד ממשי של זהות וקרבה. ההיסטוריה מלמדת שזהו שלב מסוכן, ודי להביט למרחק מאה שנים כדי להיווכח בזאת. בתחילת המאה העשרים נהנתה אירופה משלום, פחות או יותר, ורבים מבני הזמן הרגישו שהתרבות נעשתה אינדיבידואליסטית ומנוונת. אנשי רוח בבריטניה, בצרפת ובמיוחד בגרמניה סברו שמלחמה עשויה להוציא את החברה מהריקבון המוסרי. אפילו מרטין בובר, פציפיסט בנשמתו, היה משוכנע עם פרוץ מלחמת העולם הראשונה כי המצב החדש מזמן לגרמניה, ולאנשי הרוח היהודים, "משימה עולמית היסטורית" לתרבת את המזרח התיכון. היזהרו מתקופות שבהן המלחמה נראית לאנשים כפתרון לדקדנטיות של השלום.

הגורם השני הוא תופעת **האינטרנט** כולה. היא שינתה את מהותה של התקשורת ואת הדרך שאנו רוכשים בה מידע על העולם.

עד לא מכבר, צינורות המידע העיקריים של רוב־רובם של האנשים היו העיתונים והטלוויזיה. באלו, בדרך כלל, ניתן ייצוג לקשת של דעות, ונשמרות אמות מידה עיתונאיות המבטיחות איזון ואמת בדיווחים. גם אמצעי תקשורת בעלי נטייה מפלגתית מובהקת שמרו איזו פינה לעמדות אחרות. נוסף על כך, הם סיפקו לקוראים ולצופים שלהם מידע על מאורעות שאינם בתחומי התעניינותם הישירים, וכך הרחיבו את זווית הראייה שלהם.

ההרחבה התחלפה בהצרה: באינטרנט, החדשות מסוננות לנו כך שישקפו את תחומי העניין הקיימים שלנו ואת עמדתנו הפוליטית. וכך אנו רואים את העולם באופן שאנשים כמונו רואים אותו, וקוראים פרשנות ההולמת את נקודת המבט שיש לנו על המאורעות ממילא. הדבר מגביר עד מאוד את הטיית האישור, הגורמת לנו להתמקד בעובדות התומכות בהשקפתנו ולזכור אותן, ולהתעלם מהעובדות האחרות או לשכוח אותן. נטייה קוגניטיבית זו היא ביסודה שימושית, וגם כיום היא ודאי מועילה למי שמתמודד עם טורפים או עם שבטים יריבים בסוונה, אך אינה הולמת כלל את המציאות הגלובלית של המאה ה־21. כאשר האלגוריתמים של הרשתות החברתיות שולפים אותה מנדנה העתיק ומחדדים אותה, היא נעשית מסוכנת מאוד. כפי שהראה פרופסור קאס סאנסטיין בספרו 'הולכים לקצוות: איך מוחות דומים מתאחדים ומתפצלים', אדם המתחבר רק עם אנשים השותפים לו בהשקפותיו נוטה להקצין את דעותיו עוד ועוד.[5] הדרך שאנו רוכשים בה כיום מידע על העולם מזינה אפוא נטייה לקיצוניות.

שלישית, בניו־מדיה עצמה מובנֵית אנטי־ציוויליות, בדמות מה שמכוּנה **אפקט הסרת העכבוֹת**. כמו שיודע כל מי שקרא שרשור תגוביות מצוי מתחת לידיעה בעיתון מקוון, או עקב אחר סערת טוויטר כלשהי, הדבר דומה לחלוקת מגאפונים לאלפי אנשים ולהזמנתם לצעוק במרב הגסות, הרוע והעוצמה שלרשותם את הערותיהם על כל המי והמה; קקופוניה של רעש במקום תקשורת אמיתית.

חוקריה של התופעה מייחסים אותה לחמש תכונות של התקשורת הבין־אישית ברשתות החברתיות:

1. היא אנונימית. אדם אינו צריך להציג את שמו האמיתי ולחשוף את זהותו.
2. היא אטומה. אדם אינו רואה את האנשים שהוא מעליב, והם אינם רואים אותו.
3. היא א־סינכרונית. יש פער זמן בין הרגע שבו אדם אומר מה שהוא אומר לבין הרגע שבו אחרים שומעים אותו.
4. היא נטולת אסדרה. אין כללי שיח מקובלים על הכול.
5. היא אינה מתקיימת פנים אל פנים. זו התכונה החשובה ביותר לענייננו. כישורי התקשורת הבין־אישית שלנו, כמו גם המוסכמות הקיימות, מותאמים לשיחות פנים אל פנים, האופן שבו האדם ניהל לאורך רוב־רובה של ההיסטוריה את מגעיו החשובים עם הזולת.

מהתקשורת ברשתות נעדרות אם כן העכבות: הגורמים שבמצב נורמלי מונעים מאיתנו להתנהג בגסות רוח לזולת. לכן אנשים מתבטאים כמו שמתחשק להם באותו רגע, בלי שיקול דעת ובלי איפוק. התקשורת מאבדת כאן את הגיון הפעולה הרגיל שלה, הרואה בה כלי למסירת מידע, לשכנוע ולהשפעה. הגיונה הוא עתה תראפויטי: הדוברים רואים בה כלי לפריקת רגשות. וכך היא מסייעת ליצירת הזעם שהיא מבטאת ומגבירה.

הגורם הרביעי והאחרון נוגע לשסע הגדול שנבעה בחברה, אותו שסע שדייוויד גודהארט, בספרו 'הדרך לאיפשהו', מגדיר כשסע שבין אנשי ה'איפשהו' לאנשי ה'כל־מקום' – או, כפי שמכנה זאת בעקבותיו גדי טאוב, **בין ה'נייחים' ל'ניידים'**.[6] בבריטניה, הנייחים הם אנשים המחוברים לאזור מסוים ולנאמנויות מקומיות. גודהארט מציין כי למרות השיפור העצום באפשרויות הניידות, 60 אחוזים מהבריטים גרים מרחק 30 ק"מ ומטה מהמקום שגרו בו כשהיו בני ארבע־עשרה.[7] בארצות הברית, אלה הם בעיקר תושבי פנים הארץ, מה שמכונה שם 'המדינות שטסים מעליהן', הרחק מהכרכים הגדולים – הנוטים להרגיש שהעשורים האחרונים הותירו אותם מאחור. בשתי הארצות

הללו, רמת החיים של ה'נייחים' מדשדשת. מקומות העבודה שלהם כבר אינם מובטחים כשהיו. הם מרגישים שהאליטות שכחו אותם. הם מרגישים שהם מפסידים כיום מן האמנה החברתית. והם מרגישים תרעומת עמוקה גם מפני שקולם כמעט אינו נשמע. אלה הם האנשים שבארה"ב החליטו "להחזיר את אמריקה לגדולתה", כלשון סיסמת מסע הבחירות של טראמפ, ובבריטניה – להצביע בעד הפרישה מהאיחוד האירופי.

ומנגד – הניידים, האליטות האורבניות שנעשו במידה רבה קוסמופוליטיות. ה"נייד" הטיפוסי הצליח בלימודים ובקריירה, ומרגיש נוח להתנייד למקומות חדשים ולאתגרים חדשים. הניידים נוטים להעדיף עצמאות אישית, ניעות וחדשנות על פני נאמנות לקבוצה או מסורת מסוימות, ורבים מהם מוצאים מכנה משותף עם יחידים קוסמופוליטיים בני עמים ותרבויות אחרות מכפי שיש להם עם בני ארצם הנמצאים לידם מבחינה גיאוגרפית אך רחוקים מהם אלפי קילומטרים מנטליים. דייוויד ברוקס ניסח זאת באורח קולע ב'ניו יורק טיימס' בציינו ששלושת דגמי הרכב הנמכרים ביותר בארה"ב הם טנדרים. כמה מכם, שאל את קוראי העיתון היוקרתי, מכירים מישהו עם טנדר? אנשי ה'איפשהו' מחזיקים טנדרים; אנשי ה'כל-מקום' – לא.

חלוקה זו בין נייחים לניידים חוצה עתה גם את הפוליטיקה האירופית, והמודעות לה מלווה את עלייתה של הלאומנות בימין הקיצוני ובכלל. הנייחים הזועמים מתוארים בפי מלעיגיהם כפופוליסטים, שונאי זרים, גזענים וכן הלאה, אבל המצוקות שלהם ממשיות, וממשית גם תחושתם שהאליטות הדואגות לעצמן בגדו בהם. בארה"ב ובאירופה כאחד הם מרגישים שגל ההגירה המתמשך וחסר התקדים מסכן את משרותיהם, את פרנסתם ואת השירותים החברתיים שהם מקבלים. הם מרגישים שדחקו אותם לסוף התור. והם גם מרגישים שמיקור החוץ של התעסוקה בענפי הייצור והשירותים מועיל לתאגידים הבין-לאומיים אך מזיק לאוכלוסיות המקומיות.

יש אולי טענות נגד לחששות הללו: מיקור החוץ הפחית מאוד

את מחירי המוצרים, והגדיל מאוד את המבחר שלהם. אבל אלו הן תחושות אמיתיות ואי־אפשר להתעלם מהן.

בהשתלבם, ארבעת הגורמים שתיארנו יוצרים סכנה ממשית של קריסה פוליטית.

לנוכח האתגרים האדירים האלה, מדוע חשובה הציוויליות? סטיבן קרטר, בספרו 'ציוויליות', הגדיר אותה כ"סך הקורבנות הרבים שאנו נדרשים להקריב כדי לחיות ביחד".[8] אדוארד שילס מתאר אותה כ"אמונה המאשרת כי הטוב המשותף אפשרי; זאת אמונה בקהילה שבה מפלגות מתחרות זו בזו בתוך חברה שלאחדותה יש תוקף מוסרי".[9] ציוויליות היא יותר מנימוסים טובים. היא אישור לכך שהבעיות של חלקנו הן הבעיות של כולנו, שתנאי לחברה טובה הוא ערבות הדדית, ושבהשתייכות לאומה הזאת, לעם הזה, למקום הזה, יש ממד מוסרי. אנחנו מדברים זה אל זה כי אנחנו מרגישים שמלכדת אותנו שייכותנו למפעל משותף שלכל אחד מאיתנו יש תפקיד למלא בו. לכל אלה אני רוצה להוסיף שלוש תובנות מן ההגות היהודית, הנוגעות לטעמי לחשיבותה של הציוויליות.

הצד ה"ציווילי" המובהק של הציוויליות – העדינות והנימוסים הנאים – אינו חזק במיוחד במסורת היהודית. נביאי ישראל חידדו עמדות, לא התנחמדו. חז"ל העדיפו את הנימוק על הנימוס. אבל יש ליהדות שלושה דברים לומר בזכות הצורך ללבן דברים ביחד, או כפי שקרא לזה ההוגה הפוליטי מייקל סנדל, בעקבות ישעיהו (א, יח), לקיים את "לְכוּ נָא וְנִוָּכְחָה".

הראשון הוא אותה פסקה מופלאה בספר בראשית שבה ה' מגלה לאברהם מה הוא עומד לעשות לסדום ועמורה:

וַה' אָמָר, "הַמְכַסֶּה אֲנִי מֵאַבְרָהָם אֲשֶׁר אֲנִי עֹשֶׂה? וְאַבְרָהָם הָיוֹ יִהְיֶה לְגוֹי גָּדוֹל וְעָצוּם, וְנִבְרְכוּ בוֹ כֹּל גּוֹיֵי הָאָרֶץ. כִּי יְדַעְתִּיו לְמַעַן אֲשֶׁר יְצַוֶּה אֶת בָּנָיו וְאֶת בֵּיתוֹ אַחֲרָיו וְשָׁמְרוּ דֶּרֶךְ ה' לַעֲשׂוֹת צְדָקָה וּמִשְׁפָּט לְמַעַן הָבִיא ה' עַל אַבְרָהָם אֵת אֲשֶׁר דִּבֶּר עָלָיו". וַיֹּאמֶר ה', "זַעֲקַת סְדֹם וַעֲמֹרָה כִּי רָבָּה וְחַטָּאתָם כִּי כָבְדָה מְאֹד; אֵרְדָה

נָא וְאֶרְאֶה הַכְּצַעֲקָתָהּ הַבָּאָה אֵלַי עָשׂוּ כָּלָה. וְאִם, לֹא אֵדָעָה" (בראשית יח, יז-כא).

הכתוב אינו מציע שום סיבה מתקבלת על הדעת לכך שה׳ רוצה לשמוע מאברהם מה דעתו בסוגיית סדום ועמורה. יתרה מכך, על פי התפיסה המקראית סיבה כזו לא תיתכן. לא ייתכן שאברהם יֵדע דבר מה שה׳ אינו יודע, או שיהיה לו חוש צדק מחודד מזה שיש לה׳. ובכל זאת, ה׳ מעדכן את אברהם ומצפה בבירור לשמוע ממנו תגובה. והתגובה אכן מגיעה, בפסוקים שהם מן הרדיקליים ביותר בכל ספרות הדתות:

וַיִּגַּשׁ אַבְרָהָם וַיֹּאמַר, "הַאַף תִּסְפֶּה צַדִּיק עִם רָשָׁע? אוּלַי יֵשׁ חֲמִשִּׁים צַדִּיקִם בְּתוֹךְ הָעִיר; הַאַף תִּסְפֶּה וְלֹא תִשָּׂא לַמָּקוֹם לְמַעַן חֲמִשִּׁים הַצַּדִּיקִם אֲשֶׁר בְּקִרְבָּהּ? חָלִלָה לְּךָ מֵעֲשֹׂת כַּדָּבָר הַזֶּה, לְהָמִית צַדִּיק עִם רָשָׁע, וְהָיָה כַצַּדִּיק כָּרָשָׁע; חָלִלָה לָּךְ! הֲשֹׁפֵט כָּל הָאָרֶץ לֹא יַעֲשֶׂה מִשְׁפָּט? (שם, כג-כה).

מה מתרחש כאן? דומה שלפנינו הגרסה המקראית לאותו כלל יסוד משפטי רומי שכבר הזכרתי, "שמע את הצד השני". המקרא מחיל אותו גם על הא־ל. לא ייתכן משפט צדק בלי ששני הצדדים נשמעים; גם הנאשם. אברהם מספק כאן את נאום ההגנה החיוני הזה. הוא מגן על אנשי סדום כמיטב יכולתו, אף כי דרכם אינה דרכו. זהו הכלל הראשון של חברה צודקת.

הדבר **השני** הוא מדרש רדיקלי לא פחות, על ויכוח שהתקיים בתודעתו של א־לוהים לפני שברא את האדם:

אמר רבי סימון: בשעה שבא הקב"ה לברוא את אדם הראשון נעשו מלאכי השרת כיתים וחבורות. מהם אומרים אַל ייבָּרא, ומהם אומרים ייברא. וזהו מה שכתוב "חֶסֶד וֶאֱמֶת נִפְגָּשׁוּ, צֶדֶק וְשָׁלוֹם נָשָׁקוּ" (תהילים פה, יא).

חסד אומר: "ייברא, שהוא גומל חסדים".
אמת אומר: "אַל ייברא, שכולו שקרים".
צדק אומר: "ייברא, שהוא עושה צדקות".
שלום אומר: "אל ייברא, שכולו קטטה".
מה עשה הקדוש ברוך הוא? נטל אמת והשליכו לארץ. וזהו מה שכתוב "וְתַשְׁלֵךְ אֱמֶת אַרְצָה" (דניאל ח, יב).

אמרו מלאכי השרת לפני הקב"ה: "ריבון העולמים, מה אתה מבזה את חותם המלכות שלך? תעלה אמת מן הארץ". וזהו מה שכתוב "אֱמֶת מֵאֶרֶץ תִּצְמָח" (תהילים פה, יב).[10]

זו פרשנות תיאולוגית נועזת. א־לוהים, היא אומרת, היה חצוי בדעתו לפני בריאת האדם. נכון, האדם מסוגל למעשים אלטרואיסטיים נעלים, אבל הוא גם עסוק תמיד במלחמות. בני אדם משקרים ומשחרים לריב. א־לוהים נטל את האמת והשליך אותה אל הארץ: כדי שהחיים יהיו אפשריים, האמת על הארץ אינה יכולה להיות מה שהיא בשמיים. בשמיים, האמת יכולה להיות אפלטונית: נצחית, הרמונית, קורנת. אבל האדם אינו יכול להגיע לאמת כזאת, ואם יתעקש לדבוק באמת השמיימית הזאת, לא שלום יחולל אלא מלחמות. אנשים יהרגו זה את זה מתוך אמונה שהם מחזיקים באמת המוחלטת ויריביהם חיים בשקר. יחיו נא בני האדם, אומר א־לוהים, עם אמת מסוג אחר, אמת ארצית, אמת המודעת למגבלותיה. דבר הא־לוהים מגיע מהשמיים, אבל הוא מתפרש בארץ.[11] האור הא־לוהי אין־סופי, אך כדי שנראה אותו עליו להשתבר בעדשת ההבנה המוגבלת שלנו. האמת שבשמיים נשגבת מן המרחב ומן הזמן, אבל התפיסה האנושית כבולה בממדים הללו.

יתרה מכך, כאשר שני היגדים אינם עולים בקנה אחד, אין זה אומר בהכרח שהאחד אמיתי ומשנהו שקרי. ייתכן, וכך אכן קורה תדיר, שכל אחד מהם מייצג נקודת מבט אחרת על המציאות, דרך חלופית ליצירת סדר, ושצדקתם היחסית אינה ניתנת למדידה יותר

מכפי שאפשר למדוד אצל צדקתם של סונטה מאת שייקספיר, ציור מאת מיכלאנג'לו או סונאטה מאת שוברט.

"צדקה עשה הקב"ה עם עולמו", כתב הראי"ה קוק, "שלא נתן כל הכשרונות במקום אחד, לא באיש אחד ולא בעם אחד, לא בארץ אחת, לא בדור אחד ולא בעולם אחד".[12] לכל תרבות יש דבר מה מיוחד לתרום למכלול החוכמה האנושית. חכמינו אמרו, "איזהו חכם? הלומד מכל אדם".[13] זו המקבילה היהודית לסיפורו של סוקרטס, אך היא שונה ממנו. האורקל מדלפי קבע כי סוקרטס הוא האיש החכם באתונה מפני שכולם, גם הוא, אינם יודעים ולא כלום, אבל הוא לפחות יודע שהוא אינו יודע. בגרסה היהודית, לעומת זאת, כל אדם יודע משהו, והחכם מכולם הוא זה היודע שכל אדם יודע משהו ולכן הוא רוצה ללמוד מכל אדם. שכן איש מאיתנו אינו יודע את כל האמת, אבל כל אחד מאיתנו יודע משהו ממנה.

ודבר **שלישי** ואחרון – יש פסוק בתורה שהמתרגמים טועים בו. הוא נוגע לשני ילדי האדם הראשונים, קין והבל. איננו יודעים מדוע דחה א־לוהים את מנחתו של קין וקיבל את זו של הבל. אך אנו יודעים שא־לוהים ידע שקין חש טינה כלפי אחיו, והזהיר אותו לבל יפגע בו. ואז מספר הכתוב: "וַיֹּאמֶר קַיִן אֶל הֶבֶל אָחִיו, וַיְהִי בִּהְיוֹתָם בַּשָּׂדֶה וַיָּקָם קַיִן אֶל הֶבֶל אָחִיו וַיַּהַרְגֵהוּ" (בראשית ד, ח). מה אמר קין? את זאת אין הפסוק מוסר לנו. התחביר כאן שבור, והשבר הזה ממחיש לנו באורח דרמטי מאין כמוהו את יחסיהם השבורים של קין והבל. האמירה נשברת והפסוק ניגש מייד לספר לנו על התוצאה: **כשהמילים כושלות, האלימות מתחילה.**

משלושת אלה נגזרים שלושת עקרונות הציוויליות:

1. כדי שיהיה צדק כל הצדדים צריכים להישמע.
2. האמת שבארץ אינה יכולה לשאוף לרמת האמת השמיימית. בארץ, כל אמת מגלמת נקודת מבט, ונקודות המבט רבות.
3. החלופה לוויכוח היא אלימות. לכן הוויכוח מוכרח להתקיים ולא לחדול.

אל המסקנות הללו הגעתי בשנים שחלפו מאז אותה טיסה ארוכה שבה הקשבתי למנהיגי שלוש מפלגות מתווכחים זה עם זה בעודם טסים להלוויה של פוליטיקאי נועז, שנרצח בידי קנאי שלא האמין במחלוקת הדמוקרטית אלא גרס שאפשר להכתיב מדיניות בירייה אקדח.

* * *

טענתי שבגלל אובדן קהילת המוסר המשותפת קשה לנו לקיים ליבון משותף נוסח "לכו נא ונִיוּוכחה". שכן במצב זה האמת מפנה את מקומה לכוח. עמדות לא־נוחות מסולקות מהקמפוסים. אנשים מגדירים את עצמם כקורבנות כדי לזכות בתמיכה. הביוש הפומבי תופס את מקום הבירור השיטתי של האשמה. הציוויליות – ובפרט הכבוד כלפי בעלי דעת הנגד – מתחילה לגווע. השיחה הציבורית נדחקת לאיטה מפני תחרות צעקות שבה היושרה שווה מעט והרעש הרבה. זו תרבות ששרידותה אינה מובנת מאליה. תפריה מתפוררים.

הגיע הזמן לבחון את סוגיית המוסר עצמו: מה יש לו לומר לנו על האדם, על כבודו ועל משמעות חייו?

חלק רביעי

להיות אדם

פרק יז

כבוד האדם

ברומן 'זאדיג' מתאר הפילוסוף הצרפתי וולטר את בני האדם כ"חרקים הטורפים זה את זה על גבי חלקיק של בוץ". הפיזיקאי המנוח סטיבן הוקינג אמר פעם כי "הגזע האנושי הוא רק פסולת כימית על פלנטה לא גדולה, הנעה סביב כוכב ממוצע מאוד בשוליה החיצוניים של גלקסיה אחת מבין מיליארדים". הפילוסוף ג'ון גריי הכריז כי "לחיי האדם אין משמעות יותר מזו שיש לגוש בצק סְלַיים".[1] ספרו של יובל נח הררי 'ההיסטוריה של המחר' נקרא באנגלית "הומו דאוס", האדם האלוהי, אך הוא מתאר בו את עלייתה של "דת הדאטה", או "דת המידע", שלדידה "החוויה האנושית היא רק חלק קטן ולא הכרחי בזרימת המידע ביקום".[2]

על פי השקפה זו, אין כל ייחוד בבני האדם. אנחנו חלק מהטבע, לא יותר מכך. לנפש אין מקום בסיפור הזה, וגם אין בו ולו שמץ מן המגוון העשיר של יצירות הרוח האנושית המבחינות אותנו בבירור משאר צורות החיים. התקוות שלנו, החלומות, האידיאלים, כולם תוצר של תהליכים אלקטרוכימיים במוח; זה ותו לא. מה רחקנו מהרגשת הגדולה ומתחושת היכולת שהדריכה את ההומניזם של הרנסנס! אובדן זה של תחושת הערך מושרש היטב בכתיבה המדעית־פופולרית של זמננו. נעשינו "הקוף העירום",[3] "דרכו של הגן ליצור גן אחר",[4]

אלגוריתם מעבד נתונים, אורגניזם בין אורגניזמים, בלי חופש ובלי סגולה, בלי קדושה ובלי ייחוד. נדמה לעיתים כי תולדות הפילוסופיה והמדע בעת החדשה הן סיפורה של ירידת ערך האדם. שכן שום תועלת לא צמחה לאנושות אם כבשה את העולם אך איבדה את נשמתה.

איך זה קרה? ירידת האדם היא דרמה בכמה מערכות, המתפרסת על פני כמה מאות. כל אחת מהן המשיכה להתגלגל גם כשהבאות אחריה פרצו.

ראשונה הייתה תגליתו של קופרניקוס כי כדור הארץ אינו מרכז העולם. השמש אינה מסתובבת סביב פלנטת מגוריו של האדם. להפך: הארץ היא המקיפה את השמש. שינוי פרדיגמה ראשוני זה חזר והתרחש מאז פעמים רבות. מערכת השמש אינה מרכז שביל החלב, ושביל החלב הוא רק אחת מיותֵר ממאה מיליארד גלקסיות. התברר כי תבל ומלואה שלנו, כדור הארץ, משול לגרגיר אבק על פני האין־סוף.

כך באשר למרחב – וכך, התברר, גם באשר לזמן. ניוטון, במאה ה־17, יכול עדיין להאמין שגיל כדור הארץ כששת אלפים שנה, ואף הקדיש זמן רב לחישוב התאריך המדויק של הולדתו. אך ככל שהתקדמה הגיאולוגיה בהבנת השוני בין שכבות המסלע בכדור הארץ, וככל שנתגלו מאובנים ושלדים, כן הלך תאריך הולדתו המשוער של כדור הארץ ונדחף עוד ועוד לאחור – למאות אלפי שנים, ואז למיליונים, ולבסוף לכדי 4.54 מיליארד שנה, ביקום שגילו 13.8 מיליארד שנה. ואם כך, כל תולדות האנושות אינן אלא הרף עין קל בקורות העולם. היקום התקיים מיליארדי שנים בלי המין האנושי. ואם כך, איך אפשר לטעון שאנו תכלית הבריאה?

במערכה השנייה פתח שפינוזה. הוא לימד אותנו כי בהיותנו ישויות פיזיות אנו כפופים לחוקים פיזיקליים, שלכולם אופי של הכרח. ומכאן שהחופש – מתנת הא־ל לאדם, המבדילה בינו לבין החיות – הוא אשליה. יש, למעשה, רק צורה אחת של חופש: המודעות לַכורח. הפילוסוף מחכים כשהוא יודע שדברים אינם יכולים להיות אחרת.

תגליותיו של שפינוזה סללו את הדרך לסדרה שלמה של דטרמיניזמים מסוגים שונים, שכל אחד סבר שאת ההיסטוריה עיצב

כוח אחר, אך כולם הסכימו שאנו מה שהננו מפני שאין אנו יכולים להיות אחרים, ושכל תפיסה השוללת זאת היא אשליה.

קרל מרקס, למשל, טען שכל ההיסטוריה האנושית עוצבה בידי כוחות כלכליים, ובכוח רצונו של מעמד דומיננטי לשמור על ההגמוניה. הדת, המורה אחרת, היא עצמה מכשיר בידי המעמדות השולטים. הללו מלמדים בעזרתה את העניים להשלים עם גורלם ולראות בו את רצון הא־ל – ולחיות חיי סבל בעולם הזה מתוך תקווה, או אף מתוך אמונה שלמה, שיקבלו שכר בעולם הבא.

את המערכה השלישית חולל דרווין, בתגליתו המטלטלת כי בני האדם אפילו אינם sui generis, מיוחדים במינם. לא רק שאין הם עשויים בצלם א־לוהים, הם בסך הכול מין של פרימטים, קרובי משפחתם של קופי האדם והשימפנזים. בין בני האדם לבריות אחרות עשויים להיות הבדלים כמותיים, אבל לא מהותיים. גם לחיות אחרות, אמרו דרווין וממשיכיו, יש רגשות, שפה, וצורה זו או אחרת של מודעות.

מערכה רביעית באה עם פרויד ותגליתו על ערוץ הדחפים האפלים המפכֶּה מתחת לפני השטח של תודעתנו. אנחנו מונעים בידי ארוס ותנטוס, יצר המין ויצר המוות. כולנו רוצים לרצוח את אבינו ולהתחתן עם אימנו. מן הרצון הזה אף נולדה הדת. לפני שנים רבות, הזכרים הצעירים בשבט נאספו יחדיו לרצוח את האב, זכר האלפא. משעשו זאת התמלאו חרטה – שובו של הרגש המודחק. זו מהותם של הא־ל ושל קול המצפון.[5] הדת, אמר פרויד, היא הנוירוזה הכפייתית של האנושות.[6]

ואחרונים – לפחות עד כה – באו הניאו־דרוויניסטים, והתנפלו על הדבר האחרון שעוד נותר לבני האדם להשתבח בו: האלטרואיזם שלהם, נכונותם להקריב מעצמם למען הזולת. לא כך הוא, הודיעו הפסיכולוגים האבולוציוניים. האדם, ככלות הכול, אינו אלא דרכו של הגן ליצור גן אחר. אנחנו אולי מסַפרים לעצמנו סיפורי גבורה, אבל מעשינו האלטרואיסטיים כביכול הם רק דרכים להבטיח את הישרדות המטען הגנטי שלנו בדור הבא. אנחנו עוזרים באמת רק לשארי בשר,

ומידת נכונותנו להקריב למענו של אדם היא כמידת קרבתנו הגנטית אליו. "גרדו אלטרואיסט", אמר מייקל גיזלין, "ותקבלו צבוע מדמֵם".[7]

וזה לא היה הכול. לניאו־דרוויניסטים קוסמת האפשרות שהאבולוציה מתקדמת במקריות גמורה, במוטציות גנטיות אקראיות היוצרות מגוון שהברירה הטבעית מתחוללת בו. סטיבן ג' גולד הסיק מכך שאילו אפשר היה "להריץ" מחדש את ה"סרט" האבולוציוני, אין שום ודאות שהמין האנושי היה מופיע שוב.[8] כלומר, לא רק שבני האדם לא נוצרו במעשה בריאה א־לוהי ייחודי – עצם קיומם הוא מקרה גרידא.

אם כן: אנחנו לא־כלום, כוכב הלכת שלנו חסר חשיבות, קיומנו הוא פסיק על רצף הזמן. האצילות במחשבותינו הן כסות לכוונות שפלות. אין חופש, רק הכרח – או גרוע מכך, רק מקריות טהורה. אין אמת, רק נרטיב הגמוני. אין יופי מוסרי, רק מאבק הישרדות מלוכלך. ההיסטוריון ויל דוראנט היטיב לאפיין את מצבור העמדות הזה, את מצב הרוח הרווח, שלדעתו פוקד כל ציוויליזציה בשלב מסוים בהתפתחותה. זה מתחיל בהתנגשות בין הדת למדע. המדע מנצח. הספקנות נעשית נורמה:

> המשכילים עוזבים את התיאולוגיה הישנה, ואחרי קצת היסוסים – את המוסר הכרוך בה; הספרות והפילוסופיה נעשות אויבות לדתיות. תנועת השחרור מפליגה בפולחן השכל – ונוחלת פחי נפש: כל עיקר שהיא קובעת, וכל רעיון מרעיונותיה, סופם כישלון הומֵם. מידות בני אדם שאבדו להן סמוכותיהן הדתיות, משתבשות ונהפכות לתוהו־ובוהו אפיקורסי; והחיים, בלי אמונה מנחמת, נעשים מעמסה – הן לעניים בעלי דעות והן לעשירים לאים. באחרונה נוטות שתיהן, החברה ודתה, למות יחדיו.[9]

אנו מתחילים לראות את האנושות כפי שתפס אותה המלט: "מה הוא כל האבק המזוקק הזה?".[10]

* * *

ובכל זאת, כבוד האדם חשוב לנו מאוד. כפי שמראה מייקל רוזן, מרצה לממשל באוניברסיטת הרווארד, בספרו על כבוד האדם,[11] המשפט הראשון בסעיף מספר 1 ב"הכרזה לכל באי עולם בדבר זכויות האדם" של האו"ם משנת 1948 אומר: "כל בני האדם נולדו חופשיים ושווים בכבודם ובזכויותיהם". סעיף 1 בחוק היסוד של הרפובליקה הפדרלית הגרמנית, משנת 1949, קובע: "כבוד האדם אינו ניתן להפרה. כל כוח מדינתי מחויב לכבדו ולהגן עליו". אך מניין מגיע רעיון זה בדבר "כבוד האדם"?

לאון קאס, מאוניברסיטת שיקגו, מאתר את אחד המקורות ביוון העתיקה, בדמות הגיבור אשר "גורף כבוד ותגמולים בהציגו כמה הוא ראוי, כמה הוא אצילי ומה מפוארים מעשיו". מאז המפנה הסוקרטי במחשבת יוון, אידיאל הגיבור הוחלף בסגולת החוכמה. המצוינות האנושית לא נתחשלה מעתה בשדה הקרב כי אם במרדף אחר האמת. ואולם, כפי שקאס מוסיף ומעיר, "למופתים היוונים אין עוד ערך מעשי רב בעידן הדמוקרטי". שכן על פי היוונים כבוד אדם יש לחלק מהאנשים, לא לכולם.[12]

רוזן טוען שהאדם הראשון שחשב על כבוד האדם כדבר השייך לכל אדם באשר הוא אדם, היה המדינאי והפילוסוף הרומי קיקרו. בחיבורו 'על החובות' מזמין קיקרו את קוראיו לזכור תמיד עד מה עילאי לאין שיעור הוא טבע האדם על טבעם של יתר בעלי החיים, שכן בעלי החיים נטועים בהווה, ואילו האדם הוא "בעל תבונה שבעזרתה הוא תופס את רצף ההתרחשויות ורואה את סיבתם של הדברים". ועוד, "חקירת האמת והתחקות אחריה היא ייחודית לאדם בראש ובראשונה. משום כך, כאשר שעתנו פנויה מעיסוקינו ומטרדותינו ההכרחיים, אז משתוקקים אנו לראות דבר מה, לשמוע, להוסיף וללמוד". האדם הוא היצור היחיד "המבין את היופי, את החן, את תואם חלקיהם של אותם הדברים אשר נתפסים במראה העיניים"; ולבסוף, "מן הדברים הללו מורכב ומעוצב המוסרי".[13] אנחנו שונים, ונאצלים בכבוד, מפני שאנחנו יכולים לחשוב.

ואולם ישנו מקור אחד שונה לחלוטין. קאס מציין אותו, ורוזן

מזכירו דרך אגב. זהו המקרא, המדבר על א־ל חופשי, שהטבע אינו מגבילו, ואשר, בבוראו את האדם בצלמו שלו, חונן אותו גם בחופש שלו; מצווה עליו לעשות את הטוב, אך אינו כופה זאת. המקרא כולו, מראש ועד סוף, עוסק בשאלה איך מכבדים את החופש הזה – ביחסים בין־אישיים, במשפחות, בקהילות ובאומות. המוסר המקראי הוא מוסר של חופש, הפוליטיקה המקראית היא פוליטיקה של חופש, והתיאולוגיה המקראית – תיאולוגיית חופש היא. על פי המקרא, כבוד האדם יסודו ביכולתו של האדם לבחור. הוא בלתי־נפרד מן המוסר ומהיותנו מה שמכונה בלשון פילוסופית סוכני מוסר: שחקנים בזירה המוסרית, בוחרים ובעלי אחריות.

בעולם המודרני, גדול מְפַתחיו של רעיון זה היה עמנואל קאנט. יש לי ביקורת רבה על רכיבים במשנתו של קאנט, כפי שהסברתי בפרק 5; אבל תפיסת כבוד האדם שלו היא בעיניי מופת. בספרו 'הנחת יסוד למטפיזיקה של המידות' הוא כותב כי "מוסריות – ואנושות, עד כמה שהיא מסוגלת להיות מוסרית – היא לבדה בעלת ערך עצמי" ("ערך עצמי" הוא מה שאנו מכנים כאן "כבוד האדם").[14] מייקל רוזן מסכם את עמדתו במילים אלו:

> רק למוסר יש ערך עצמי ורק בני אדם נושאים בקרבם את החוק המוסרי, ולכן טעות היא להחשיב את בני האדם לחלק מעולם הטבע כמו הנהרות, העצים או הכלבים. ועם זאת, מושג הערך העצמי של קאנט הוא גם שוויוני מאוד. הערך העצמי הוא מכנה משתף לכל בני האדם.[15]

המוסר וכבוד האדם צועדים יד ביד. אַבְּדו אחד – וגם השני אבד.

* * *

בלב ההגות העכשווית ישנה – והנה הגעתי לעיקר טענתי – סתירה מזהרת. מצד אחד, דגש חסר תקדים על כבוד האדם, כמודגם בפתיחתה של "ההכרזה לכל באי עולם בדבר זכויות האדם". אך בו בזמן, הדימוי

העצמי שלנו כבני אדם צנח לשפל כזה, שמדענים רציניים מסוגלים לדבר עלינו כאל פסולת כימית או בצק משחק. באותו פרק זמן עצמו שצלם תדמיתו העצמית של האדם התכווץ כל כך, יכולות ההבנה, ההסברה והשליטה של בני האדם התרחבו בקצב חסר תקדים מעבר לכל מה שדמיינו בני דורות קודמים. איך קרה שככל שהישגי האדם הרקיעו, כך צנח ושקע דימויינו העצמי?

המתבונן הנבון ביותר בסוגיה זו היה, שוב, ניטשה:

> וכי אין אנו עדים מאז קופרניקוס לתהליך גובר והולך של פיחות־עצמו של האדם, של **רצון** לפיחות־עצמו? אהה, איכה עברו מן העולם האמונה במקום כבודו, ביחידותו, באין־חליפתו בסולם הברואים – איכה היה **לחיה**, נמשל כבהמות, ללא יתרון, בלי שום "להבדיל", הוא שאמונתו הקודמת החסירתהו מעט מאלוהים ("בן אלוהים", "אֱל־אדם")?... מאז קופרניקוס כאילו נקלע האדם למדרון – והוא מידרדר במהירות גוברת והולכת ממעמד המרכזיות – לאן? אל האין? "להרגשת אפסותו החודרת ונוברת בתוכו"?[16]

ניטשה קרא לזה "התקלסות בִּכְבוד עצמו" של האדם, "שהאדם הגיע אליה בדי עמל" ואשר גאוותו של האדם עליה "היא המקנה לו את זכותו האחרונה והרצינית ביותר לכבוד בעיני עצמו",[17] שהרי אף אם הכול הבל הנה האדם לבדו יודע שכך הוא. זו הדת החדשה, שכוהניה הם המדענים, המציעה ישועה ממצבו העלוב מאי־פעם של האדם. את הספר שמתוכו ציטטתי, 'לגנאלוגיה של המוסר', כתב ניטשה בשנת 1887. אך ההשפלה העצמית המדעית – ההתעקשות השיטתית על כך שאנחנו "לא יותר" מיחידות פוריות המשתכפלות בעיוורון – נמשכת מאז בלי הפוגה.

אין לכך שום הצדקה. העובדה שאנו מיישבים רק רסיס זעיר מן היקום, ושימי האנושות הם רק קטע אפסי מתולדות הזמן, אינה אומרת דבר וחצי דבר על מידת חשיבותנו. כן, יש לנו מניעים אפלים,

אבל יש לנו גם אידיאלים נאצלים, וכוחם של האחרונים לרוממנו יכול לגבור על כוח הכובד של הראשונים. שום לוגיקה אינה מחייבת אותנו לקבל את "הרמנויטיקת החשד"[18] של המרקסיסטים, הפרוידיאנים והניאו־דרוויניסטים, הגורסת כי איננו מתכוונים באמת למוצא פינו, וכי התקשורת האנושית כולה היא רמיית הזולת או רמייה עצמית. "הרמנויטיקה" זו היא, במילים פשוטות, ציניות גמורה, והיא מערערת את האמון המשתית את היחסים בין בני האדם ואת המוסדות החברתיים.

* * *

אין להאשים את מרקס, את דרווין או את פרויד במה שאחרים עשו ברעיונותיהם. ובכל זאת, הם פתחו דלתות שמהן יצאנו למקום מסוכן מאוד. כיצד?

ראשית, יש משהו אַל־אנושי בהלך המחשבה המדעי, המנתק והמנתח, המפרק את השלם לרכיביו. הוא מתמקד לא בַּפרטיקולרי – האיש ההוא, האישה הזאת, הילד שכאן – אלא באוניברסלי. המדע כשלעצמו, אין בו מקום לאמפתיה ולרגש אחווה. דברים אלה אינם נאמרים לגנותו של המדע. הם רק מבקשים להזכירנו שהמדע אינו יכול להקיף את כל התובנות שלנו על האנושיות.

רבים מן הדברים המייחדים את האנושות – הדמיון שלנו, היכולת שלנו להמשיג ולשער עולמות שעדיין אינם קיימים, יכולתנו לקיים תקשורת מעמיקה עם זולתנו, לגשר על מרחקים ולתווך בין טעמים – אינם נתונים לניתוח מדעי, ובכל זאת הם יסוד מוסד במהותנו ובזהותנו.

אין בכך כדי לומר שהמדענים אינם בני אדם רחומים ואוהבים. ודאי שהם כאלה. אבל אם אנו סוגדים למדע ושוללים את ערכו של כל דבר רוחני, הכרענו בבירור לדחות את הרגש האנושי מפני דבר הנראה לנו גבוה, גדול ונאצל ממנו. וכך מתחילה עבודת אלילים.

שנית, כפי שניטשה שאל בצדק, "למה בכלל מוסר כשחיים, טבע והיסטוריה הם 'בלתי־מוסריים'?".[19] אין מוסר בטבע. הטוב והישר, החובה והמחויבות, אינם חלק מהמארג החומרי. ממצבם הקיים של

הדברים אי־אפשר להסיק מהו מצבם הראוי. הגמרא אומרת שאלמלא נתן לנו ה׳ את התורה ״היינו למדין צניעות מחתול וגזל מנמלה ועריות מיונה [ו]דרך ארץ מתרנגול״.[20] אבל באותה מידה יכולנו ללמוד פראות מאריה ואכזריות מזאב וארסיות מצפע.

לכל תרבות יש דרך לזיהוי תבניות התנהגות הרסניות ולמניעתן, דרך זו או אחרת להצבת גבולות, לאמירת ״לא״. בחברות מיתולוגיות עושה את המלאכה הזאת רעיון הטאבו. במורשת היהודית־נוצרית, זו המצווה הא־לוהית. יש דברים שלא עושים, יהיו התוצאות אשר יהיו. זה מה שאבד בעידן המודרני. האייק, כזכור, קרא לכך ״היומרה הקטלנית״: המחשבה שאנחנו יודעים יותר ממה שידעו אבותינו, מיטיבים מהם לחשב את התוצאות, ויכולים לפיכך לעקוף את האיסורים שהם הקפידו עליהם ולהשיג מה שהם לא השיגו.[21]

המרקסיזם, הדרוויניזם ותורת פרויד, בערערם את התפיסה הקלאסית של האנושיות, הסירו את המגבלות העיקריות שהיו מוטלות על ההתנהגות האנושית. הדבר היה הרה אסון. הם עשו זאת בדרכים שונות, אך כולם חתרו תחת כוחו של צו ה״לא״ המקראי. כאשר דבר אינו מקודש, שום דבר גם אינו בגדר חילול הקודש. כאשר אין דיין, גם אין דין. נשארים רק היעילות והשבעת היצר.

יש נקודה שלישית, חשובה לא פחות. המדע כשהוא לעצמו אינו יכול להסביר את כבוד האדם, כי כבוד האדם מושתת על החופש של האדם. החופש הוא מושג המצוי מחוץ להישג ידו של המדע. המדע אינו יכול לאתר את החופש כי העולם המדעי הוא עולם של יחסים סיבתיים. אבן איננה חופשית ליפול או לא ליפול. ברק אינו יכול לבחור מתי להכות והיכן. חוק מדעי קושר תופעה פיזיקלית אחת באחרת בלי התערבותם של רצון ושל בחירה. מדע התנהגות האדם, בשבתו כדיסציפלינה מדעית, מתכחש במובלע לחופש שבהתנהגות האנושית. כך בדיוק טענו שפינוזה, מרקס ופרויד: החופש הוא אשליה. אבל אם החופש הוא אשליה, כזה הוא גם כבוד האדם, שהרי הוא מושתת על החופש. המדע יכול רק לבטל את קדושתו של האדם, ובכך הוא פותח את השער לחילולו.

מוסריות

בנקודה הזאת אמור קולו של המוסר – אותו קול שנחלש עוד ועוד בחמישים השנים האחרונות – להתערב ולהסביר במפורש מדוע האדם ייחודי, ומה עלינו לטפח ולשמר בשנים הבאות.

* * *

כדי לראות את התהליך בפעולה אפשר, למשל, להתבונן במערכת השגיאות הפילוסופיות שעושה, לדעתי, יובל נח הררי בספרו 'ההיסטוריה של המחר'. הררי טוען כי מתחילה להסתמן כיום השקפת עולם חדשה, דת חדשה אם תרצו. הוא קורא לה דת המידע. "מדעי החיים מבינים את החיים כתהליך של זרימת מידע", הוא מסביר, "ומתייחסים לבעלי החיים כאלגוריתמים לעיבוד מידע. ג'ירפה, עגבנייה, פטרייה והומו ספיינס – כולם מערכות לעיבוד מידע שנבדלות זו מזו באלגוריתמים שלהן. גישה זו עשויה בהחלט להיות שגויה, אבל זו כרגע הגישה השלטת".[22]

על פי דת המידע, אומר הררי, החוויות האנושיות אינן מקודשות, ובני האדם אינם נזר הבריאה. "האדם הוא בסך הכול שלב בדרך ליצירתה של מערכת מידע עולמית, שתחבר את כל חלקי כדור הארץ, ומשם אולי תתפשט ליתר חלקי היקום. מערכת זו – שחסידיה קוראים לה 'האינטרנט של הדברים' – תהיה בבחינת אלוהים שנמצאת בכל מקום ושולט בכל דבר, וכשהיא תיווצר, בני האדם יתמזגו אל תוכה ויחדלו להתקיים כישויות עצמאיות".[23] הדבר נשמע כגרסה בת המאה ה-21 לתפיסתו של לפלס, כי היקום הוא שדה של כוחות שלבחירות ולמשמעויות האנושיות אין שום תפקיד בו.

הררי חותם את המהדורה האנגלית של ספרו בהעלאת שלוש שאלות:

1. האם בעלי החיים הם בעצם רק אלגוריתמים, והחיים הם בעצם רק עיבוד נתונים?
2. למה יש ערך רב יותר – לאינטליגנציה או לתודעה?
3. מה יקרה לחברה, לפוליטיקה ולחיי היום-יום כאשר אלגוריתמים

נטולי תודעה אך נבונים מאוד יכירו אותנו היטב מכפי שאנו מכירים את עצמנו?[24]

שלוש השאלות הללו מרתקות, אך שלושתן גם מוליכות שולל. הראשונה היא מופת של רדוקציוניזם. כשמישהו אומר "א הוא בעצם רק ב", דעו שלפניכם פשטנות. האם ציור הוא בעצם רק אוסף של צבענים על גבי קנבס? האם רביעייה של בטהובן היא בעצם רק סדרה של גלי קול הרוטטים באוויר? המילים "בעצם רק" נשמעות לעיתים קרובות מדי מפי מדענים המתהדרים בפילוסופיה חובבנית כדי לטעון שרק הם לבדם מבינים את טבע הדברים: הם הגנוסטיקנים החדשים, בעליה של חוכמת הסוד. זו טענה מוגזמת ומטעה. המציאות גדולה תמיד מ"בעצם רק".

השאלה השלישית חסרת תועלת באותה מידה. אלגוריתמים נטולי תודעה אך נבונים מאוד לא יכירו אותנו לעולם היטב מכפי שאנו מכירים את עצמנו, מפני שהם אינם "מכירים" שום דבר. אדם שישתמש באלגוריתמים הללו אולי באמת יכיר אותנו. אבל גם אז, יש הבדל בין האופן שבו הזולת מכיר אותנו (מבחוץ) לבין אופן היכרותנו עם עצמנו (מבפנים).

כפי שטען הפילוסוף דייוויד פירס, אדם אחר יכול **לחזות** מה אנחנו עומדים לעשות, אבל רק אנחנו יכולים **להחליט**.[25] הכוח להחליט הוא העושה אותנו לסוכני מוסר, וכוח זה לעולם יהיה בידי בני אדם באופן שלא יהיה לאלגוריתמים לא־אנושיים.

הדבר מביאנו אל השאלה השנייה, הכרוכה בין השתיים האחרות. כפי שהררי מראה, במובנים מסוימים המחשבים הם כבר עתה אינטליגנטיים מאיתנו. לכן, אם רצוננו לשמר את האנושיות שלנו, הדרך לעשות זאת איננה לשפר את האינטליגנציה שלנו; אבל – וכאן שוגה הררי – הדרך גם איננה לשפר את התודעה שלנו. לא רק לבני האדם יש תודעה. גם לחיות יש. צריך להיות ברור לכולנו שקיומה של התודעה אצל בעלי החיים מחייב אותנו שלא לגרום להם סבל שאינו הכרחי – עיקרון מוסרי שכוחו גבר מאוד משהיטבנו להבין את קרבתנו הביולוגית אליהם.

לא באינטליגנציה ולא בתודעה מתייחדים בני האדם – אלא במודעות **העצמית**. מודעות עצמית זו באה לנו מכך שאנו מסוגלים לחוות את העולם בשני אופנים שונים. הפילוסוף ג'ורג' הרברט מיד קרא להם Me ו־I.[26] מצד אחד, אני חווה את העולם דרך המודעות הישירה שלי. מבחינה זו, אני עומד במרכז המציאות שאני חווה. זהו האני כ־I. מצד שני, אני גם עומד מחוץ לתפיסות הסובייקטיביות המיידיות שלי ורואה את העולם מנקודת מבטו של צופה חסר פניות (כפי שניסח זאת אדם סמית). לדבר הזה קרא מיד "Me": זהו העצמי המחוברָת העולה מתוך השיח שלי עם אחרים משמעותיים: הורים, מורים, גילאים וכל מקורות ההשפעה של התרבות שנולדתי לתוכה. פרויד פיתח תיאוריה דומה, וקרא להיבט זה של המודעות "האני העליון" (הסופר־אגו), קול המצפון המופנם בתוכנו. היכולת הזאת לראות את העולם בשתי דרכים היא המאפשרת לנו לאחוז במה שהפילוסוף הארי פרנקפורט כינה "תשוקות מסֵדר שני" ולעשות את מה שהפילוסוף צ'רלס טיילור מכנה "הערכוֹת חזקות".

כמו ליצורים אחרים גם לנו, ברובד ה־I שלנו, יש דחפים, יצרים ותשוקות. אבל רק אנו, ברובד ה־Me שלנו, יכולים לשאול את עצמנו אם נכון לממש אותם. מה אם השׂבעת יצריי תגרום לכך שאתה תהיה רעב? מה אם מימוש תשוקותיי יכניס אותך למצוקה? שיפוט זה הוא העושה אותנו לישויות מוסריות – ואי־אפשר להפחיתו לכדי אלגוריתמים. אלגוריתמים יכולים לחזות, אבל רק בני אדם יכולים להחליט. וזה הבדל מכריע.

מודעות עצמית זו המכניסה אותנו לזירת המוסר מגדירה את האחריות ואת החופש שיש לנו. האינטליגנציה המלאכותית תזדקק תמיד לתוספת האנושית הזאת. עלינו להמשיך לטפח אותה, כי היא המייחדת אותנו מכל צורות החיים הידועות לנו כיום. המוסר הוא לב ליבו של כבוד האדם.

יש שתי שגיאות באשר למהותו של החופש מתוך אחריות מוסרית, שאף כי הן מנוגדות זו לזו שתיהן רווחות. האחת היא הטענה שהחלה להישמע בשנות השישים, שאנו הדור החופשי ביותר

בהיסטוריה: חופשיים לעשות דברים, ללכת למקומות ולחוות תופעות שאבותינו, שלא לומר אבות אבותינו, לא יכלו אפילו לחלום עליהם. אנחנו מוקירים את החופש הזה, שאיננו רק החופש לעשות כחפצנו, אלא הוא גם החופש להתאים מוסדות חברתיים ישנים לרוחנו ולהפוך אפילו את הדת לפעילות פנאי ידידותית ללקוח. הסוציולוג רוברט בֶּלה, בספרו הגדול על החברה העכשווית 'הרגלי הלב', קרא לזה אינדיבידואליזם אקספרסיבי. חופש זה מגולם במילים כגון אותנטיות, אוטונומיה, ביטוי אישי ומימוש עצמי, ואנו מנכסים לו זכויות בלתי־מוגבלות. כדברי שופט בית המשפט העליון האמריקני אנתוני קנדי, "בלב החירות נמצאת זכותו של הפרט להגדיר לעצמו את מושגי הקיום, המשמעות, היקום וחידת חיי האדם".[27]

אך באותה שעה, מדעני המוח, כמו גם הביולוגים הדרוויניסטים, אומרים לנו שהחופש, במובנו כרצון חופשי אישי, הוא אשליה גמורה. מה שהננו, מה שאנחנו עושים, מה שאיננו עושים, מה שאנו עתידים להיעשות לו – כל אלה כתובים בדנ"א שלנו. אין לנו כאן שום בחירה. המעשים והתכונות שלנו נקבעים מראש. שפינוזה היה כנראה הראשון שאמר זאת בעת החדשה, אבל מרקס ופרויד הוסיפו גרסאות דטרמיניזם משלהם – הראשון גרסה כלכלית, השני פסיכולוגית.

איך אם כן אפשר לבנות תרבות שלמה (שלא לדבר על מעטפת כלכלית ופוליטית לתרבות כזאת) שתיתן לנו את מרב החופש, כאשר המדענים של אותה תרבות אומרים לנו שהחופש שאנו מבקשים הוא אשליה? אלו הן שתי דוגמות בנות זמננו שאינן מתיישבות זו עם זו.

הצגתי פעם בעיה זו לפרופסור קולין בלייקמור מאוניברסיטת אוקספורד בתוכנית טלוויזיה. הוא אמר לי שהוא דטרמיניסט אדוק: הוא מאמין שאין לנו שום בחירה כלל. הרצון החופשי הוא בדיה שאנו מספרים לעצמנו. אמרתי לו, "אם כך, למה יש לנו חוקים, בתי משפט, שופטים, משפטים ועונשים? הלוא כל הדברים הללו מושתתים על כך שיש לנו רצון חופשי; ועל כן יכולנו, לו רק בחרנו בכך, שלא לעשות את העבירה שעשינו; ועל כן יש לנו אחריות מוסרית ומשפטית. אם כל אלו הן אמונות כוזבות, למה דרושה לנו כל ההצגה של ההליך

המשפטי? במקום זאת מוטב לקחת את העבריין לבית חולים ולערוך לו ניתוח מוח, או לכל הפחות לוודא שהוא ייטול כל חייו תרופות הרגעה".

בלייקמור אמר, "טוב, אני מתאר לעצמי שכמה קיצונים עשויים לחשוב כך". אמרתי לו שלדעתי זו תשובה גרועה ממש. על פי תפיסתו באשר לנפש האדם, איננו שונים במהותנו מרובוט בעל בינה מלאכותית שהתנהגותו נגזרת מהאלגוריתמים שקבענו לו מלכתחילה. הרי על פי הררי ואחרים, זו משמעותם של הדנ"א ומדעי הגנטיקה והמוח: הביולוגיה שלנו מפעילה אותנו על פי אלגוריתמים משלה.

כשלעצמי, לא הייתי רוצה להפקיד את שלומה של חברה חופשית בידי אנשים הסבורים שאין חברה חופשית באמת ושהאדם אינו חופשי. תפיסה זו יצרה את הקִרבה שבין הפסיכולוגיה הפבלובית לבין ברית המועצות. פבלוב גרס שאפשר ליצור אצל בני אדם התניה התנהגותית ממש כמו לאותם כלבים שלמדו אצלו לרייר למשמע צליל משרוקית. הכחשת החופש האישי צועדת יד ביד עם שלילת החופש הפוליטי.

היכולת שלנו לראות את העולם לא רק מנקודת מבטנו האישית, אלא גם מנקודת מבטם של אחרים, היא הנותנת לנו את הזכות ואת האחריות להיות סוכני מוסר, היחידים הידועים לנו ביקום כולו. יש עוד בעלי חיים חברתיים. כמה בעלי חיים אף פיתחו כלים, באיזה אופן בסיסי. בעלי חיים אחרים פיתחו צורה זו או אחרת של שפה. אבל שום בעל חיים לא התקרב להיות מה שאנו יכולים לתאר כסוכן מוסר.[28]

קיומנו כסוכני מוסר, יכולתנו לעמוד מחוץ לתשוקות ולדחפים שלנו, מסוגלותנו להימנע מעשיית דברים שאנחנו יכולים ורוצים לעשות מפני שאנו יודעים שהדבר עלול להזיק לאחרים, עצם חוויית הבחירה שהיא, בעינינו, תהילתנו כבני אדם, דווקא מתוך האתגר שבה – אלה הם הדברים המייחדים את האדם ומאצילים על חייו כבוד. איננו חרקים, פסולת, בצק משחק, אדווה בזרם הנתונים הקוסמי. אומנם מעפר אנחנו, אבל, כאמור בתורה, א־לוהים נפח בנו את נשמת אפו. יש בנו כיסופים בני אלמוות. אנחנו החיה המוסרית.

פרק יח

משמעות

בנובמבר 2018 פרסם מכון פיו תוצאות סקר על המשמעות שאמריקנים מוצאים בחיים. כצפוי, המקור החשוב ביותר היה המשפחה. בין יתר המקורות האחרים נמצאו קריירה, כסף, חברים, תחביבים, פעילויות שונות ואמונה דתית. אבל כפי שהעיר דייוויד ברוקס במאמר שכתב ב'ניו יורק טיימס' בעקבות הסקֶר, רבים מן המשיבים העידו כי הם חיים חיים של ייאוש שָקט. הנה כמה מן התשובות:

> נחמד היה לחיות על פי ההוויה שלי ולא על פי השחורות שלי. אבל זה לא קורה, ולכן לא אדע לעולם איך נראים חיים שבאמת ראוי לחיות.

> סמים ואלכוהול הם קרני האור היחידות בקיומי, שבלעדיהם היה בלתי־נסבל.

> שום דבר כבר אינו נראה לי כמעניק משמעות, תחושת מימוש או שביעות רצון. כל מה שעזר לי פעם להחזיק מעמד כבר איננו. אני נאבק כעת למצוא מניע כלשהו להמשיך הלאה.[1]

ברוקס עצמו טוען כי "הארץ כולה נתונה עכשיו בסוג קשה-להגדרה של משבר רוחני", המתבטא בהנמכת הציפיות והשאיפות.2 רק 11 אחוזים מן הנשאלים בסקר ציינו כי למידה היא מקור למשמעות בחייהם, ורק 7 אחוזים ציינו עזרה לזולת. לאורך הדורות זיהו פילוסופים בין שאיפה לחיים בעלי משמעות לבין פעולה למען מטרה מוסרית, למען קהילה, למען ארץ או למען א-לוהים. והנה, בניגוד לכך, הנשאלים בסקר של 2018 נטו לתאר בהקשר של משמעות דווקא רגעים שבהם הם הרגישו טוב לגבי עצמם. דומה כי הם איבדו את תחושת הייעוד, את בקשת המשמעות, את ההיענות לקריאתו של דבר מה הגדול מן העצמי.

המחקר של פיו מאשש את קיומה של נטייה שכבר זוהתה ב"סקר האמריקני לסטודנטים שנה א'" (American Freshman Survey) העוקב אחר עמדותיהם של תלמידי מכללות מאז שנות השישים. בשלהי שנות השישים, 86 אחוז מהסטודנטים בחרו בעדיפות עליונה, כ"חיוני" או כ"חשוב מאוד", את רצונם "לפתח פילוסופיית חיים משמעותית". בשנות האלפיים, רק 40 אחוז בחרו באפשרות זו כמטרה מרכזית שלהם, בעוד הרוב בחרו בעדיפות עליונה "להיות מבוסס היטב מבחינה כספית".3 דומה כי בעולם של "אני", החיפוש אחר משמעות נעשה משמעותי פחות בקרב בני האדם, החיה המחפשת משמעות.

טענתי בפרק הקודם כי יש זיקה מהותית בין מוסר לבין כבוד האדם. טלו את האחד, ותתקשו למצוא משמעות במשנהו. בפרק הזה אטען לזיקה דומה בין המוסר לבין קיום משמעות בחייו של אדם. ג'ון סטיינבק אמר זאת בהדגשה ברומן 'קדמת עדן':

בחייהם, במחשבותיהם, ברעבונם ובשאפתנותם, בקמצנותם ובאכזריותם, וגם בטוב ליבם ובנדיבותם – בני אדם נלכדים ברשת של טוב ורע. אני חושב שזה הסיפור היחיד שעומד לרשותנו, וכי הוא מתחולל בכל רמות הרגש והשכל. חסד ורשע היו שזורים בראשית תודעתנו, והם יהיו האריג של אחרית קיומנו... אחרי שהאדם מנער את האבק והשבבים מחייו, יעמדו בפניו אך ורק

השאלות הנוקשות והברורות האלה: האם היו חיי חיים של טוב או של רע? האם עשיתי מעשים טובים – או רעים?[4]

לטעמי, הזיקה בין המשמעות לבין הטוב אינה הדוקה עד כדי כך. מנחה הדוקטורט שלי, ברנרד ויליאמס, טען שמקרהו של הצייר פול גוגן, שנטש את משפחתו בפריז ונסע לצייר באיי טהיטי, מלמד בין היתר ששיקולי מוסר לא תמיד גוברים על כל יתר השיקולים.[5] אפשר להיות אומן גדול ואדם לא גדול כל כך. לא כל אדם המוצא משמעות בחיים עושה זאת כמעשה מוסרי מודע. אבל כמעט תמיד הוא עושה זאת בהקשר של מפעל כלשהו הכרוך באתגר, בהתמסרות, במחויבות ובמאמץ החורגים מתחומי עצמיותו. עולם הנשלט בידי העצמי מוביל בסופו של דבר לחוסר משמעות. כדבריה של הפילוסופית האמריקנית סוזן וולף, מי שמתמסר לאושרו בלבד אינו מבין שלדברים שאינם הוא־עצמו יש ערך. הוא מתנהג כאילו לדידו יש ערך רק לו, ולא לשום דבר אחר בעולם.[6] המשמעות כרוכה בהכרה בעולם שמעבר לעצמי. בתרבות אינדיבידואליסטית ממוקדת עצמי אנשים ייאלצו להיאבק כדי למצוא משמעות.

* * *

דייוויד פוסטר ואלאס, מחברו של הרומן המזהיר 'מהתלה אינסופית' (1996), נחשב בעיני רבים לסופר האמריקני הטוב בדורו. ב־12 בספטמבר 2018, כשהיה בן ארבעים ושש, התאבד. הוא סבל שנים רבות מדיכאון, וטופל בנזעים חשמליים ובתרופות. אסור לנו להפחית בחומרתו של מצב נפשי זה, שעשוי להיות תורשתי, ואשר יש לו ממדים גופניים ונוירולוגיים. ועם זאת, משהו בצורת הדיבור שלו על החיים שכנע שני פילוסופים אמריקנים דגולים, הרברט דרייפוס ושון דורֶנס קֶלי, שבחייו ובמותו הוא גילם וניסח את האי־נחת התרבותית של זמנו, באופן רחב יותר ממקרהו האישי.[7]

"זה בא לידי ביטוי", אמר פעם, "כסוג של היות־אבוד". על עצמו ועל חבריו אמר שהם "לבנים בני המעמד הבינוני הגבוה, מחונכים

היטב עד כדי גועל", ומצליחנים יותר מכפי שהייתה להם רשות לקוות. "כמה מהם היו שקועים בסמים, אחרים היו מכורים לעבודה במידה שלא תיאמן. כמה מהם הלכו לברים של רווקים כל ערב". הם היו "חסרי תכלית". כדבריו לאחד המגזינים ב־1993, "זה דור שבכל הקשור לערכי מוסר משמעותיים, יש לו מורשת של כלום בריבוע".

לדידם של דרייפוס, מומחה לאקזיסטנציאליזם, וקלי, ראש המחלקה לפילוסופיה באוניברסיטת הרווארד, התאבדותו של ואלאס אישרה את שיפוטם באשר לדור שלם. הם סברו שדייוויד פוסטר ואלאס היה מן המבריקים ביותר בבני הדור הזה. אם אדם כמותו נקלע לניהיליזם הרסני כל כך, שגרם לו להתאבד, מה זה אומר על אלה שנשארו?

עצם הקיום בעולם בן זמננו נראה לוואלאס כריקנות גמורה. הפוסט־מודרניזם שבתשתית השקפת עולמו העדיף עקרונות מורכבים, שכלתניים מאוד ואסתטיציסטיים מאוד, על פני אימוצה של פשטות. הוא אמר שהסלידה הפוסט־מודרנית מהפשטות היא "אחד הדברים שהשחיתו את הדור שלנו". אמונתו הייתה כי אם אדם יצליח לפתוח את ליבו אל הפרוזאי לכאורה, אל דברים כגון תור בקופת מרכול, הוא יכול לחוות את המצב הזה כ"מקודש, זוהר באותו כוח מרגש שיצר את הכוכבים: אהבה, רעות, האחדות המיסטית של כל הדברים בעומקם".

זה היה אולי קצת אופטימי מצידו. מעטים האנשים שחוו את העולם כקדוש, כזוהר באותו כוח שיצר את הכוכבים, שלא מתוך מאמץ רוחני ממוקד. עסקו בכך המסורות המיסטיות הדתיות הגדולות, ואף לא אחת מהן הניחה שאדם יכול להגיע לידי חוויה מסוג זה בלי שיתמסר קודם שנים ארוכות ללמידה, לאימון, למדיטציה, להתבוננות ולכל יתר דרכי הפעולה של המיסטיקה. אי־אפשר ללחוץ על כפתור ולהגיע למצב כזה; אי־אפשר סתם להמציא תיאולוגיה אישית שתיקח אותנו לשם; אי־אפשר להגיע לשם בדרך שהיו שהלכו בה בדור הקודם, דרך הסמים הפסיכדליים, בלי לשלם את המחיר הכבד שהם שילמו – התמכרות ושאר מרעין בישין.

קלי ודרייפוס מרתקים ברצינות שבה הם בוחנים את מקרהו של

דייוויד פוסטר ואלאס – ומרתקים באותה מידה במענה שהם מציעים, שהינו, כלשונם, קריאה לשיבה לפוליתיאיזם, כלומר לריבוי מקורות להתעלות הנפש, ולמה שאמיל דורקהיים כינה תסיסה קולקטיבית, פעפוע רגשי משותף המתרחש בחוויות כגון צפייה במשחק טניס מצוין או במופע מחול מובחר. ייתכן מאוד שזה הדבר שאנו רואים כיום. המקבילות החילוניות להתעלות הדתית הן אירועי ספורט ומופעי רוק. אבל אלה הם אירועים בודדים, חד־פעמיים, שאין להם תשתית מאחדת. הם יוצרים ריגוש חולף, אך לא מימוש מתמיד. הם מציעים הסחת דעת ולא משמעות, מפלט ולא התמסרות. הדברים שברומם של חיים הוחלפו בבידור. האם די בו?

תגובה מעניינת במיוחד ל׳מהתלה אינסופית׳ של ואלאס היא זו של דייוויד ברוקס בספרו משנת 2019 ׳ההר השני: החיפוש אחר חיים מוסריים׳. הוא אומר שהספר של ואלאס הוא תיאור מתמשך של ״המסגרת המוסחת של התודעה״ הנוצרת כשאדם מבלה שנים בקידום אפשרויות פתוחות שונות. כשהכול זמין, כשכל סגנון חיים אפשרי מונח לנו על המדף לבחירתנו, כשיש לנו חופש גמור אבל אין לנו שום דבר שינחה אותנו במימוש החופש, ״אדם לא רק מאבד את חוט הפשר של חייו, אלא לא מצליח אפילו להתמקד בשאלה הזאת״.

ייתכן, אם לא קרוב לוודאי, שהדבר שוואלאס גילה לבסוף, ואשר נראה לו בלתי־נסבל, היה הריקנות שניטשֶה חזה כי תהיה נחלתו של עולם שאין בו א־לוהים. באחד הפרקים הקודמים הזכרתי כיצד, בספרו ׳המדע העליז׳, שׂם ניטשה בפיו של מטורף את המילים המפורסמות ״אלוהים מת״. פחות מכך מפורסם המשך דבריו:

״לאן פנה האלוהים?״ כה אמר, ״אנכי אגידנו! אנחנו הרגנוהו – אתם ואני! כולנו רוצחיו! אך איככה ביצענו את הדבר הזה? איככה יכולנו את האוקיינוס לשתות עד כלה? מי נתן לנו את הספוג למחות בו את האופק עד תום? מה המעשה אשר עשינו בהתירנו ארץ זאת ממעגלי שמשה? ולאן זה תנוע עכשיו? לאן אנחנו נעים? הלא־הלאה מן השמשות כולן? האם אין אנו נופלים בלי־

> הרף? אחורה, קדימה, לצדדים, לכל עבר? וכי קיים עוד מעלה ומטה? וכי אין אנו ניתעים כלו באפס אינסופי? האם לא נושף עלינו החלל הריק? האם לא גבר הקור? האם לא קרב ובא בלי הרף הלילה, ויתר־לילה? האם אין הכרח להדליק פנסים בבוקרו של יום? הטרם הגיע לאוזנינו קול רעשם של קברנים, הקוברים את האלוהים?".[8]

דרייפוס וקלי מרמזים לבעיה: "ההתמקדות שלנו בעצמנו, כגורמים מבודדים ואוטונומיים, הובילה לידי 'גירוש האֵלים', דהיינו איטום או חסימה של הרגישות שלנו למה שקדוש בעולמנו. האלים קוראים לנו, אבל חדלנו להקשיב". אבל ניטשה, ואולי ואלאס, הרגישו דבר עמוק מזה: שהאלים **אינם** קוראים להם, מפני שלדידם אין שום אֵלים. הקול שהם שמעו היה זה של בלז פסקל המבוהל: "הדממה הנצחית של מרחבי האין־סוף הללו".

היו לי פעם חילופי דברים משעשעים מאוד בעניין הזה עם האתיאיסט הנודע ריצ'רד דוקינס. אמרתי, "ריצ'רד, אתה פשוט חירש צלילים. אתה לא יכול לשמוע את המוזיקה שמעבר לרעש". הוא ענה "אתה צודק, אני חירש צלילים. אבל אין שום מוזיקה". אבל אם אתה חירש צלילים, איך אתה יכול לדעת שאין מוזיקה? יש אנשים שהוודאויות השליליות של העולם המודרני נטלו מהם את עצם האפשרות לשמוע את המוזיקה הא־לוהית, את הקריאה, את הקול של המֵעבר שבִּפנים. ועדיין, ספרם של קלי ודרייפוס 'כל הדברים זוהרים' חשוב בשל כנותו ופתיחותו באשר לקושי למצוא משמעות בחיים שאין בהם ממד של קדושה.

עוד אינטלקטואל בן זמננו המודע לבעיית החיים עם היעדר המשמעות הוא ההיסטוריון יובל נח הררי, שאת ספרו 'ההיסטוריה של המחר' הזכרתי בפרק הקודם. בספרו הבא, '21 מחשבות למאה ה־21', הוא פוטר את כל הניסיונות למצוא משמעות בחיי האדם כלא יותר מסדרה של סיפורים, מוצרים מלאכותיים שאינם מגלמים מציאות מהותית מעבר לעצם המאמץ והמרץ שהושקעו בהמצאתם.[9] "אם אתם

שואלים מהי משמעות החיים ומישהו מציע לכם סיפור בתור תשובה", הוא כותב, "דעו שזוהי תשובה שגויה".

הררי עצמו נמשך אחר נקודת מבט בודהיסטית, שעל פיה "ליקום אין משמעות, וגם לרגשותיהם של בני האדם אין משמעות". הללו הם רק "תנודות חולפות, שמופיעות ונעלמות בלי לשרת שום מטרה עליונה. זו האמת. תתמודדו". הררי הוא דוגמה מושלמת לטענתו של פיליפ ריף כי תרבויות פגאניות חוות את המשמעות **כגורל**. תרבויות ציר, כגון דתות הייחוד הגדולות, היהדות, הנצרות והאסלאם, חוות אותה **כאמונה**. ואילו תרבויות פוסט־מודרניות פוטרות אותה **כמִבְדֶּה**.[10] לסיפור הבדיוני אין מציאות מחוץ לְעצמי, הן אומרות, ועל כן הוא יכול לספק לנו הסחת דעת אך לא משמעות. הוא יכול לאפשר לנו בריחה מהנה מהעולם, אבל אין הוא, כשהוא לעצמו, צורה של מעורבות בעולם. בעיניי, זו תפיסה דלה של מהותם של סיפורים ושל הכישרון האנושי הייחודי להבנת עלילות.

* * *

כאשר מדובר בחיים, סיפור אינו רק מבדה. הוא החיפוש אחר משמעות. כפי שהראיתי בספרי 'השותפות הגדולה', לתודעה האנושית יש שתי אופנויות ראשיות: המדע, המפרק דברים כדי לראות איך הם עובדים, והדת, המחברת דברים כדי לראות מה משמעותם. ג'רום ברונר מדבר על "שתי צורות של תפקוד קוגניטיבי", שכל אחת מהן "מספקת דרכים מובחנות לארגון החוויה, להבניית המציאות". האחת היא הטיעון הלוגי, והשנייה היא הסיפור. המילה "אז" נושאת בכל אחת מן הצורות הללו מובן שונה: היחס שהיא מבטאת בהיגד "אם א אז ב" שונה מזה שהיא מבטאת בהיגד "המלך מת ואז המלכה מתה". ההיגד הראשון נטול זמן, ואילו השני כל כולו ארגון בזמן. הקשר הראשון הוא לוגי, ואילו השני קונטינגנטי, מותלֶה. הוא שייך לעולם של אפשרות, לא של הכרח.[11]

שתי צורות אלו מתפקדות בדרכים שונות. האחת נועדה לשכנע אותנו באמיתותה המוחלטת, ואילו האחרת בהיותה דמוית מציאות, מסתברת. הסיפור, הנרטיב, הוא הבנָיה של משמעות מתוך שטף

האירועים; והעובדה שאין אמת מידה פשוטה לאימותו ולהפרכתו, כפי שישנה במדע, אין פירושה שהוא רק מבדה. להפך: היותנו מספרי סיפורים היא לב מהותנו כיצורים מחפשי משמעות.

כדברי חוקרת הספרות ברברה הרדי, "אנחנו חולמים בסיפור, אנחנו הוזים בסיפור, זוכרים, מצפים, מקווים, מתייאשים, מאמינים, מפקפקים, מתכננים, בוחנים, מבקרים, מַבנים, מרכלים, לומדים, שונאים ואוהבים בסיפור".[12] הפילוסוף אלסדייר מקינטאייר השמיע את טיעונו המפורסם בעניין ביצירת המופת שלו 'מעֵבר למידה הטובה': "האדם, בפעולותיו ובמעשיו, וכן בבדיונותיו, הוא במהותו חיה מספרת־סיפורים". ומסקנתו: "אם נשלול מילדים סיפורים נותיר אותם מגמגמים בלא תסריט, מפוחדים במעשיהם ובדיבוריהם".[13]

הננו, במידה רבה, הסיפור שאנחנו מספרים על עצמנו, ומכאן שאנו נתונים תמיד בתהליך התהוות. איננו בונים את סיפורנו יש מאין. חיינו, תרבותנו, אמונתנו, כל אלה מעצבים את הסיפור אשר בתורו שב ומעצב את חיינו. אותי מעניין כאן **דפוס** מסוים של סיפור שיש לו הד עשיר בתרבות המערב, הלוא הוא נרטיב **הגאולה מן הייסורים**. אני רוצה להתמקד בסיפוריהם של שני אישים נודעים. במקרה, שניהם סיפרו את סיפורם בנאומי תודה בטקסי קבלת תואר דוקטור לשם כבוד, ושני הנאומים הללו זמינים כסרטוני יו־טיוב. השניים הם סטיב ג'ובס המנוח, מייסד 'אפל', וג'יי־קיי רולינג, היוצרת של הארי פוטר.

בנאומו הנצפה מאוד בסטנפורד ב־2005 – יותר מ־40 מיליון איש צפו בסרטון עד מועד כתיבת שורות אלו – סיפר סטיב ג'ובס את הסיפור הנוגע ללב של ראשית ילדותו. אימו הייתה בוגרת מכללה רווקה, שבעת הריונה גמרה אומר למסור את ילדהּ לאימוץ. אולם היא עמדה על כך שההורים המאמצים יהיו בוגרי מכללה. היא עשתה את כל הסידורים, ונמצא זוג הולם שהסכים לאמץ את התינוק לבן, אבל כשסטיב נולד התחרטו בני הזוג הללו והחליטו שהם מעדיפים בת. הרשויות פנו למשפחה אחרת שהביעה את רצונה לאמץ ילד, וזו הסכימה מייד לקחת את סטיב. אך בני הזוג האלה לא היו בוגרי

פרק יח – משמעות

מכללה. היולדת הסכימה שהתינוק יימסר להם רק בתנאי שיתחייבו ברצינות שהוא ילך למכללה כשיגדל.

כל המורכבויות באופיו של סטיב ג׳ובס כבר משובצות בסיפור הזה: סיפור על אנשים משכילים המציבים תנאים מסובכים, ולעומתם בני הזוג שאימצו את סטיב, שלא זכו להשכלה גבוהה אך אנושיותם קרנה מהם. המשך סיפורו המרשים של ג׳ובס עוסק בשלושה משברים שעבר בחייו ובמה שהוא למד מהם.

הראשון אירע במכללה. שישה חודשים לאחר שלימודיו החלו, הוא נדהם לגלות מה גדול העול הכספי של שכר הלימוד המוטל על הוריו המאמצים. הוא החליט שאיננו יכול להמשיך את לימודי התואר במצפון נקי, כשהוא רחיים בצווארם. הוא עזב את הלימודים. בשנים הבאות חי כמעט בלי הוצאות, ישן על הרצפה בחדרי הפנימייה של חבריו, הרוויח קומץ דולרים מאיסוף בקבוקי קוקה קולה בפיקדון, ואחת לשבוע הלך ברגל לקצה השני של העיר כדי לקבל ארוחת חינם במקדש הרי קרישנה.

מתכונת זו, של סטודנטיאליות למחצה, אפשרה לו להיכנס לקורסים שאינם חלק מתוכנית הלימודים לתואר, כאלה שפשוט עניינו אותו. אחד מהם היה קורס בקליגרפיה, כתיבת יד אומנותית; יפי האותיות משך את ליבו. את מה שלמד שם יישם כאשר הוא וסטיב ווזניאק בנו את המחשבים הראשונים שלהם: הם הטמיעו בהם אפשרות בחירה במגוון גופנים, תוך התאמת המרווחים לגופן, וכך שיוו למסמכים הנוצרים במחשבים אלה אלגנטיות שעד אז נמצאה רק במוצרי דפוס מקצועיים. עם הזמן, כל חברות המחשבים הלכו בעקבותיו. וכך, המשבר הראשון גרם לסטיב ג׳ובס לגלות דבר שהוא לא היה עושה לו נצמד להרגלים המוקנים בתוכנית הלימודים הרגילה במחשבים.

המשבר השני, משבר משנה חיים, אירע כאשר הוא פוטר מאפל, החברה שהוא וסטיב ווזניאק הקימו מאפס במוסך של הוריו והצמיחו עד שהעסיקה 4,000 עובדים וערכה היה 2 מיליארד דולר. כל אדם

אחר היה מרים ידיים בייאוש, אך לא כן ג'ובס. במקום להיכנע הוא הקים חברת מחשבים חדשה, 'נקסט', ורכש את חטיבת גרפיקת המחשב של חברת הסרטים של ג'ורג' לוקאס שהייתה מעתה לחברת האנימציה המצליחה פיקסאר. גאונותו של שותפו החדש של ג'ובס, ג'ון לאסיטר, חברה לפרפקציוניזם שלו עצמו – ופיקסאר הייתה החלוצה ביצירת סרטים העשויים כולם באנימציה ממוחשבת. היא הפיקה שורה של יצירות מופת, מ'צעצוע של סיפור' ואילך.

המשבר השלישי, שובר לב, היה אבחון סרטן הלבלב. הוא גרם לג'ובס לכונן מוקד חדש בחייו, להתמקד במה שחשוב באמת; הוא גרם לו להבין: "זמנך מוגבל – אל תבזבז אותו בניסיון לחיות חיים של אחרים". צל המוות חידד את ראייתו. שיקולים חיצוניים של גאווה או פחד, מבוכה או אימת כישלון, סרו עתה מן הדרך, ולנוכח המוות הקרב חדלו להסיח את דעתו של ג'ובס מהיעדים החשובים.

תוך שהוא מספר את הסיפורים הללו תיאר ג'ובס דבר שדומה כי אפיין את חייו לכל אורכם. הוא קרא לזה חיבור הנקודות. "אי־אפשר לחבר בין הנקודות כשמסתכלים קדימה, אלא רק במבט לאחור. לכן, בזמן אמת, אתה צריך להאמין שהנקודות יתחברו לך איכשהו בעתיד. עליך לבטוח במשהו – באומץ שלך, בייעוד, בחיים, בקארמה, מה שלא יהיה. הגישה הזאת אף פעם לא אכזבה אותי".

כאן נעוץ ההבדל בין סטיב ג'ובס לדייוויד פוסטר וואלאס. ג'ובס בנה נרטיב. הוא התמקד במה שהפך את חייו לסיפור, ובשאלה איזה מין סיפור הוא. זה היה סיפור גאולי, סיפור של תקווה, מעשייה על כך שיכול אדם שיחסרו לו דברים רבים, ממשאבים כספיים עד קשר עם הוריו מולידיו, ובכל זאת יזקוף את ראשו וייטיב לא רק את חייו שלו אלא גם את חייהם של האחרים.

קשה לדמיין שלוש מכות מוחצות יותר מאלו: אימך מוסרת אותך לאחרים, אתה מפוטר מהחברה שהקמת, מגלים אצלך סרטן ממאיר. והנה, ההסתכלות על הדברים כסיפור מלמדת אותנו איך העתיד יכול לגאול את העבר, איך מה שנראה עכשיו כאסון עשוי להתברר כנקודת מפנה במסע שיעדו הסופי גבוה בהרבה מזה שהיה אלמלא כן.

סיפורה של ג'יי־קיי רולינג, שהיא גוללה כאשר קיבלה תואר לשם כבוד באוניברסיטת הרווארד, עניינו בחירתה במסלול חיים שונה מזה שהוריה איוו לה. הוריה באו מרקע מרושש, וראו את האוניברסיטה כמסלול חילוץ כלכלי בטוח לבתם. אך במקום להשלים תואר בגרמנית, שלדעתם היה המסלול המתאים לה להתקדמות בעולם העבודה, רולינג נהתה אחר המיתוסים היווניים ועברה עד מהרה ללימודים קלאסיים. כידוע לנו, תשוקתה המתמדת הייתה ועודנה אל הכתיבה. נאומה הגיע לרגע עגום כשתיארה את עצמה בתקופת השפל שלה: שבע שנים אחרי קבלת התואר, גרושה, עם ילדה קטנה, "בלי עבודה, אם יחידנית, ענייה ככל שאפשר להיות עני בבריטניה המודרנית בלי להיות חסר־בית". על פי אמות המידה של הוריה, היא הייתה כישלון.[14]

בנקודה זו בנאומה, בלי להעמיד פנים שהיא נהנתה מן הכישלון, היא סיפרה כי בכל זאת "בזכותו התקלפתי מכל הבלתי־נחוץ". והיא המשיכה, "הפסקתי להשלות את עצמי שאני משהו אחר ממה שאני, והתחלתי לתעל את כל מרצי להשלמת העבודה היחידה שהייתה חשובה בעיניי". הדבר נתן לה "ביטחון פנימי שגם הצלחה בבחינות לא העניקה לי אף פעם". הוא לימד אותה על אודות עצמה דברים שלא הייתה מגלה אלמלא כן. הוא לימד אותה שכוח הרצון והמשמעת העצמית שלה חזקים מכפי שהיא שיערה. היא למדה שיש לה חברים אמיתיים. ו"הידיעה שיצאת מן המשברים חכמה וחזקה מכפי שהיית קודם לכן פירושה שאת יכולה, מכאן ולהבא, לסמוך על היכולת שלך לשרוד".

סיפורים אלה, של סטיב ג'ובס ושל ג'יי־קיי רולינג, הם דוגמאות עכשוויות מאלפות לדרך הסיפֵּר שתיאר דן מקאדמס, פרופסור לפסיכולוגיה ולהתפתחות אנושית באוניברסיטת נותרווסטרן. חיבורו 'סיפורים שאנו חיים' נמנה עם ספרי המפתח בסוגיית תפקידו של הסיפור בגילוים ובניסוחם של חיים בעלי משמעות. בספר מאוחר יותר, 'העצמי הגואל', הוא מספר כיצד בשעה שהציג מחקר שלו בכינוס מדעי בהולנד הגיבה אישה מן הקהל באומרה שעבודתו מעניינת מאוד אבל "סיפורי החיים האלה שאתה מתאר, הם נראים כל כך,

איך לומר, **אמריקניים**". הוא הבין זאת תחילה כביקורת, אך אז זיהה בדברים גרעין של אמת. הסיפורים שאנו מספרים מושפעים במידת מה מהתרבות, או התרבויות, שאנו חיים בהן. כשם שיש סגנונות לאומיים במוזיקה, בספרות ואפילו בהומור, יש סגנונות לאומיים גם בנרטיבים האישיים.

בעקבות תובנתה של אותה הולנדית, זיהה מקאדמס את תכונותיו הטיפוסיות של נרטיב החיים האמריקני. הוא קורא לו "סיפורו של העצמי הנגאל". וזהו המבנה הבסיסי שלו: "דברים רעים קורים לי, אבל במקרים רבים התוצאות שלהם טובות. הסבל שלי נגאל בדרך כלל, ואני ממשיך להתקדם, ללמוד, להשתפר. בהביטי אל העתיד, אני מצפה שהדברים שיצרתי ימשיכו לצמוח ולפרוח, אפילו בעולם מסוכן".[15] זהו סוג מסוים מאוד של סיפורים, שיסודותיו בתפיסת הזמן היהודית־נוצרית: הזמן כנשא של צמיחה, שינוי, גילוי, מפגש וגאולה. הוא רחוק מתפיסת הזמן המחזורית של כמה מהכותבים ההלניסטים. גם אין הוא קרוב למיסטיקה המזרחית הנטועה בחוויית האני־כאן־עכשיו. העצמי הגאולי איננו חי ברגע; הוא חי בעתיד המתאפשר באמצעות ההווה, ובסיפור הנחשף רק במבט לאחור. והוא מוסרי עד לשַד עצמותיו. הוא רואה את הסבל האישי כמבוא לצמיחה ולשיכוך סבלם של אחרים. הוא מתמקד באחריות המוסרית, שהינה התוצר של יכולתנו לדמיין עולם שעדיין אינו קיים ולפעול בדרך שתעזור לחולל אותו. זהו אותו הלך־נפש שביטא ג'ורג' ברנרד שו באומרו, "אתה רואה דברים ושואל 'למה?', ואילו אני חולם על דברים שאינם ואומר, 'למה לא?'". הוא משקף גם את גישתו של אלברט איינשטיין למשמעות החיים: "מוזר הוא מצבנו כאן על פני האדמה. כל אחד מאיתנו בא לביקור קצר, בלי לדעת למה, אף כי לעיתים הוא מנסה לשער מהי התכלית. אבל מנקודת המבט של חיי היום־יום, יש דבר אחד שאנו יודעים: שהאדם נמצא כאן למען אנשים אחרים – ומעל לכול למען אלה שאושרנו שלנו תלוי בחיוכיהם וברווחתם".[16] הבנה גאולית זו של הזמן היא שעשתה את המערב למה שהוא, ונתנה לו את הכוח אשר זה ארבע מאות שנה משנה את העולם.

פרק יח – משמעות

החיים הם אכן סיפור. הם המענה שלנו לקריאה שמפנה אלינו הסבל בעולם. חייהם של אנשים גדולים נענים למציאות חייהם של אנשים אחרים, שלמענם כתבה ג'יי-קיי רולינג את ספריה ולמענם יצר סטיב ג'ובס את פלאי הטכנולוגיה שלו, ואליהם כל אחד מאיתנו מכוון בהושיטו את ידו לנזקק ובהופכו זרים לידידים.

פרק יט

למה מוסר?

למה המוסר נחוץ כל כך לכבוד האדם שלנו, לאושר שלנו, לטעינת חיינו במשמעות, ולמנגנוני החן והחסד המכוננים את החברה הטובה? ננסה לענות על שאלה זו באמצעות סיפורם של שני אנשים אשר יצאו בשנת 1831 לשני מסעות ששינו את חייהם ואת חיינו, ואפשרו לנו לראות את העולם באופן חדש, מעמיק חקר. הם לא הכירו זה את זה. תחומי העניין שלהם היו שונים לגמרי, וגם יעדי המסעות שלהם. אבל באורח מוזר, בהביטנו לאחור אנו נוכחים לראות שהמחשבות שלהם התכנסו יחדיו. הם נתנו לנו דרך חדשה להבנת תפקידו של המוסר בחברה האנושית.

שני האנשים – האחד בן עשרים ושתיים שנה בצאתו למסעו, השני בן עשרים ושש – היו דומים זה לזה במובנים רבים. שניהם היו בנים למשפחות אמידות, ולשניהם הייתה סקרנות עצומה כלפי העולם סביבם. הם היו משקיפים מעולים, הרואים את אשר נעלם מעיני אחרים, ואף מסוגלים לעבד את מראה עיניהם לתיאוריה, להעלות השערות ולהציע הסברים חדשניים. הראשון היה חוקר טבע בריטי צעיר שהפליג על סיפונה של אוניית הוד מעלתו בִּיגְל, למסע ארוך שסופו באיי גלפגוס: צ׳רלס דרווין. השני היה בן אצילים צרפתי צעיר,

שהפליג לארצות הברית כדי לחקור את התנהלותם הפוליטית של האמריקנים: אלקסיס דה־טוקוויל.

למרות השוני בין תחומי העניין ושדות המחקר שלהם, שניהם התרשמו, בסופו של דבר, מאותו עניין בעצם. שניהם צפו בתופעות שהתמיהו אותם מאוד, והגיעו לאותה מסקנה, והיא שבכל צורה של חיי חברה יתעורר צורך גם בתחרות וגם בשיתוף פעולה. המוסר הוא זירת שיתוף הפעולה. הוא המקום שבו אנו מניחים לתחרות ואומרים, במפורש או במשתמע: הבה נפעל יחד למען הטוב המשותף. הדבר קשה מכפי שהוא נשמע, כי התחרות ושיתוף הפעולה מעוררים שתי ערכות שונות לגמרי של אינסטינקטים: הראשונה מעוררת בנו את יצרי התוקפנות, והשני – את האלטרואיזם. דרווין ודה־טוקוויל גילו, איש איש בתחומו, שבדרך זו או אחרת אנו מצליחים לנהל את שני היצרים הללו. מוכרחות להיות זירות שיצר התחרות שולט בהן, אך חייבות להיות גם זירות אחרות; מקומות שהדאגה לטוב המשותף מוצאת בהן את ביתה.

נתחיל נא בצ׳רלס דרווין. אנו יודעים דבר או שניים על מסעו ועל התגליות שהוא הניב. משניסח את תורת האבולוציה שלו הבחין דרווין במה שנראה כחוסר התאמה בוטה בינה לבין תכונות נצפות של בני האדם ושל חלק מבעלי החיים – והיה ישר וחכם דיו כדי לזהות זאת ולומר זאת. אם ישנה ברירה טבעית, אם התפתחות המינים נקבעת על פי תחרות על משאבים המצויים במחסור, אפשר היה לצפות שרק האנוכיים האכזרים ביותר ישרדו. לחריגה מן העצמי אין מקום במערכת הדרוויניאנית, ודרווין הודה בכך. אלטרואיסטים, ובייחוד אנשים המסכנים את חייהם למען אחרים, יהיו בעלי תוחלת חיים נמוכה בהרבה מהאחרים, בגלל הסיכונים שהם נוטלים, ולכן תהיינה להם פחות הזדמנויות להעביר את הגנים שלהם לדור הבא. בקצרה, האלטרואיסטים, אם רואים אותם כמין ביולוגי, דינם להיכחד.

אבל הם לא נכחדו. דרווין גילה כי כמעט בכל חברה אנושית האלטרואיזם זוכה להערכה. הקבוצה מעריצה את המסתכנים למענה. אם להידרש לכמה דוגמאות בולטות מהמאה העשרים, מרטין לותר

קינג, האם תרזה ונלסון מנדלה זכו לכבוד ויקר לא משום שהיו אכזרים אלא להפך, בזכות נכונותם להקריב משלהם למען הזולת. איך הדבר מתיישב עם הברירה הטבעית? דרווין התווה את צורתו הכללית של פתרון, שבלשון ימינו נֻסחו כך: אנו מוסרים את הגנים שלנו לדור הבא כיחידים, אבל שורדים רק כחברים בקבוצות. אדם כשהוא לעצמו אינו יכול לשרוד. זהו הפרדוקס־לכאורה שבלב הברירה הטבעית. כדברי דרווין ב'מוצא האדם':

> אין ספק כי שבט הכולל חברים רבים המצטיינים ברוח פטריוטית, נאמנות, צייתנות, אומץ וסימפטיה, שמתוך כך מוכנים תמיד לעזור איש לרעהו ולהקריב את עצמם למען הטוב המשותף, ינצח בדרך כלל את השבטים האחרים – וזאת תהיה ברירה טבעית.[1]

כאן, יותר מבכל מקום אחר בכתביו, התקרב דרווין אל רעיון הברירה הקבוצתית. הוא הבין שקשה מאוד לשער איך יגיע מישהו לידי אלטרואיזם. במילותיו: "בעיית התקדמותם הראשונה של הפראים לקראת ציוויליזציה נותרת בשלב זה קשה מדי לפתרון".[2]

דרווין לא מצא הסביר מניח את הדעת באשר להופעתה הראשונה של ההתנהגות האלטרואיסטית, אך ברי היה לו ששימורה וטיפוחה חיוניים. וכך, מצד אחד, הברירה הטבעית פועלת מתוך תחרות על משאבים במחסור, אך מצד שני היא תלויה בשיתוף פעולה, שכן בלי שיתוף פעולה הקבוצה לא תשרוד, ובלי קבוצה – לא ישרוד היחיד. מסתמן אפוא תהליך פרדוקסלי בברירה הטבעית אצל בעלי החיים החברתיים, ובמיוחד אצל האדם: הגנים האנוכיים פועלים יחדיו ליצירת אנשים זולתנים. זו התובנה שדרווין כיוון אותנו אליה.

* * *

באותה שנה, אלקסיס דה־טוקוויל נסע לאמריקה כדי לחזות בתופעה החדשה: דמוקרטיה הבנויה על הפרדה עקרונית בין דת למדינה. סקרן אותו פרדוקס דומה מאוד לזה שהציק לדרווין – שוב, בעניין יחסי

הגומלין בין תחרות לשיתוף פעולה. הנחתו הראשונה הייתה שהפרדת הדת מהמדינה תיטול מהדת את כוחה, ומשום כך גם השפעה לא תהיה לה. ואם כך, במדינה שהדת מופרדת בה מהמדינה, הגיוני שהדת תהיה תופעה שולית בלבד. והנה, לעיניו נתגלה ההפך. דה־טוקוויל מצא בארצות הברית אומה שהדת ממלאת תפקיד מרכזי בחייה; מרכזי עד כדי כך שהוא תיאר את הדת כראשונה במעלה מכל המוסדות הפוליטיים בארה"ב.[3]

איך זה קרה? זו הבעיה שדה־טוקוויל שם לו למטרה לפתור. איך ייתכן שבמדינה שאין בה שום כוח לדת, יש לדת השפעה כבירה במיוחד? וכתוצאה מכך – איך ייתכן שמוסד שיש לו השפעה רבה כל כך נמנע מצבירת כוח פוליטית? דה־טוקוויל ראיין אנשי כמורה, וגילה שהפרדת הדת מהמדינה היא־היא הגורמת לדת להיות משפיעה כל כך, שכן הדת נשארת כך מחוץ לוויכוחים המפלגתיים. הוא כותב בספרו 'הדמוקרטיה באמריקה': "כשהתחלתי לתהות על הרוח השוררת בקרב אנשי הכמורה עצמם, נוכחתי לדעת שרובם מתרחקים ממילא מן השררה, וכי חשים הם כעין גאווה מקצועית על שהם מוסיפים להתנזר ממנה".[4] כששאל את אנשי הכמורה למה הם נשארים מחוץ לפוליטיקה, הם אמרו לו דברים ברוח זו: "הפוליטיקה פלגנית במהותה. אם נהיה מעורבים בה, ניעשה גם אנו גורם מפלג. רצוננו להיות כוח מאחד, לא מפלג. לכן אנו מתרחקים מהפוליטיקה". במקום זאת עסקו המנהיגים הדתיים בשנות השלושים של המאה ה־19 בחיזוק משפחות, בבניית קהילות ובהקמת אגודות צדקה. הם עודדו את הציבור לחשוב על הטוב המשותף, חינכו אותו ליצור לעצמו "הרגלי לב", והנחילו לו את "אמנות החיבור" שדה־טוקוויל כינה "הכשרה לחירות".

האמריקנים לא השאירו הכול למדינה. להפך: באזורים רבים הם התאגדו מרצונם על בסיס מקומי כדי לעשות דברים למען עצמם. דה־טוקוויל התפעם מנטייתם של האמריקנים בני כל הגילים והשכבות ליצור התאגדויות ולו גם לקל שבצרכים:

יש להם לא רק חברות של מסחר וחרושת, שבהן הכול משתתפים,

פרק יט – למה מוסר?

אלא גם אגודות מאלף סוגים אחרים – דתיות, מוסריות, חשובות, חסרות ערך, כלליות מאוד ופרטיות מאוד, גדולות מאוד וקטנטנות. האמריקנים מאגדים אגודות כדי לערוך חגיגות, לייסד סמינריונים, לבנות פונדקים, להקים כנסיות, להפיץ ספרים, לשלוח מיסיונרים לעברו השני של כדור הארץ; בצורה זו הם מייסדים בתי חולים, בתי כלא ובתי ספר. אם עולה הצעה להחדיר איזו אמת או לטפח איזה רגש בעידודה של איזו תורה גדולה, הם מקימים אגודה. בכל מקום שבו תראה בראשה של יוזמה חדשה בצרפת את הממשלה, ובאנגליה איזה איש מעלה, מובטח לך שבארצות הברית תמצא בראשה אגודה.[5]

האגודה היא המקבילה האמריקנית למה שדרווין תיאר לגבי השבט, מקום שם הבריות "מוכנים תמיד לעזור איש לרעהו ולהקריב את עצמם למען הטוב המשותף". דה-טוקוויל הבין שבחברה דמוקרטית מוטל משא עצום על המשפחות, הקהילות והקבוצות המקומיות מכל הסוגים, והסיק שהזירה המכונה תדיר "החברה האזרחית" (כלומר אותו חלק בחיי הציבור שאינו נתון בידי המדינה) חיונית לבריאותה של הדמוקרטיה. שם אנו לומדים איך לשתף פעולה ולא רק להתחרות. במשפחה ובקהילה אנחנו עושים דברים למען הזולת, כי עצם קיומן של מסגרות אלו תלוי באלטרואיזם הדדי.

דה-טוקוויל סבר שמעגל זה של פעלתנות מקומית והתאגדות חופשית הוא אשר מגן על האמריקנים מפני עריצותה הזוחלת של המדינה. עריצות זו, אם תבוא, לא תהיה כנראה אכזרית. היא תהיה נעימה. השעבוד יהיה כלשונו "מוסדר, נוח ושאנן". זהו משטר ש"נעים לו לראות את האזרחים בהנאותיהם, ובלבד שישימו בהן את כל מעייניהם". העריצות הזאת תהיה אחרת מאלה שהתקיימו לאורך ההיסטוריה. היא תיווצר בלי מהפכה, תישמר בלי התנגדות, ותתקיים פשוט כדי להקל מעל האזרחים את נטל הדאגה למי שאינו הם עצמם ובני משפחותיהם הקרובים.[6] ואף על פי כן, זו תהיה עריצות. שכן המדינה תפלוש לעוד ועוד תחומים של חיי הפרט. כשאנשים משאירים

הכול לטיפולה של המדינה, הכול נעשה פוליטי; אך החירות – המרחב החופשי מפוליטיקה ומרדיפת הכוח – תלויה בהימצאותה של ישות חזקה בתווך שבין היחיד למדינה. ישות זו היא הזירה המוסרית, השייכת לא רק לתחומם של ארגונים דתיים אך תלויה בהם עד מאוד. "לא תיכון מלכות החירות בלי שתיכון מלכות המוסר לצידה", כתב דה־טוקוויל, "ולא יהיה שלטון למוסר בלי האמונה".[7]

וכך, באורח מוזר, מסעותיהם של דרווין ושל דה־טוקוויל, שהחלו באותו זמן, הגיעו לאותה מסקנה. שניהם הבינו כי אף על פי שמאבק ההישרדות כרוך בתחרות, חייב להיות במסגרת הקבוצתית מרחב מוגן שבו אנו לומדים ומיישמים דרך קבע את הרגלי שיתוף הפעולה, הזולתנות והדאגה לטוב המשותף ולא רק לטוב הפרטי. דרכיהם של שני נוסעים אלה, השונים כל כך איש מרעהו, התכנסו אל מסקנה זו.

* * *

כיום, כמעט מאתיים שנה אחרי שהשניים הללו יצאו לדרך, אנחנו יודעים, בקווים כלליים לפחות, איך זה עובד. התשובה מכילה שלושה רבדים, שונים מאוד זה מזה. את הראשון המחיש ג' ב' ס' הולדֵיין כשנשאל אם היה מזנק לנהר גועש כדי להציל את אחיו מטביעה. הוא ענה, "לא, אבל הייתי עושה זאת כדי להציל שני אחים שלי, או שמונה מבני דודיי". לכאורה אין זה הגיוני כלל שנסכן את חיינו כל כך כדי להציל אדם אחר מאותה סכנה. אנו מסתכנים באובדן לא רק שלנו עצמנו אלא של כל צאצאינו העתידיים! כוונתו של הולדיין, שבשנות השישים פיתחוה לכדי תיאוריה ויליאם המילטון ואחרים, היא לכך שהקְרָבה עצמית הגיונית בהתאם למידת הקִרבה הגנטית לאנשים שאנו מנסים להציל. אנו חולקים 50 אחוז מהגנים שלנו עם אחינו, שמינית עם בני דודינו, וכן הלאה. לכן, בהצילנו את חייהם של קרובי משפחה, אנחנו עדיין מנחילים את הגנים שלנו לעתיד – והצלת שני אחים שלנו, בדוגמה של הולדיין, או שמונה בני דודים, שקולה להצלת עצמנו. זהו הגיון "ברירת השאֵרים", והוא נקבע על פי דמיון גנטי.

אנו נוהגים כך, באופן אינטואיטיבי, גם במצבים שגרתיים. ידוע

כי מערך האלטרואיזם נוצר בתוך המשפחה. בה אנחנו מורישים את הגנים שלנו לדור הבא, בה נמצאת ההזדמנות הגדולה שלנו לאלמוות בעולם הזה. אדמונד בֶּרק אמר כי המשפחה היא "העיקרון הראשון (הזרע כביכול) לרגשי־חיבה בתחום הציבורי. זו החולייה הראשונה בשרשרת המצעידה אותנו אל האהבה למולדתנו ולכלל האדם";[8] וידידנו אלקסיס דה־טוקוויל חידד: "כל זמן שנשמר הרגש המשפחתי, מעולם לא היה המתנגד לעריצות בודד לנפשו; הוא הבית סביבו ומצא לו תומכים, ידידי מורשת ושארי בשר. אפילו נעדרה התמיכה הזאת, חש היה שאבות אבותיו תומכים בו וצאצאיו מפיחים בו רוח".[9] הביולוגיה, המוסר והחברה מתלכדים. המוסָר מתחיל בשארות הבשָׂר.

השאלה כיצד קבוצות מתרחבות – משארים לחברים, מקשרי דם לקשרי ידידות – נותרה בעיה מרכזית בביולוגיה האבולוציונית עד שלהי שנות השבעים. איך יכול בעל חיים, קל וחומר אדם, ליצור התאגדות עם אחרים שאינם קרוביו, אם האינטרס העצמי גובר תמיד על הטוב המשותף? תהיֶה זו היא נקודת המוצא בתיאורו הידוע של תומס הובס ל"מצב הטבע", שבו מתקיימים בני האדם ב"פחד מתמיד וסכנה מתמדת מפני מוות אַלים; וחייו של אדם הם חיי בדידות דלים, מאוסים, חייתיים וקצרים".[10] מה יכול לבלום את הבריות מלהילחם זה בזה לזמן רב מספיק כדי שיחלו להתחבר זה עם זה?

את התשובה סיפקה עבודה מחקרית מבריקה שנעשתה בשנות השבעים המאוחרות ולאורך שנות השמונים. היא השתמשה בתרחיש שלקחה מהענף המתמטי הקרוי תורת המשחקים: דילמת האסיר. זהו תרגיל מחשבה המדמה שני עבריינים שהמשטרה עצרה בחשד שביצעו יחד פשע אך אין לה די ראיות להבטיח את הרשעתם. הדרך הטובה ביותר שיש בידה להשיג ראיות מפלילות היא לחקור את השניים בנפרד, ולתת לכל אחד תמריץ להלשין על חברו. וזו מערכת התמריצים: אם האחד ילשין והשני ישתוק, המלשין ישוחרר והמופלל ששתק ייאסר ל־15 שנה. אם שניהם ילשינו זה על זה, שניהם אומנם יואשמו בפשע שעשו – אך כתגמול על ההלשנה יידונו למאסר חמש שנים בלבד. לעומת זאת, אם שניהם ישתקו, לא תוכל המשטרה

להפלילם והם יישפטו על עבירה אחרת, קלה, ויידונו למאסר בן שנה אחת.

מבחינה רציונלית, באין להם יכולת תיאום, לכל אחד כדאי יהיה להפליל את זולתו, שהרי כך הוא עשוי להשתחרר לגמרי או במקרה הגרוע להיאסר לחמש שנים בלבד. אלא שאם זה יהיה ההיגיון שידריך את שניהם, התוצאה, חמש שנות מאסר לשניהם, תהיה חמורה בהרבה מזו שתהיה אם שניהם יפעלו על פי ההיגיון ההפוך, ישתקו, וייאסרו כל אחד לשנה.

תרגיל מחשבה זה נדמה כקוריוז זניח, אך הוא קורא תיגר על ההנחה המרכזית שהכלכלה כולה עומדת עליה מאז פרסם אדם סמית את 'עושר העמים': שחלוקת עבודה, בשילוב פעולה של כל אחד למען האינטרס האישי שלו, מניבות תועלת מרבית לכלל. דילמת האסיר מראה שמַתכּוֹן זה לא יצלַח בלי רכיב חיוני נוסף: אֵמון. הרי אם היה בין האסירים אמון הדדי, ביטחון שאיש לא יבגוד ברעהו, היו שניהם בוחרים לשתוק בחקירה. מי מהם שמלשין עושה זאת כי אינו בטוח שחברו לא ילשין עליו.

המתמטיקאים גילו כי דילמת האסיר מניבה תוצאה שלילית, כלומר הפללה הדדית, אם משחקים בה פעם אחת. לעומת זאת, אם מריצים אותה על אותם "אסירים" שוב ושוב (עם מערכת של תגמול ועונש המותאמת לנסיבות אלו), השניים ילמדו עם הזמן לבטוח זה בזה, כי ילמדו שבכל פעם ששניהם נתנו אמון שניהם הרוויחו. ב־1979 הוכרזה תחרות למציאת האסטרטגיה המוצלחת ביותר ל"אסיר" המשתתף בהפעלה חוזרת ונשנית של דילמת האסיר. המנצחת הייתה מערכת כללים פשוטה שהציע אנטול רפפורט: איש מדע המדינה, מומחה בעימותים גרעיניים, ובעברו פסנתרן קונצרטים. הוא קרא לאסטרטגיה שלו "מידה כנגד מידה". ואלו כלליה: במפגש הראשון היֱה נחמד (במקרה של הדילמה שהצגנו: שתוק ואל תלשין), ובמפגשים הבאים חזור על הצעד האחרון של המשתתף השני. אם הוא נחמד, היֱה נחמד גם אתה. אם בגד בך, בגוד אתה בו. זה היה העיקרון המוסרי הראשון שערכו ההישרדותי הוכח בהדמיית מחשב. והדמיה

זו הראתה כי כלל הזהב "מה ששנוא עליך אל תעשה לחברך" אכן זהוב. היא אמרה: בעולם שבו אנשים עושים לך, בדרך כלל, את מה שעשית אתה להם, משתלם לנהוג באחרים בדרך שאתם רוצים שינהגו הם בכם. זהו עקרון יסוד ברוב התרבויות.

כאן טמון הפתרון לדילמה הדרוויניאנית כיצד אנשים שאין ביניהם קשר גנטי עשויים לשתף ביניהם פעולה כדי ליצור קבוצות. אם אתם עושים לאחרים מה שאתם מצפים שהם יעשו לכם – חולקים איתם מזון, מזהירים אותם מפני סכנות קרבות וכיוצא באלו – הקבוצה תתַפקד ביעילות ותשרוד. אם לא, תיענשו במעשי נקם ובסילוק אפשרי מהקבוצה. הביולוגים מכנים זאת אלטרואיזם הדדי. יש הטוענים שאין זה אלטרואיזם כלל. זהו "האינטרס האישי בהבנתו הנכונה", או כלשונו של התיאולוג האנגלי בן המאה ה־18 הבישוף ג'וזף באטלר, "אהבה עצמית קרת רוח". אך המינוח אינו חשוב. זוהי התשתית הפשוטה של חיי המוסר. אם נקודת המוצא שלכם היא רצון טוב, ולאורך הדרך אתם מיישמים את כללי ההדדיות, אתם יוצרים בסיס אמון שעליו יכולה להיבנות קבוצה. לשם כך אינכם צריכים דת. כל בעלי החיים החברתיים פועלים כך, כי מי שאינו פועל כך אינו שורד.

אך כל זה תלוי בקיומם החוזר ונשנה של מפגשי פנים אל פנים. כדי שאתן בך עכשיו אמון, עליי לזכור מה עשית לי בפעם הקודמת. נדרש לשם כך זיכרון, בייחוד ככל שמספר האנשים שבאים איתי במגע גדול. ומכאן מובן למה בעלי חיים כגון שימפנזים וקופי בונובו חיים בקבוצות קטנות. ביולוג מבריק אחד, רובין דנבּר, בדק ומצא מתאם בין גודל המוח של מיני בעלי החיים לבין גודלן הממוצע של קבוצות אצלם. על פי ממצאיו חישב כי לגבי בני אדם, הגודל המיטבי הוא 150. מן הטעם הזה הקבוצות האנושיות הראשונות, אפילו אחרי שבויִתו בעלי חיים והומצאה החקלאות, היו קטנות למדי: השבט, הכפר, החמולה. התאגדויות גדולות מאלו היו פדרציות של קבוצות קטנות.

כיצד אפוא התפתחו ריכוזי אוכלוסין גדולים בהרבה? איך הקימו אנשים ערים וציוויליזציה? האלטרואיזם ההדדי יוצר אמון בין שכנים, אנשים הנפגשים לעיתים מזומנות ומכירים איש את אופיו של רעהו.

הולדת העיר העמידה בעיה חדשה, גדולה הרבה יותר: איך מכוננים אמון בין זָרים?

כאן, בנקודה הזאת, התגברה התרבות על הטבע, ונולדה הדת: הדת במובנה כמבנה חברתי מאורגן עם מיתוסים, טקסים, מועדים ומקומות קדושים, מקדשים וכהונה. זכרו שאנו מדברים עתה במונחים אבולוציוניים, לא תיאולוגיים. גם אם אנו סבורים שהדת כוזבת, ברור שיש לה ערך הסתגלותי, שהרי היא הופיעה בשחר הציוויליזציה והייתה, ועודנה, תכונה מרכזית של כמעט כל חברה מאז ועד עתה.

הדתות הקדומות יצרו קהילות מוסר, וכך פתרו את בעיית האמון בין זרים. הן קידשו את הסדר החברתי. הן לימדו את האנשים שהחברה בנויה כפי שהיא בנויה מפני שזה רצון האלים, חלק ממבנהו הבסיסי של היקום. מוטיב היסוד בדתות הקדומות במסופוטמיה ובמצרים היה המתח בין הקוסמוס לכאוס, בין סדר לאנרכיה, בין מבנה למהומה. ראשית היקום בתוהו, ים נטול צורה או חומר היולי, ואם החוקים לא יישמרו ישוב היקום לתוהו הזה.

אחרי הדתות הללו קם המונותיאיזם לענפיו, ומצא סדר מוסרי בחוכמה הא־לוהית, ברצון הא־ל או במילותיו. אך שוב, בדרך זו או אחרת, ישנו סדר שאם אין דבקים בו ייגרם אסון. כך נוצרה קהילת מוסר בהיקף רחב לאין ערוך מזה שיכול היה לקום על יסוד אלטרואיזם של הדדיות או של קרבת משפחה. דתות העולם כוננו, בפועל, קהילות מוסר מן הגדולות שנודעו אי־פעם, אף כי הן נתונות תמיד לחשש של התפוררות פנימית מחמת פלגנות או כיתתיות.

אין מנגנון ביולוגי שבכוחו לכונן סדר בהיקף כזה. נמלים מתנהלות בקבוצות ענק ובשיתוף פעולה מוחלט משום שהן, לקבוצותיהן ולתפקידיהן, שיבוטים אלו של אלו. הן מופעלות בידי ברירת שארים. בני האדם שונים זה מזה. לכן שיתוף הפעולה ביניהם קשה כל כך, ולכן כה רב כוחו כשהוא מתקיים. כאשר זה קורה, דבר מה חדש צומח, דבר שהוא ייחודי לבני האדם. הרגלי התנהגות נרכשים גוברים על דחפים יצריים שהתפתחו. טקסים צצים ועולים. החִברוּת נעשה חלק יסודי מחינוכם של הצעירים. יש תפקידים, כללים, קודים של התנהגות.

ההרגלים הנחוצים לקיום הקבוצה מוטמעים. אנחנו החיה יוצרת התַרבות, מבקשת המשמעות. ההומו ספיינס נעשה להומו רליגיוזוס.

אנו זקוקים לקהילת מוסר, מסוג זה או אחר, כדי להיות חברה ולא רק מדינה. מדינות מתַפקדות על בסיס הכוח. ואילו הבסיס לתפקודן של חברות הוא חזון משותף באשר לדברים המאחדים אותן. זה היה טיעונו של הלורד דוולין בתחילת הוויכוח הגדול על הליברליזציה בשנת 1957. לא תיתכן חברה בלי קוד מוסרי מוסכם. על כך עמד כבר טוקוויל עצמו:

> בלי רעיונות משותפים אין פעולה משותפת, ובלי פעולה משותפת ייתכן קיומם של בני אדם אבל לא ייתכן כל גוף חברתי. קיומה של חברה, וכל שכן שגשוגה, מחייבים אפוא שאי אלה רעיונות עיקריים יגייסו ויאגדו תמיד את מחשבתם של כל האזרחים...[11]

דבר זה הוא הגורם למצבנו העכשווי להיות כה חריג ומסוכן. צעדי הליברליזציה של שנות השישים יצרו חברה מסוג שמעולם לא הצליח להתקיים לאורך ימים: חברה שאין עקרונות־על המלכדים אותה, אין לה קוד מוסרי משותף, ואין היא מחויבת ל"רעיונות משותפים" אתיים של ממש. איך יכולה להתקיים חברה בלי שום דבק רעיוני־מוסרי?

גם את זאת ראה טוקוויל למרחוק, עוד בשנות השלושים של המאה ה־19, ויצא באזהרה חריפה. הוא חשב שהאיום הגדול ביותר על הדמוקרטיה באמריקה הוא מה שהוא כינה "אינדיבידואליזם", מצב שבו כל אדם "מופרש לעצמו, כמו זר הוא לגורל זולתו; מבחינתו, ילדיו וחבריו הקרובים הם המין האנושי כולו; אשר ליתר אחיו האזרחים, הריהו מהלך לצידם אבל אין הוא רואה אותם; נוגע הוא בהם ואינו חש בהם כל עיקר; אין לו קיום אלא בעצמו ולשם עצמו בלבד".[12] במצב כזה, אין ישות שלישית בתווך שבין היחיד למדינה, ועל כן הכול נעשה פוליטיקה, ועל כן היחסים בין אנשים הם תמיד מאבק על כוח, ופלגנות מחוספסת שורה בכול. זהו מקור אובדן הציוויליות שתיארנו בפרק הקודם.

מוסריות

לאורך יובל השנים החולף קרה בדיוק מה שטוקוויל חשש מפניו. זמן רב עבר עד שזה התחיל – אכן, בזכות כוחם של המוסדות שהוא זיהה כי הדמוקרטיה באמריקה נשענת עליהם: הדת, הקהילה, המשפחה והאומה הנחווית כקהילת מוסר. כאשר כל אלו נשחקו, משנות השישים ואילך, נותר האינדיבידואליזם כצו השעה היחיד, וכך הוא עד היום. הפרט חשוב מהחברה. ה"אני" גובר על ה"אנחנו". יש לנו שוק ומדינה, שתי זירות של תחרות, אחת על עושר והשנייה על כוח – אך אין לנו דבר מעבר להם: אין לנו זירה של שיתוף פעולה שיגשר על ההבדל שבין העשירים והחזקים לבין העניים והחלשים.

שום בעל חיים חברתי אינו חי כך. שום חברה לא שרדה כך מעולם לאורך ימים, גם לא הגדולות מכולן: לא יוון הקלאסית, לא רומא העתיקה, לא איטליה של הרנסנס. בכל אחת משלושתן, השחרור ממגבלות המוסר המסורתיות חולל פרץ של מרץ ויצירה, אך עד מהרה באו השקיעה והנפילה. חברה של אינדיבידואליסטים איננה בת-קיימא. אנחנו בנויים לשיתוף פעולה, לא רק לתחרות. כאשר אין לצד השוק והמדינה חברה איתנה הקושרת את הבריות בקשרי אחריות משותפת, האמון והאמת נשחקים, הכלכלה נעשית בלתי-הוגנת, והפוליטיקה נעשית בלתי-נסבלת.

פרק כ
איזה מוסר?

מוריס סמואלס (1895–1972) נולד להורים יהודים ברומניה, ואיתם עבר למנצ׳סטר שבאנגליה כשהיה בן שש. שם, כשגדל, גילה את ספרות הנוער האנגלית בת הימים ההם – ׳ימי בית הספר של טום בראון׳ ודומיו – שהכניסה אותו לעולם ערכים שונה לחלוטין מזה היהודי־דתי שהכיר בבית הוריו. הוא כותב כיצד השפיעו הספרים עליו ועל יתר קוראיהם: הם ״לכדו את הנערים בחבלי קסם של סיפורי הרפתקאות והשתובבויות בבתי הספר הציבוריים... כדי להחדיר בהם אגב כך את מיטב הערכים האנגליים: משחק הוגן, יושר, כבוד למלוכה ולמדינה, אצילות, אומץ לב, שמחת חיים, נאמנות וקריקט״.

קריקט, גילה סמואלס, לא היה סתם משחק. שמו של המשחק ציין גישה לחיים, קוד מוסרי: ״דבר שתואר כ׳לא קריקט׳ היה כמובן מזעזע ומחפיר; אבל מתארי־שם אלה לא יבין זר את כוחו ואת טעמו של הגנאי שבדבר״. דבר שהוא ״לא קריקט״ עורר את התנגדותם של ״בחורים הגונים״, גיבורי ספרות בית הספר ההיא – סוג האנשים היחיד שדעתו חשובה. אלה היו בחורים שכאשר רצו להדגיש את אמיתותה של איזו טענה היו אומרים ״בכבוד שלי!״. אמירת שתי המילים הללו, כותב סמואלס, משמעה היה שונה מזה של הצהרה פשוטה כגון ״מה

שאני אומר נכון". זו הייתה "תזכורת לכך שהאדם מודע לקוד. זו הייתה הצדעה, מעין אות של הבונים החופשיים".

סמואלס הצעיר חווה, בעצם, את הלם התרבות שחווה אדם שגדל במערכת מוסרית של צדק ואשמה ונקלע לפתע לחברה החיה במוסר של כבוד ובושה. היהדות של הוריו של סמואל היא דוגמה קלאסית לתרבות מהסוג הראשון, ואילו אתיקת בתי הספר הציבוריים באנגליה של שלהי העידן הוויקטוריאני הייתה התגלמות ייחודית של הסוג השני. ההבדל ביניהן איננו ההבדל שבין שני אנשים בתוך תרבות אחת החלוקים ביניהם בשאלת מוסר זו או אחרת; מדובר בשני אורחות חיים נבדלים לגמרי.

יש יותר מדרך אחת להיות מוסרי. זו אחת ההשגות שעשויות להישמע על הטיעון השוזר את הספר הזה. הנה דרך אחת לנסחה: אני טענתי בדבר חשיבותו של המוסר לבריאות החברה והפרט. אבל אפשר לומר שמוסר זה הוא מוסר ההולם תקופה שבה כל חברה הייתה מלוכדת סביב דת אחת, או לפחות סביב קוד מוסרי אחד. לפני עידן התחבורה והתקשורת המודרניות, רוב האנשים ראו את גבולות קהילתם כגבולות עולמם. אך הנה בימינו אנו יכולים לנסוע ברחבי העולם, ובכף ידינו מצויים אמצעי קשר עם קצווי תבל – ועל כן עולמנו הוא עולם ומלואו, על אחת כמה וכמה אם אנו גרים באחת מערי המערב עתירות המגוון התרבותי. אנחנו יכולים לדגום מערכות מוסר אחרות ממש כשם שאנו יכולים לבקר בערים רחוקות או להתוודע למטעמי עמים. המוסר כבר איננו קוד שהתרבות שאנו חיים בה כופה עלינו. בימינו הוא עניין של בחירה אישית. ועל כן, הדברים שהייתי ביקורתי כלפיהם – אמוטיביזם, אינדיבידואליזם, סובייקטיביזם, מימוש עצמי והערכה עצמית – הם פשוט נתוניה של המציאות שלנו, הפלורליסטית והקוסמופוליטית. בעבר, הברירה שניצבה בפני אנשים הייתה אם להיות מוסריים או לא. אך כיום עומדת בפניהם בחירה אחרת: **איזה** מוסר לאמץ – ויתרה מכך: שילוב של אילו מערכות מוסר ניצור לנו.

אני מבקש לטעון שאין הדבר כן. אבל תחילה, איך להבין את ריבוי מערכות המוסר?

* * *

המטפורה שבכוחה לעזור לנו להבין איך תרבויות שונות רואות את חיי המוסר בדרכים שונות היא השפה. בעולם שפות רבות – כששת־אלפים, על פי ההערכות – ויש להן כמה תכונות משותפות, המשקפות "דקדוק עומק" אשר מעצב את המוח האנושי ומעוצב על ידיו. סטיבן פינקר, מן המשתתפים בסדרת הרדיו שלי על מוסר, מכנה זאת "האינסטינקט הלשוני". יחד עם זאת, השפות – או מוטב: משפחות השפות – הן גם שונות זו מזו, והן גורמות לנו לחוות את העולם ולהבינו בדרכים שונות. דובר מנדרינית פוגש את המציאות באופן שונה מזה שפוגש אותה דובר אנגלית אמריקנית ניו־יורקית.

את ההבדלים בין ראיית העולם המזרחית והמערבית הציג באורח מזהיר ריצ'רד ניסבֶּט בספרו 'הגיאוגרפיה של המחשבה'.[1] למשל, כאשר מראים לסטודנטים אמריקנים ויפנים תמונה של דג בתוך אקווריום מלא בצמחים, אבנים ובועות, ושואלים אותם מה ראו, אלו ואלו מזכירים את הדג, אבל היפנים מזכירים הרבה יותר פריטי רקע: 60 אחוז יותר מהאמריקנים.

כאשר מראים לילדים אמריקנים שלושה עצמים – תרנגולת, פרה ועשבים, ושואלים אותם "איזה שניים מהם הולכים יחד?" הם מצביעים על הפרה והתרנגולת, שכן שתיהן שייכות לאותה מחלקה: בעלי חיים. לעומת זאת, ילדים סינים בוחרים בפרה ובעשב – שכן היכן שיש פרות יש עשבים. ילדים אמריקנים לומדים שמות עצם מהר יותר מכפי שהם לומדים פעלים, והיפוכו של דבר אצל ילדים מדרום אסיה. זאת, מאותה סיבה: שמות עצם מתמיינים בקלות לקבוצות, ואילו פעלים עניינם יחסים.

אמריקנים מנסים ליישב עימותים על פי עקרונות צדק אוניברסליים. הסינים מעדיפים את פעילותם של מתווכים, שמטרתם

אינה להשיג הוגנות מרבית אלא להפחית את האיבה ולתקן את מערכת היחסים. ספר לימוד קריאה אמריקני מפורסם מתחיל במילים "הנה דיק רץ. הנה דיק משַׂחֵק. הנה דיק רץ ומשחק". מקבילו הסיני מתחיל כך: "האח הגדול מטפל באח הקטן. האח הגדול אוהב את האח הקטן. האח הקטן אוהב את האח הגדול". בני המערב נוטים לחשוב במונחים של אוֹ־אוֹ, ואילו הסינים במונחים של גם־וגם: יין ויאנג, נקבי וזכרי, סביל ופעיל, כוחות הכרוכים יחדיו ומשלימים זה את זה.

דבר דומה טענה קרול גיליגן בספרה 'בקול שונה'. על פי ממצאיה, לגברים ולנשים סגנונות שונים של חשיבה מוסרית. גברים בונים את זהותם באמצעות היפרדות מזולתם, ואילו נשים – דרך התחברות לזולת. גברים נוטים יותר להרגיש מאוימים מאינטימיות, ואילו נשים – מבדידות. גברים יוצאים למשחקים תחרותיים קבוצתיים המוסדרים באמצעות כללים; נשים הן פחות מוכוונות כללים, והן פועלות בקבוצות קטנות וצפופות יותר, אך יש להן פחות משאבים ליישוב סכסוכים.[2]

גיליגן בחנה כיצד גברים ונשים ניגשים לדילמות מוסריות, ומצאה שגברים נוטים יותר לנתח מצבים במונחים של זכויות, ואילו נשים – במונחים של אחריות. החשיבה המוסרית של הגברים נוטה להיות פורמלית ומופשטת, ושל הנשים הקשרית ומבוססת על סיפורים. נבדקיה הגברים דיברו על צדק, והנשים על מערכות יחסים. הגברים העריכו הסתכלות אובייקטיבית והישגיות, ואילו הנשים ראו ערך בהתחברות רגשית ובאכפתיות. לדידם של גברים, המוסר עוסק בעיקר בזירה הפומבית של הכוח החברתי, ואילו בעיני נשים הזירה המוסרית העיקרית היא בעולמו הפרטי של הקשר הבין־אישי. גברים רואים את המוסר כמערכת כללים למניעת אלימות; נשים נטו יותר לחשוב עליו כעל סגנון של יחסים המבוסס על אמפתיה וחמלה.

התזה של גיליגן שנויה במחלוקת.[3] אך בין אם ישנם הבדלי מגדר ובין אם לא, יש בוודאי הבדלים בין־תרבותיים. איך נמפה אם כן את הנוף המוסרי?

* * *

אפשר להתחיל באבחנתו של מייקל וולצר (המהדהדת את זו של האנתרופולוג קליפורד גירץ) בין תיאורים "עבים" לתיאורים "רזים". תיאורים רזים הם מופשטים וכלליים; תיאורים עבים הם קונקרטיים וספציפיים. תיאור רזה של המושג "מרחב שלישי", למשל, יהיה "מקום שאיננו פרטי ואיננו ציבורי". תיאור עבה יכלול אולי סיפור על בתי הקפה בלונדון של המאה ה־18 כמקומות מפגש של מדענים, עיתונאים וכדומה ועל תרומתם להופעתן של קבוצות חברתיות חדשות.

בתחום המוסר, "רזה" ייאמר על מושגים מוסריים שאנו משתמשים בהם בהשוואה בין־תרבותית. הם נוטים להיות אוניברסליים מאוד ונעדרי ספציפיות. צדק הוא מושג רזה כל עוד אפשר לזהות אותו גם בתרבויות רחוקות משלנו. "עבה" ייאמר על אותן תכונות המבחינות בין התרבות שלנו לאחרות; למשל, אלו שמוריס סמואל גילה כשגדל במנצ'סטר של תחילת המאה העשרים. המוסר, אומר וולצר, מתחיל תמיד במושגים עבים. אנחנו לומדים מהו להיות מוסרי בתוך התרבות המסוימת מאוד שלנו, זו הקיימת במקום שאנו גדלים בו.

המוסר אינו מתחיל בהפשטות גבוהות. אנחנו לומדים לעשות דבר מסוים ולא דבר אחר כי כך דברים נעשים בעולמנו. רק אחר כך אנחנו מגלים שאנשים אחרים עושים דברים אחרת. הסופר פיליפ רות הדגים זאת באופן קריקטורי כאשר אחת הדמויות היהודיות שלו סועדת אצל משפחה גויה, ומגלה לראשונה שאפשר לנהל שיחה שהמילים אינן משמשות בה כנשק – גילוי מהמם אם אתה סוג מסוים של יהודי בן דורו של רות. אדם המבקר בקהילה הינדית השומרת על מבנה הקאסטות יבין לפתע כיצד יכול מדרג חברתי להשפיע על היחסים היום־יומיים בין אנשים באופן שונה בתכלית מזה המוכר מחברות שוויוניות יותר. בבריטניה יש קהילות דתיות השומרות על תפיסות של כיבוד אב ואם שנעלמו באוכלוסייה הכללית: ילדים עומדים בנוכחות הוריהם ומדברים רק אם קיבלו רשות, ואינם מעלים על דעתם לקרוא להוריהם בשם פרטי.

הוגי הנאורות נטו להניח שהרציונליות המערבית היא נורמה אוניברסלית – כמוהם כיוונים הקדומים שפטרו את כל שאינם־יוונים

במונח "ברברים". אלא שלאמיתו של דבר למוסר יש שלל צורות. המילה מוסר עצמה בלשונות אירופה, כגון morality באנגלית, נגזרת מהמילה הלטינית mores שעניינה המנהגים ומוסכמות ההתנהגות בתוך קבוצה מסוימת. גם המילה הקרובה לה, "אתיקה", יסודה ב"אתוס" שפירושו ביוונית הוא אופייה ו"אישיותה" של קהילה.

שתי המילים המקוריות חוזרות לתיאור "עבה" של מצב הדברים בזמן ובמקום מסוימים, ושתיהן רחבות בהרבה מהמונח הנקוט בפינו "מוסרי". הן מכילות עניינים שבדת, כגון פולחנים וטאבואים, ועניינים נוספים שאנו נוטים להחשיב ככאלה שאינם מגיעים למעלת מוסר ואתיקה, עניינים של נימוסים ומנהגים וכללי טקס. אלא שסימונו של חלק אחד מן המכלול הזה כמיוחד, כ"מוסר" ו"אתיקה", הוא פרי השפעה מאוחרת של הפילוסופיה.

בספרו 'המוח הצדקני' מציע ג'ונתן היידט ניתוח מרתק של שני טיפוסי מוסר. האחד רזה ביותר, ויש בו רק שני עקרונות: הימנעות מגרימת נזק, ותפיסתו של הצדק כהוגנות. גישה זו למוסר קשורה לדעת היידט לתרבויות שהוא מכנה WEIRD (כלומר "מוזר"), ראשי תיבות באנגלית של "מערבי, משכיל, מתועש, עשיר ודמוקרטי". המוסר האחר, הרווח בתרבויות מסורתיות, הוא בעל שלוש רגישויות שונות: נאמנות, יראה וכבוד. אלה הם ערכים עבים. את שתי מערכות המוסר הללו, אומר היידט, אפשר למצוא בארה"ב בת זמננו; אדם, או קבוצה, מחזיקים באחת או באחרת בהתאם למידה שבה הם משמרים את רגישויות העבר.

הנאמנות נמצאת במצוקה כאשר שולטים בחברה ערכי השוויונאות, האוניברסליות והזכויות. שכן לנאמנות יש מושא: אני נאמן לדבר מה ולא לדבר אחר, לאנשים מסוימים ולא לאחרים. גם **היראה** מצויה בקשיים. כי יראה, לענייננו כאן, משמעה שערכים מסוימים אינם נתונים למיקוח. דברים מסוימים קדושים בעיניי. זהו, למשל, תורף הוויכוח על המתות חסד לחולים המבקשים זאת. צד אחד מאמין, על יסוד האוטונומיה האישית, שיש לאדם זכות להחליט אם יחיה או ימות. הצד האחר מאמין שהחיים קדושים, ואינם שייכים

לנו, ולכן אין לנו רשות לוותר עליהם מבחירה. ולבסוף, **הכבוד** פירושו שחלק מהיחסים הבין־אישיים מבוססים על היררכייה – למשל בין מורה לתלמיד ובין הורה לילד. על כן הוא עשוי להתנגש עם תפיסות מוחלטות של שוויון וזכויות. הנאמנות, היראה והכבוד הם ערכים עבים, שכן הם תלויי תרבות ומקום, מוסכמה ומנהג. הם אינם אוניברסליים; אין להם מקבילות רזות של ממש. רזונן של תרבויות ה־WEIRD אכן גורם להן להיראות מוזרות לבני תרבויות מוּבְנות ומנוסחות יותר.

* * *

יש מגוון עצום של תרבויות מוסר אתיות. אחת הדרכים לתארן היא זו שמציע הארי רדנר בספרו ׳חיים אתיים: העבר וההווה של תרבויות מוסר׳. הוא מבחין, בהתבוננו בתולדות תרבויות העולם, בין ארבע השקפות יסוד בדבר החיים האתיים.[4] לאחת הוא קורא **אתיקה אזרחית**, זו של יוון ורומא העתיקות. אחריה באה **אתיקת החובה**, שהוא מזהה עם דתות קונפוציוס וקרישנה ועם הסטואיקנים המאוחרים. שלישית היא **אתיקת הכבוד**, צירוף מסוים של כללי התנהגות חצרניים וצבאיים שאפשר למצוא בקרב הפרסים, הערבים והטורקים כמו גם באסלאם ובנצרות של ימי הביניים, על ערכי ה״אבירות״ שלה. ברביעית מחזיקות היהדות והנצרות, והוא קורא לה בפשטות **מוסר**. זוהי ״אתיקה של אהבה״: אהבת הא־ל, הרֵעַ והגֵר. מוטמעת בה בחוזקה גם תחושה ברורה של מצפון, אשמה, חטא וכפרה. גם הבודהיזם מתבסס על אהבה, שהטיותיה אחרות מעט מאלו של האהבה היהודית־נוצרית, ואשר בליבה נמצאת תחושת קרבה לבריאה כולה.

האתיקה האזרחית נולדה בערי המדינה של יוון העתיקה, והמידה הנעלה בעיניה היא שירות עיר המדינה, הפוליס. לחיות למענה הוא סגולה, ולמות למענה – תהילה. המוסר מתמקד כאן בעיר וברווחתה, בשירות צבאי ובמעורבות פוליטית. להבדיל מן האתיקה היהודית־נוצרית, המוסר שלה אינו נוגע כלל לחיים הפרטיים ולמיניות. האתיקה האזרחית מתעניינת במידות האישיות יותר מאשר בקודים מפורטים

של התנהגות. ארבע מידות מעסיקות אותה במיוחד: חוכמה, זהירות, מתינות ואומץ.

אתיקת החובה עלתה, כאמור, בדמות דת קונפוציוס בסין, דת קרישנה בהודו, והסטואיות המאוחרת ברומא. ואכן, היא נוטה לצמוח בחברות הירכיות מאוד, הרואות את מבנה החברה כשיקוף של מדרג הקיים ביקום ובטבע, "שרשרת ההוויה הגדולה"; חברות שהמוסר הוא בעיניהן מה שהפילוסוף האנגלי פרנסיס ה' ברדלי כינה "המיצוב שלי וחובותיו", אותם תחומי אחריות מסוימים המושתים על האדם בהתאם למקומו בסדר החברתי. הרגשות האישיים עומדים בצילו של השירות למערכת. האמונים עליה מתאפיינים באדיבות, חן ונימוס.

אתיקת הכבוד התקיימה בחברות רבות לאורך הדורות. יוון הקדם־סוקרטית היא דוגמה קלאסית לכך. תרבות דומה התקיימה בחברות צבאיות רבות, בעיקר בקרב לוחמים־פרשים, כגון האבירים והגבירות שהם שירתו – דגם שהתגלגל לימים ליחסי הג'נטלמן והליידי. תרבויות כבוד מתמקדות בחברותו של האדם בקבוצה ובמעמדו בתוכה. ההיסטוריון והמשפטן ויליאם איאן מילר כתב על ביטויה של תרבות זו בסאגות האיסלנדיות:

> בתרבות מבוססת־כבוד הכבוד העצמי התקיים רק בתלות עם כבודם של אחרים... מעמדך בקבוצה היה מדד לכבוד שלך, ומעמדך הושג על חשבונם של חברים אחרים בקבוצה, שהיו לא רק מתחריך על משאבי הכבוד המוגבלים, אלא גם הקובעים אם תזכה בכבוד או לא.[5]

במאמרו החשוב "על התיישנותו של מושג הכבוד", משנת 1970, טען הסוציולוג פיטר ברגר שאחת התמורות החשובות ביותר במודרנה המערבית הייתה התנועה מהכבוד (honor) אל כבוד האדם (או "הערך העצמי"; dignity).[6] ההבדל ביניהם הוא שכבוד יש לאדם בהתאם למעמדו בחברה, ואילו כבוד האדם יש לכל אדם באשר הוא אדם. הכבוד מושתת על הירכייה חברתית, ואילו כבוד האדם הוא ביטוי

לצורה מסוימת של שוויון: השוויון בכבוד הבריות (respect). זאת אחת הסיבות לכך שתרבויות הכבוד, ובכלל זה מנהגי כבוד שרווחו בעבר גם בתרבותנו, נראים ארכאיים מנקודת המבט של המערב בן זמננו.

עוד סיבה לכך היא שתרבויות כבוד נוטות לפנות לאלימות כאשר מישהו מאמין שכבודו נפגע. תשוקת ההתבוססות בענייני הכבוד הולידה באירופה של ראשית העת החדשה את תופעת הדו־קרב, שהאריכה ימים גם כל המאה ה־19. הדו־קרב התקיים מפני שהצד הנעלב סבר שיוכל להחזיר את כבודו אם יפגין את נכונותו למסור עליו את נפשו. צירוף כזה בין כבוד לאלימות עוד מצוי היום בצורות מסוימות של האסלאם (כגון במה שמכונה "רצח על רקע פגיעה בכבוד המשפחה") ובקרב כנופיות רחוב. הסיבה לאלימות כגון זו היא שתרבויות כבוד נוטות לזלזל בחוק ובהליכיו. לדידם, אדם – ובדרך כלל גבר דווקא – צריך לעמוד על שלו בעצמו, ולא לסמוך על אחרים שיעשו זאת. יישוב סכסוכים נתפס בעיניהן כעניין אישי לחלוטין, כדבר שביני לבינך. לא אל התגמול עיניהם, ולא אל העונש, אלא אל הנקם העירום.

במחקר שהיה לציון דרך, 'תרבות הכבוד: הפסיכולוגיה של האלימות בדרום' (1996), טענו ריצ'רד ניסבט ודב כהן כי תרבויות הכבוד (הלא־צבאיות) הן תוצר של חברות רועים בספָר. איכרים יכלו אולי לסמוך על רשויות אכיפת החוק, אך רועים חיו באזורים דלילי אוכלוסין. פושטים ושודדים שלחו ידם במקנה ככל שיכלו, והרועים נאלצו להגן על העדרים בכוחות עצמם. לשם כך נדרשו לעשות לעצמם שם של אנשים עשויים לבלי חת ולבלי רתע; עצם המוניטין הזה הקנה להם מידה של ביטחון. כאשר, לעומת זאת, צלחו הפשיטות והרועים נבוזו, נודע גם דבר זה ברבים והזמין פשיטות נוספות. המתיישבים בצפון ארצות הברית היו ברובם בעלי רקע איכרי, ואילו בדרום היו המתיישבים ברובם רועים יוצאי סקוטלנד ואירלנד. משום כך אפילו בימינו בני הדרום נוטים יותר מבני הצפון להגיב באלימות לפגיעה בכבודם.

האתיקה הרביעית, מוסַר אהבת הא־ל, הרֵע והגֵר, הורָתה (לפחות בצורתה המוכרת במערב) בתנ"ך, ביהדות ובנצרות, ובצורה שונה מעט

היא קיימת גם בבודהיזם. בעניין אחד לפחות היא עומדת בניגוד מהדהד לשלוש האחרות: שהיא אינה קשורה במבנים חברתיים מסוימים. במוקדה נמצאים לא העיר, המערכת או הקבוצה – אלא הא־ל, היקום, וכל יחיד ויחיד. כאן טמון סוד עמידותה יוצאת הדופן. היא מחברת יחדיו את הדת והאתיקה, באורח שהינו רחוק מאוד מלהיות הכרחי וצפוי: היא מסרבת להפריד בין אהבת הא־ל לאהבת הזולת. זהו גלעין המסר הנבואי במקרא. פעם אחר פעם הוא שב ונשמע: עושה העוול לא יִרְצֶה את הא־ל בקורבנות; לא נמצא חן בעיני א־לוהים אם לא נמצא חן בעיני אדם.

הארי רדנר אומר על צו אהבת הרֵעַ במקרא כי "זוהי אהבה אלטרואיסטית מובהקת, משום שאהבת רעך כמוך משמעה שעליך לשים תמיד את עצמך במקומו ולפעול למענו כשם שאדם פועל באופן טבעי ואנוכי למען עצמו".[7] זוהי גם אהבה שאינה מוגבלת. אין היא מיוחדת לקבוצה מסוימת, שכן היא מופנית גם כלפי הגר, הזר, זה שאינו כמוך. הנצרות הרחיבה צו זה עד כדי אהבת האויב. הבודהיזם, במתנה יקרה לאנושות כולה, הוסיף לאלו את רעיון הכבוד לבני דת אחרת. כך נאמר ב'צווי אשוקה', החקוקים על סלעים וקירות מן המאה השלישית לפני הספירה, ונחשבים לעדות המוחשית הראשונה לבודהיזם: "לא יוקיר אדם את אמונת כיתתו שלו בזלזלו לשווא באמונת רעהו... כיתותיהם של אנשים אחרים ראויות להוקרה. בכבדו את הכיתה האחרת ירומם האדם את כיתתו".[8] רנדר מציין שהלך רוח דומה לא נמצא באתיקה מערבית כלשהי לפני הנאורות הליברלית במאה ה־18.

* * *

מעבר להבדל בין מוסר רזה למוסר עבה, ומעבר לארבע גישות־העל לחיי המוסר, נמצאת שאלה נוספת: מהו סוג האדם שכל תרבות כזאת מצמיחה. זה היה נושאו של מחקר חשוב מאת שלושה סוציולוגים אמריקנים – דייוויד רייזמן, נתן גלזר ורעואל דֶני – הנפרס בספרם משנת 1950 'ההמון הבודד'.[9] הם טענו שתקופות שונות בהיסטוריה

הניבו טיפוסי אופי מובחנים. בתקופות של צמיחה נמוכה ושיעורי תמותה גבוהים, הדאגה העיקרית היא ההישרדות. תקופות כאלו מולידות אנשים שעיקר מעייניהם במורשת העבר: אנשים **מוכווני מסורת**. ישנן גם תקופות של תמורה, המתאפיינות בחדשנות רבה ובשיעורי צמיחה גבוהים. גם תוחלת החיים עולה אז. בתקופות כאלו מתרופפת אחיזתם של העבר ושל אורחות החיים המסורתיים. דוגמאות בולטות לכך הן תקופות הרנסנס והרפורמציה. תקופות כאלו מולידות אנשים **מוכווני פְּנים**. ולבסוף באות תקופות של האטה כלכלית ושל ראשית הידלדלות אוכלוסין. תקופות כאלו נוטות להוליד אנשים **מוכווני זולת**.

אצל אנשים מוכווני מסורת, "התרבות שולטת באורח דקדקני בהתנהגות; ואף כי הכללים אינם מסובכים מכדי שהצעירים יוכלו ללומדם בתהליך החִברות הנמרץ שהם עוברים, הנה בזירה עתירת ההשפעה של יחסי הקרובים שורר אטיקט נוקשה וקפדני".[10] אטיקט זה הוא קוד התנהגות שיש לציית לכל פרט ופרט בו.

האדם מוכוון הפנים עשוי לכבד את המסורת, אבל העולם שסביבו משתנה מהר מכדי שהמסורת תיתן מענה לכל המקרים. משום כך, חינכו אותו לפתח מעין מערכת ניווט לווינית פנימית; מערכת שיש לה הנחיות מוכללות ותחושה של ייעוד אך היא גמישה יותר, ונוחה יותר להסתגל למצבים חדשים שהקודים המפורטים של המסורת לא שיערום.

האדם מוכוון הזולת חי בעידן שבו פחות אנשים מבעבר מועסקים בחקלאות ובתעשייה. אדם זה עשיר מקודמיו. בתכיפות רבה מהם הוא נמצא במגע עם בני גזעים ותרבויות אחרים. לדידו, האתגר העיקרי שהוא צריך להסתגל אליו אינו שינוי הסביבה החומרית, אלא אנשים אחרים ממנו. אדם זה מעורב בין הבריות באורח נרחב יותר, ורגיש יותר לדעותיו של הזולת. אנשים מוכווני זולת מרבים להזדקק להדרכה ולאישור של בני תקופתם.

'ההמון הבודד' הופיע כאמור ב־1950, והתובנות שלו זכו להכרה ציבורית מהירה. אולם לנוכח ההתפתחויות הטכנולוגיות בעת האחרונה הוא ראוי לתשומת לב מחודשת. הטלפונים החכמים

והרשתות החברתיות החריפו באורח דרמטי את התחושה שחיי החברה סובבים סביב הצגת העצמי לאחרים, ולא סביב מגע חברתי אמיתי. משום כך, האדם המערבי בן זמננו הוא מוכוון זולת במידה שלא הייתה כמותה בהיסטוריה.

מאלפים במיוחד, בהקשר זה, ההבדלים בין **הרגשות** שאנשים חווים כשהם עושים את הרע. אנשים מוכווני מסורת מרגישים **בושה**. אנשים מוכווני פנים מרגישים **אשמה**. ואילו אנשים מוכווני זולת מרגישים **חרדה**. ידוע שמשתמשים כבדים של הרשתות החברתיות נוטים לחוות חרדה. דוח של 'מכון ברקלי לעתיד הצעירים האמריקנים' משנת 2019 מלמד ששיעור הסובלים מהפרעות חרדה בקרב הסטודנטים באוניברסיטאות הוכפל מאז שנת 2008, מ־10 אחוזים ל־20. הדוח מייחס זאת לעלייה בזמן השימוש במכשירים דיגיטליים, וברשתות החברתיות בפרט, וכן ללחץ כספי. בין היתר נמצא כי אצל סטודנטים המבלים יותר מעשרים שעות פנאי בשבוע עם מכשירים דיגיטליים, שיעור הלוקים בחרדה גבוה ב־53 אחוז מזה שאצל צעירים המקדישים לכך חמש שעות ומטה.[11]

* * *

בקיצור: אפשר לראות את המוסר בעדשות שונות. ישנו המוסר הרזה של האינדיבידואליזם הליברלי, שבו המגבלות היחידות על ההתנהגות הן הוגנות והימנעות מהיזק, וישנו המוסר העבה של הנאמנות, היראה והכבוד. יש ארבעה אבות טיפוס של מסורות מוסר: אתיקה אזרחית, אתיקת החובה, קודים של כבוד ומוסר האהבה. וישנם שלושה סוגים שונים של אישיות מוסרית: מוכווני המסורת, הפנים והזולת. לנוכח חלופות רבות כל כך, אפשר לטעות ולחשוב שהמוסר הוא עניין יחסי הנתון לבחירה אישית. אך סבורני שמסקנה זו תהיה שגויה.

את מהותה של שגיאה זו הבהיר יפה דייוויד ברוקס בשיחתו במסגרת סדרת הרדיו שלי בבי־בי־סי על מוסר. הוא דיבר על ההבחנה בין "החופש מ־" לבין "החופש ל־". "החופש מ־" פירושו היעדר מגבלות, ואילו "החופש ל־" הוא, כלשונו, "בחירת המגבלות הנכונות".

אם רצונכם בחופש לנגן היטב בפסנתר, תצטרכו להיכבל לשגרה מתמדת של אימונים. עליכם להתחייב, ובמידת מה, אומר ברוקס, זוהי "בחירה לוותר על בחירה עתידית". או בניסוח נוסף שלו, "מחויבות היא התאהבות בדבר מה – ובניית מבנה התנהגותי סביבו בשביל היום שהאהבה תתעמעם".

מערכות מוסר, אמרתי בפתיחת פרק זה, דומות לשפות, וכדי לתקשר באורח יעיל עלינו לדבר באופן שוטף שפה אחת לפחות. איש מאיתנו, בשום רגע נתון, אינו ניצב בין 6,000 הלשונות המדוברות כיום ומזומן לבחור בכל אחת מהן. יש בינינו היודעים שפות אחדות. אנחנו יכולים ללמוד אוצר מילים קטן בשפה זרה, שיעזור לנו בטיול בחוץ לארץ. אבל לרובנו המכריע יש שפה אחת שבה אנחנו חושבים ובה אנחנו מיטיבים להתבטא. והיות שהשפה קיימת לשם תקשורת, ותקשורת מצריכה שומעים ולא רק דוברים, אנחנו כבולים לשפה המדוברת בסביבתנו. עלינו לדבר באופן שיהיה מובן. פירוש הדבר שעלינו לחיות בקהילה של דוברי אותה שפה. אנחנו יכולים להשתמש בשפה כדי להביע את רגשותינו הכמוסים והפרטיים ביותר, ועדיין נזדקק לכללי התחביר והסמנטיקה המוסכמים של השפה; אם לא נציית להם לא נוכל לתקשר ביעילות. כללים אלה הם המגדירים את קהילת דוברי לשוננו. קיומו של "אנחנו", של קהילה ששפתה מאחדת אותה, הוא תנאי לקיומו של "אני" מביע.

כדי להיעשות מוסריים, עלינו להתחייב לקהילה מוסרית מסוימת ולקוד מוסרי מסוים. עלינו לבחור לוותר על בחירות עתידיות. עלינו לבחור את המגבלות הנכונות. ומשהתאהבנו באיזה עיקרון מוסרי או אידיאל אתי, עלינו לבנות סביבו מבנה התנהגותי בשביל היום שאהבתנו לו תתעמעם. הפוליטיקה יכולה לתת לנו "חופש מ־", אבל המוסר נותן לנו "חופש ל־": לרקוד על פי הכוריאוגרפיה של החן והחסד שבין אדם לחברו, ולהתכלל במוזיקת המחויבות האוהבת לחייהם של אחרים.

אנחנו מודעים, אולי יותר מכל דור שקדם לנו, לריבוי הדרכים להיות מוסריים – אך אין פירוש הדבר שכולן פתוחות בפנינו כל

מוסריות

הזמן. כשם שהנישואים הם מערכת יחסים בין שניים, שרק השניים הללו שותפים לה, כך גם המוסר הוא מערכת יחסים סגורה של שניים — בין אדם לבין דרך חיים. הוא בחירה השוללת את שאר הבחירות האפשריות. רק הנכונות לבחור נותנת לנו אפשרות מוסרית לצמוח.

'נערי הפלא' הוא סרט שיצא לאקרנים בשנת 2000, המבוסס על רומן בכותרת זאת מאת מייקל שייבון. בסרט, מייקל דאגלס מגלם את דמותו של גריידי טריפ: סופר, פרופסור לספרות אנגלית ומכור למריחואנה. לפני שבע שנים פרסם טריפ רומן ביכורים מבריק, ועדיין אין הוא מצליח להשלים את ספרו הבא, המתנפח לממדי עוג אך מתקשה להתכנס אל סופו. לקראת סוף הסרט, אחת הסטודנטיות של טריפ, האנה גרין, מציעה סיבה אפשרית לקושי שלו להתוות מבנה וחיתום ליצירתו הבלתי-גמורה. אבחנתה משנה את חייו:

האנה: גריידי, בכיתה אתה תמיד מסביר לנו שסופרים חייבים לבחור, נכון?
גריידי: כן.
האנה: ואף על פי שהספר שלך באמת יפה, זאת אומרת יפה להדהים, הוא... הוא לפעמים... הוא... מלא פרטים. אתה יודע, אילנות יוחסין לכל סוס, ותיעוד של מצב השיניים וכל זה. ו... אולי אני טועה, אבל בכמה מקומות אולי קצת נדמה לקורא שלא בחרת. שלא בחרת בכלל.

החיים בזמננו נראים לא פעם ממש כך. נדמה לנו שאנחנו בוחרים כל הזמן, אבל לעיתים קרובות מדי הבחירה שלנו היא לא לבחור, לא לסגור אופציות עתידיות. אנחנו מסרבים להתחייב. אנחנו, כלשונו של זיגמונט באומן, תיירים ולא צליינים. אנחנו מעדיפים את "החופש מ-" על פני "החופש ל-". אבל כמו נישואים, גם המוסר כרוך במחויבות. וכמו בכתיבת ספר, גם המוסר דורש מאיתנו את היכולת להשמיט פסקאות שאולי נראות לנו יפות, יפות להדהים אפילו, אבל אינן מקדמות את

פרק כ – איזה מוסר?

העלילה ואינן עוזרות לנו להגיע לידי חיתום. ההבנה כי יש דרכים רבות לארגון החברה והחיים יכולה לפתח את סובלנותנו כלפי אנשים שאינם כמונו, אבל אין היא מבטלת את העובדה שכדי למצוא בחיים משמעות, עומק ותהודה, אנו חייבים לבחור בשפה מסוימת של מעשים, ממש כשם שעלינו לבחור בשפה מסוימת של מילים. מכל מערכות המוסר הזמינות לנו יש אחת שהיא שלנו, ואימוצה אל חיקנו אין בו כדי לזלזל באחרות.

פרק כא
דת

הגענו אם כן לשאלה הבלתי־נמנעת: מה עם א־לוהים? מה עם הדת? האם סוג זה או אחר של אמונה חיוני לחיי מוסר?

לאורך ההיסטוריה, הדת הייתה מחוללת המוסר וסמכות המוסר יותר מכל גורם אחר. אבל המערב הדמוקרטי הליברלי נתון זה זמן לחילון. סקר עמדות חברתיות שנערך בבריטניה ב־2017 העלה כי 53 אחוזים מהאוכלוסייה מגדירים את עצמם כנטולי השתייכות דתית כלשהי:[1] מאז החלו לאסוף נתונים בנושא, זו הפעם הראשונה ששיעור המגדירים כך את עצמם מגיע לרוב מוחלט. בארצות הברית, "חסרי הדת" הם קבוצת האוכלוסייה בעלת הגידול המהיר ביותר; על פי 'הסקר החברתי הכללי' משנת 2019, שיעורה הגיע לכדי 23.1 אחוז.[2] בסקר אחר, שערך מכון פיו, נמצא כי בעוד בקרב בני דור הבייבי בום, ילידי 1964–1946, רק 17 אחוז מגדירים עצמם חסרי השתייכות דתית, הנה בקרב המילניאלים, ילידי 1981–1996, שיעורם מגיע לכדי 40 אחוז.[3] האם יש קשר בין דת למוסר? האם חברה חילונית לחלוטין יכולה לשרוד לאורך ימים? וגם אם התשובה חיובית – האם החיים המוסריים מאבדים משהו כאשר הם מתנתקים מהקשרם הטרנסצנדנטלי?

קשה לענות על השאלות הללו. קשה מאוד. הוגי דעות רציניים הביעו ספקות בדבר יכולתו של המוסר להתקיים בהיעדר אמונה דתית. וולטר אמר שהוא רוצה שהחייט, המשרת, האופה והרעיה שלו יאמינו בא־לוהים, כי "אם כך יהיה, יגנבו ממני פחות וירמו אותי פחות".[4] דוסטויבסקי, ב'האחים קרמזוב', ביטא עמדה המתומצתת תדיר כך: אם אין א־לוהים, הכול מותר (אומנם, לא כך הוא ניסח זאת).

אדריכלי החברות החופשיות במערב ראו את הדת כשומרת המידה הטובה, ואת המידה הטובה עצמה כחיונית לעתיד החופש. ג'ורג' וושינגטון דיבר על נושא זה בנאום הפרֵדה שלו: "מכל הנטיות וההרגלים המובילים לשגשוג פוליטי, הדת והמוסר הם עמודי התווך... את המחשבה שהמוסר יכול להתקיים לאורך ימים בלי הדת עלינו לבחון בחשדנות... ההיגיון והניסיון מזהירים אותנו מפני הציפייה שמוסר ישרור באומה בלי בסיס דתי".

הזכרנו כבר את החשיבות ששיווה אלקסיס דה־טוקוויל לדת במארג ובמסגרת של הדמוקרטיה האמריקנית. הוא כתב כי "לא תיכּון מלכות החירות בלי שתיכון מלכות המוסר לצידה, ולא יהיה שלטון למוסר בלי האמונה".[5] כל זרם דתי באמריקה, כתב, כל כיתה דתית, עובד את הא־ל על פי דרכו, "אבל כל הכיתות מטיפות לאותו חוק מוסרי בשם האל".[6] וזה כל אשר נחוץ לכך שהדת תבטיח את הסדר המוסרי. "החירות רואה בדת את בת־לווייתה בכל מערכותיה וניצחונותיה, את ערש ינקותה ואת המקור האלוהי לזכויותיה. היא רואה בדת ערובה למוסר, ובמוסר היא רואה את הערובה הטובה ביותר לחוק, ואת ההבטחה הנאמנה ביותר להמשך קיומה שלה".[7]

ג'ון פ' קנדי, הנשיא הקתולי הראשון של ארצות הברית, השמיע הצהרה פוליטית עקרונית חשובה בפסקת הפתיחה של נאום ההשבעה שלו: "אותן אמונות מהפכניות שלהן נלחמו אבותינו, עדיין הן שנויות במחלוקת סביב כדור הארץ – האמונה שזכויות האדם לא בחסד המדינה אלא מיד אלוהים הן באות".[8] זוהי תפיסה דתית מוצהרת של מושג זכויות האדם.

ההיסטוריון ויל דוראנט התכוון תחילה להיעשות כומר קתולי,

אך נעשה אתיאיסט. אף על פי כן כתב: "אין בהיסטוריה שום דוגמה משמעותית טרם זמננו לחברה שהצליחה לקיים חיים מוסריים ללא עזרת הדת".[9] כך הוא מנתח את קריסת המוסר באין דת: "ככל שההשכלה מתפשטת, התיאולוגיות מאבדות מתוקפן ולובשות קונפורמיות חיצונית נטולת השפעה על ההתנהגות ועל התקווה. החיים והרעיונות מתחלנים... הקוד המוסרי מאבד מזוהרו ומוחו ככל שנחשף מקורו האנושי וככל שמסולקות ממנו ההשגחה העליונה ועונש מידי שמיים".[10]

דעות אלו, אף כי ודאי אינן זהות זו לזו, רואות את הדת כגורם מעצב מרכזי של המארג המוסרי בחברה. אך כמובן אפשר לטעון גם בכיוון הנגדי. ראינו משהו מזה בפרק הקודם, הפרק ששאל "איזה מוסר?". שני המקורות היסודיים ביותר של המוסר אינם כרוכים בדת. הם קדם־אנושיים. הראשון הוא אינסטינקט החמלה, שאבן השתייה שלו הוא דאגתה של האם לילדהּ. באופן כוללני יותר, ישנו גורם ברירת השארים: האינסטינקט שיש לנו לבוא לעזרתם של אלה הקרובים אלינו מאוד מבחינה גנטית. שני מקורות אלה נמצאים אם כן בתוך המשפחה. במשפחה נולד המוסר.

וישנו גם הגיונו של האלטרואיזם ההדדי. אני עוזר לחברי הקבוצה שלי מתוך אמונה שכאשר אזדקק אני לעזרתם אקבל אותה. זו הדרך היחידה לגבור על תרחיש ההפסד־לשני־הצדדים של דילמת האסיר. ההדדיות מאפשרת לנו לתפקד בשיתוף פעולה כחברים בצוות – ורק כצוות אנו יכולים להתגבר על הסכנות המקיפות אותנו. כך נוצר רכיב היסוד הקרוי אמון. שיתוף פעולה מסוג זה או אחר קיים אצל כל בעלי החיים החברתיים. במקרה של בני האדם, בחברות רבות מעמידה ההדדיות שני עקרונות. האחד הוא כלל הזהב: נהג באחרים כפי שאתה רוצה שינהגו אחרים בך. כמסקנה ממנו עולה עקרון הגמול, האומר: נהג באחרים כפי שהם נהגו בך.

כדי לכונן את ערכי החמלה, האלטרואיזם כלפי הקרובים וההדדיות כלפי השכנים, אין צורך בדת. הם נוטים להופיע במהלך הזמן, בדרך שאפשר לתאר כמקבילתה החברתית של הברירה הטבעית. קבוצות המשתפות פעולה שורדות; האחרות נופלות אל צידי הדרך.

מפתיע לראות שהשקפה מעין זו מובלעת במקרא. א־לוהים מעניש את קין על רצח הבל אף על פי שקין לא נצטווה "לא תרצח". הוא מעניש את אנשי סדום אף על פי שלא התגלה להם ולא העמיד להם צִוּוי מוסר. המיילדות המצריות שהמרו את פקודת פרעה והחיו את ילדי בני ישראל – מעשה האי־ציות האזרחי הראשון המתועד בהיסטוריה – מתוארות בתורה כיראות א־לוהים. זהו מונח כללי שהמקרא מציין בו כל מי שמתנהג בצורה מוסרית. היחס, אם כן, הפוך: אדם אינו מוסרי כי הוא ירא א־לוהים, אלא הוא ירא א־לוהים בכך שהוא מוסרי. בסיפורי קדומים אלה נראה כי התורה מניחה שיש לנו חוש מולד למוסר. זהו קולו של הא־ל מתוך ליבו של האדם – והוא התקיים עוד לפני כל אותם חוקים וטקסים, מעשים קדושים וימים קדושים, שאנו מכנים דת.

מדוע אם כן אין די בחוש המוסרי? מדוע אנו צריכים חוקים וטקסים? האלטרואיזם ההדדי פועל, כפי שכבר הזכרנו, בקבוצות קטנות – מקום שם יכול אדם, באמצעות ההתבוננות, הזיכרון והרכילות, לדעת במי לבטוח ובמי לא. אך בקבוצות גדולות אין הדבר אפשרי. דייוויד יום עמד על כך במאה ה־18:

> שני שכנים יכולים להסכים ביניהם לייבש חלקה מוצפת שבבעלותם המשותפת, מפני שקל להם לדעת מה זולתם חושב, וכל אחד מהם יבחין בהכרח שההשלכה המיידית של סירוב למלא את חלקו תהיה ויתור על המפעל כולו. לעומת זאת קשה מאוד, ובעצם בלתי אפשרי, שאלף אנשים יגיעו להסכמה על מבצע כזה, כי יהיה להם קשה לתאם תכנית כל כך מורכבת, וקשה שבעתיים להוציא אותה לפועל, בזמן שכל אחד מהם מחפש לו תירוצים להשתמט מהטורח ומן ההוצאות ומבקש להפיל את כל המעמסה על אחרים.[11]

על מנת שתופענה ציוויליזציות מורכבות צריכה הייתה להיפתר בעיה יסודית זו: איך מארגנים שיתוף פעולה ומכוננים יחסי אמון בהיקף

נרחב. ההדדיות יפה לקבוצות קטנות שכולם מכירים בהן את כולם, לא להתאגדויות גדולות יותר. הקושי צץ כאשר, עם התפתחות החקלאות, התאפשרה התיישבות של אוכלוסיות גדולות בסמיכות מקום. היווצרות הערים הראשונות הביאה בכנפיה את השאלה: **איך בונים אמון בין זרים?** זו הייתה עת הולדתן של הדתות הגדולות הראשונות; לא הולדתן הרוחנית, שאולי הייתה דורות רבים קודם לכן, אלא הולדתן של מערכות דתיות משוכללות ומלאות, עם כוהנים, מקדשים, מיתוסים, פולחנים, וקידושם של מקומות, זמנים ואנשים (כתבתי על כך ביתר הרחבה בספרי 'השותפות הגדולה').[12] הולדת הדת, במובנה זה, הייתה הולדת הציוויליזציה.

על פי חישוב של אנתרופולוגים, לאורך 99.9 אחוז מההיסטוריה האנושית חיו בני האדם בלהקות קטנות של ציידים-לקטים. אחת מאותן להקות מועטות מסוג זה ששרדו עד ימינו, שבט ההַדְזָה החי בצפון טנזניה, נחקרה בידי האנתרופולוג פרנק מרלו. הוא כותב שיש לבני שבט זה אמונות רוחניות ומשנה סדורה באשר ליקום, אך אין זו מערכת שהיינו מכנים בשם דת. "אין להם כנסיות, מטיפים, מנהיגים או אנשי דת, לא אלילים או צלמי אלוהים, לא התוועדויות קבועות, לא מוסר דתי ולא אמונה בחיים שלאחר המוות".[13] הציידים-לקטים האמינו ברוחות ובאלים, אבל חשבו שהתעניינותם של אלה בבני האדם מצומצמת.

המתבונן בתולדות הדת ייווכח כי ככל שחברות נעשות גדולות ומורכבות יותר, יש להן מערכת משוכללת יותר של טקסים דתיים, כוהני דת, בנייה מונומנטלית וארגון הזמן סביב ימים מקודשים. הזיקה בין הדת והמוסר ניכרת לעין יותר ויותר. בניסוחו של הפסיכולוג וחוקר תולדות הדת אָרָה נוֹרֶנזיאן בספרו 'אלים גדולים': "הדתות הפרו־חברתיות – אלו אשר מאמינות באלים גדולים הצופים בבני האדם, מתערבים בחייהם ודורשים מהם הפגנות־נאמנות שקשה לזייפן – זירזו את היווצרותו של שיתוף הפעולה בקבוצות גדולות של זרים שאינם מכירים זה את זה".[14] הדת יצרה את התנאים הדרושים להתרקמות אמון בין זרים, ועל ידי כך אפשרה לבני האדם להיעשות למין היחיד

בעולם שהתפתח מקבוצות קטנות ומלוכדות מאוד לחברות גדולות ומאורגנות.

בזכות צורות משוכללות אלו של הדת יכלו לראשונה המוני בני אדם להתארגן בתרבות משותפת אחת; תרבות המונחלת בסיפורים מקודשים, מבוצעת בטקסים קבועים, מושגחת בידי כוהנים, ועובדת את האל בקורבן ובתפילה. הדת ייצגה מבנה מוסרי החל על היקום כולו, ואשר האלים מבטיחים בו את קיום הצדק. הטובים יתוגמלו והרעים יוענשו, בעולם הבא אם לא בעולם הזה. העולם שבחוץ, ברחבי היקום, והעולם שבפנים, בלב פנימה, נתפסו כמי שפועלים בתיאום מושלם לאחד את בני האדם למפעל מוסרי אחד: שמירת הסדר החברתי.

זוהי אם כן הנקודה הראשונה: הדת אפשרה את יצירתן של קהילות מוסר גדולות על ידי כך שפתרה את בעיית כינון האמון בין זרים. היא עשתה זאת על ידי העמדת בסיס חדש לאמון, שהושתת קודם לכן רק על קשרי שכנות ומפגשים יום־יומיים: בסיס של אמונות וטקסים משותפים. אלמלא קרה הדבר, ספק אם הייתה האנושות נחלצת אי־פעם משלב הלקט והציד.

* * *

זו הייתה תרומתן של הדתות הראשונות, הפוליתאיסטיות. ואז באה אמונת הייחוד, המונותיאיזם, והחיים המוסריים שוב השתנו מיסודם. הדתות הקדם־מונותיאיסטיות קידשו את המבנה החברתי; המונותיאיזם קידש את הפרט. לראשונה בתולדות מחשבת אנוש, הא־ל היחידי פגש את האדם היחיד במערכת יחסים נטולת מתווכים. האדם באשר הוא אדם נעשה במקרא, לראשונה בהיסטוריה, "האחֵר המשמעותי" של א־לוהים. האינטימיות של יחסים אלה הולידה סוג חדש של מוסר, המתבסס לא על הצדק לבדו אלא גם על האהבה: "וְאָהַבְתָּ אֵת ה' אֱ־לֹהֶיךָ בְּכָל לְבָבְךָ וּבְכָל נַפְשְׁךָ וּבְכָל מְאֹדֶךָ", "וְאָהַבְתָּ לְרֵעֲךָ כָּמוֹךָ", "וַאֲהַבְתֶּם אֶת הַגֵּר כִּי גֵרִים הֱיִיתֶם בְּאֶרֶץ מִצְרָיִם".

מכאן צמחה הבנה חדשה של האדם. אם הא־ל החופשי והיוצר עשה את האדם בצלמו, הנה גם אנו בני האדם מסוגלים לחופש וליצירה.

בניגוד ליוונים הקדם־סוקרטים, המקרא מתמקד פחות באופי ובגורל ויותר ברצון ובבחירה. הדרמות הגדולות שבראשיתו – אדם וחווה בגן עדן, קין והבל, האבות והאימהות והחברות שהם חיו בהן – עניינן הבחירות המתמידות בין טוב לרע, בין צדקה לאשמה. האדם נתפס כגשמי ורוחני כאחד, חלקו גוף וחלקו נשמה, עפר הארץ ורוח אפו של א־לוהים. כפי שהזכרנו כשדיברנו על כבוד האדם, עמדה זאת מנוגדת הן לתפיסת הגורל היוונית, הן לתפיסת הדטרמיניזם הביולוגי או הנוירולוגי הרווחת במדע המודרני.

מחופש הפרט נובע החופש של החברה. אם בני האדם חופשיים, הם יכולים להשתנות; ואם אנו יכולים להשתנות כיחידים אנו יכולים להשתנות גם כחברות. זה היסוד לרעיון הרדיקלי, המבוטא בתנ"ך לראשונה, כי הזמן הוא זירה של תמורה. תפיסה זו נתנה למערב את רוחו הדינמית. כמעט כל יתר התפיסות הדתיות ראו את הזמן כמעגל, כרצף של שלבים החוזר תמיד אל נקודת ההתחלה הקבועה. תפיסות אלו העמידו חברות שמרניות במהותן, שעה שתפיסת הזמן המקראית נטתה להצמיח תסיסה ומהפכה, או לכל הפחות התפתחות.

המוסר המקראי מקדש את הפרט, לא את המדינה. התנ"ך מבקר בתקיפות את האימפריות הראשונות, האכדית־שומרית (בסיפור מגדל בבל) והמצרית (בספר שמות), ורואה אותן ככוחות דכאניים המוכנים להקריב את היחיד על מזבח המערכת. לדידו של המקרא, השליט אינו קדוש יותר מנשלטיו. ברחבי העולם הקדום המלכים והפרעונים נחשבו לאלים למחצה וזכו לפולחן הולם. המקרא ראה בכך עבודת אלילים. באורח שלא היה דומה לו בעולם העתיק, המלך בישראל הקדומה היה נטול סמכות חקיקה. המשורר בן המאה ה־17 ג'ון מילטון עמד על כך ביצירתו 'גן העדן האבוד': "בְּנֵי אָדָם / כֻּלָּם אַחִים הֵם, אֵין אָדוֹן וְעֶבֶד, / כִּי הָאָדָם חָפְשִׁי, וְאָדוֹן אֶחָד אֱ־לֹהִים, / וְעַז פָּנִים הַהוּא הַנֹּשֵׂא כֶּתֶר לֹא לוֹ".[15] המלוכה במקרא מחולנת כך, והשררה – מוגבלת. ריבון מוחלט יש רק אחד: הא־ל.

אם הסדר החברתי אינו חָרוּת במבנה היקום, אם אין היחידים צריכים לעלות על מזבח המדינה, ואם למלכים אין גישה לכוחות

מעין־א־לוהיים, הרי החברה יכולה לשגשג רק כאשר בניה נוהגים זה בזה כראוי. מן החזון הזה הבשיל עולמם הייחודי של נביאי ישראל – אליהו ואלישע, עמוס והושע, ישעיהו וירמיהו ועוד כמותם – שדיברו אמת אל מול פני השררה, מתחו ביקורת גלויה על מלכים, ולהמוני העם אמרו, עד שבלו שפתותיהם, לנהוג בצדק ובחמלה, ביושר ובאהבה. חברה טובה תשגשג. חברה רעה תכרע ותיפול. ישעיהו אומר זאת חד וחלק:

וּבְפָרִשְׂכֶם כַּפֵּיכֶם אַעְלִים עֵינַי מִכֶּם;
גַּם כִּי תַרְבּוּ תְפִלָּה אֵינֶנִּי שֹׁמֵעַ...
לִמְדוּ הֵיטֵב, דִּרְשׁוּ מִשְׁפָּט, אַשְּׁרוּ חָמוֹץ,
שִׁפְטוּ יָתוֹם, רִיבוּ אַלְמָנָה (א, טו–יז).

מוסר ייחודי זה נקרא תדיר "האתיקה היהודית־נוצרית", והוא מילא תפקיד חשוב בעלייתו של המערב המודרני. במאות ה־17 וה־18 הוא הצמיח את ראשיתו של הקפיטליזם הדמוקרטי: הפוליטיקה והכלכלה של החופש.

ידועה השערתו של הסוציולוג הגרמני מקס ובר כי "האתיקה הפרוטסטנטית" הולידה את "רוח הקפיטליזם", את כלכלת השוק החופשי. אשר לפוליטיקה, הברית, מושג מפתח במקרא, היא חלק מהתרבות הפוליטית האמריקנית מימי המתיישבים הפוריטנים הראשונים. הצעד הפוליטי הפורמלי הראשון שלהם היה אמנת המייפלאוור משנת 1620: "אנו החתומים מטה... בשבועה חגיגית והדדית אל נוכח האל ואיש בפני רעהו, כורתים ברית ומצטרפים יחדיו לישות פוליטית אזרחית". על סיפון ה'ארבלה' הכריז ג'ון ויינתרופ ב־1630, באותה רוח, "במפעלנו זה אנו באים בברית עם האל".

מאז ועד היום הברית היא אבן השתייה של ההגות הפוליטית האמריקנית. גילויה המפורסם ביותר הוא צירוף המילים הפותח את המבוא לחוקת ארצות הברית: "אנו, העם". ביטוי זה, שברק אובמה השתמש בו חמש פעמים בנאום ההשבעה לכהונתו השנייה, הוא מונח

פרק כא – דת

מובהק של תרבות הברית. הוא מציין את הריבונות הנתונה לא בידי שליט או ממשלה אלא בידי בני העם עצמם, קהילה של שווים שקיבלו עליהם אחריות קיבוצית לגורלם ולייעודם המשותפים.

לפוליטיקה ולכלכלה כפי שאנו מכירים אותן יש ממד דתי במובן אחד לפחות: דתות מעצבות תרבויות; ולא כל התרבויות מצמיחות כלכלת שוק או פוליטיקה דמוקרטית. דייוויד אייקמן מספר בספרו משנת 2003 'הגורם הסיני' כי האקדמיה הסינית למדעי החברה התבקשה לבדוק איך קרה שהמערב, שהשתרך מאחורי סין במשך מאות שנים, עקף אותה והתבסס בעמדת ההובלה העולמית. תחילה, סיפר אחד מחברי האקדמיה, "חשבנו שהסיבה היא שלכם יש רובים חזקים יותר משלנו. אחר כך חשבנו שיש לכם המערכת הפוליטית הטובה ביותר. אחר כך התמקדנו במערכת הכלכלית שלכם. אבל בעשרים השנים האחרונות הבנו שליבה של התרבות שלכם הוא הדת שלכם: הנצרות. זאת הסיבה לכך שהמערב היה חזק כל כך. הנצרות בתור יסוד מוסרי לחיי החברה והתרבות היא שאפשרה את עליית הקפיטליזם, ולימים את המעבר המוצלח למשטר דמוקרטי. אין לנו שמץ של ספק בעניין".[16]

בתהליך הזה נודע תפקיד חשוב לרעיון יסוד מקראי אחד: הפרדת הרשויות. בתנ"ך הוא מופיע בדמות חלוקת הסמכויות בין המלך, הכוהן והנביא. בברית החדשה מנוסח הדבר כעיקרון: "תנו לקיסר את אשר לקיסר ולאלוהים את אשר לאלוהים". כאשר עברו החברות במערב להפרדה פורמלית ומהותית בין הכנסייה למדינה, מקורות אלה תפקדו כתקדימים רבי השפעה. שלושה יסודות אלה – כבוד האדם, השוויון והפרדת הרשויות – היו התשתית הערכית לתפיסות של ג'ון לוק ושל תומס ג'פרסון בדבר זכויות האדם והממשלה החוקתית המוגבלת.

בהקשר הכלכלי, המקרא תרם למערב את הרעיון החשוב, שהודגש במיוחד בקלוויניזם, בדבר ערכה העצמי של העבודה: "שֵׁשֶׁת יָמִים תַּעֲבֹד וְעָשִׂיתָ כָּל מְלַאכְתֶּךָ, וְיוֹם הַשְּׁבִיעִי שַׁבָּת לַה' אֱ־לֹהֶיךָ" (שמות כ, ח-ט). אנו עובדים את א־לוהינו במלאכה ובמנוחה; זו וזו בזמניהן. הדבר מנוגד לאתיקה של יוון הקדומה, שראתה את הפנאי

309

כסימן לאצילות ואת העבודה כגורלם של המעמדות הנמוכים. לתפיסה המקראית הזו היה תפקיד חשוב בהופעת הכלכלה בסגנון המערבי.

לא הכול יודו בכך, אבל יש ראיות חזקות לטענה כי רעיונות מן היהדות והנצרות, בעיקר בביטויה הקלוויניסטי, הניחו את אבן הפינה לחברות החופשיות במערב. ואם כך, השאלה היא – היוכלו חברות אלו לשרוד בטווח הארוך בלי אבן הפינה שלהן? או שמא הדת דומה לסולם, ומשהושלם הטיפוס עליו, והגענו אל הדיוטה הגבוהה, אנו יכולים לסלקו?

* * *

בשלושה תחומים לפחות, תרומתה של הדת לבסיס המוסרי של החברה היא מהותית ומתמשכת. הראשון קשור לאחת התיאוריות המודרניות המשפיעות ביותר בהבנת הדת, זו שיצר הסוציולוג הצרפתי אמיל דורקהיים (1917–1858). דורקהיים סבר שנכון להבין את הדת לא כמערכת אמונות אלא כמערכת התנהגויות, ולא כתופעה על־טבעית אלא כתופעה טבעית. כך הוא הגדיר זאת: "דת היא מערכת מאוחדת של אמונות ומעשים הנוגעים לדברים מקודשים... המאגדים בקהילת מוסר אחת, הקרויה כנסייה, את כל האנשים הדבקים בהם".[17]

הדת יוצרת קהילה. על פי דורקהיים, זהו החשוב מכל תפקידיה. סמליה של הדת מלכדים אנשים. טקסיה מחוללים את מה שהוא כינה פעפוע קולקטיבי, חוויית התגלות משותפת. היא **מחברת ומעוררת**, אם לנקוט ביטוי של ג'ונתן היידט מספרו 'המוח הצדקני'; כלומר, היא נותנת לאנשים זהות ייחודית ורוקמת זיקות ביניהם ובאותה שעה מרחיקה בינם לבין אלו שמחוץ לקבוצה.[18] הדת, לדידו של דורקהיים, יותר מכפי שהיא אמונה היא הִימָנוּת. היא עניין של השתייכות.

בספרו 'הקתדרלה של דרווין' מעלה דייוויד סְלוֹאן וילסון טיעון אבולוציוני המשלב את בתי היוצר של דרווין ושל דורקהיים. הדתות, הוא אומר, מתקיימות ושורדות מפני שהן עוזרות לקבוצות להתגבש, להתלכד, לפעול יחד, ולתרגם שיתוף פעולה לעוצמה. אזרחי ז'נבה

של קלווין הפנימו עמוקות את האתיקה החמורה שלו, מוסר העבודה, המשמעת, החסכנות והמידות הטובות, ועל כן זכו להצלחה חברתית וכלכלית מזהירה. באופן דומה, אופייה המורכב והתובעני של היהדות הוא שאִפשר ליהודים לשמר את זהותם בגלות ובפזורה אלפיים שנה אף כי בכל מקום שנמצאו בו היו מיעוט תרבותי ודתי.

הדוגמה המרהיבה ביותר של וילסון לקוחה מהאי באלי. פולחן אלת המים שם אִפשר לאלפי מגַדלי אורז, הפזורים על פני מאות קילומטרים מרובעים, לנהל את התהליך העדין של חלוקת הכמות המוגבלת של מי הגשם השוטפים במורדותיו של הר געש: מפעל מופלא של תיאום חברתי. כל הדברים הללו קרו כמעט בלי להיעזר בכוח כפייה ממשלתי, או אפילו בלי להיעזר בו כלל – וזאת אך ורק בזכותם של כללים דתיים שהופנמו בלבבות פנימה, והיו השלד והלשד בגופה של הקהילה.

האנתרופולוג ריצ׳רד סוֹזיס חקר מאתיים קומונות שהוקמו בארצות הברית לאורך המאה ה־19.[19] הוא גילה שבקרב הקהילות החילוניות, רק 6 אחוזים הוסיפו לתפקד עשרים שנה אחר הקמתן – ואילו בקרב אלו הדתיות השיעור עמד על 39 אחוז. עוד מצא כי ככל שתנאי הקבלה בקומונות הדתיות היו תובעניים יותר – ככל שנדרשו חבריהם להעלות קורבנות רבים יותר, כגון ויתור על אלכוהול או על טבק – כן גדלה נכונותם של החברים להקריב זה למען זה, וכן גם האריכה הקומונה ימים. כלומר, לא רק שהקהילות הדתיות החזיקו מעמד זמן רב יותר ממקבילותיהן החילוניות, אלא ככל שהן היו מחמירות יותר כן גדלה עמידותן.

אם לעבור לזמננו שלנו – כפי שהזכרנו בתחילת ספר זה, איש מדע המדינה מהרווארד רוברט פטנאם תיעד את האובדן, וגם את ההתאוששות, של ״ההון החברתי״, כפי שכינה את האמון הבין־אישי. פרסומו הראשון בציבור בא לו ממחקרו שהראה כיצד פוגע האינדיבידואליזם הפרוגרסיבי בחברות הדמוקרטיות במערב – ובייחוד מהביטוי שטבע לצורך כך. הוא קרא לזה ״באולינג לבד״, על שם

תסמין סמלי למציאות החדשה: יותר אמריקנים מבעבר הלכו לשחק בהיכלי הכדורת, הבאולינג, אך פחות ופחות הצטרפו למועדונים ולליגות של המשחק הזה. הביטוי תמצת תקופה.

השוק החופשי נתן לאנשים אפשרויות בחירה אישיות חסרות תקדים. הדמוקרטיה הליברלית הותירה לנו חופש גדול מאי־פעם לבנות את חיינו. המוסר התגלגל לכדי מגוון אין־סופי לכאורה של אורחות חיים שאדם יכול ללבוש ולפשוט כרצונו. המוזיקה, שנחוותה פעם במשותף, בקונצרטים וברסיטלים, החלה להישמע בווקמן, ואז באייפוד, איש איש לנפשו.

מאז פרסום ספרו של פטנאם בשנת 2000 רק המשכנו הלאה באותו מסלול. לפני שני דורות, העיתונים, הרדיו והטלוויזיה היו עשויים באופן שאומה שלמה קיבלה את החדשות באותו זמן, בערך, ובאותה דרך. מאז התפצלו החדשות, והמידע בכלל, לשפע אתרים, סרטוני יו־טיוב, ציוצים, פוסטים ובלוגים שאדם יכול לבחור מהם את אלה המהדהדים את אמונותיו, ולהותיר מעברה האחר של המסננת את כל הקולות שאינם לרוחו.

אלו היו חדשות רעות לאותן התאגדויות שבהן אנו חווים את החיים כיצורים חברתיים: הנישואים, המשפחה, ציבור המתפללים והקהילה. בתחרות הנצחית שבין הגנים האנוכיים שלנו לבין האינסטינקטים הקבוצתיים, העצמי האנוכי ניצח, פגע במרקם החברתי שלנו, וכדברי רוברט בלה "החליש את הקשרים העדינים המחברים בני אדם אלה לאלה, והותיר אותם מפוחדים ובודדים".

אלא שכעבור עשור, בשנת 2010, בספר ושמו 'חסד אמריקני', פטנאם תיעד חדשות טובות. הוא גילה כי מאגר רב עוצמה של הון חברתי עוד מתקיים בסביבות דתיות: בכנסיות, בבתי כנסת ובשאר בתי תפילה המלכדים אנשים לשייכות משותפת ולאחריות הדדית. הראיות שהציג מלמדות כי אנשים דתיים, כלומר כאלה הפוקדים בתי תפילה בקביעות, הם אכן שכנים טובים יותר.

סקר נרחב שנערך ברחבי ארצות הברית בשנים 2004–2006 הראה כי הבאים בתדירות גבוהה לבתי תפילה נוטים יותר מאחרים

פרק כא – דת

לתת צדקה – למטרות דתיות וחילוניות כאחד. הם גם נוטים יותר להתנדב, לתרום כסף לחסרי בית, לתת תשר לעובדים בחנות, לתרום דם, לעזור לשכנים בעבודות בית, לשהות בחברת אנשים הסובלים מדיכאון, לתת זכות קדימה בכביש, להציע מקום ישיבה לזרים, ולעזור לאחרים למצוא עבודה.

בכמה סוגים של עזרות קטנות לא נמצא הבדל בין פוקדי בתי התפילה לאלו שאינם באים לשם. אבל מבין חמישה-עשר סוגי המעשים הטובים שנבדקו בסקר, לא נמצא אף לא אחד שהאמריקנים החילונים נוטים לעשות יותר מבני ארצם הדתיים. התוצאות הראו באופן שיטתי ופשוט: אמריקנים דתיים נוטים יותר מאמריקנים אחרים לתת מכספם ומזמנם לאחרים, לא רק בתוך הקהילה אלא גם מחוצה לה.

האלטרואיזם שלהם מגיע מעבר לכך. מתפללים קבועים הם גם אזרחים פעילים יותר. הם נוטים יותר להשתייך לארגונים קהילתיים, בייחוד אלה המטפלים בצעירים, בבריאות, בתרבות ופנאי, ולהתארגנויות שכונתיות, אזרחיות ומקצועיות. בתוך הארגונים הללו, החברים הדתיים נוטים יותר מהאחרים למלא תפקידים ולהיות חברי ועדות. הם לוקחים חלק פעיל יותר בחיים האזרחיים והפוליטיים המקומיים, כגון השתתפות בבחירות המוניציפליות, כנסים עירוניים והפגנות. ייצוגם בקרב פעילים מקומיים לתיקון חברתי ופוליטי עולה בהרבה על חלקם באוכלוסייה. הם מעורבים יותר ופעילים יותר – בפער גדול.

בשאלוני עמדות, מידת הדתיות, הנמדדת בנוכחות בבתי תפילה, התגלתה כמשתנה המנבא הטוב ביותר לאלטרואיזם ולאמפתיה לזולת; טוב יותר ממשתנים כהשכלה, גיל, הכנסה, מגדר וגזע. במדד שביעות הרצון בחיים על פי דיווח עצמי, אנשים דתיים מאושרים יותר בממוצע מאלה שאינם דתיים.

מעניינת העובדה שכל המאפיינים הללו נמצאו בעלי זיקה לא לאמונות דתיות אלא לתדירות ההגעה לבתי תפילה. דת יוצרת קהילה, קהילה יוצרת אלטרואיזם, ואלטרואיזם מעביר אותנו מהתמקדות בעצמי להתמקדות בטוב המשותף. פטנאם מרחיק לכת עד כדי העלאת

313

מוסריות

ההשערה שאתיאיסט המגיע לכנסייה בקביעות (למשל, כמלווה את אשתו) ייטה להתנדב בבית תמחוי יותר ממאמין המתפלל בביתו. כמו דורקהיים, הוא הגיע למסקנה שהדת ככוח מוסרי קשורה להשתייכות יותר משהיא קשורה לאמונה.

ביחסים הנרקמים בקהילה דתית יש משהו ההופך אותם לסדנה המוצלחת ביותר לאזרחות טובה ולשכנות טובה. הדתות בחברות הדמוקרטיות הליברליות הן הסדנה המתמדת שלנו ללימוד "אומנות ההתאגדות", שכזכור היא, לדברי אלקסיס דה־טוקוויל, בית הספר לחירות. הדת יוצרת קהילות, וקהילות יוצרות אנשים מוסריים.

* * *

שני חוקרים אחרים, ארה נורנזיאן בספרו 'אלים גדולים' ודומיניק ג'ונסון בספרו 'אלוהים צופה בך',[20] מאמצים נקודת מבט אבולוציונית הדומה לזו של דייוויד סלואן וילסון, אך עם דגש אחר. הם מתמקדים לא בפונקציה בונת הקהילה של הדת אלא בהשלכות המוסריות של הרעיון כי א־לוהים צופה במעשינו, גם כשאנו בחדרי חדרים, גומל טוב לטובים, וחשוב מכך, מעניש את החוטאים. ממד זה של הדת, ממד העונשין, הוא לדעתם סוד כוחה בשדה המוסר. ביסודו של דבר הם מסכימים עם וולטר שהמאמינים בא־לוהים גוזלים ומרמים פחות מאלה שאינם מאמינים.

לתפיסתם, הבעיה היסודית שכל חברה צריכה להתגבר עליה היא בעיית הטרמפיסט. כולנו רוצים ליהנות מברכתם של מאמצים משותפים ואיננו ששים לשלם את המחיר. ציטטנו כאן את דבריו של דייוויד יום בעניין: כל אחד "מחפש לו תירוצים להשתמט מהטורח ומן ההוצאות ומבקש להפיל את כל המעמסה על אחרים". השערתו של נורנזיאן היא ש"פיקוח חברתי גורם לאנשים שלא לקלקל את השורה", או בפשטות "אנשים נצפים הם אנשים נחמדים".[21]

הכוח החזק ביותר הגורם לנו להתנהג יפה הוא הידיעה, או האמונה, שמשגיחים עלינו. נהגים נחפזים מאיטים כשבמראה הקדמית מגיחה ניידת משטרה. כאשר צדקה נאספת בפומבי, אנשים

תורמים יותר. בניסוי מחוכם אחד, ניתנו לכל אחד בקבוצת סטודנטים באוניברסיטת טורונטו שישה דולרים והזדמנות לתת חלק מהם, איזה חלק שירצו, לזר אלמוני. בתירוץ כלשהו, מחציתם קיבלו משקפי ראייה ללא מספר ומחציתם משקפי שמש כהים. מרכיבי משקפי השמש חלקו עם הזר, בממוצע, 1.81 דולר; מרכיבי המשקפיים השקופים – 2.71 דולר. משקפי השמש הקנו למרכיביהם "אשליית אלמוניות", הרגשה כוזבת שאין רואים אותם. די היה בכך להניעם מנדיבות של חלוקה שווה לצורת התנהגות אנוכית יותר. עורכי הניסוי – צֶ'נבּוֹ ז'ונג, ונסה בוֹנס ופרנצ'סקה ג'ינו – גילו גם שאנשים בחדר אפלולי נטו לרמות יותר מאנשים בחדר מואר בחוזקה. "מנורה בהירה היא הטובה במשטרות", סיכמו.

גם רמזים מעודנים ביותר להשגחה הופכים אותנו לנדיבים יותר ולשומרי חוק יותר. החוקרים קווין היילי ודן פֶסלר נתנו לנבדקיהם סכום כסף ואפשרות להחליט איזה נתח מתוכו לחלוק עם זר אלמוני. הם מצאו כי גובה התרומות הממוצע עלה ב־55 אחוז כאשר הנבדקים נחשפו לציורים של עיניים אנושיות, במסווה של שומר מסך.[22] בניסוי אחר, חוקרים הציבו במסדרון באוניברסיטה מכונת קפה, ולצידה "קופת כבוד". העוברים והשבים יכלו להכין קפה כרצונם, ולהשאיר בקופה סכום כסף כראות עיניהם. בחלק מהימים, כרזה ובה עיניים צופיות נתלתה מעל למכונה. בימים אחרים, זו הייתה כרזה עם תמונת פרח. הסכום הממוצע למשתמש בימים שהוצגה בהם כרזת העיניים היה גבוה פי 2.76 מזה שבימי הפרח.

לא רק התנ"ך מספר לנו שא־לוהים רואה את כל מעשינו. נורנזיאן מונה בספרו שלל תרבויות עתיקות שיש בהן ייצוגים של עיניים א־לוהיות. אפשר למצוא שכמותן בפסלים ובתמונות של הורוס במצרים העתיקה, של בודהה בכפרים בטיבט ובנפאל, של ויראקוצ'ה באימפריית האינקה, ועוד רבים אחרים. הדבר המניע אנשים להתנהג באופן פרו־חברתי איננו רעיון הא־ל ככוח בורא מופשט, אלא האמונה שהוא רואה את אשר אנו עושים; ולא האמונה הזאת כפשוטה, אלא תזכורות פעילות שלה.

בניסוי אחד, הנבדקים נחשפו למילים שהוקרנו למשך פחות מעשירית שנייה; זמן המספיק למוח כדי לגלות את המילים אך אין בו כדי להניח להן להגיע למודעות. לאחר מכן הוטל עליהם להשתתף במבחן שבו ניתנה להם הזדמנות לרמות. אלה שהמילים שהובזקו לעיניהם היו קשורות לא־לוהים נָטו לרמות הרבה פחות מאלה שנחשפו למילים ניטרליות. בניסוי אחֵר נמצא כי בימי ראשון נוצרים מאמינים נותנים צדקה פי שלושה יותר מאנשים שאינם דתיים, אך בשאר ימות השבוע אין הבדל. בימי ראשון הנוצרים ביטאו תחושה עזה יותר של היותם מושגחים מלמעלה. ייתכן אפוא שהדת משפיעה על המוסר מפני שבטקסים, בתפילות ובימים המקודשים אנשים מקבלים **תזכורת** לכך שצופים בהם.

כוחה של הדת, טוענים נורנזיאן וג'ונסון, טמון בהיבט שלילי: הענישה הא־לוהית. נורנזיאן אסף ראיות מחקריות המלמדות כי בניגוד למה שמורה לרובנו האינטואיציה, אנשים המאמינים בא־ל מעניש הם שומרי חוק וסלחנים יותר מאלה המאמינים בא־ל סולח. מסקנתו היא כי "האמונה בעונש אלוהי מפחיתה את המוטיבציה לענישה ארצית".[23] ג'ונסון, מצידו, מסיק מהתבוננות במקרים היסטוריים כי הפחד מפני עונשים משמיים הוא אמצעי הרתעה יעיל מאוד לאוכלי חינם, ואמצעי עידוד מעולה לשיתוף פעולה.

מה קורה כשהבריות אינן מאמינות עוד בא־לוהי, בהשגחה ובענישה משמיים? העיקרון עודו בתוקף: אנשים נצפים הם אנשים נחמדים. אלא שעתה מוגשם עיקרון זה באמצעים חלופיים: מצלמות אבטחה מכסות את עין הארץ; האח הגדול הדיגיטלי החליף על המשמר את האמונה הדתית. גופים ממשלתיים ומסחריים מחזיקים כיום במאגרי מידע אדירים ובהם המסרונים והודעות הדוא"ל שלנו, פרטי הקניות וההעברות הבנקאיות, הרגלי הצפייה ואפילו דברים שאנו אומרים זה לזה בבית. לאלו חוברות טכנולוגיות משתכללות והולכות של זיהוי פנים. פירושם של כל אלה הוא שאחרים יכולים לצפות בנו כיום במידה חסרת תקדים, ובאורח הנותן בידי ממשלות וגופים אחרים כוח

כביר לפקח, לתמרן ואף להשחית. במובנים מסוימים, יש לכך השפעה חיובית על התנהגותנו, כמו השפעתה של האמונה הדתית בהשגחה; אך אין כל ערובה שבעלי המידע הזה ישתמשו בו לטובתנו כשהיא מנוגדת לטובתם.

* * *

ולבסוף, ישנה תובנתו של ז'אן־ז'אק רוסו בחיבורו 'על האמנה החברתית'. "ההשקפות הכלליות מדי והמושאים המרוחקים מדי – גם אלה וגם אלה מעבר להשגתו" של העם הפשוט, אמר. אנשים נוטים לראות את הטווח הקצר. קשה לשכנע אותם להצטמצם בהווה למען שגשוג בעתיד הרחוק. "מאחר שכל יחיד אינו מעריך בתוכנית חדשה [המוצעת לו] אלא את מה שנוגע לאינטרס הפרטי שלו, הוא מבחין אך בקושי ביתרונות שהוא אמור להפיק מן ההצטמצמויות המתמשכות שהחוקים הטובים כופים עליו". במדינות דמוקרטיות, המערכת הפוליטית נאלצת תדיר להתנהל בטווחי זמן קצרים.

מכאן נובע, לדבריו, כי המחוקק "מן ההכרח שיזדקק למקור סמכות מתחום אחר שיוכל לסחוף אחריו ללא אלימות ולדבר על הלב ללא מאמצי שכנוע. הרי לכם הדבר שאילץ מאז ומתמיד את אבות האומות להזדקק להתערבות השמיים ולכבד את האלים במה שהיה [בעצם] חוכמתם שלהם", כלומר לייחס את חוכמתם האנושית לאלים.[24] הדבר נוגע גם לימינו. איך אפשר, בתרבות של אינטרס אישי, לשכנע אנשים להקריב למען העתיד הרחוק?

דוגמה לכך שכבר הזכרנו היא שינוי האקלים. הציבור הרחב יודע עוד משנות התשעים על הנזק שאנו עושים לסביבה, אך שינויי ההתנהגות היו מוגבלים, למעט אלו הקלים והזולים כגון הפחתת השימוש בשקיות ניילון. המעבר לאמצעי תחבורה ידידותיים לסביבה נתגלה כקשה הרבה יותר.

איך משכנעים אנשים להקריב עכשיו למען מטרה שתתממש רק זמן רב אחרי שהם ימותו? מהם חובותינו לאנשים שעדיין לא נולדו?

לא קל לענות על שאלות אלו אם משתמשים במשתנים המקובלים של האינטרס האישי הרציונלי. דאגתו של רוסו לנוכח טבעו קצר הטווח של החישוב הפוליטי צריכה להיות גם דאגתנו.

לפני ועידת האו"ם לשינוי האקלים, ועידת קופנהגן של שנת 2009, הביע השר הבריטי לענייני סביבה אד מיליבנד את רצונו לשאת איתו לשָם מסר מהקהילות הדתיות בארצו. מנהיגים מכל הדתות הגדולות בבריטניה התכנסו לשם כך בארמון למבת', בחסותו של הארכיבישוף מקנטרברי רואן ויליאמס, ושיתפו זה את זה במסורותיהם הדתיות על דבר יחסנו לכוכב הלכת שלנו ואחריותנו כלפיו. חידוש רב היה במאורע ההוא, מפני שאד, למיטב ידיעתי, אינו אדם דתי כלל. דומה היה שהרגיש כי בתחום הזה, לאמונה הדתית יש הרבה מה לומר לכולנו, ולו רק בזכות פרספקטיבת הזמן והמרחב העצומה שלה.

סוגיה אחרת, הנוגעת לעתיד המדינות הדמוקרטיות הליברליות באירופה באורח ישיר יותר, היא שיעורי הילודה. כפי שהראה אריק קאופמן,[25] שיעורי הילודה ביבשת ירדו ככל שהתחלנה. בבריטניה, בשנת 2018, הוא היה הנמוך ביותר מאז החלו לתעד אותו; 46 אחוז פחות משיאו שנרשם בשנת 1947.[26] בנתיב דומה הולכות כמעט כל מדינות אירופה. אף לא אחת מהן שומרת על שיעור ההחלפה, כלומר שיעור הילודה השומר על גודל האוכלוסייה כפי שהוא. פירוש הדבר הוא שאירופה יכולה לקיים אוכלוסייה יציבה או צומחת רק באמצעות פתיחת שעריה להגירה בהיקף חסר תקדים. המגזרים הצומחים היחידים באוכלוסייה הם אלה הדתיים: בממוצע, ככל שמשפחה דתית יותר כך היא גדולה יותר. ההיגיון, שוב, הוא זה של רוסו. גידול ילדים כרוך בהקרבה של משאבים וכוחות, וכדי לעשות זאת ברצון נדרשת תפיסת עולם הרואה את הטווח הארוך.

לדת יש אם כן דבר מה להוסיף לשיחה ולחברה, גם בלי קשר לאמונות מטפיזיות. היא בונה קהילות. היא מקדמת את שמירת החוק. והיא עוזרת לנו לחשוב לטווח הארוך. הלך־הרוח הדתי פשוט מעורר אותנו אל מה שמעבר. הוא פודה אותנו מן הבדידות. הוא שובר את שריון העצמיות ופותח אותנו אל הזולת ואל העולם.

חלק חמישי

הדרך קדימה

פרק כב

המוסר חשוב

גַנְדֶר, באי ניופאונדלנד שבקנדה, הייתה עיירה קטנה, שלווה ונידחת למדי: כעשרת אלפים תושבים, הרחק ממרכזיו האורבניים של העולם התוסס – לפחות עד 11 בספטמבר 2001. ביום ההוא, בעקבות מתקפת הטרור על מרכז הסחר העולמי ועל הפנטגון, ארצות הברית סגרה את המרחב האווירי שלה לטיסות נכנסות. טיסות באוויר, שיעדן היה בארה"ב, הופנו לנמלי תעופה אחרים. 38 מטוסים, ובהם כמעט 7,000 נוסעים אזרחי 97 מדינות, אולצו לנחות בשדה התעופה הבין־לאומי של גנדר. אתגר הומניטרי גדול הוצב פתאום בפני אנשי העיירה. על סיפור היענותם לו נכתבו מאז כמה ספרים, ולא מזמן גם מחזמר, 'באים מרחוק' שמו.

הנוסעים היו מותשים, מבולבלים והמומים. חלקם עוכבו במטוסים 28 שעות, לצורך בדיקה מדוקדקת של מטענם. לרבים מהם לא היה מושג היכן הם, או איך ליצור קשר עם קרובים וחברים ולהודיע להם ששלומם טוב. אך כמעט עם צאתם מהמטוסים הם פגשו בהכנסת אורחים יוצאת מגדר הרגיל. תושבי העיר הכינו להם סעודות מלכים. נהגי אוטובוס מקומיים, שבאותם ימים ערכו שביתה, הזדרזו להשעות את מרמוריהם והובילו את הנוחתים למעונות רבים

שהוכנו להם בעיירה וסביבה – בבתי ספר, במרכזי ארגון המתנדבים 'צבא הישועה' ובכנסיות.

אנשים הזמינו אותם לבתיהם, למקלחת ולהתרעננות. הם סיפקו להם לבנים להחלפה ומוצרים הגייניים. חנויות מזון מהיר הרעיפו עליהם עוף, פיצה וכריכים. הילדים קיבלו צעצועים. מי מהנוסעים שהיום היה יום הולדתו זכה למסיבה ולמתנות. למען אלו שלא ידעו היכן הם, מתנדב תלה על קיר אחד המעונות הזמניים מפה של העולם, וחץ אדום גדול הצביע על גנדר ואמר "אתם נמצאים כאן".

ניוטֶל, חברת הטלפונים של ניופאונדלנד, הציבה סמוך למשרדיה סוללת טלפונים כדי שאנשים יוכלו ליצור קשר עם קרוביהם, חינם אין כסף. חברת כבלים מקומית הציבה מסכים בכל ריכוזי האורחים כדי שיוכלו לעקוב אחרי החדשות. באחד מבתי הספר הוקם מרכז תקשורת, שסיפק לבאיו גישה למחשבים, לאינטרנט ולדואר האלקטרוני. בנוסעם במכוניותיהם היו תושבי העיר עוצרים ליד "אנשי המטוס" ברחוב ומציעים להם טרמפים. לאורך שהותם בעיירה, שארכה בחלק מהמקרים כמעט שבוע, קיבלו הנוסעים לא רק מזון ומקלט, אלא גם תמיכה נפשית וחום אנושי.

כפי שמתאר זאת מחבר אחד הספרים:

> לאורך כמעט שבוע, כמעט כל איש, אישה וילד בגנדר ביישובי הסביבה עצר את מהלך חייו הרגיל כדי לעזור. הם שמו את שגרת חייהם במצב המתן למען קבוצת זרים, ולא ביקשו דבר בתמורה. הם אישששו את האמונה כי בני האדם טובים מיסודם, בימים שבהם קל היה להיגרר לפקפוק באפשרות שאנושיות כזאת עוד קיימת.[1]

* * *

למקרא הניתוח שהצגנו לאורך הספר, אכן קל להיגרר לפסימיות באשר לעתידן של הדמוקרטיות הליברליות במערב. התחקינו אחר כמה ממדים בקורותיהן של חברות אלו מאז אבד רעיון החברה כקהילת מוסר. זה התחיל, כך ראינו, כחזונם הייחודי של הוגים במחצית השנייה של המאה

ה־19, ונמשך בשליש השני של המאה העשרים אצל אקזיסטנציאליסטים ואמוטיביסטים שהכחישו את קיומו של מוסר מחוץ לָעצמי. ואז הגיעו המהפכה הליברלית־תרבותית של שנות השישים והמהפכה הליברלית־כלכלית של תאצ׳ר ורייגן בשנות השמונים. השלב הבא היה התפוררות התרבות והתקשורת שחוללו המחשב, האינטרנט, הסמארטפון והרשת החברתית.

והנה הגענו עד הלום: בודדים תדיר, מבולבלים, מפוכחים וחשדנים, חיים בחברות המפוצלות לקבוצות שביניהן שורר נתק, וכל אחת מהן מאמינה שהאחרות מנצלות אותה, מתאכזרות אליה או מאיימות עליה. מכאן מגיעה פוליטיקת הכעס, העלולה בקלות להוביל לפופוליזם ולרצון במנהיג חזק שיחסל כביכול את הבעיות – ולמעשה יחריף אותן. זהו מצב הרוח הקודר שקנה לו שביתה בקרב רבים־רבים בדמוקרטיות הליברליות במערב כיום.

סיפורם של אנשי גנדר מאותת לנו שהפסימיות הזאת נחפזת. איננו זקוקים למאמץ מיוחד כדי להיות מוסריים; במובנים רבים, זהו מצב המחדל שלנו. נבראנו תחרותיים, אך באותה מידה נבראנו גם לשיתוף פעולה הדדי. אנחנו צריכים זה את זה. אנחנו דואגים זה לזה. זכרו את משפט הפתיחה ב׳תיאוריה של הרגשות המוסריים׳ לאדם סמית: ״גם אם סבורים אנו שהאדם אנוכי, ניכרים בעליל בטבעו יסודות הגורמים לו לרצות בהצלחתם של אחרים ולהזדקק לאושרם גם כשאין הוא מפיק מכך דבר לבד מהעונג לראות זאת״. סמית, התיאורטיקן הראשון של כלכלת השוק, לא שכח אף פעם שאיננו רק רכושנים. אנחנו גם מוסריים בעומק הווייתנו.

אנשי גנדר אינם יוצאי דופן. אסון 11 בספטמבר עורר שלל גילויים של גבורה, של חסד ושל שכנות טובה. כפי שאירע פעמים רבות בהיסטוריה, הרַע מכול מוציא מאיתנו את המיטב. מקרה גנדר הוא מקרה מופת משום שהוא אירע בעיירה קטנה ומרוחקת מאוד. הראיתי לאורך הספר שהרגשות המוסריים שלנו נולדים במשפחות ומתרחבים מהן לקהילות. הם תלויים בהישנותם המרובה של מפגשי פנים אל פנים. מן הטעם הזה, מפלס האמון ההדדי במקומות קטנים

שיושביהם מכירים איש את רעהו גבוה הרבה יותר מזה שבסביבות מנוכרות כגון ערים גדולות, מקום שם רוב הפרצופים שסביבנו שייכים לזרים, ומגענו ומשאנו עם אנשים הוא בחלק נכבד מהמקרים חד־פעמי. בכרך, האנוכיות שלנו עלולה לתפוח ללא בקרה. אנשים עלולים לנצל זה את זה. הם נעשים אוכלי חינם, כאלה המנסים ליהנות מברכתו של המאמץ המשותף של הרבים בלי לתרום לו דבר. ברגע שזה קורה, מפלס האמון מתחיל לשקוע.

לא השוק ולא המדינה יכולים לשקם את האמון, שכן שניהם זירות של תחרות, לא של שיתוף פעולה. גם הסמארטפון והרשת החברתית לא ישקמוהו, שהרי המפגש בהם אינו פנים אל פנים. כשאני משתמש במדיה החברתית אני מציג את עצמי – לא פוגש אותך במלוא אחֵרותך הייחודית. כשאני משתמש בה כדי לרכוש מידע על העולם, אין לי דרך בלתי־אמצעית לדעת אם המסר שקיבלתי אמיתי או כוזב, אובייקטיבי או מניפולטיבי. כשאני משתמש בכסף או בכוח כדי להשיג את מטרותיי, אני מקדם את האינטרסים שלי כיחיד, לא את האינטרסים שלנו כקהילת מוסר. כל זה אינו מקדם את האמון. הוא מגדיל את הפגיעה בו.

אבל זה היופי שבמוסר: שהוא מתחיל בנו. איננו צריכים לחכות למנהיג פוליטי גדול, או לגאות כלכלית, או להלך רוח חדש בחברה, או לפריצת דרך טכנולוגית מפתיעה, כדי להתחיל לשנות את האקלים המוסרי שבו אנחנו חיים ונעים והווים. בפרק הפתיחה תיארתי את מצבנו הנוכחי כמצב שלאחר מיקור חוץ של המוסר לשוק ולמדינה. אבל המוסר במובנו האמיתי ביותר אינו דבר שאפשר לייצא. הלוא לב מהותו של המוסר הוא לקיחת אחריות, לא העברתה הלאה. כל הנדרש מאיתנו הוא לחשוב על ה"אנחנו", לא רק על ה"אני" – וכבר בכך אנו משנים את אופי מערכות היחסים שלנו.

כשאנו נוהגים בזולת בדאגה ובאכפתיות, ברגישות ובטקט, ביושר וביושרה, בחן ובנדיבות, בסבלנות ובסלחנות, אנו מתחילים להיות בני אדם שונים. והיות שההדדיות היא מאותם אינסטינקטים

הטבועים בנו ומניחים את התשתית למוסר, כאשר אנו נוהגים כך באחרים אנו משנים את התנהגותם כלפינו. לא תמיד, כמובן, אבל במקרים רבים. לאט אבל בטוח מתחילים להרגיש אווירה חדשה, לכל הפחות בסביבתנו הקרובה. התנהגות רעה יכולה בקלות להיות מידבקת, אבל גם התנהגות טובה – ובמרוץ למרחקים ארוכים, היא בדרך כלל המנצחת. רוחנו מתרוממת למראה אנשים המגלים אכפתיות כלפי אנשים.

לאחרונה נמצא כי זו אמת אוניברסלית. אנתרופולוגים מאוניברסיטת אוקספורד פרסמו ב־2019 תוצאות מחקר על עמדות מוסריות בשישים תרבויות סביב העולם. הם גילו שבעה כללי מוסר בסיסיים המשותפים לכל התרבויות: עזור למשפחתך, עזור לקבוצתך, החזר טובות, היה אמיץ, הישמע לממונים עליך, חלק משאבים בהוגנות, וכבד את קניינם של אחרים. בכל התרבויות שנבדקו, שבע ההתנהגויות הללו נחשבות טובות מבחינה מוסרית. הדבר נכון בכל היבשות, ואינו רק נחלת המערב. ד"ר אוליבר סקוט קארי, חוקר בכיר במכון לאנתרופולוגיה קוגניטיבית ואבולוציונית, שהיה בין מחברי הדוח, סיכם: "כל האנשים בכל המקומות חולקים קוד מוסרי משותף. כולם מסכימים ששיתוף פעולה, קידום הטוב המשותף, הוא הדבר הנכון לעשות".[2] וכך, עם כל הרבגוניות שהתוויתי בפרק "איזה מוסר?", ישנם עקרונות מוסר אוניברסליים, ממש כמו שיש דקדוק עומק בסיסי משותף לכל 6,000 הלשונות המדוברות היום.

וכל אחד קובע. במסגרת סדרת הרדיו על מוסר שיצרתי לבי־בי־סי שאלתי את מלינדה גייטס, אשר יחד עם בעלה ביל תרמה מיליארדי דולרים למטרות פילנתרופיות, מה היא רוצה לומר לבני נוער שאין להם לא העושר ולא ההשפעה הדרושים לעשיית טוב בהיקף גדול כל כך. תשובתה הייתה מופת לצניעות ולפשטות:

> אני רוצה לומר לכם שכאשר אדם מסתכל על מהלך חייו ומנסה להעמיד אותם על עיקרם, הדבר שגורם לו להרגיש הכי טוב הוא

הידיעה שמשפחתו וחבריו אוהבים אותו ושהוא עשה, בדרך זו או אחרת, משהו כדי לשנות את העולם לטובה. אתם, תלמידי התיכון, כבר יודעים את זה, ואם תתחילו עכשיו בדברים קטנים, טיפה ועוד טיפה, יבוא יום ותידהמו לראות כמה הרבה הצטבר במהלך חייכם.

אנחנו משנים את העולם, היא אמרה, "במעשה אחד של חסד בכל פעם". וכשאנחנו משנים את העולם, זה לפעמים משנה אותנו.

* * *

ביולי 2019 נפוץ סרטון בטוויטר. פרמדיק 'איחוד הצלה', מועאוויה כבהה, ישראלי־מוסלמי, נראה בו מברך זוג צעיר בחופתו. הוא סיפר לקהל כיצד פגש את הכלה, שחר קוגלמס, עשר שנים קודם לכן. הוא הגיע לזירת תאונת דרכים בצומת סירקין, באמבולנס השני שהגיע למקום:

הכרתי את שחר אחרי שמתה. אני לא יודע אם כולם יודעים, אבל שחר עברה ב־2009 תאונה קשה. נסענו לתאונה שתי ניידות טיפול נמרץ. הניידת הראשונה הגיעה והיה רופא בניידת. וכשהגעתי אחרי שתי דקות הרופא אמר לי, "הפצועה הזאת אל תיגע בה, קבעתי מוות; בוא נטפל בנהג". אמרתי לו "בסדר, תטפל בנהג", ונשארתי על שחר.

כשהגעתי לשחר, שחר הייתה עם דום לב. לפי הפרוטוקול הרופא צודק, צריך לקבוע מוות. אבל משהו מלמעלה אמר לי לא, אתה צריך להילחם עליה. ביצעתי החייאה על שחר בערך ארבעים דקות כשהיא הייתה בתוך הרכב, לכודה. המשטרה כבר הודיעה ברדיו שיש הרוגה בתאונה, וההורים של שחר שמעו את הבשורה המרה הזו בדרך מהצפון. המשכנו החייאה בנסיעה לבית החולים,

ובכניסה לבית החולים שחר החזירה פעימה. הלב שלה התחיל לפעום.

אני רוצה להגיד לכם שבאותו לילה חזרתי הביתה ולא הייתה לי תקווה. שמתי ראש על הכרית, חשבתי לשנייה שמלאך המוות ינצח אותי. אבל ידעתי שאם ינצח אותי עשיתי כל מה שאני יכול לעשות. ובסוף, לא מנצחים אותו, אבל עשיתי כנראה מה שצריך לעשות והנה שחר קמה.

אז אני פה בשביל להגיד לשחר תודה. בדרך כלל מי שאנחנו מצילים אותם אומרים תודה. אני רוצה להגיד לך תודה. אגיד לך למה. שואלים אותי תמיד, איך אתה מחזיק מעמד אחרי כל כך הרבה מוות בעבודה שלך. התשובה היא פה. שחר, אני מחזיק מעמד בגללך. כי אני הצלתי לך את הגוף – ואת הצלת לי את הנפש. כל פעם שאני נתקל במקרים שאני נתקל בהם, אני נזכר בחיוך שלך. אז תודה, תודה, מזל טוב, אוהב אתכם.[3]

שינוי העולם למען אחרים משנה אותנו. במילותיו של מועאוויה, לפעמים הצלת גופו של הזולת היא הצלת נפשנו שלנו.

* * *

העולם העכשווי מייסר את המוסר בקוצים ובברקנים. המילה "מוסר" עצמה מעלה עכשיו על הדעת את החשוד בעינינו מכול: את כפייתן של אמות מידה אַל־אישיות אל חיינו הפרטיים, את השתלטות השיפוטיות על שטחים לא לה, את סילוק החופש בידי הסמכות. כשפוליטיקאי משתמש בהנמקה מוסרית, אנו חושדים בו שהוא מחפש תירוץ לא לשלם על משהו. כשמנהיג דת מדבר על מוסר, אנחנו חוששים שיכפה עלינו ודאויות שאיננו שותפים להן עוד, ושהפונדמנטליזם כבר מידפק על דלתותינו. כאשר מתעורר דיון מוסרי על איזה פשע או אופנה

חברתית שעלו לכותרות, אפשר לספור את הדקות עד שיישמעו הקולות הפוטרים שיח זה כ"פניקה מוסרית". נעשינו שותפים לאמונתו של ג'ורג' ברנרד שו כי המוסר הוא הדרך של אדם אחד לחבל בהנאתו התמימה של זולתו; כלשונו של ה"ג וֶולס, "קנאה עם הילה".

אך לא ייתכן שזאת כל התמונה. הרי עודנו טרודים, טרודים בלהט אפילו, בדאגות שהן מוסריות במהותן. אנחנו כועסים על עוול משפטי ועל פערים כלכליים קיצוניים. אנו דואבים את הרס הסביבה שגורם המרוץ שלנו אחר צמיחה כלכלית. איננו אדישים לסבלם של אחרים, או לפצצות המתקתקות שייתכן כי אנו מטמינים לדורות העתיד. אנחנו מוסריים כמו כל דור אחר. אולי אפילו יותר, שכן הטלוויזיה והאינטרנט חושפים אותנו למראות חיים וחדים של סבל שבדורות קודמים ספק אם היינו יודעים על קיומו – קל וחומר לא רואים אותו מתחולל לנגד עינינו. עושרנו שגדל ויכולותינו הטכנולוגיות מאפשרים לנו לטפל בתחלואים גופניים וכלכליים שדורות קודמים היו רואים בהם עניינים עגומים אך אבודים שהם כורח המציאות. בשום אופן איננו א־מוסריים. עודנו מודעים עד עומק נשמתנו להבדל בין מה שישנו למה שראוי שיהיה.

יש כבר סימנים לכך שדור ה־Z, ילידי 1995 ואילך, מאמצים את אחריותם המוסרית ברצינות רבה מזו שנוקטים הגדולים מהם מעט. על פי מחקר של ממשלת בריטניה, מאז חילופי המאות חלה בקרב הצעירים ירידה בשימוש בסמים, בהריונות נעורים, בשתיית אלכוהול, בעישון ובפשיעה.[4] ג'ין טווינג' אומרת שבני הנוער כיום "פחות נרקיסיסטים מהמילניאלים, פחות חושבים שהכול מגיע להם, וציפיותיהם נמוכות יותר". יש להם "פחות רהבתנות, ומוסר העבודה שלהם גבוה יותר".[5] דייוויד ברוקס אומר שהם "גועשים בלהט מוסרי, ומורדים נגד הפרטת המוסר הרווחת כל כך בקרב דור הבומרים ודור ה־X.[6] בעת הכנת סדרת הרדיו שלי על מוסר בבי־בי־סי נוכחתי לראות שהמשתתפים בני ה־17 וה־18 היו רהוטים ומעמיקים כמו המשתתפים האחרים, שהיו כולם דמויות מובילות בעולם בתחומיהם. אלה הם סימנים טובים מאוד.

המוסר חשוב לעתיד לא פחות מכפי שהיה חשוב בעבר. לא

נבראנו לחיות לבדנו. אכן, היו ששרו את שבחי היחידיות, אבל בדרך כלל מגענו עם הזולת, פנים אל פנים, הוא המעצב את תקוותינו, את אושרנו ואת עצם זהותנו. במפגשים עם הזולת נוצר החוש המוסרי. בהם אנו לומדים מהו לאהוב ולהיאהב, לתת אמון ולזכות בו. בהם אנו מפנימים את כללי ההתנהגות המאפשרים לנו להשתלב במאמץ האנושי המשותף. בהם אנו מפתחים אט־אט את כישורי האמפתיה והסימפטיה, החמלה והרחמים, האדיבות והנדיבות, הכנסת האורחים והחסד ועוד שכמותם, עד שהם נעשים לנו לטבע. מה שאנו נותנים לאחרים הוא העושה אותנו לְמה שהננו.

חכמי העולם העתיק לא פקפקו בכך. אריסטו הגדיר את האושר כפעולה של הנפש ההולמת את המידה הטובה. נביאי ישראל שיננו בלי לאות כי גורל החברה תלוי במידת דבקותה בצדק וברחמים, בדאגה לחלשים, לעניים ולמי שנדחק לשוליים. בטווח הארוך, גרסו, העוצמה המוסרית חיונית לשרידות יותר מהעוצמה הצבאית. עקרונות רפובליקניים ומקראיים אלה היו, בגלגולים שונים מעט, מקור חוסנן של בריטניה וארצות הברית ושורש תשוקתן לחירות.

לא רק את גורלן של אומות מעצב המוסר. הוא יוצר את מארגם של חיים הנחיים כראוי. הייתה לי הזכות ללמוד עם כמה מגדולי הפילוסופים בזמננו; אך יותר ממה שלמדתי על מוסר באוקספורד ובקיימברידג׳, למדתי עליו בשנותיי כרב קהילה – וזאת, כאשר ערכתי לוויות. הייתי רב צעיר בקהילה מזדקנת, ולא תמיד הכרתי את הנפטרים באופן אישי, ולכן צריך הייתי לשאול קרובים וחברים איזה מין אנשים היו יקיריהם ואילו תכונות שלהם תיזכרנה. איש לא דיבר איתי על הבגדים שלבשו הנפטרים או על המכוניות שהחזיקו, לא על בתי מגוריהם ולא על יעדי החופשות שלהם. כולם דיברו על תפקידם במשפחה, על מקומם בקהילה ובפעילויותיה, על המעשים הטובים שעשו, על ענייני הציבור שהם תמכו בהם, על מעשי ההתנדבות שלהם ועל האנשים שנעזרו בהם. ההספד שייאמר עלינו ידבר לא על מעשינו למען עצמנו, אלא על מה שנתנו לאחרים. זהו, בסופו של דבר, הדבר שיציף את חיינו במשמעות. אנחנו יצורים מוסריים.

הסברים רבים הוצעו לירידת מעמדו של המוסר כמערכת כללים למרחב שבין אדם למה שמעבר לו. נעשינו דתיים פחות, והדת הייתה המקור הקלאסי לאמונתנו במוסר שהגיע אלינו בהתגלות, כמצוות חרותות בלוחות אבן. תרבותנו נעשתה רבגונית יותר, ואנו יודעים עכשיו שמה שנראה לקבוצה אחת כאסור, מותר בקבוצה אחרת ומומלץ בקבוצה שלישית.

ירשנו, גם אם בעקיפין, את התפיסות מבתי היוצר של מרקס וניטשה, שלפיהן מה שאנו מכנים מוסר הוא לפעמים מסכה על פני היררכייה של כוח וכלי מוסווה להעמדת אנשים במקומם. הפסיכואנליזה הנביטה אצלנו את החשד שהמוסר הוא דרך לדכא את היצר הטבעי, ועל כן הוא אויב של הביטוי האישי. אולי, אחרי אימיהן של שתי מלחמות העולם, פשוט הגענו למסקנה שהדורות הקודמים הובילו אותנו למדבר במקום לארץ המובטחת, ושהגיעה העת לנסות דרך אחרת.

בכל אחד מהניתוחים האלה יש מן האמת; ואפשר לחשוב גם על עוד שכמותם. אבל ישנו גם ממד פוליטי. במאה העשרים גדלו עד מאוד כוחה ונוכחותה של המדינה. דברים שהיו פעם נחלתם של משפחות, קהילות, בתי תפילה, ארגונים וולונטריים וקבוצות שיתופיות נוכסו בידי הממשלות. חלק מכך נבע מכורח כלכלי ופוליטי. המדינה המודרנית נזקקה לאוכלוסייה מסתגלת החולקת תרבות וחינוך משותפים. כניסתן הגוברת של נשים לשוק העבודה חייבה הקמה של גנים ומעונות בידי המדינה. התיעוש והמלחמות חייבו האחדה של תקנים ודפוסים, ולשם כך צריך היה לבטל מסורות והתאגדויות מקומיות. אבל להתעצמותה של המדינה היה גם ממד מוסרי עמוק: תמה הסובלנות לאי־שוויון בזכויות היתר. למה רק לחלק מהאנשים יש גישה לבתי הספר ולרופאים הטובים ביותר? האם יכולה חברה מהוגנת לאפשר למשפחות לקמול מעוני ומאבטלה? בנקודה מסוימת בתולדות התפתחותן של הדמוקרטיות המערביות, אלו היו, לטעמי, השאלות הנכונות – והן הובילו למדינת הרווחה.

אבל גם להחלטות נכונות יש השלכות ארוכות טווח, ולא כולן

בריאות. התרחבותה של המדינה משמעה הידלדלות של רבים מאותם מוסדות מקומיים, מהמשפחה והלאה, שבהם לומדים אנשים את הקח־ותן של יחסי האנוש ואת כללי ההתחשבות העדינים שבלעדיהם מתקשים אנשים לחיות בקרבה הדדית לאורך זמן. היא גם קטעה את הזיקה שבין מה שאנחנו עושים לבין מה שקורה לנו, שהיא לב האחריות החברתית. בעבר, ילד ש"התנהג לא יפה" לא היה מאבד את המעטפת התומכת של המשפחה והחברים, אבל הם היו מטיפים לו מוסר. לתמיכה המתמדת נלוו תנאים. מדינת הרווחה אינה יכולה להעביר מסרים מוסריים, כי מדינה אינה משפחה ואינה חברה. מעצם טיבה היא אל־אישית. היא קיימת כדי לעזור, ואינה דורשת הרבה בתמורה. היא איננה עורכת שיפוט מוסרי. אין בכוחה, וגם אין זה מעניינה, להבחין בין צרות שנופלות עלינו לצרות שאנחנו מביאים על עצמנו. איש לא התכוון שהמדינה תערער את האחריות המוסרית של הפרט, אבל זו הייתה התוצאה הבלתי־נמנעת. האחריות נותרה כסרח עודף וכאבן שאין לה הופכין.

כשהמדינה החליפה את הקהילה, הפוליטיקה החליפה את המוסר. משום כך השתנה סדר היום המוסרי שלנו. טרדותינו המוסריות הנוגעות עתה לאי־צדק ולאי־שוויון, למלחמה ולרעב ולסביבה, הן רציניות. אבל אלה הם עניינים שהממשלות אמורות לטפל בהם. אנחנו מוכנים להקריב דברים למען מטרות כגון אלו. אנחנו מצטרפים להפגנות, חותמים על עצומות, שולחים תרומות. אבל כל הבעיות הללו הן רחבות היקף, ובדרך כלל אל־אישיות. הן נוגעות אך במעט במה שהמוסר עסק בו כל השנים: ההתנהגות שבין אדם לחברו ולזולתו הזר, אותו ממד של החיים שמרטין בובר קרא לו אני־אתה. והנה עתה יחסינו הבין־אישיים עומדים בסימן האוטונומיה של היחיד, זכותנו לחיות את חיינו כחפצנו.

כיום אנו חיים בסימן נסיגתה של המדינה. היא החלה בשנות השמונים, עם התאצ'ריזם בבריטניה וכלכלת רייגן בארה"ב, ומאז המפולת הפיננסית של 2008-2007 היא נמשכת בדמות "צעדי הצנע" שדרשה עלותו העצומה של מבצע הצלת המערכת הבנקאית מפני התמוטטות שפירושה עלול היה להיות קריסת הכלכלה הבין־לאומית.

מוסריות

עלינו לשקם עתה את יכולת העזרה העצמית הקולקטיבית שלנו, אשר הייתה, ואשר מוכרחה לשוב ולהיות, תו ההיכר של חברה אזרחית חזקה.

עוד לא הגענו לשם. עץ המדינה נִכְרַת – ועלי הקיסוס המטפסים סביבו, חייהם של היחידים, נותרו ללא משען. כאשר המדינה מקטינה את מְטריית המגן שלה, רבים מוצאים עצמם פתאום חשופים לגשם. בין הנפגעים משפחות חד־הוריות, מובטלים ותושבי שכונות מצוקה. זו חוויה טראומטית, והיא תוסיף להיות כזאת. מן הכאב הזה, רק חסרי לב יכולים להתעלם.

הגיע הזמן שנשוב ונלמד את הרגלי המוסר שהיו לאבותינו טבע שני אך לנו הם זרים ומוזרים. נצטרך לשוב ולבנות את המשפחות, את הקהילות ואת הארגונים הוולונטריים. ניעשה תלויים יותר במארג המשפחה והחברים. במהרה נגלה שעצם קיומו תלוי במה שאנו נותנים ובמה שאנו לוקחים, בנכונותנו לשאת בחובות, במחויבויות ובאחריות ולא רק לתבוע חירויות וזכויות. יחסי ה"אני־זה" של המיסוי והקצבאות יתחלפו בהדרגה ביחסי ה"אני־אתה" של החברות והקהילתיות. וייתכן מאוד שיתברר לנו שהידלדלות המוסר האישי, שאפיינה את תודעתו של דור, הייתה רק שלב מוזר וחולף בתולדות האדם במערב ולא מהפכה חד־כיוונית כפי שחשבו רבים.

אם עתיד כזה נכון לנו, אני מקדם את פניו בברכה. כי טמונה בו ההבטחה להשיב אל היחסים שבין אדם לחברו את החסד והרחמים, ההדדיות והאמונים, בהתאם לאידיאל המקראי – ואף יותר מכך: לעשותם, כְּבַתחילה, לדרך שבה אנו מביאים את שכינת הא־ל אל חיינו. האינדיבידואליזם של מחצית המאה החולפת נשזר בחירויות פרט חסרות תקדים. אך הוא היה כרוך גם בהתגברות האי־ציוויליות והתוקפנות, הניצול והמניפולציה ובהחלפת הנאמנויות הקבועות בהתקשרויות עראי והאושר המתמשך בעינוגים חפוזים. הוא היה פשוט בוסרי. כל עוד הופקד על הזירה מבוגר אחראי, המדינה הנוכחת בכול, והרים אותנו בכל פעם שנפלנו, היה למצב הזה כוח משיכה עז. אך לא עוד. הוא נעשה בלתי־תפקודי ואי־אפשר לקיימו עוד.

המוסר חשוב. לא מפני שאנו רוצים להיות שיפוטיים, צדקנים או צדיקים. לא מפני שאנו מתגעגעים לתור זהב שלא היה מעולם, עת היו הגברים אבירים, הנשים מהוגנות, החטאים חשאיים וכל המעמדות בחברה ידעו את מקומם. הוא חשוב, לא מפני שאנחנו פונדמנטליסטים המשוכנעים שרק בידינו נתונות הוודאויות המוסריות שהמידה הטובה עשויה מהן. גם לא מפני שאנו מתאווים להסיר מעלינו את האחריות לכאב, לסבל ולעוול שבעולם ולהטיל את כולה על הקורבנות שלא ידעו לנהל את חייהם כראוי. הוא חשוב לא מפני שאנו מקווים לכפות סדר יבשושי על התוהו של הדמיון והחוויה האנושיים, ולא מפני שלא שמענו על זמנים אחרים ומנהגים אחרים ועל העובדה שדרך החיים שלנו אינה היחידה שאנשים בחרו בה.

המוסר חשוב כי אנו מאמינים שחיים של סיפוק יצרי שרק החרטה ממתנת אינם האפשרות היחידה, וגם לא האנושית ביותר. הוא חשוב כי אנו מאמינים שדברים כגון אהבה, נישואים והורות הם כה מרכזיים בהווייתנו, שעלינו לנסות ליצוק בהם את מרב הקביעות הניתנת בחיינו אלה, העראיים והבלתי־צפויים. הוא חשוב כי אסור לנו להשתמט מהאחריות שלנו כלפי מי שהבאנו לעולם ולא לגדל אותם בסביבה יציבה ותומכת. הוא חשוב כי אנו מאמינים שלבד ממדינת ה"לוויתן" נוסח הובס יש עוד דרכים לצאת מ"מצב הטבע" של מלחמת הכול בכול. הוא חשוב כי כל עוד חשבה האנושות על הדברים האלה, ידענו שיש הישגים שנוכל להגיע אליהם רק באמצעות קשרי שיתוף הפעולה של החברה האזרחית, ובזכות אותן מידות טובות המכוננות חברה זו.

המוסר חשוב, לבסוף, כי האלטרואיזם מוסיף לנגוע לליבנו אף כי אופנתי לטעון ההפך. אנו נכמרים לנוכח כאבם של אחרים. עשיית הטוב מרוממת את ליבנו יותר מעשיית כסף. הגינות, חסד, חמלה, יושרה, נאמנות, אומץ, ועצם הזמינות הרגשית לזולת – כל אלה חשובים לנו. הם חשובים לנו גם אם קשה לנו היום לומר למה. הם חשובים לנו כי אנחנו בני אדם, וכי, כדברי סר משה מונטיפיורי, ערכנו נמדד על פי מה שאנו מוכנים לחלוק עם הזולת.

מוסריות

אמיתות אלו, שזולזלו לאורך שנות דור, הן שינוי האקלים התרבותי שאנחנו זקוקים לו. הן עומדות לזכות בחיים חדשים, ויפה שעה אחת קודם.

פרק כג
מ"אני" ל"אנחנו"

הנוכל למצוא את אשר אבד?
האם נחרץ דיננו לחיות במערכת פוליטית מתקטבת והולכת ובחברה משתסעת והולכת, בפערים גוברים ובבדידות מַאמירה, באווירה שבה האמת נעדרת והמחשבה מצונזרת ודעות אחרות מאלו השולטות מוצגות כשטניות? הנוכל לשקם את האמון ואת הציוויליות בחיי הציבור וביחסים הפרטיים, או שמא ניוותר רק עם מוסדות השוק והמדינה, עם המצוד הבלתי-נלאה אחר העושר ואחר הכוח? הנוכל להשתנות ולשנות? אני טוען שכן. יש רעיון אחד שבכל פעם שיושם היה לו הכוח לשנות את העולם. תרבויות יכולות לעבור מ"אני" ל"אנחנו".

אנחנו יכולים לשנות את החברה למען העתיד, כי אנשים כבר עשו זאת בעבר. ג'יימס ק' וילסון טען בספרו 'הפשיעה וטבע האדם' כי כך קרה באמריקה במחצית הראשונה של המאה ה-19.[1] תהליכי עיור התרחשו אז במקומות רבים בעולם: תנועה מהכפרים אל העיירות ומהעיירות לערים. אבל בדרך כלל המעבר היה של משפחות שלמות. וכך, לאנשים שהגיעו למקום מגוריהם החדש היה שם בסיס של יציבות חברתית. לא כן באמריקה בשנות העשרים והשלושים של המאה

ה־19. שם נוצרו ריכוזים גדולים של רווקים, ומתוך כך – עלייה חדה בשכרות ובפשיעה. כתגובת נגד לכך התעוררה בחברה תנועה נרחבת של החייאת ערכי המוסר, לא פעם בהנהגת קבוצות דתיות; התופעה הזו נודעה בשם "ההתעוררות הגדולה השנייה". תביעות מוסריות חזקות עלו למרכז הבמה: ביטול העבדות, הפצת המתינות, ייסוד בתי ספר ציבוריים וההתנגדות לעונשים גופניים ולעונש המוות. ציבור גדול היה מעורב בפעילות למען מטרות אלו. התלישות החברתית נענתה בהתלכדות חברתית. חברה של "אני" נעשתה חברה של "אנחנו".

בשיחתנו בסדרת הרדיו שלנו על מוסר, רוברט פטנאם סיפר לי שדבר דומה קרה במחצית הראשונה של המאה העשרים. בשלהי המאה ה־19, בתקופה שזכתה לכינוי "העידן המוזהב", אמריקה הייתה "אינדיבידואליסטית מאוד, אי־שוויונית להדהים, מקוטבת עד אימה ומפולגת מן היסוד". בעקבות "התקופה הפרוגרסיבית" בתחילת המאה העשרים, היא נעשתה שוויונית יותר, מלוכדת יותר, וממוקדת יותר באחריות מאשר בזכויות. היא נעה שוב מהיותה חברת "אני" אל היותה חברת "אנחנו".

בספרי 'הפוליטיקה של התקווה' טענתי שתהליך מקביל אירע בבריטניה במאה ה־19. "אין קהילה באנגליה", כתב ב־1845 בנג'מין דיזראלי, ראש הממשלה לעתיד, ברומאן שלו 'סיביל, או: שתי האומות'. הסוגיות שהעסיקו אותו בספר נשמעות עכשוויות עד להטריד. הוא נחרד לא רק מן הפער המתרחב בין עשירים לעניים, אלא גם מהבדידות שרחשה, להרגשתו, מתחת להמולת חיי העיר. הבריות, כתב, "אינן במצב של שיתוף פעולה, אלא במצב של בידוד". התגובה הציבורית לכך החלה להתגבש כבר בעת שהוא כתב את הדברים: שגשוג יוצא דופן של ועדי צדקה, אגודות דתיות, בתי ספר ציבוריים ובתי ספר של יום א', אשר העלו כולם על נס את האחריות החברתית. גם החברה הבריטית נעה מן ה"אני" אל ה"אנחנו".[2]

אפשר לעשות זאת בעתיד כי זה כבר נעשה בעבר. וזה מתחיל בנו, בכל אחד ויחיד מאיתנו. ברגע שאנחנו פונים החוצה ומתעניינים ברווחתם של אחרים כשם שאנו מתעניינים ברווחתנו שלנו, אנו

מתחילים לשנות את העולם בדרך היחידה האפשרית לנו: בכל פעם מעשה אחד, בכל פעם יום אחד, בכל פעם חיי אדם אחד.

* * *

קראתי למעבר מ"אנחנו" ל"אני" שינוי אקלים תרבותי. אבל יש הבדל בינו לבין שינוי האקלים הסביבתי. כי כדי להשפיע באופן ממשי על שינוי האקלים הסביבתי צריכים מיליארדי אנשים לשנות את אורחותיהם. זאת משום שהסביבה היא גלובלית. אבל התרבות היא דבר מקומי יותר, בפרט בכל הנוגע לטון ולתוכן של מערכות היחסים שלנו. כדי להתחיל לחולל שינוי, כל שאנו צריכים לעשות הוא לשנות את עצמנו. לפעול במוסריות. להתעניין ברווחתם של אחרים. להיות אנשים שאפשר לסמוך עליהם. לתת. להתנדב. להקשיב. לחייך. להיות רגישים, נדיבים, אכפתיים. לעשות כל אחד מהצעדים הללו משמעו לחולל שינוי מיידי, לא רק בחיינו אלא גם בחיי אחרים הנוגעים בהם. מוסר פירושו נטילת אחריות אישית, איש־איש במעגלי המגע שלו. כדי שחיינו ישתנו איננו צריכים לחכות שהעולם ישתנה.

בספרו 'הדרך אל האופי' מבחין דייוויד ברוקס בין מה שהוא מכנה מעלות של רזומֶה – התכונות הטובות שאדם מציין בקורות חיים מקצועיים – לבין מעלות של הֶספדים, אלו שידברו בהן בהלווייתו.[3] הראשונות מתמקדות בהישגים; האחרונות – באופי. הראשונות נוטות לעסוק בעצמי שלנו: התארים שרכשנו, הכישורים שצברנו, הקריירה וההצלחות. האחרונות עניינן החותם שטבענו בחייהם של אחרים. מעלות ההספדים, התכונות הטובות שיזכרו לנו אחרי לכתנו, הן גם בדרך כלל אלו המטעינות את חיינו במשמעות. הידיעה שהיטבנו את מצבם של אחרים היא מקור לסיפוק עמוק. דומה כי התפתחנו לכדי יצורים הדואגים זה לזה, בעלי דחפים של נדיבות, הבאים לעזרת הנזקקים שביניהם.

עשיית טוב לאחרים טובה, כפי שהראיתי, לבריאותנו הגופנית והנפשית. הנתינה מגדילה את אושרנו. בניסויים שבהם הנבדקים קיבלו סכום כסף, וחציים נתבקשו להוציא אותו על עצמם וחציים האחר

לתת אותו לצדקה, האחרונים רוו עונג יותר מהראשונים. בסקר שנערך בשנת 2010 בקרב אנשים ב־136 מדינות נמצא כי ב־122 מתוכָן אנשים שתרמו צדקה בחודש החולף היו מאושרים יותר מאלו שלא. ההשפעה הפסיכולוגית החיובית של מתן כסף לצדקה הייתה מקבילה, בממוצע, להשפעתה של הכפלת ההכנסה המשפחתית.[4]

עוד הזכרנו את תועלתה הבריאותית של ההתנדבות. 'המרכז המדעי להגדלת הטוב' באוניברסיטת ברקלי שבקליפורניה מפרסם לאורך השנים את ממצאי המחקרים על השפעתו הבריאותית של האלטרואיזם.[5] מחקר משנת 2019, למשל, הראה כי למעשי נתינה וחסד משלל סוגים, בין אם הם נעשים למען בני משפחה, חברים או זרים גמורים, יש השפעה חיובית על בריאותם הגופנית והרגשית של עושיהם.[6] בהגביהנו אחרים אנו מגביהים את עצמנו.

ההנאה מן הנתינה לזולת, ושאיבת הכוחות ממנה, הן כנראה חלק מן הטבע שלנו. אפילו פעוטות בני שנה וחצי מפגינים אמפתיה כלפי אחרים – ילדים ומבוגרים – שהם מזהים אצלם אותות מצוקה. הם יגישו שׂמיכה למבוגר שקַר לו, וצעצוע לילד עצוב. היכולת שלנו להרגיש את כאבם של אחרים ולהזדהות איתם בסבלם היא יסוד מובהק של אנושיותנו. בקיצור, ברגע שאנו מפעילים את החוש המוסרי שלנו, ובייחוד כשאנו עוזרים לזולת, אנו זוכים ברווח גדול, לא רק נפשי אלא גם גופני.

דומה כי אנו שבים ומתיישרים בכיוונם של אינסטינקטים המפכים בתהומות החבויים של נפשנו, ואשר נֻוונו איכשהו בעולם של הערכה עצמית, סיפוק עצמי והתעסקות עצמית. הרווחים ממשיים, מדידים ובני קיימא. יש לנו צרכים חומריים, והם חשובים. אבל יש לנו גם צרכים פסיכולוגיים, רוחניים ומוסריים, וגם הם חשובים. משחצינו רף מסוים של מילוי צורכי המחיה והביטחון הבסיסיים שלנו, מה שאנו נותנים מתחיל להעשיר אותנו יותר ממה שאנחנו מקבלים. יש דבר מה עמוק בתוכנו הנכסף לקשר עם בני אדם אחרים, ואשר דברים רבים שקרו ביובל השנים האחרונות, וביתר תאוצה בעשור האחרון, מנעו ממנו לבוא לידי ביטוי. בדמוקרטיות הליברליות במערב היה יותר מדי

"אני" ופחות מדי "אנחנו"; יותר מדי אינדיבידואליזם ופחות מדי מקום לזיקות המוסר הטמונות בגלעינן של הידידות, המשפחה והקהילה.

כי אכן, הידידות והמשפחה והקהילה קיימות בזכותן של זיקות מוסר. מן הטעם הזה הן מגדילות אותנו אל מעבר למה שהיינו לו הסתפקנו באינטרס העצמי שלנו לבדו. בכותבי שורות אלו, איליין ואני מצפים לחתונת הזהב שלנו. בהרצאת טד שנשאתי ב־2017 סיפרתי על פגישתנו הראשונה. היא התרחשה בקיימברידג' שבאנגליה, כשהייתי סטודנט לפילוסופיה ואיליין עבדה בבית החולים. צרכתי כבר את מנות שופנהאואר וניטשה שלי, את תרסיסי סארטר ואת כמוסות קאמי. הכרתי את הבדידות האונטולוגית, את החרדה האקזיסטנציאלית ואת הסָפֵק האפיסטמי. הייתי שקוע בעצמי עד הִתבוססות.

יום אחד בתחילת השנה האחרונה שלי בקיימברידג' ראיתי, מעבר לחצרו של אחד הקולג'ים, בחורה שהייתה כל מה שלא הייתי אני. היא חייכה, היא קרנה כשמש, היא שפעה שִׂמחה. נדרשו לי שלושה שבועות כדי להניח למטפיזיקה שלי ולומר לבחורה הזאת "בואי נתחתן". כיום, עם עוד ארבעים ותשע שנים, שלושה ילדים ותשעה נכדים, אני יודע שזו הייתה ההחלטה הטובה בחיי, כי האנשים שאינם כמונו הם אלה הגורמים לנו לצמוח. הנישואים הם גילומה העילאי של הפתיחות לאחרוּת.

החיפוש בגוגל המותאם לחיפושים קודמים שלנו, האלגוריתם של פייסבוק המתאים את הפיד שלנו לדברים ולחברים שמצאו חן בעינינו בעבר, וצריכת חדשות דרך נעקבי הטוויטר שלנו ולא בעזרת כלי תקשורת מסורתיים – כל אלה גורמים לנו שנהיה מוקפים בעיקר באנשים דומים לנו שדעותיהם, ודעותיהם הקדומות, דומות לשלנו. הזכרתי לעיל את הממצא של קאס סאנסטיין מהרווארד כי כאשר אנו מקיפים את עצמנו באנשים שעמדותיהם זהות לשלנו אנו נעשים קיצוניים יותר.[7] עלינו לחדש את מפגשי הפנים־אל־פנים עם אנשים שאינם כמונו, ולהיווכח שאפשר לחלוק בחריפות על דעותיהם ועדיין להישאר חברים. במפגשים האלה אנו מגלים שהאנשים שאינם כמונו הם פשוט אנשים, כמונו. בכל פעם שאנו מושיטים את יד הידידות

מוסריות

לאדם שאינו כמונו, שמעמדו או אמונתו או צבעו שונים משלנו, אנו מרפאים אחד מן השברים של עולמנו הפצוע.

* * *

הזכרתי בכמה וכמה הקשרים מושג בעל כוח כביר ומחולל תמורות. המושג הוא **ברית**, ואני רוצה להסביר כאן מדוע הוא חשוב כל כך.

זכרו שאחת משאלות היסוד של הנאורות הייתה איך יכולה חברה להשתמר משנחלשה בה האמונה הדתית הדוגמטית. האם יכולים מנגנוניה של החברה להמשיך לפעול על בסיס האינטרס האישי לבדו? מן השאלה הזאת השתלשלו שתי תיאוריות משפיעות, האחת באשר לפוליטיקה ולמדינה, האחרת בנוגע לכלכלה ולשוק.

את התיאוריה הפוליטית ניסח תומס הובס. במצב הטבע, הוא אומר, כאשר לא היו חוקים, או לכל הפחות לא היו חוקים שאפשר לאכוף, היו אלימות ופחד מוות מַתמיד. החיים היו, כניסוחו המצוטט תדיר, "חיי בדידות דלים, מאוסים, חייתיים וקצרים".[8] בסביבה כזאת, לכל אדם יש אינטרס אישי למסור חלק מכוחו לידי גוף מרכזי, ה"לווייתן" של המדינה, המופקד על הגנת החברה מפני איומים חיצוניים ועל קיום החוק בתחומיה פנימה. זו הייתה גרסתו של הובס לאמנה החברתית (או החוזה החברתי), זו שהשותפים לה נכנסים אליה על בסיס האינטרס האישי לבדו: רק מחמת הפחד מפני מוות אלים, השורר באין לווייתן השומר את השלום.

אדם סמית העלה אותו טיעון עצמו בהקשר הכלכלי. כפי שהזכרנו לעיל, באחד המשפטים המפורסמים ביותר ב'עושר העמים' הוא אומר, "לא מטוב ליבו של הקצב, מבשל השיכר או האופה, מצפים אנו להניח אוכל על שולחננו, אלא מדאגתו של כל אחד מהם לענייניו הוא". "יד נעלמה" תהפוך סך דאגות אלו של כל אחד לענייניו לכדי מימוש של הטוב המשותף. האינטרס האישי הוא שיקיים, אם כן, את השוק ואת המדינה.

אינטרס אישי יוצר חוזים. בחוזה, שני יחידים או יותר, שכל אחד מהם מבקש את טובת עצמו, מגיעים יחדיו לידי עסקה של רווח

הדדי. אני משלם למוסכניק שלי שיתקן את מכוניתי. אני ואחרים משלמים מיסים כדי שנוכל לקבל את השירותים החברתיים שאנחנו צריכים. החוזה המסחרי מקיים אפוא את השוק, ואילו החוזה החברתי, או "האמנה החברתית" ככינויו הרווח, מקיים את המדינה. אבל בשני המקרים הגורם המניע הוא האינטרס האישי. חוזים, עניינם הוא ה"אני".

ברית יוצרת סוג אחר לגמרי של יחסים. בברית, כזכור, שני יחידים או יותר, שכל אחד מהם מכבד את ערכו הפנימי של זולתו, מתקשרים בעבותות של אהבה ואמון וחולקים יחדיו את האינטרסים שלהם, לפעמים גם את חייהם, מתוך התחייבות לנאמנות הדדית ולעשייה משותפת של מה שאף לא אחד מהם יצליח לעשות לבדו. להבדיל מחוזים, שאליהם נכנס כל צד כדי להפיק רווח, בריתות הן מחויבויות מוסריות המושתתות על נאמנות ועל נכונות להקרבה. בברית, אתה ואני יוצרים יחדיו "אנחנו".

חוזה הוא **עסקה**. ברית היא **מערכת יחסים**. חוזה עניינו **אינטרסים**. הברית עניינה **זהות**. משום כך חוזים **מועילים**, ואילו בריתות **משנות את מהותנו**.

ברית יוצרת קהילת מוסר. היא מלכדת אנשים בעבותות של אכפתיות ואחריות הדדית. היא יכולה להיות עצומה: אני מאמין שיש ברית של סולידריות אנושית המלכדת את כל שבעת מיליארדי בני האדם החיים היום ומחייבת אותם בהתנהגות אחראית כלפי הסביבה, לשמירה על זכויות האדם ולהפגת העוני למען הדורות שטרם נולדו. אך היא יכולה גם להיות קטנה ואישית: הפשוטה בדוגמאות היא ברית הנישואים. בעל ורעיה מתחייבים זה לזו, התחייבות שאין לה תאריך תפוגה, לחלוק את חייהם.

העניין בברית איננו גודל הקבוצה הכלולה בה, אלא המחויבות. לב הברית הוא קבלת האחריות על אחרים, מתוך ידיעה שהם מקבלים אחריות עלינו. לא העושר ולא הכוח חשובים בברית, אלא התמורה המתחוללת בי כשנפשי נקשרת בעולם הגדול מן העצמי שלי. בריתות מרפאות את מה שנפגע לפעמים בידי שווקים ומדינות.

* * *

איך יכולה חשיבת ברית – המעבר מ"אני" ל"אנחנו" – להוביל לגישה חדשה לעסקים, לשוק ולכלכלה? חוזים מזמינים אותנו לחשוב על מה שאנו מרוויחים. בריתות מבקשות מאיתנו לחשוב על ההשלכות שיש למעשינו על אחרים. בעולם העסקים, חשיבת ברית פירושה חשיבה לא רק על בעלי המניות והמועסקים אלא גם על החברה בכללותה.

דבר קרוב לגישת הברית קידם לאחרונה הכלכלן הראשי לשעבר של קרן המטבע הבין־לאומית ונגיד הבנק המרכזי של הודו, רגוראם רג'אן. בספרו 'העמוד השלישי',[9] משנת 2019, הוא טוען שהמדינה והשוק במערב גדלו על חשבונה של הקהילה, מקום שם מתנהלים רבים מהמגעים האנושיים החשובים לנו ביותר. זה קרה בגלל השפעותיה המשבשות של מהפכת הטכנולוגיה משנות השבעים ואילך. התקדמות הטכנולוגיה גרמה לכך שאמצעי הכנסתם של חלקים גדולים באוכלוסייה התיישנו ויצאו משימוש. היה לכך אפקט הרסני עליהם, על משפחותיהם ועל קהילותיהם. אבטלה זו הייתה בזבוז כלכלי, סכנה פוליטית וטרגדיה אנושית.

אבל קהילות יכולות להיבנות מחדש. רג'אן מציע כדוגמה את מקרה שכונת פילזן בשיקגו. בשנות השבעים היא הייתה מוקד של השכלה נמוכה, הכנסה נמוכה, אבטלה גבוהה, סמים, אלכוהול ופשע. אך אז קמו פעילים קהילתיים שגמרו אומר להפוך את מגמת הדברים. לאט אבל בהתמדה הם ניקו את השכונה, בלמו את הפשיעה, שיפרו את בתי הספר, הציעו הכשרה מקצועית לחברי כנופיות לשעבר, הביאו לָאזור עסקים חדשים ובנו דיור בר השגה. זה היה מיזם מובהק של "אנחנו": הצלחתו באה לו ממעורבות פעילה של האוכלוסייה עצמה. כפי שאומר כיום אחד מן הפעילים הללו לאנשים הבאים להשתקע בשכונה ורוכשים בה בית, "אתם לא קונים פיסת נדל"ן. אתם קונים פיסת קהילה".[10]

רג'אן ממליץ שהכלכלה תעבור **ממירוב רווחים למירוב ערכים**; במילים אחרות, שתאגידים יביאו בחשבון לא רק את בעלי המניות אלא גם את העובדים, ומוטב שגם קהלים נוספים. אם לא כן, עלולים להציף אותנו הפופוליזם והפוליטיקה המשבשת של הקיצונים משמאל

ומימין. חייבת להימצא דרך לרתום את השוק ואת הטכנולוגיה לחיזוקן של הקהילות – "העמוד השלישי" של חברה חופשית.

לא רחוקה מכך הגישה שקידם סר רונלד כהן, מן הראשונים והמצליחים במשקיעי ההון־סיכון בבריטניה. בשנת 2000 הזמין אותו משרד האוצר הבריטי לעמוד בראש "כוח המשימה להשקעה חברתית". בשנת 2002 הוא עזר להקים את קרן ההון־סיכון 'ברידג'ס' (גשרים), שהתמקדה לא ברווחים בטווח הקצר אלא בקיימות ארוכת טווח ובתועלת חברתית וסביבתית. ב־2011, לבקשת ראש הממשלה דייוויד קמרון, הוא היה ליו"ר 'ביג סוסייטי קפיטל' (הון החברה הגדולה), בנק ההשקעות החברתיות הראשון בבריטניה.

לאחרונה מוביל סר רונלד מהלך ציבורי למען מה שהוא מכנה כלכלת אימפַּקט, דהיינו תפיסה המעריכה את ביצועיהן של חברות לא רק על פי שורת הרווח אלא גם עם פי ההשלכות החברתיות והסביבתיות של פעילותן, החשובות בעיניו לא פחות מעשיית כסף.[11] אחת הדרכים לעשות זאת היא הנפקת איגרות חוב של אימפקט חברתי, המכונות תוכניות תשלום תמורת הצלחה. הן מזמינות תאגידים ובעלי הון לממן מיזמים חברתיים לאוכלוסיות נזקקות, מתוך הסכמה שאם המיזמים יצליחו הממשלה תחזיר להם את השקעתם. בשיטת מימון זו השתמשו להפחתת שיעור חזרתם של אסירים משוחררים לפשיעה בעיר פטרבורו שבאנגליה; לחינוך בנות ברג'אסטן שבהודו; לשיפור בריאות האם והתינוק בדרום קרוליינה; לעזרה לצעירים מובטלים ברחבי בריטניה; לשילוב אוכלוסיית המהגרים במסצ'וסטס בכוח העבודה; ולשיקום נפגעי מלחמות באפריקה. כלכלת האימפקט ממשיגה מחדש את היחסים בין ממשלות, יזמים, נדבנים וארגונים הפועלים למטרות רווח ושלא למטרות רווח. זאת כלכלה של ברית, ולא רק של חוזה, משום שהיא רואה את כולנו כקהילת מוסר אחת. היא ממשיגה את עולם העסקים וההשקעות לא רק ככלי לרווח פרטי, אף כי הדבר חשוב, אלא גם ככלי לקידום הטוב המשותף.

צעירים, אומר כהן, נוטים יותר לעבוד ולהשקיע בתאגידים שיש להם אימפקט חיובי על כלל החברה. כל אחד מאיתנו הבוחר להשקיע

בתאגידים כאלה – במניות, או דרך קרן הפנסיה ופוליסות הביטוח שלנו – יכול להשפיע על אופן התנהלותם. המחשבה שצריך לבחור בין רווח כספי לבין עזרה לזולת היא לדברי כהן שגויה ואף מסוכנת. אפשר לעשות כסף וחסד באותו מעשה.

דוגמה שלישית: יזם ושמו דניאל לוּבֶּצקי, מייסד חברת מזון הבריאות KIND. התוודעתי אליו בזכות מאמציו לסייע להשגת שלום במזרח התיכון. דניאל נכנס לעסקים מלכתחילה כמעין חלטורה צדדית. הוא עסק במחקר על אמצעים חקיקתיים לחיזוק הקשרים הכלכליים בין ישראל לפלסטינים. תוך כך הקים עסק, 'פיס־וורקס' (מפעלות שלום), שקיבץ יחדיו ישראלים, פלסטינים, טורקים ומצרים לייצור מזון על בסיס התמחויות מקומיות; הרעיון היה לעודד באמצעות שיתוף פעולה עסקי חברויות בין קבוצות אנשים שבדרך כלל אינן באות במגע. בעקבות הצלחתו של מיזם זה הוא הקים מיזמים שכמותו במקסיקו, בסרי־לנקה, בדרום אפריקה ובאינדונזיה. הוא האמין שכאשר בני קבוצות אתניות ודתיות שונות יוצרים עסקים משותפים, נוצרות חברויות ורשתות של תלות הדדית וכך גדלה הסבירות שיעשו שלום.[12]

דניאל הוטרד מבעיה נוספת: מגפת ההשמנה בארצות הברית והחטיפים הלא־בריאים. הוא הקים חברה לייצור חטיפים על טהרת הרכיבים הטבעיים, תחת המותג KIND. אכן, לפנינו יזם מסוג (kind) חדש: הוא תופס את העסק היצרני כמכשיר לשינוי חברתי ומוסרי. במשרדיו שבניו־יורק, חברות מהמגזר העסקי ומלכ"רים מהמגזר השלישי פועלות באותו חלל עבודה. בין היתר, הוא גם מחפש דרכים לגרום לילדים ללמוד על הערכים המשותפים המלכדים את האנושות. אחת היוזמות שלו בכיוון זה, 'סימפָּטיקו', היא מכלול של טכנולוגיות המאפשרות לכיתות לימוד ברחבי העולם לקיים למידה משותפת, באמצעות שיחות ועידה בווידיאו ולמידה דיגיטלית – וכך נוצרות גם חברויות בין הילדים.

הוא מאמין שתחושה עזה של שליחות נותנת לחברה ולעובדיה חוסן המאפשר להם לשרוד בעיתות משבר, עוגן המאפשר להם לשמור

אמונים לערכי היסוד שלהם, ורוח צוות הגורמת להם לרחוש כבוד זה לזה וליצור תרבות ארגונית חזקה.

נכנסנו, יש להודות, לשטח שנוי במחלוקת. יש אומרים שהאחריות החברתית היחידה של עסק היא להפיק רווח רב ככל האפשר. זו גישתם של מילטון פרידמן והכלכלנים האמריקנים מ"אסכולת שיקגו". עסקים, הם אומרים, הם עניין אחד, ופילנתרופיה – עניין אחֵר. אבל רגוראם רג'אן מלמד כיום באוניברסיטת שיקגו: סימן אפשרי לכך שהאורתודוקסייה של אסכולת שיקגו מתחילה להשתנות. רג'אן, כהן ולובצקי – כלכלן, משקיע ויזם, כל אחד מהם מוביל בתחומו – מראים לנו כיוון חדש: כלכלה של "אנחנו", לא רק של "אני".

* * *

עמדנו על תפקידה החשוב של הברית בתרבות הפוליטית של ארצות הברית. האם נוכל לעורר לתחייה בארצות הברית ובאירופה, וכך לשכך כמה מן השסעים הפוליטיים העמוקים של ההווה? הבה נביט בדוגמה היסטורית מרשימה למחשבת ברית שעזרה לתקן אומה שבורה.

בספטמבר 1862 הייתה ארצות הברית שקועה במלחמת האזרחים האיומה; שסע חמור לאין ערוך מאלו השוררים כיום בדמוקרטיות המערביות. צבא האיחוד (הצפון) הובס בקרב בול־ראן השני. ניצחון הצפון נראה חלום באספמיה, ודומה היה שגם האיחוד עצמו כחלום יעוף. בעת ההיא כתב אברהם לינקולן ביומנו רשומה שכפי שהעיד לימים אחד ממזכיריו, כוונה לעיניו שלו בלבד. הוא הכתיר אותה במילים "הרהור על הרצון הא־לוהי". בין היתר הופיעה בו פסקה זו:

> רצון האל גובר. במריבות גדולות, כל צד טוען שהוא פועל על פי רצון האל. **ייתכן** באמת שאחד מהם צודק, אבל **לבטח** אחד מהם טועה. אלוהים אינו יכול להיות נגד דבר ובעדו בעת ובעונה אחת. במלחמת האזרחים הזאת, אפשר שכוונת האל שונה־משהו מכוונתו של כל אחד מהצדדים.

מוסריות

לינקולן, מגדולי המנהיגים בעת החדשה, הגה כאן רעיון חריג. אף כי היה משוכנע לחלוטין כי ביטול העבדות הוא הדבר הנכון, הנחוץ והמוסרי, בדברים אלה שכתב בינו לבין עצמו סירב להאשים את הצד האחר במלחמה. איש מאיתנו, הוא רומז, אינו יכול להבין עד הסוף את רצון הא־ל ואת תכלית ההיסטוריה. גם אם אנו בטוחים שיריבינו שוגים, ייתכן שהם ממלאים איזה תפקיד חיוני בדרמה המוסרית. הכרה זאת לא הובילה אותו בשום אופן להססנות. היא הובילה אותו לענווה ולסירוב להציג את יריביו כמפלצות.

מחשבה זו הוסיפה כנראה ללוות אותו, שכן ב־3 באוקטובר 1863, כשהמלחמה עוד בשיאה, פרסם לינקולן הכרזה על חג ההודיה. חגיגות הודיה נערכו עוד מימי המתיישבים הראשונים בשנות העשרים של המאה ה־17, אבל רק עכשיו, לראשונה, הוכרז על תאריך מסוים בשנה שיצוין בקביעות בידי האומה כולה. לינקולן דחק בציבור להודות לא־לוהים משום שאף כי האומה עוד נלחמה נגד עצמה, היו ברכות ששני הצדדים יכלו לבטא את הכרת תודתם עליהן: יבול מוצלח, היעדר פלישה של צבא זר ועוד. הוא גם ביקש מהציבור להביע "חרטה שפלת רוח על מרי חטאתנו הלאומית", ולבקש מהא־ל "את רוך רחמיו על כל אלו שריב האזרחים הנורא שנקלענו אליו הפכם לאלמנות וליתומים, לאבלים ולמיוסרים, ויפצירו בו מכל ליבם כי ימהר וישלח את זרוע עוזו לרפא את פצעי האומה ולקוממה מעפר – כי חפץ הוא בשלום ובאחווה, ברגיעה ובאחדות".

שימו לב לרשימת הרכיבים כאן. לינקולן אינו משסה את הצד שלו בצד האחר. הוא מדבר על חטאת **לאומית**, ומעודד את האמריקנים כולם להתבונן פנימה, איש־איש בלבבו, ולגייס שם את הכוחות לביקורת עצמית, לכפרה ולענווה. הוא מבקש מכולם לחשוב על המתים ועל האבלים. הוא מבקש מכל אדם להודות על מה שיש לו, והוא מבקש מהא־ל לעזור לרפא את פצעיה של האומה השותתת. גישה זו היא שעמדה לו בטקס השבעתו לכהונתו השנייה, והניבה מפיו נאום הנמנה עם גדולי הנאומים הפוליטיים המאחים לאורך ההיסטוריה: "ללא זדון כלפי איש ובנדיבות לכול, עם ביטחון בַּצדק באשר הא־ל

מאיר את עינינו לראות מישרים, הבה נוסיף ונשאף להשלים את המשימה שאנו נתונים בה: לחבוש את פצעי האומה, לטפל באשר נשאו בנטל הקרב, ולדאוג לאלמנתו וליתומיו...".

אפשר לאחות אומה קרועה. נדרש זמן לשם כך. כמו עוד עושי שלום, לינקולן שילם מחיר כבד. הוא נרצח שבועות ספורים לאחר השבעתו השנייה הזאת. אך הוא הנחיל לנו לקח בל יימחה, בלַמדו אותנו, כביטויו, איך לדבר אל "המלאכים הטובים של טִבענו". הוא הראה איך להתחיל לרפא פצעים פוליטיים, וכך להציל אומה משסע ומעימות.

הרוח שנשבה במפרשיו של לינקולן הייתה הכרתו כי ארצות הברית היא קהילת מוסר. אף כי הוא לא נקב במילה "ברית", תפיסת הברית עמדה בבירור ביסוד מחשבתו הלאומית. כך מסכם איש מדע המדינה ג'ון שָאר את אמונתו הפוליטית של לינקולן:

> אנחנו אומה שנצרפה בברית, בהתקדשות למערכת עקרונות, ובחילופי הבטחות לדבוק במחויבויות מסוימות בינינו לבין עצמנו ובינינו לעולם. עקרונות ומחויבויות אלו הם לב הזהות האמריקנית, נשמתו של גופנו המדיני. הם מייחדים את האומה האמריקנית ומקנים לה ערך ייחודי – בקרב האומות וכלפיהן. צידו השני של מטבע זה הוא אזהרה הדומה לאזהרות שהשמיעו נביאי ישראל: אם נפר את הבטחותינו ההדדיות, ונשכח את עקרונות הברית, יאבד לנו הכול, שכן הבטחות ועקרונות אלו הם עצם מהותנו.[13]

בחשבון אחרון, את לינקולן הניעה אמונה מוסרית שמקור השראתה באתיקה היהודית־נוצרית, ואשר נתקדשה בהכרזת העצמאות האמריקנית. הוא שב וביטא אותה במשפט הפתיחה של נאום גטיסברג, בדברו על "אומה חדשה שהחירות היא הורָתה, המסורה להכרה כי כל בני האדם נבראו שווים".

הברית נוגעת למה שמשותף לנו למרות ההבדלים בינינו. היא מדברת אלינו כאל אזרחים פעילים החולקים אחריות קיבוצית.

היא אחרת מן הפוליטיקה של "אנחנו" נגד "הם"; היא הפוליטיקה של כולנו־יחד. אין היא יכולה לכלול את הפוליטיקה כולה, שכן הפוליטיקה כרוכה מעצם טיבה במאבקי אינטרסים ובבקשת כוח. אבל בכוחה לשטוח תחת רגליה של הפוליטיקה תחושת יסוד של קהילת מוסר המלכדת את האומה יחדיו בעיתות קושי; על כן הֶעֱסיקה כל כך תפיסה זו את לינקולן, כנראה, בשנות המשבר של מלחמת האזרחים. כי אף שהוא היה מחויב בכל מאודו לביטול העבדות, הוא היה מחויב באותה מידה לשימור האיחוד. רק משהעלה את מחשבתו הפוליטית אל מישור נישא יותר יכול היה להגיע לידי הבנה כיצד אפשר להשיג את שני היעדים: מתוך פנייה אל המחויבויות המוסריות העמוקות של האמריקנים, ולא באמצעות השמצת הדרום.

* * *

עלינו להשיב לפוליטיקה את ממד הברית. בריטניה וארצות הברית הן כיום חברות משוסעות מאוד, והחיים הפוליטיים בשנים האחרונות פורטים על מיתרי השסעים הללו. בכלכלה הגלובלית החדשה יש מרוויחים ומפסידים. הם גרים באזורים שונים. יש להם תפיסות שונות באשר לזהות. יש להם גישות שונות מאוד בעניין המשפחה. הם גרים בשכונות הנבדלות אלו מאלו במידה קיצונית בהון החברתי של תושביהן. רבים מאלה שהכנסותיהם דשדשו במקום לאורך זמן רב, או פחתו, מרגישים שהאליטות הפוליטיות והכלכליות פשוט אינן מתעניינות ברווחתם.

אין זאת הפעם הראשונה ששסעים נִבעים בחברות על פי ריבוד כלכלי או גיאוגרפי. המיוחד בתהליך הנוכחי הוא התמורות היסודיות שהתחוללו לאחרונה בחברות במערב. בעבר, אומות היו מלוכדות בידי דת שלטת אחת, או כמה דתות קרובות, ובידי תרבות משותפת. אין זה המצב כיום. חלק מכך אפשר לייחס להגירה אל המדינות הללו. חלק נוסף מקורו ברב־תרבותיות, שבשמה נזנחה התפיסה כי למדינה יש תרבות לאומית וכי מן המהגרים אליה – כגון אבי וסביי וסבותיי, שכולם היגרו לבריטניה – מצופה להשתלב בה. עוד חלק מן

השינוי קשור להתפוררותם של כלי התקשורת המרכזיים, הגורמת לכך שתשומת ליבו של הציבור כבר כמעט שאינה ממוקדת באותם נושאים באותו זמן. בעידן גלובלי, עצם הרעיון של זהות לאומית נעשה בעייתי.

איננו יכולים עוד לבנות את הזהות הלאומית על דת, על אתניות או על תרבות. אבל אנחנו יכולים לבנות אותה על ברית. פוליטיקה של ברית תדבר על כך שחיינו כולנו, המתקיימים באותה מדינה, באותו משק, באותה תרבות, הם רקמה אחת. וכיוון שכך, אומרת פוליטיקת הברית, ראוי כי נרגיש מחויבים להיטיב זה עם זה. היא תדבר על המיטב שבמסורות שלנו, ותזכיר לנו כי הינן ירושה שעלינו להוקיר ולהנחיל לדורות הבאים. היא תהיה מכילה ומחבקת. המצטרפים אל אומה מבחוץ מעשירים אותה במתנות שהם נושאים ממקומות אחרים וממסורות אחרות. פוליטיקה של ברית תכיר בכך שיש בינינו הבדלי דעה ואינטרס, ושלפעמים פירוש הדבר הוא שצד זה או אחר יצא וידו על העליונה. אבל היא לא תאפשר אף פעם שהדבר יקרה בלי שכל צד השמיע את קולו וזכה לאוזן קשבת ומכבדת. הפוליטיקה של הברית איננה מנמיכה יריבים או מגחיכה אותם. היא מוקירה את תהליך החשיבה המשותפת. היא מקצה דאגה מיוחדת לאלו הזקוקים במיוחד לעזרה, וכבוד מיוחד לאלה המרבים להושיט עזרה זו.

פוליטיקה של ברית תדגיש את האחריות ההדדית שלנו. אנו זקוקים לה. אזורי מצוקה צריכים סיוע, וקהילות מקומיות – חיזוק. על כל איש ואישה להרגיש שיש להם כר למימוש יכולותיהם. יש למצוא דרכים לעודד מצליחנים לתרום ליצירת הזדמנויות לאלה שהכלכלה המודרנית שכחה בדרך. הברית כשלעצמה אין בה משום קריאה לממשלה גדולה או לממשלה קטנה. היא אינה נוגעת לפוליטיקה של שמאל וימין. היא מציעה לנו מחשבה חדשה על תוכנה של הפוליטיקה.

תורות האמנה החברתית רואות את הפוליטיקה במשקפיים של אינטרס עצמי אישי או קיבוצי. הברית – השפה הקלאסית של ג'ון מילטון ושל ג'ון לוק, של המתיישבים הראשונים באמריקה ושל הכרזת העצמאות האמריקנית – מדברת לא על אינטרסים אלא על אחריות. היא מדברת על אנשים חופשיים המושלים בעצמם למען

הטוב המשותף, ועל החברה החופשית כמיזם מוסרי שכולנו ממלאים בו את חלקנו, מתוך הבנה שגורלותינו שזורים זה בזה.

חזון זה, שהפך את בריטניה ואת ארצות הברית למגינותיה הגדולות של החירות במאה העשרים, כבר זמן רב אינו באופנה: אכן, זה זמן רב שה"אנחנו" נדחק מפני ה"אני". הפוליטיקה נסוגה מהברית אל החוזה: אנחנו משלמים מיסים, הממשלה מספקת שירותים, ואנחנו מחפשים את העסקה המוצלחת ביותר בשבילנו. זוהי תפיסה דלה של הפוליטיקה, שיכולה להצליח למשך זמן מה אך אין בכוחה ללכד חברות מפולגות. עלינו לחדש את ממד הברית של הפוליטיקה, כדי להבטיח שהאנשים המנווטים את עתידנו עושים זאת לטובת כולנו.

הפוליטיקה העכשווית, שהפופוליזם גואה בה, סובבת תדיר סביב שסע ועימות. היא מתמקדת בחלוקת האומה בין "אנחנו" ל"הם". מעייניה נתונים לטינה, לפחד ולהטחת אשמה. על ראש שמחתה הכעס ותחושת הבגידה. היא אופוזיציונית. היא מציעה לתת את הכוח למנהיג החזק שיבטיח לתומכיו שיילחם את מלחמתם בתמורה לנאמנותם.

פוליטיקת הברית, לעומת זאת, מתמקדת ב"אנחנו, העם", המלוכד בתחושת שייכות משותפת ואחריות קיבוצית; היא סובבת סביב קהילות מקומיות חזקות, אזרחים פעילים ולקיחת אחריות. היא מזכירה לאלה שיש להם יותר מכפי צורכם את אחריותם כלפי אלה שיש להם פחות מכפי צורכם. היא מבקשת להבטיח שלכולם תהיה הזדמנות שווה להפיק את המרב מיכולותיהם ומחייהם.

אחד הלקחים החשובים מן ההיסטוריה הוא שחברות נעשות חזקות כאשר הן דואגות לחלשים. הן נעשות עשירות כשהן דואגות לעניים. הן נעשות חסינות כשהן דואגות לפגיעים. זהו ליבה הפועם של פוליטיקת הברית.

אני מאמין בכל ליבי שבכוחו של מושג הברית לשנות את העולם לטובה. זו גישה הרואה את היחסים בינינו לא כביטוי של אינטרסים אלא כמחויבות מוסרית. היא משנה כל מה שהיא נוגעת בו, מהנישואים עד הידידות ומהכלכלה עד הפוליטיקה, על ידי הפיכתם של יחידים שוחרי טובת עצמם לקהילה התרה אחר הטוב המשותף.

350

הפלגנות, ההתפוררות, הקיצוניות, הבדידות, כלכלת הפער ופוליטיקת הכעס השוררות בשנים האחרונות בבריטניה ובארצות הברית, אינן גזרת גורל בשום אופן. הן פירותיה של האמונה השגויה שחברות יכולות לתפקד בלי עבותות מוסר. לא ולא; הן אינן יכולות. לכל הפחות, לא לאורך ימים. לכן הגענו לאן שהגענו.

אבל בידנו לשנות. חברות כבר נעו בעבר מ"אני" ל"אנחנו". הן עשו זאת במאה ה־19. הן עשו זאת במאה העשרים. הן תוכלנה לעשות זאת גם בעתיד.

ותחילתו של השינוי – בָּנוּ.

אחרית דבר

איך ייראה העולם שאחרי מגפת הקורונה? זו השאלה שתגדיר את השנים הבאות. האם נשתמש בתקופה יחידה ומיוחדת זו להערכה מחודשת של סדר העדיפויות שלנו, או ננסה לחזור במהירות האפשרית לעסקים כרגיל? האם נוכל לומר שחווינו תמורה, או רק ששרדנו? האם המגפה העולמית תסתמן כתפנית בהיסטוריה, או רק כהפסקה קצרה של מהלכה?

זה תלוי בנו. גאורג פרידריך הֶגל אמר שהדבר היחיד שאנו לומדים מההיסטוריה הוא שאיננו לומדים מההיסטוריה דבר. ג׳ורג׳ סנטיאנה, לעומתו, טען שמחובתנו ללמוד מההיסטוריה, פן ניאלץ לחזור עליה עד אין־סוף. אני מסכים עם סנטיאנה. אם לא נלמד מהטרגדיה הגלובלית הזאת, נבגוד בהיותנו החיה הלומדת. נותיר אסון עולמי זה בלתי־גאול, ונישאר לא מוכנים לאסון הבא.

הספר הזה נכתב לפני פרוץ המגפה, ונדפס לראשונה בבריטניה לפני שנעשתה מגפה עולמית. כשהמגפה התפשטה, הנושא המרכזי בספרי זכה להמחשה דרמטית: אכן, בדמוקרטיות הליברליות של המערב יש לנו מזה זמן יותר מדי "אני" ופחות מדי "אנחנו"; יותר מדי בקשת העצמי, פחות מדי מחויבות לטוב המשותף.

ראינו, במיוחד בשלבים המוקדמים, כיצד התנהגויות מוּנָעוֹת "אני" מחוללות נזק כבד. הייתה בהלה של קניות ואגירה, שהותירה לקשישים, לחלשים ולפגיעים בחברה מדפים ריקים במרכולים ובתי מרקחת נטולי תרופות שימושיות. אנשים זלזלו בכללי הריחוק החברתי והבידוד, והעמידו את נוחותם האישית מעל צורכי הזולת. כשממשלת איטליה הודיעה על סגר בצפון המדינה, מקום שם היו ריכוזי הנדבקים העיקריים, רבבות תושבים ברחו לדרום, לחסוך מעצמם את האי־נוחות, וקידשו את חופש התנועה האישי שלהם מתוך אדישות לכך שהם מסכנים את בריאותם של אחרים ואף את חייהם.

זו הייתה המחשה ברורה מאין כמוה לסתירה המצויה בלב האינדיבידואליזם הליברלי הקיצוני. רבים מקרב אלה שהתעלמו מההנחיות אמרו שהם שומרים כך על זכותם לחופש. אלא שהזכות לחופש אינה כוללת את הפרת זכות החופש של אחרים. החופש הליברלי־דמוקרטי הוא קיבוצי, והוא תלוי בריסון עצמי. חברה שבה כל אחד עושה את הישר בעיניו איננה חברה חופשית. היא איננה חברה. היא אנרכיה.

* * *

מנגד נמצאה לנו השראה באנשים שהיו נכונים לעבוד למען הזולת: הרופאים, האחיות ושאר אנשי הרפואה, האנשים שציידו את מדפי המרכולים ובתי המרקחת, נהגי המשלוחים ועוד אחרים שהעמידו את הטוב המשותף מעל טובת עצמם, לא פעם מתוך הסתכנות אישית. הם לא אמרו "מה יצא לי מזה" אלא "כולנו יחד באותה קלחת". הם לא היו מן המתוגמלים ביותר בחברה שלנו. רבים מהם היו בעלי המשכורות הנמוכות ביותר. אך ערכם בשביל כולנו היה עצום. לא היינו שורדים בלעדיהם.

גילויים ספונטניים של שכנות טובה פרצו מכל עבר. ברחובות ברחבי בריטניה קמו קבוצות וואטסאפ לצורך הודעות מסוג "אני יוצא לקניות. מישהו צריך משהו?" נכדתנו בת השמונה, ביוזמתה האישית, הקישה על דלתות ברחוב שלה ואמרה, "אנחנו גרים במס' 12.

אם אתם צריכים משהו, פשוט תדפקו בדלת". קהילות וקהלי מתפללים דאגו לשמור על קשר עם כל התושבים ובפרט הקשישים, המבודדים והפגיעים, עודדו את רוחם ועזרו להם להשיג אוכל ותרופות. "המלאכים הטובים של טבענו" נגלו לעינינו בתכיפות גבוהה מתמיד בשבועות הבודדים והמעיקים ההם של הסגר.

יותר מכל אדם בבריטניה גילם את הרוח הזאת קפטן טום מוּר בן המאה־כמעט, הנזקק להליכון לשם תנועה. הוא רצה לעשות משהו לעזרת שירות הבריאות הציבורי, והחליט לגייס כספים על ידי הליכה מאה פעם לאורך גינתו, כ־25 מטרים, בשבועות שנותרו עד יום הולדתו המאה. הוא הכריז על יעד של 1,000 ליש"ט, אך עד יום הולדתו, ב־30 באפריל 2020, אסף יותר מ־30 מיליון, ועל הדרך נעשה גם לגיבור לאומי. השימוש היצירתי שעשה במכשול המכביד על חייו הרעיד מיתר בלבבות.[1]

המגפה הראתה לנו בבירור כיצד התנהגות מוטת "אני" מזיקה והתנהגות מוטת "אנחנו" מרפאת. היא גם עזרה לנו להבין מדוע גאָה כל כך באחרונה האינדיבידואליזם. לאורך עשרות שנים, האתגרים הגדולים שעמדו בפנינו היו אינדיבידואליים, לא משותפים. אבל הנגיף השפיע על כולנו, וההתמודדות איתו הייתה תלויה בכך שכולנו נקבל על עצמנו כללים מסוימים של ריסון עצמי למען הזולת.

אך מה תהיה המורשת ארוכת הטווח של התקופה החריגה הזאת, שהביאה בכנפיה חולי ומוות, סבל וכאב, בידוד ועקירה ומשבר כלכלי שלא היה כמוהו זה מאה שנה כמעט? האם ננסה להחזיר את חיינו ליושנם, או נזהה הזדמנות של פעם בחיים לבנות דבר מה חדש? תולדות המאה העשרים מציעות לנו שתי חלופות. הראשונה היא מגפת השפעת הספרדית ששטפה את העולם מ־1918 עד 1920, ואשר מעריכים כי גבתה את חייהם של 50 מיליון איש – כפליים עד פי שלושה ממספר ההרוגים במלחמת העולם הראשונה שאך זה נגמרה.

בעקבות האסון הגלובלי ההוא לא נרשמה כמעט שום צמיחה במודעות ה"אנחנו". שנות העשרים במאה העשרים מזוהות בבריטניה ובאמריקה בעיקר עם הלך הרוח מוכוון ה"אני" של התקופה האדוארדית.

אלה היו "שנות העשרים העליזות", ימי הג'אז המתוארים בספר 'גטסבי הגדול', ימי הריקודים הפרועים במסיבות הפרועות, עידן של בריחה רבתי מהמציאות אל שכחת הפצעים הטריים.

התוצאה הייתה 'השביתה הכללית' הגדולה של 1926 בבריטניה, הקריסה הפיננסית העולמית של 1929, ועשור של שפל כלכלי ושל נסיקת הפופוליזם, הלאומנות והפשיזם. עשרים ואחת שנים בלבד לאחר שוך "המלחמה ששמה קץ למלחמות" הסתחרר העולם אל מלחמה חדשה. מי שאינו לומד מההיסטוריה נידון לחזור עליה.

תרחיש אחר לגמרי התממש בסוף מלחמת העולם השנייה. הפעם שררה תחושה חריפה שכך אי־אפשר להמשיך. העוולות רבות מדי. העוני רב מדי. צמחה אז הרגשה עזה של סולידריות חברתית, כפי שקורה לא פעם כאשר קבוצה חווה איום וסכנה משותפת. נוצרה הסכמה כללית שכאשר המלחמה תיגמר, החברה תצטרך להיעשות אכפתית, מלוכדת וחומלת יותר. פצעי שנות העשרים והשלושים יזדקקו לריפוי.

בארצות הברית הולידה הבנה זו, בין היתר, חוק נרחב משנת 1944 ששריין את רווחתם הכספית והחינוכית של חיילים משוחררים, וחקיקה חדשה בתחומי יחסי העבודה, שכר המינימום, הביטוח הלאומי, גמלאות הנכות ודמי האבטלה.

בבריטניה נולדה אז מדינת הרווחה: מערכת של ביטוח חברתי לכל אדם, בכל הכנסה וגיל. בשנת 1944 התקבל חוק חינוך תיכון חינם. שירות הבריאות הלאומי הוקם ב־1948. שינויים מהפכניים עיצבו את פניה של בריטניה שאנו מכירים כיום, ואין כמעט ספק שהם לא היו נעשים אלמלא החוויה המשותפת של המלחמה. התוצאה הייתה שבעה עשורים וחצי של שלום ושל חברה מעמדית הרבה פחות.

טוב יהיה אם לאחר שוך המגפה נאמץ את מודל בתר מלחמת העולם השנייה, ולא את זה שקדם לו. אני מקווה שהלילה החשוך והארוך הזה ימריץ את תחושת ה"אנחנו" שלנו בחמישה ממדים.

אני מקווה שתצמח תחושה חזקה יותר של סולידריות אנושית. כמעט אף פעם לא חוותה כמעט כל האנושות אותן סכנות ואותם

פחדים באותו זמן. נתנסינו כולנו באותו ניסיון יחד, בידי נגיף שאינו מכיר בגבולות של צבע או תרבות, מעמד או אמונה. מציאות זו הזכירה לנו את מילותיו הידועות של המשורר ג'ון דאן, "מותו של כל אדם ממעיט אותי משום שאני כרוך באנושות".[2]

אני מקווה שתהיה לנו תחושה חריפה יותר של פגיעות האדם. נגיף מיקרוסקופי הוריד את האנושות כולה על ברכיה, למרות כל העושר, הידע המדעי והעוצמה הטכנולוגית שלנו. עלינו לשוב אל הענווה בפני הטבע וכוחו, ומתוך כך גם להפנים יותר את הצורך הבהול בפעולה משותפת בנושא שינוי האקלים, שעלול להיות הטרגדיה הבאה של האנושות.

אני מקווה שנטפח את תחושת האחריות החברתית. ניכר לעין כי המדינות שהצטיינו בהתמודדות עם המגפה – קוריאה הדרומית, סינגפור, טייוואן – הן חברות בעלות מפלס גבוה של אמון; האזרחים מאמינים שהממשלה נוהגת בהם ביושר ועושה את אשר צריך לעשות, ורואים את האזרחות כמערכת של חובות ולא רק של זכויות.

האתגר הכלכלי בשנים הבאות עשוי להיות גדול אף יותר מהאתגר הבריאותי בימי המגפה עצמה – וזה יהיה הזמן לשקול מחדש את אתיקת השוק. נגיד הבנק המרכזי של אנגליה לשעבר, מארק קרני, כתב באפריל 2020 במאמר ב'אקונומיסט': "עברנו מכלכלת שוק לחברת שוק". דבר זה מוכרח להשתנות. "במשבר הזה", כתב קרני, "אנחנו יודעים שעלינו לפעול כקהילה של אנשים התלויים זה בזה ולא כאוסף של יחידים עצמאים, ועל כן אל ערכי הדינמיות והיעילות הכלכליות הצטרפו ערכי הסולידריות, ההוגנות, האחריות והחמלה".[3]

אני מקווה שנשמור על רוח האדיבות והשכנות הטובה שנסכה נופך של אנושיות אל חודשי הסגר והבידוד. אנשים חשבו אז על זולתם, לא על עצמם, ומימשו את אשר תואר בעטו של המשורר ויליאם וורדסוורת: "מֵיטַב סְגֻלַּת חַיֵּי אָדָם יָשָׁר: / ...מֶחְווֹת קְטַנּוֹת, שְׁכוּחוֹת, זוּטוֹת חֲסֵרוֹת כִּנּוּי, / נֶעְלָמוֹת, שֶׁל אַהֲבָה וָחֶסֶד".[4] עושי המחוות הללו גילו, כפי שאנו מגלים כמעט תמיד, כי בהרימנו אחרים למעלה, נישאים מעלה גם אנחנו.

ולבסוף, אני מקווה שנבקיע מעידן זה של ריחוק ובידוד במינון מוגבר של מה שחסֵר לרובנו: ה"אנחנו" המתחולל בכל פעם ששני אנשים או יותר מתקבצים פנים אל פנים ונפש נוגעת בנפש. ה"אנחנו" שהוא לב הווייתנו כיצורים חברתיים, ואשר התקשורת האלקטרונית, יעילה ככל שתהיה, לא תוכל לעולם לספק לו תחליף מלא.

הגל או סנטיאנה: זאת הברירה. כשהעולם יתאושש מהמגפה, נוכל לפעול להשבת עטרת החברה שלנו ליושנה, או להשתמש במשבר כהזדמנות נדירה לחיזוק יסודות ה"יחד" שלנו שהתערערו במרוץ מוגזם אחר העצמי. הבחירה היא שלנו, וזמנה הוא עכשיו.

הערות

פתח דבר

1. ג׳יימס ק׳ וילסון, **החוש המוסרי**, מאנגלית: ימימה עברון, תל־אביב: שיבולת, 2021, עמ׳ 31.
2. .Philip Rieff, *The Triumph of the Therapeutic*, Chatto and Windus, 1966, 4
3. .Joan Didion, *The White Album*, Penguin, 1981, 134
4. אלסדייר מקינטאייר, **מעבר למידה הטובה**, מאנגלית: יונתן לוי, ירושלים: שלם, תשס״ז, עמ׳ 5, 4, 290.
5. אזכיר כאן את ספרו המצוין של רוג׳ר סקרוטון ׳שימושי הפסימיזם וסכנת התקווה הכוזבת׳: Roger Scruton, *The Uses of Pessimism and the Danger of False Hope*, Atlantic, 2012.
6. את נאום התודה שלי תוכלו לקרוא כאן: https://rabbisacks.org/danger-outsourcing-morality-read-rabbi-sacks-speech-accepting-templeton-prize/.
7. תוכלו לצפות בה כאן: https://www.ted.com/talks/rabbi_lord_jonathan_sacks_how_we_can_face_the_future_without_fear_together.
8. באתר בי־בי־סי תוכלו להוריד את הסדרה כולה, בתוספת ראיונות מורחבים עם כל המשתתפים: https://www.bbc.co.uk/programmes/p06jxvm9/episodes/downloads.
9. הרצאות ריית שלי בבי־בי־סי הופיעו כספר: Jonathan Sacks, *The Persistence of Faith: Religion, Morality and Society in a Secular Age*, Bloomsbury, 1991 (reprinted in 2005).

מוסריות

מבוא

1. *The Times*, 14 November 2019.
2. *Financial Times*, 27 June 2019.
3. *Guardian*, 3 December 2018.
4. *Guardian*, 25 January 2019.
5. *Wall Street Journal*, 28 March 2019.
6. 'Populism: The Phenomenon', Bridgewater Associates, 22 March 2017.
7. Bill Emmett, *The Fate of the West*, Profile, 2017, 207.
8. *The Times*, 29 December 2018.
9. 'Most U.S. Teens See Anxiety and Depression as a Major Problem Among Their Peers', Pew Research Center, 20 February 2019.
10. 'A Growing Number of American Teenagers – Particularly Girls – are Facing Depression', Pew Research Center, 12 July 2019.
11. 'The Good Childhood Report 2018', The Children's Society, August 2018.
12. Jean Twenge, *iGen: Why Today's Super-Connected Kids Are Growing Up Less Rebellious, More Tolerant, Less Happy – and Completely Unprepared for Adulthood*, Atria, 2017, 312.
13. *Sunday Times*, 28 April 2019.
14. 'CEO compensation surged in 2017', The Economic Policy Institute, August 2008.
15. *The Times*, 14 November 2019.
16. *Independent*, 13 February 2017.
17. Thomas Simpson and Eric Kaufmann, *Academic Freedom in the UK*, Policy Exchange, 2019.
18. Patrick Devlin, *The Enforcement of Morals*, Oxford University Press, 1965, 10.
19. פרידריך האייק, **חוקת החירות**, מאנגלית: אהרן אמיר, ירושלים: שלם, תשע"ג, עמ' 64.
20. מקינטאייר, **מעבר למידה הטובה**, עמ' 290.
21. סטיבן פינקר, **האינסטינקט הלשוני: כיצד המוח יוצר שפה**, מאנגלית: מאירה טורצקי, ירושלים: שלם, תשע"ב, עמ' 12-40.

פרק א

1. Robert Putnam, *The Upswing*, Simon & Schuster, 2020.

הערות

2. DeWall, C.N., Pond, R.S., Campbell, W.K. and Twenge, J.M. (2011), 'Tuning in to Psychological Change: Linguistic Markers of Self-focus, Loneliness, Anger, Anti-social Behaviour, and Misery Increase Over Time in Popular US Song Lyrics', *Psychology of Aesthetics, Art, and Creativity*, 5, 200–207.
3. *Prospect*, 1 October 2019.
4. לפרשנות אחרת לממצאים ראו Adrienne Lafrance, 'Me, myself and authenticity', *Atlantic*, 25 February 2015.
5. 'Single-Person Households: Another Look at the Changing American Family', Deloitte Insights, November 2015.
6. 'The Cost of Living Alone', The Office of National Statistics, 4 April 2019.
7. Atul Gawande, 'Hellhole', *New Yorker*, 23 March 2009.
8. 'Loneliness: An Epidemic?', Harvard University, April 2018.
9. אני מודה לאחי אלן שהפנה אותי אל האיור הזה.
10. 'Combatting Loneliness One Conversation at a Time', Jo Cox Commission on Loneliness, December 2017.
11. 'Loneliness in America', Cigna, 1 May 2018.
12. Keming Yang and Christina Victor, 'Age and Loneliness in 25 European Nations', *Ageing and Society*, 31(8) (November 2011), 1368–1388.
13. *The Hill*, 10 December 2017.
14. *Washington Post*, 21 March 2019.
15. 'What is the Average Length of a Marriage in the UK?', Raincourt, 2 October 2018.
16. רוב הפירוט להלן שאוב ממקורות אלה: Susan Pinker, *The Village Effect: Why Face-to-face Contact Matters*, Atlantic Books, 2015, 1–43; Neil Howe, 'Millennials and the loneliness epidemic', *Forbes*, 3 May 2019; 'Loneliness is a serious public health problem', *Economist*, 1 September 2018.
17. Dr. Vivek Murthy, 'Work and the Loneliness Epidemic', *Harvard Business Review*, 2017.
18. J. Holt-Lunstad, T.B. Smith, M. Baker, T. Harris and D. Stephenson, 'Loneliness and Social Isolation as Risk Factors for Mortality: A Meta-analytic Review', *Perspectives on Psychological Science*, 10:2 (2015), 227–237.
19. 'The Potential Public Health Relevance of Social Isolation and Loneliness: Prevalence, Epidemiology and Risk Factors', *Public Policy & Aging Report* (Vol. 27, Issue 4, 2017), 2 January 2018.
20. C.M. Perissinotto, I. Stijacic Cenzer and K.E. Covinsky, 'Loneliness in

Older Persons: A Predictor of Functional Decline and Death', *Arch Intern Med.* (2012).

21. 'Participating in Activities You Enjoy', *National Institute on Aging,* U.S. Department of Health & Human Services, 23 October 2017.

22. 'Social Networks, Social Support and Survival after Breast Cancer Diagnosis', *Journal of Clinical Oncology,* March 2006.

23. Sebastian Junger, *Tribe: On Homecoming and Belonging,* Fourth Estate, 2016, 93.

24. Pinker, *The Village Effect,* 44–72.

25. Nicholas Christakis and James Fowler, *Connected: The Amazing Power of Social Networks and How They Shape Our Lives,* HarperPress, 2011.

26. M. Granovetter, 'The Strength of Weak Ties', *American Journal of Sociology,* 78 (1973), 1360–1380.

27. Charles Taylor, *The Ethics of Authenticity,* Harvard University Press, 1991, 55.

28. Neal Howe, 'Millennials and the Loneliness Epidemic', *Forbes,* 3 May 2019; 'What Young People Fear the Most', Viceland UK Census, 21 September 2016.

29. Junger, *Tribe,* 109–110.

30. Robert Putnam, *American Grace,* Simon & Schuster, 2010.

31. Robert Bellah et al., *Habits of the Heart,* Hutchinson, 1988, 284.

פרק ב

1. Will Storr, *Selfie: How the West Became So Self-obsessed and What It's Doing To Us,* Picador, 2018; Marianne Power, *Help Me,* Picador, 2018.

2. Abraham Maslow, *Motivation and Personality,* Harper, 1954; *Toward a Psychology of Being,* Wiley, 1998.

3. Carl Rogers, *Client-centred Therapy,* Constable, 1951; *On Becoming a Person,* Constable, 1967.

4. Jean Twenge and Keith Campbell, *The Narcissism Epidemic,* Atria, 2009, 9.

5. ברכות ה ע"ב.

6. *Daily Telegraph,* 9 April 2008.

7. ויקטור פראנקל, **הלא הלא־מודע: פסיכותרפיה ודת**, מגרמנית: שמעון לוי, ירושלים ותל־אביב: דביר, 1985, עמ' 16–17.

הערות

8. ויקטור פראנקל, **הזעקה הלא־נשמעת למשמעות**, מאנגלית: חיים איזק, ירושלים ותל־אביב: דביר, 1982, עמ' 37.
9. איירִיס מרדוק, **ריבונות הטוב**, מאנגלית: יואב אשכנזי, ירושלים: שלם, תשע"ז, עמ' 69.
10. Robert Bellah et al., *Habits of the Heart*, Hutchinson, 1988, 284.

פרק ג

1. 'Global Social Media Research Summary 2019', Smart Insights, 12 February 2019.
2. BBC News, 14 August 2019.
3. 'How Teens and Parents Navigate Screen Time and Device Distractions', Pew Research Center, 22 August 2018.
4. 'Teens' Social Media Habits and Experiences', Pew Research Center, 28 November 2018.
5. Jean Twenge, *iGen: Why Today's Super-Connected Kids Are Growing Up Less Rebellious, More Tolerant, Less Happy – and Completely Unprepared for Adulthood*, Atria, 2017.
6. שם, עמ' 51.
7. Sherry Turkle, *Reclaiming Conversation*, Penguin Press, 2015, 42.
8. *The Times*, 30 October 2018.
9. *Guardian*, 4 January 2019.
10. ככותרת ספר של נורמן מיילר.
11. 'Smartphone Addiction Creates Imbalance in Brain', Radiological Society of North America, 30 November 2017.
12. 'Brain Drain: The Mere Presence of One's Own Smartphone Reduces Available Cognitive Capacity', *Journal of the Association for Consumer Research* (Vol. 2, Number 2), 3 April 2017.
13. *Guardian*, 17 April 2019.
14. Jenny S. Radesky, Jayna Schumacher, Barry Zuckerman, 'Mobile and Interactive Media Use by Young Children: The Good, the Bad, and the Unknown', *Pediatrics*, 135:1, January 2015.
15. *Daily Telegraph*, 1 February 2015.
16. *Guardian*, 29 August 2018.

מוסריות

17. על הדיכאון בהשפעת האינטרנט ראו Twenge, *iGen*, 93-118.
18. *Guardian*, 8 April 2019.
19. ראו Turkle, *Reclaiming Conversation*, בעיקר עמ' 3-56.
20. שם, עמ' 33.
21. Adam Alter, *Irresistible*, Bodley Head, 2017, 1–10.
22. Bronislaw Malinowski, *The Sexual Life of Savages in North-Western Melanesia. An Ethnographic Account of Courtship, Marriage, and Family Life Among the Natives of the Trobriand Islands, British New Guinea*, London, 1929.
23. Robin Dunbar, *Grooming, Gossip and the Evolution of Language*, Faber & Faber, 2011.
24. *Independent*, 5 October 2018.
25. ויליאם בלייק, "דמות-אל" (The Divine Image), בתוך בלייק, **שירי תום וניסיון ועוד שירים**, מאנגלית: רונן סוניס, תל-אביב: עולם חדש, תשע"ז, עמ' 36.
26. עמנואל לוינס, **כוליות ואינסוף: מסה על היחסים**, מצרפתית: רמה איילון, ירושלים: מאגנס, תש"ע, עמ' 162.
27. שם, עמ' 165.
28. שם, עמ' 170.

פרק ד

1. אלקסיס דה-טוקוויל, **הדמוקרטיה באמריקה**, מצרפתית: אהרן אמיר, ירושלים: שלם, תשס"ח, עמ' 307 (בפרק "על הסיבות המסייעות לקיים את הרפובליקה הדמוקרטית").
2. וילסון, **החוש המוסרי**, עמ' 212.
3. Daniel Patrick Moynihan, *The Negro Family: The Case for National Action*, 1965, המסמך מוכר יותר בכינוי "דוח מויניהן".
4. Ben Sasse, *The Vanishing American Adult*, St. Martin's Press, 2017, 41.
5. 'Divorces in England and Wales: 2017', Office for National Statistics, 26 September 2018.
6. שם.
7. 'What is the Average Length of a Marriage in the UK?', Raincourt, 2 October 2018.
8. Robert Whelan, *Broken Homes and Battered Children*, London, Family Education Trust, 1993.

הערות

9. ראו James Q. Wilson, *The Marriage Problem*, HarperCollins, 2002, בפרק השני.
10. Charles Murray, *Coming Apart*, Crown Forum, 2012, 158.
11. ראו על כך אצל William Tucker, *Marriage and Civilisation: How Monogamy Made us Human*, Regnery, 2014.
12. ראו על כך אצל Simon May, *Love: A History*, Yale University Press, 2011.

פרק ה

1. Larry Siedentop, *Inventing the Individual*, Allen Lane, 2014.
2. Paul Johnson, *The Birth of the Modern World Society 1815–1830*, HarperCollins, 1991.
3. Lionel Trilling, *Sincerity and Authenticity*, Harvard University Press, 1971, 24–25.
4. Christopher Hill, *The Century of Revolution: 1603-1741*, Nelson, 1961, 253.
5. לותר מצטט את איגרת פטרוס הראשונה ב, ט ואת חזון יוחנן ה, י – אך הללו הינם ציטוטים של הפסוק בשמות יט, ו.
6. Alasdair MacIntyre, *A Short History of Ethics*, Routledge & Kegan Paul, 1967, 126.
7. כפי שהראיתי במקומות אחרים, ובפרט בספרי **בלשון עתיד** (מאנגלית: צור ארליך, ירושלים: מגיד, תשפ"א), התרגום "אני מה שאני" שגוי מאוד, שכן "אהיה אשר אהיה" אמור בלשון עתיד.
8. עמנואל קאנט, **הנחת יסוד למטפיזיקה של המידות**, מגרמנית: משה שפי, ירושלים: מאגנס, 1933, עמ' 77-78.
9. הצגתו השלמה ביותר של רעיון זה נמצאת בחיבורו "אנטיכריסט", בתוך פרידריך ניטשה, **שקיעת האלילים; פרשת ואגנר; הנה האיש; אנטיכריסט; אגרות**, מגרמנית: ישראל אלדד, ירושלים ותל-אביב: שוקן, 1973.
10. דה-טוקוויל, **הדמוקרטיה באמריקה**, עמ' 537 (בפרק "על האינדיבידואליזם בארצות דמוקרטיות").
11. שם, עמ' 763 (בפרק "מאיזה סוג של עריצות צריכות האומות הדמוקרטיות לחשוש").
12. שיעור ההתאבדות בקרב זכרים גבוה מזה שבקרב נקבות, אבל הפער הצטמצם. בשנת 2000 התאבדו זכרים פי 4.4 מנקבות, ובשנת 2016 פי 3.6. ראו H. Hedegaard et al., *Suicide Rates in the United States Continue to Increase*, National Center for Health Statistics Data Brief No. 309, June 2018.

מוסריות

13. שם.
14. Robert Hall, *This Land of Strangers: The Relationship Crisis that Imperils Home, Work, Politics, and Faith*, Greenleaf, 2012.
15. Niobe Way, Alisha Ali and Carol Gilligan (eds.), *The Crisis of Connection: Roots, Consequences, and Solutions*, New York University Press, 2018.

פרק ו

1. 'Report on Carillion, Work and Pensions Committee', UK Parliament, 16 May 2018.
2. Bethany Mclean and Peter Elkind, *The Smartest Guys in the Room: The Amazing Rise and Scandalous Fall of Enron*, Penguin, 2004.
3. 'Reforming Business for the 21st Century: A Framework for the Future of the Corporation', The British Academy, November 2018.
4. Anand Giridharadas, *Winners Take All: The Elite Charade of Changing the World*, Allen Lane, 2019.
5. Ferdinand Mount, *The New Few*, Simon & Schuster, 2012, 61.
6. Warren Buffett, Berkshire Hathaway Annual Letter, 2002.
7. 'CEO compensation surged in 2017', Economic Policy Institute, 16 August 2018.
8. *Guardian*, 19 March 2016.
9. 'Millennials and Gen Z have lost trust and loyalty with business', *Forbes*, 3 June 2018.
10. Paul Bloom, *Just Babies*, Bodley Head, 2013.
11. https://www.youtube.com/watch?v=meiU6TxysCg.
12. דייוויד יום, **מסכת על טבע האדם**, מאנגלית: יפתח בריל, ירושלים: שלם, תשע"ד, ספר שלישי (על המוסר), חלק ב (על הצדק והאי-צדק), סעיף ב (על מקור הצדק והרכוש), עמ' 412.
13. Bloom, *Just Babies*, 59-100.
14. שם, עמ' 89-92.

פרק ז

1. Richard Layard, *Happiness: Lessons from a New Science*, Allen Lane, 2005, 3.
2. אריסטו, אתיקה: **מהדורת ניקומאכוס**, מיוונית: יוסף ג' ליבס, ירושלים ותל-אביב: שוקן, תשמ"ה.

הערות

3. שם, ספר א, ט (עמ' 30).
4. ג'ון לוק, **מסה על שכל האדם**, ספר שני, פרק 21, פסקה 42, מאנגלית: עפר קובר, ירושלים: שלם, תש"ף, עמ' 223.
5. ראו Charles Murray, *In Pursuit of Happiness and Good Government*, Simon & Schuster, 1988, 21–47.
6. UN World Happiness Report, 20 March 2019, https://worldhappiness.report/ed/2019/.
7. Richard Wilkinson and Kate Pickett, *The Spirit Level: Why More Equal Societies Almost Always Do Better*, Allen Lane, 2009, 3.
8. Juliet Schor, *The Overworked American: The Unexpected Decline of Leisure*, Basic Books, 1991, 120.
9. Layard, *Happiness*, 48–49.
10. יובל נח הררי, **ההיסטוריה של המחר**, אור-יהודה: דביר, 2015, פרק 11: דת המידע, עמ' 386-411.
11. Adam Alter, *Irresistible: Why We Can't Stop Checking, Scrolling, Clicking and Watching*, Bodley Head, 2017.
12. ברוך שפינוזה, **מאמר תיאולוגי מדיני**, תחילת פרק שלישי, מלטינית: חיים וירשובסקי, ירושלים: מאגנס, תשכ"ב, עמ' 33.
13. John Maynard Keynes, *Essays in Persuasion*, The Collected Writings of John Maynard Keynes, Volume 9, Cambridge University Press, 1978, 321–332.
14. *Independent*, 17 November 2017.
15. 'The U.S. is the Most Overworked Developed Nation in the World', *SomethingFinance*, 2 January 2018.
16. Edward Skidelsky and Robert Skidelsky, *How Much is Enough: Money and the Good Life*, Penguin, 2012, Chapter 1.
17. James Kerr, *Legacy*, Constable, 2013.
18. דן אריאלי, **לא רציונלי ולא במקרה: הכוחות הסמויים המעצבים את ההחלטות שלנו**, מאנגלית: גילי בר-הלל סמו, תל-אביב: מטר, תשס"ט, עמ' 77-78.
19. Robert A. Emmons, *Thanks: How the New Science of Gratitude Can Make You Happier*, Houghton Mifflin, 2007, 66–70.
20. Sonja Lyubomirsky, *The How of Happiness*, Sphere, 2007, 89.
21. שם, עמ' 91-94.
22. Stephen Post and Jill Neimark, *Why Good Things Happen to Good People*, Broadway Books, 2007, 8–10.

מוסריות

23. Doug Oman et al., 'Volunteerism and Mortality Among the Community-dwelling Elderly', *Journal of Health Psychology* (May 1999).
24. Post and Neimark, *Why Good Things*, 9.
25. שם.
26. Allen Luks, *The Healing Power of Doing Good: The Health and Spiritual Benefits of Helping Others*, Fawcett Columbine, 1992.
27. Lyubomirsky, *The How of Happiness*, 12.
28. George Vaillant, *Aging Well*, Little, Brown, 2003; *Triumphs of Experience*, Harvard University Press, 2012.
29. Joshua Wolf Shenk, 'What Makes Us Happy?', *Atlantic*, June 2009.
30. *Harvard Gazette*, 11 April 2017.
31. David Brooks, *The Second Mountain: The Quest for a Moral Life*, Allen Lane, 2019, xxiv.
32. Lyubomirsky, *The How of Happiness*, 90-91.
33. שם, עמ' 126-128.
34. Tomáš Sedláček, *The Economics of Good and Evil: The Quest for Economic Meaning from Gilgamesh to Wall Street*, Oxford University Press, 2013, 244–245.
35. שם, במהדורה בכריכה קשה (2011), עמ' 86-90, 246-247.

פרק ח

1. Peter Berger and Hansfried Kellner, *Sociology Reinterpreted*, Penguin, 1982, 143.
2. 'Public Trust in Government 1958–2017', Pew Research Center, 14 December 2017.
3. Yascha Mounk and Roberto Foa, 'The Democratic Disconnect', *Journal of Democracy* (July 2016). See also Yascha Mounk, *The People vs. Democracy: Why Our Freedom is in Danger and How to Save It*, Harvard University Press, 2018.
4. ראו Moses Naim, *The End of Power*, Basic Books, 2013.
5. יעקב טלמון, **ראשיתה של הדמוקרטיה הטוטליטרית**, תל-אביב: דביר, 1956.
6. Mary Ann Glendon, *Rights Talk: The Impoverishment of Political Discourse*, Free Press, 1991, 119.
7. שם, עמ' 171.

הערות

פרק ט

1. עמנואל קאנט, **הנחת יסוד למטפיזיקה של המידות**, מגרמנית: משה שפי, ירושלים: מאגנס, 1933, עמ' 77-78.
2. Percy Bysshe Shelley, *Prometheus Unbound*, Act 3, scene IV, lines 194-19. תרגומי השירה לעברית בספר זה הם פרי עטו של מתרגם הספר, אם אין מצוין אחרת.
3. ארנסט גלנר, **לאומים ולאומיות**, מאנגלית: דן דאור, תל־אביב: האוניברסיטה הפתוחה, תשנ"ד.
4. בנדיקט אנדרסון, **קהיליות מדומיינות: הגיגים על מקורות הלאומיות ועל התפשטותה**, מאנגלית: דן דאור, תל־אביב: האוניברסיטה הפתוחה, תשנ"ט.
5. Johann Gottfried Von Herder, *Outline of a Philosophy of the History of Man*, Franklin Classics, 2017, 400.
6. Jonathan Sacks, *The Home We Build Together*, Continuum, 2007.
7. Paul Sniderman and Louk Hagendoorn, *When Ways of Life Collide: Multiculturalism and Its Discontents in the Netherlands*, Princeton University Press, 2007, 134–135.
8. שם, עמ' 135.
9. מצוטט אצל דאגלס מאריי, **שיגעון ההמון: מגדר, גזע וזהות**, מאנגלית: אילן חזות, תל־אביב: ספריית שיבולת, 2021, עמ' 279.
10. Mark Lilla, *The Once and Future Liberal*, Harper, 2017.
11. *Financial Times*, 10 December 2018.
12. ג'ורג' אורוול, "הערות על הלאומנות", בתוך אורוול, **מתחת לאף שלך: מבחר מאמרים**, מאנגלית: יועד וינטר שגב, תל־אביב: דביר, תשס"ו, עמ' 62-63.
13. תומס הובס, **לויתן**, מאנגלית: אהרן אמיר, ירושלים: שלם, תש"ע, עמ' 68.

פרק י

1. Patrick Devlin, 'Morals and the Criminal Law', in *The Enforcement of Morals*, Oxford University Press, 1965, 1–25.
2. שם, עמ' 10.
3. שם, עמ' 13.
4. H.L.A. Hart, *Law, Liberty and Morality*, Oxford University Press, 1963.
5. ג'ון סטיוארט מיל, **על החירות**, מאנגלית: אהרן אמיר, ירושלים: שלם, תשס"ז, עמ' 13.

6. קרל פופר, **דלות ההיסטוריציזם**, מאנגלית: פנינה זייץ, ירושלים: שלם, תש"ע, עמ' 111.
7. פרידריך האייק, **יומרה קטלנית: מדוע סוציאליזם לא יכול לעבוד?**, מאנגלית: אורי רדלר, יאיר לוינשטיין, צבי חזנוב, תל־אביב: ספריית שיבולת, תש"ף.
8. שם, עמ' 204.
9. שם, עמ' 205.
10. Centres for Disease Control and Prevention, July 2015, https://www.cdc.gov/vitalsigns/heroin/infographic.html.
11. 'For Opioid Use Disorder, Does Cannabis Produce Harm or Reduce Harm?', Recovery Research Institute, 26 January 2018.
12. 'Daily Use of High-Strength Cannabis Increases Risk of Psychosis', National Health Service, 20 March 2019.
13. 'Marijuana Use is Associated with Intimate Partner Violence Perpetration Among Men Arrested for Domestic Violence', *Translational Issues in Psychological Science*, Vol. 4:1, 1 March 2018.
14. *The Times*, 23 January 2019.
15. Centers for Disease Control and Prevention, July 2015, https://www.cdc.gov/vitalsigns/heroin/infographic.html.
16. *Daily Telegraph*, 18 May 2019.
17. *Independent*, 27 May 2018.
18. *Guardian*, 31 July 2018.
19. Mark Hertsgaard, *A Day in the Life: The Music and Artistry of the Beatles*, Delacorte, 1995, 193.
20. 'Oral Evidence: Clean Growth Strategy and International Climate Change Targets', Business, Energy and Industrial Strategy Committee, UK Parliament, 9 July 2019.
21. *New York Times*, 27 February 2015.

פרק יא

1. James Ball, *Post-Truth*, Biteback Publishing, 2017; Matthew D'Ancona, *Post-Truth*, Ebury Press, 2017; Evan Davis, *Post-Truth*, Abacus, 2017.
2. D'Ancona, *Post-Truth*, 9.
3. רשימה של דוגמאות מדהימות במיוחד אפשר למצוא ב: Independent, 9

November 2016. ראו גם David Greenberg, ‘Are Clinton and Trump the biggest liars ever to run for President?’, *Politico Magazine*, July/August 2016.

4. *The Times*, 17 December 2018.
5. Brookings Institution, Tech Tank, 23 October 2018.
6. ‘Many Americans Say Made-Up News Is a Critical Problem That Needs to Be Fixed’, Pew Research Center, 5 June 2019.
7. הוא אמר את הדברים בוועידה הגלובלית לחופש העיתונות, לונדון, 11 ביולי 2019.
8. מצוטט אצל D’Ancona, *Post-Truth*, 4.
9. Ball, *Post-Truth*, 8. וראו גם Tom Nichols, *The Death of Expertise*, Oxford University Press, 2018.
10. ‘News Use Across Social Media Platforms 2018’, Pew Research Center, 10 September 2018.
11. Paul Ricœur, *Freud and Philosophy*, Yale University Press, 1970.
12. תומאס ס' קון, **המבנה של מהפכות מדעיות**, מאנגלית: יהודה מלצר, תל־אביב: ספרי עליית הגג, 2005.
13. Alan Sokal and Jean Bricmont, *Intellectual Impostures*, Profile, 1998.
14. Nichols, *The Death of Expertise*, 6.
15. פרידריך ניטשה, "המדע העליז", סעיף 344, בתוך ניטשה, **הולדתה של הטרגדיה; המדע העליז**, מגרמנית: ישראל אלדד, ירושלים ותל־אביב: שוקן, תשמ"ו, עמ' 358–360.
16. שם, עמ' 360.

פרק יב

1. Bradley Campbell and Jason Manning, *The Rise of Victimhood Culture*, Palgrave Macmillan, 2018.
2. *New York Times*, 21 March 2015.
3. Greg Lukianoff and Jonathan Haidt, *The Coddling of the American Mind*, Penguin, 2018, 2–27.
4. אני מודה לאיאן מטקאלף על הניסוח הזה.
5. עמד על כך דאגלס מאריי בספרו **שיגעון ההמון**, מאנגלית: אילן חזות, תל־אביב: ספריית שיבולת, תשפ"א, עמ' 6–254.
6. *Sunday Times*, 14 July 2019.
7. *Daily Telegraph*, 13 May 2019.

8. The Times, 30 May 2019.
9. C.L. Stevenson, *Ethics and Language*, Oxford University Press, 1944; J.O. Urmson, *The Emotive Theory of Ethics*, Hutchinson, 1968.
10. Lukianoff and Haidt, *The Coddling of the American Mind*.
11. 'How Does Cognitive Behavioral Therapy Work?', *Medical News Today*, 25 September 2018.
12. ז'ליין בנדה, **בגידת האינטלקטואלים**, מצרפתית: ניר רצ'קובסקי, ירושלים: כרמל, 2020, עמ' 62.
13. ראו Jonathan Glover, *Humanity: A Moral History of the 20th Century*, 368–375.
14. *Guardian*, 13 March 2014.
15. מצוטט אצל Glover, *Humanity*, 367.
16. 'The Experience of Jewish Students in 2016–17', NUS Connect, 3 April 2017.
17. *Independent*, 27 November 2015.
18. *Jewish News*, 29 May 2018.
19. *Jewish Chronicle*, 29 March 2019.
20. 'Learning Lessons: The Articulation of Antisemitism on Campus', *Renewal: A Journal of Social Democracy*, Vol. 27, No. 2, 2019.
21. Ed Husain, *The Islamist*, Penguin, 2007.
22. Lukianoff and Haidt, *The Coddling of the American Mind*, 56–57.
23. בבא מציעא פד ע"א.
24. George Orwell, *Orwell on Freedom*, Penguin Random House, 2018.

פרק יג

1. BBC News, 30 October 201.
2. כותרת המשנה של מאמר מאת ארנסט אוֶנס: Ernest Owens, 'Obama's very boomer view of cancel culture', *New York Times*, 1 November 2019.
3. *The Times*, 2 November 2019.
4. Akiba Solomon, *How We Fight White Supremacy*, Bold Type Books, 2019.
5. *New York Times*, 17 August 2019.
6. *The Times*, 2 November 2019.
7. *New York Times*, 7 June 2018.
8. עירובין יג ע"ב.
9. הדיון המוצלח ביותר בסוגיה בזמן האחרון הוא ספרו הקצר של יאן־ורנר מולר

'מהו פופוליזם': Jan-Werner Muller, *What is Populism?*, Penguin, 2017. ראו גם במחקר החשוב 'Populism: The Phenomenon', Bridgewater Associates, 22 March 2017.

10. ראו טימותי סניידר, **על הרודנות: עשרים לקחים מהמאה העשרים**, מאנגלית: אברם קנטור, תל־אביב: הקיבוץ המאוחד, 2019.
11. רמב"ן, פירוש לתורה, במדבר טז, א.
12. משנה, אבות ה, כ.
13. פסחים כב ע"ב.

פרק יד

1. מתוך הסדרה *Morality in the 21st Century* ששודרה ברדיו בי־בי־סי 4, פרק 5: גיבורים מוסריים, 7 בספטמבר 2018. https://www.bbc.co.uk/programmes/bobgtcrh. הציטוט באישור בי־בי־סי.
2. Michael Walzer, *Politics and Passion: Toward a More Egalitarian Liberalism*, Yale University Press, 2004, 37.
3. Edith Eger, *The Choice*, Rider, 2017, 9.
4. ג'ק מיילס, **אלוהים: ביוגרפיה**, מאנגלית: רן הכהן, תל־אביב: הספרייה החדשה, 1997, עמ' 405. הציטוט מובא שם מתוך 'המלט' בתרגומו של אברהם שלונסקי.

פרק טו

1. Jon Ronson, *So You've Been Publicly Shamed*, Picador, 2015, 63 ff.
2. שם, עמ' 268.
3. *New York Times*, 14 January 2019. את סיפורה של אמילי במילותיה שלה אפשר לשמוע בהסכת Invisibilia podcast מיום 13 באפריל 2018: https://www.npr.org/programs/invisibilia/601968934/invisibilia-for-april-13-2018.
4. Ruth Benedict, *The Chrysanthemum and the Sword*, Houghton Mifflin, 2005.
5. Herbert Morris (ed.), *Guilt and Shame*, Wadsworth Publishing, 1971, 2.
6. Bernard Williams, *Shame and Necessity*, University of California Press, 1993, 89.
7. Robert Alter, *The Five Books of Moses: A Translation with Commentary*, W.W. Norton, 2004, 24–25.

פרק טז

1. Trevor Phillips and Hannah Stuart, *An Age of Incivility: Understanding the New Politics*, Policy Exchange, September 2018.
2. שם, עמ' 25–26.
3. 'Commission on Civility and Effective Governance', Center for the Study of the Presidency and Congress, January 2019, https://www.thepresidency.org/commission-on-civility-effective-governance.
4. Arthur C. Brooks, *Love Your Enemies*, Broadside, 2019, xi.
5. Cass R. Sunstein, *Going to Extremes: How Like Minds Unite and Divide*, Oxford University Press, 2009.
6. David Goodhart, *The Road to Somewhere: The Populist Revolt and the Future of Politics*, Penguin, 2017. גדי טאוב, **ניידים ונייחים: מאבק של האליטות נגד הדמוקרטיה הישראלית**, תל־אביב: ספריית שיבולת, תשפ"א, עמ' 29–44.
7. Goodhart, *The Road to Somewhere*, 4.
8. Stephen Carter, *Civility: Manners, Morals, and the Etiquette of Democracy*, Basic Books, 1998, 11.
9. Edward Shils, *The Virtue of Civility*, Liberty Fund, 1997, 4.
10. בראשית רבה ח, ה.
11. זוהי הדואליות העקרונית שבין התגלות לפרשנות: ההתגלות היא "מהשמיים" והפרשנות "לא בשמיים". משנה, סנהדרין י, א; תלמוד בבלי, בבא מציעא נט ע"ב.
12. הרב אברהם יצחק הכהן קוק, **אורות**, אורות ישראל ה, ב, ירושלים: מוסד הרב קוק, תשנ"ג, עמ' קנב.
13. משנה, אבות ד, א.

פרק יז

1. מצאתי את כל הציטטות הללו במאמרו של ריימונד טליס "אתה פסולת כימית, אתה": Raymond Tallis, 'You chemical scum, you', in Tallis, *Reflections of a Metaphysical Flaneur*, Acumen, 2013.
2. יובל נח הררי, **ההיסטוריה של המחר**, תל־אביב: דביר, תשע"ה, עמ' 410.
3. דסמונד מוריס, **הקוף העירום: מחקרו של זואולוג על בעל החיים הקרוי אדם**, מאנגלית: יעקב שרת, תל־אביב: רשפים, תשכ"ט.
4. זהו עיבוד מודרני לביטוי המיוחס למשורר סמואל באטלר, שתרגולת היא

הערות

דרכה של ביצה לייצר ביצה אחרת. ראו Mark Ridley, *The Cooperative Gene*, Free Press, 2001, 9.

5. זיגמונד פרויד, **מבחר כתבים, כרך ט: טוטם וטאבו**, מגרמנית: רות גינזורג, תל־אביב: רסלינג, 2013.
6. זיגמונד פרויד, "עתידה של אשליה", **התרבות והדת**, מגרמנית: רות רמות, אברם קנטור, יעקב גוטשל, תל־אביב: ספריית פועלים, 2000.
7. Michael T. Ghiselin, *The Economy of Nature and the Evolution of Sex*, University of California Press, 1974, 247.
8. Stephen Jay Gould, *Wonderful Life*, W.W. Norton & Co., 1989, 51.
9. וויל דוראנט, **תולדות התרבות (הציביליזציה), סדרה א: מורשת המזרח, כרך א**, מאנגלית: א' ראובני, ירושלים ותל־אביב: מ' ניומן, תשכ"ד, מהדורת 'דבר', עמ' 47–48.
10. ויליאם שייקספיר, "המלט", מערכה שנייה, תמונה שנייה, מאנגלית: דורי פרנס, באתר **שייקספיר ושות'**.
11. Michael Rosen, *Dignity: Its History and Meaning*, Harvard University Press, 2012, 2.
12. Leon Kass, 'Human Dignity', in Kass, *Leading a Worthy Life*, Encounter Books, 2017, 159–178.
13. מרקוס טוליוס קיקרו, **על החובות**, מרומית: אביבה קציר, רמת־גן: אוניברסיטת בר־אילן, 2003, עמ' 42–44.
14. עמנואל קאנט, **הנחת יסוד למטאפיזיקה של המידות**, מגרמנית: חנן אלשטיין, תל־אביב: עליית הגג, עמ' 107.
15. Rosen, *Dignity*, 24.
16. פרידריך ניטשה, "לגנאלוגיה של המוסר", סעיף 25, בתוך ניטשה, **מעבר לטוב ולרוע**; לגנאלוגיה של המוסר, מגרמנית: ישראל אלדד, ירושלים ותל־אביב: שוקן, תשל"ה, עמ' 363.
17. שם, עמ' 364.
18. המונח שאוב מחיבוריו של פול ריקר. ראו ספרו Paul Ricœur, *Freud and Philosophy: An Essay on Interpretation*, Yale University Press, 1970.
19. ניטשה, "המדע העליז", סעיף 344, עמ' 359.
20. עירובין ק ע"ב.
21. פרידריך האייק, **יומרה קטלנית: מדוע סוציאליזם לא יכול לעבוד**, מאנגלית: אורי רדלר, יאיר לוינשטיין וצבי חזנוב, תל־אביב: ספריית שיבולת, תש"ף.
22. הררי, **ההיסטוריה של המחר**, עמ' 386 (תחילת פרק 11: דת המידע).
23. שם, עמ' 394.

24. Yuval Noah Harari, *Homo Deus*, Harvill Secker, 2016, 397.
25. David Pears, *Predicting and Deciding*, Oxford University Press, 1964.
26. George Herbert Mead, *Mind, Self and Society*, Chicago University Press, 1934.
27. Planned Parenthood v. Casey, 505 U.S. 833 (29 June 1992) (דעת השופטים קנדי, סאוטר ואו'קונור).
28. אומנם, כפי שהראה פראנס דה־ואל בחיבוריו, יש לבעלי חיים אינסטינקט של חמלה.

פרק יח

1. 'Where Americans Find Meaning in Life', Pew Research Center, 20 November 2018.
2. *New York Times*, 4 July 2019.
3. John H. Pryor et al., 'The American Freshman: Forty Year Trends', Los Angeles: UCLA Higher Education Research Institute, 2007.
4. ג'ון סטיינבק, **קדמת עדן**, מאנגלית: אריה חשביה, תל־אביב: זמורה ביתן, תשנ"ה, חלק רביעי, פרק 34, א, עמ' 417.
5. Bernard Williams, *Moral Luck*, Cambridge University Press, 1981.
6. Susan Wolf, *Meaning in Life and Why It Matters*, Princeton University Press, 2012.
7. Herbert Dreyfus and Sean Dorrance Kelly, *All Things Shining*, Free Press, 2011, 22–57.
8. ניטשה, "המדע העליז", סעיף 125, עמ' 274-275.
9. יובל נח הררי, **21 מחשבות על המאה ה־21**, תל־אביב: דביר, 2018, פרק 20: "משמעות: החיים הם לא כזה סיפור", עמ' 268-303. הציטוטים מעמודים 279 ו־298.
10. Philip Rieff, *My Life Among the Deathworks*, with an introduction by James Davison Hunter, University of Virginia Press, 2006.
11. Jerome Bruner, *Actual Minds, Possible Worlds*, Harvard University Press, 1986, 11–43.
12. Barbara Hardy, 'Towards a Poetics of Fiction: An Approach through Narrative', *Novel*, 2 (1968), 5–14.
13. אלסדייר מקינטאייר, **מעבר למידה הטובה**, מאנגלית: יונתן לוי, ירושלים: שלם, תשס"ז, עמ' 238.

הערות

14. תמלול נאומה של ג'יי-קיי רולינג בטקס חלוקת תארים באוניברסיטת הרווארד, *Harvard Gazette*, 5 June 2008.
15. Dan McAdams, *The Redemptive Self*, Oxford University Press, 2006, 10.
16. *Einstein on Politics*, ed. David Rowe and Robert Shulmann, Princeton University Press, 2013, 227.

פרק יט

1. Charles Darwin, *The Descent of Man*, Princeton: Princeton University Press, 1981, 166.
2. שם, עמ' 113.
3. אלקסיס דה-טוקוויל, **הדמוקרטיה באמריקה**, מאנגלית: אהרן אמיר, ירושלים: שלם, תשס"ח, א, ב, ט, עמ' 308.
4. שם, עמ' 312.
5. שם ב, ב, ה, עמ' 546.
6. שם ב, ד, ו, עמ' 763–764.
7. שם, א, הקדמת המחבר, עמ' 12.
8. אדמונד ברק, **מחשבות על המהפכה בצרפת**, מאנגלית: אהרן אמיר, ירושלים: שלם, 1999, עמ' 62.
9. דה-טוקוויל, **הדמוקרטיה באמריקה** א, ב, ט, עמ' 331.
10. תומס הובס, **לויתן**, מאנגלית: אהרן אמיר, ירושלים: שלם, תש"ע, פרק יג, עמ' 88.
11. דה-טוקוויל, **הדמוקרטיה באמריקה** ב, ב, ב, עמ' 446.
12. שם, ב, ד, ו, עמ' 763.

פרק כ

1. Richard Nisbett, *The Geography of Thought*, Free Press, 2003.
2. קרול גיליגן, **בקול שונה: התיאוריה הפסיכולוגית והתפתחות האשה**, מאנגלית: נעמי בן-חיים, תל-אביב: ספריית פועלים, 1995.
3. Lawrence J. Walker, 'Sex Differences in the Development of Moral Reasoning: A Critical Review', *Child Development* 55:3 (1984), 677; Sara Jaffee and Janet Shibley Hyde, 'Gender Differences in Moral Orientation: A Meta – analysis', *Psychological Bulletin* 126:5 (2000), 703–706; Christina

Hoff Sommers, *The War against Boys: How Misguided Feminism is Harming Our Young Men*, New York: Simon & Schuster, 2000.

4. Harry Redner, *Ethical Life: The Past and Present of Ethical Cultures*, Rowman & Littlefield, 2001.
5. Tamala Summers, *Why Honour Matters*, Basic Civitas Books, 2017, 22.
6. Peter Berger, 'On the Obsolescence of the Concept of Honour', *European Journal of Sociology* (1970), 339–347.
7. Redner, *Ethical Life*, 50.
8. שם, עמ' 60.
9. David Reisman, Nathan Glazer and Reuel Denney, *The Lonely Crowd: A Study of the Changing American Character*, Yale University Press, 1950.
10. שם, עמ' 11.
11. Berkeley Institute for the Future of Young Americans, 18 April 2019.

פרק כא

1. *Guardian*, 4 September 2017.
2. Religion News Service, 21 March 2019.
3. 'In U.S., Decline of Christianity Continues at Rapid Pace', Pew Research Center, 17 October 2019.
4. Owen Chadwick, *The Secularisation of the European Mind in the 19th Century*, Cambridge University Press, 1993, 10.
5. דה־טוקוויל, **הדמוקרטיה באמריקה**, א, הקדמת המחבר, עמ' 12.
6. שם, א, ב, ט, עמ' 306.
7. שם, א, א, ב, עמ' 47.
8. מובא אצל יהושע אריאלי (עורך), **המחשבה המדינית בארצות־הברית: מקורות ותעודות**, מתרגמי המקורות מאנגלית: שמואל מוהליבר, חיים בראוור ודוד כהן, ירושלים: מוסד ביאליק, תשנ"ב, כרך שני, עמ' 392.
9. ויל ואריאל דוראנט, **לקחי ההיסטוריה**, מאנגלית: ברוריה בן־ברוך, אור־יהודה: כנרת זמורה ביתן, 2020, עמ' 79.
10. שם, עמ' 142–143.
11. דייוויד יום, **מסכת על טבע האדם**, מאנגלית: יפתח בריל, ירושלים: שלם, תשע"ד, ג, ב, ז, עמ' 449.
12. יונתן זקס, **השותפות הגדולה: הדת, המדע והחיפוש אחר משמעות**, מאנגלית: צור ארליך, ירושלים: מגיד, 2013.

13. מצוטט אצל Ara Norenzayan, *Big Gods*, Princeton University Press, 2013, 122.
14. שם, עמ' 8.
15. יוחנן מלטן [ג'ון מילטון], **ויגרש את האדם** [גן העדן האבוד], מאנגלית: י"ע סלקינסון, וינה: 1871, ספר יב, עמ' 333.
16. David Aikman, *The Beijing Factor: How Christianity is Transforming China and Changing the Global Balance of Power*, Oxford/Grand Rapids, MI 2003, 5.
מצוטט אצל ניאל פרגוסון, **ציביליזציה: המערב וכל השאר**, מאנגלית: ארז וולק, תל־אביב: עם עובד, תשע"ג, עמ' 296.
17. Émile Durkheim, *The Elementary Forms of Religious Life*, Free Press, 1995, 44.
18. Jonathan Haidt, *The Righteous Mind*, Pantheon, 2012, 193–317.
19. מחקרו של סוזיס ניזון בשני ספרים שהזכרנו לעיל: Norenzayan, *Big Gods*, 94–117, ו־Haidt, *The Righteous Mind*, Chapter 11.
20. לספרו של נורנזיאן ראו הערה 13 לעיל. לספרו של ג'ונסון: Dominic Johnson, *God is Watching You: How the Fear of God Makes Us Human*, Oxford University Press, 2016.
21. Norenzayan, *Big Gods*, 19.
22. Kevin Hayley and Daniel Fessler, 'Nobody's Watching? Subtle Cues Affect Generosity in an Anonymous Economic Game', *Evolution and Human Behaviour*, 26 (2005), 245–256.
23. Norenzayan, *Big Gods*, 33–54.
24. ז'אן־ז'אק רוסו, **האמנה החברתית**, מצרפתית: עידו בסוק, תל־אביב: רסלינג, 2006, ספר ב, פרק ז, עמ' 86–87.
25. Eric Kaufmann, *Shall the Righteous Inherit the Earth?*, Profile, 2010; *Whiteshift: Population, Immigration, and the Future of White Majorities*, Allen Lane, 2018.
26. Office for National Statistics, *Births in England and Wales, 2018*, 1 August 2019.

פרק כב

1. Jim DeFede, *The Day the World Came to Town*, Regan Books, 2002, 7.
2. 'Seven Moral Rules Found All Around the World', The Institute of Cognitive & Evolutionary Anthropology, The University of Oxford, 11 February 2019.
3. תמלול מתוך הסרטון המשובץ בכתבתו של איתי עמיקם "ברכת החופה של הפרמדיק שהציל חיי הכלה שכבר נקבע מותה", Ynet, 5.7.2019.

מוסריות

4. HM Government Horizon Scanning Programme, *Social Attitudes of Young People*, December 2014.
5. Jean Twenge, *iGen: Why Today's Super-Connected Kids Are Growing Up Less Rebellious, More Tolerant, Less Happy – and Completely Unprepared for Adulthood*, Atria, 2017, 310.
6. *New York Times*, 4 July 2019.

פרק כג

1. James Q. Wilson, *Crime and Human Nature*, Simon & Schuster, 1986, 430–438.
2. Jonathan Sacks, *The Politics of Hope*, Jonathan Cape, 1997, 245–258.
3. David Brooks, *The Road to Character*, Allen Lane, 2015, 3–15.
4. Lara Aknin et al., 'Prosocial Spending and Well-Being: Cross-Cultural Evidence for a Psychological Universal', *Harvard Business School Working Paper 11-038*, 2010.
5. 'Charter for Compassion', Greater Good Science Center, University of California Berkley, https://charterforcompassion.org.
6. Lee Rowland and Oliver Scott Curry, 'A Range of Kindness Activities Boosts Happiness', *Journal of Social Psychology*, 159:3 (2019).
7. Cass Sunstein, *Going to Extremes*, Oxford University Press, 2011.
8. הובס, לויתן, עמ' 88.
9. Raghuram Rajan, *The Third Pillar: The Revival of Community in a Polarised World*, William Collins, 2019.
10. שם, עמ' xxvi.
11. Ronald Cohen, *On Impact*, 2018; קובץ פי־די־אף של החיבור זמין באתר www.onimpactnow.org.
12. Daniel Lubetzky, *Do the KIND Thing*, Ballantine Books, 2015.
13. John Schaar, *Legitimacy and the Modern State*, New Brunswick, NJ, Transaction, 1981, 291.

אחרית דבר

1. בהמשך אותה שנה מור אף זכה בתואר אבירות. בשנה שלאחר מכן לקה למרבה הצער בקורונה, ומת שלושה חודשים לפני יום הולדתו ה־101. הערת המערכת העברית.
2. מדיטציה 17, בתוך ג'ון דאן, **אין אדם שהוא אי: שירים ופרוזה**, מאנגלית: שמעון זנדבנק, תל־אביב: הקיבוץ המאוחד, תש"ף, עמ' 130.
3. Mark Karney, 'The World After Covid-19', *The Economist*, 16 April 2020.
4. בשירו "שורות שנרשמו מיילים ספורים במעלה טינטֶרן אבי". מאנגלית: אריה סתיו. בתוך סתיו, **שבעה שערי שירה**, תל־אביב: תמוז, 2005, כרך ג, עמ' 216.

על אודות המחבר

הרב לורד יונתן זקס ז"ל (1948-2020) – רבה הראשי של בריטניה בשנים 1991-2013 וזוכה פרס טמפלטון לשנת 2016 – מוכר בזכות עשרות ספריו ומאמריו, אשר הקנו לו מעמד של הוגה דעות ומנהיג רוחני המשמיע את קולה של היהדות בשיח העולמי. מספריו בעברית: **לכבוד השוני: כיצד נוכל למנוע את התנגשות התרבויות?** (מגיד, תשס"ח), **לרפא עולם שבור: החיים כקריאה לאחריות** (מגיד, תש"ע), **השותפות הגדולה: הדת, המדע והחיפוש אחר משמעות** (מגיד, תשע"ג), **פסח על שום מה? הגדה של פסח** (מגיד, תשע"ה), **רדיקלית אז, רדיקלית עכשיו: מורשת הדת העתיקה בעולם** (מגיד, תשע"ו), **לא בשם האל: אל מול האלימות הדתית** (מגיד, תשע"ו), **שיג ושיח** (מגיד, תשע"ח), **מועדים לשיחה** (מגיד, תשע"ט), **ובלשון עתיד** (מגיד, תשפ"א).